Collection *Passé simple*
dirigée par
FRÉDÉRIC BLUCHE

LE
MIRACLE CAPÉTIEN

Sous la direction de
STÉPHANE RIALS

LE
MIRACLE CAPÉTIEN

Librairie Académique Perrin
8, rue Garancière
PARIS

Si vous désirez être tenu au courant des publications de la LIBRAIRIE ACADÉMIQUE PERRIN, vous pouvez nous écrire (8, rue Garancière, PARIS), pour demander notre catalogue. Il vous sera adressé gratuitement.

ISBN 2-262-00432-3

LES AUTEURS

Guy ANTONETTI, professeur à l'Université de Paris-II.

Jean BARBEY, maître de conférences à l'Université du Mans.

Colette BEAUNE, maître de conférences à la Sorbonne (Paris-I).

François BLUCHE, professeur à l'Université de Paris-X.

Frédéric BLUCHE, maître de conférences à l'Université de Paris-II.

Marguerite BOULET-SAUTEL, professeur émérite à l'Université de Paris-II.

Jean-Pierre BRANCOURT, maître de conférences à l'Université de Paris-II.

André CORVISIER, professeur à la Sorbonne (Paris-IV).

Hervé COUTAU-BÉGARIE, ancien élève de l'E.N.A., chargé de conférences à l'École pratique des hautes études (IVe section).

Olivier GUILLOT, professeur à la Sorbonne (Paris-IV).

Jean-Louis HAROUEL, professeur à l'Université de Poitiers.

Jean MEYER, professeur à la Sorbonne (Paris-IV).

Renée MUSSOT-GOULARD, maître de conférences à la Sorbonne (Paris-IV).

Fanny NEPOTE-DESMARRES, agrégée de l'Université, docteur ès lettres.

Hervé PINOTEAU, secrétaire général de l'Académie internationale d'héraldique.

Stéphane RIALS, professeur à l'Université de Caen.

Jean RICHARD, professeur à l'Université de Dijon.

Bertrand SCHNERB, agrégé de l'Université.

Jean-François SOLNON, maître de conférences à l'Université de Besançon.

Etienne TAILLEMITE, inspecteur général honoraire des Archives de France.

Jacqueline THIBAUT-PAYEN, professeur à l'Université du Mans.

Jean TULARD, professeur à la Sorbonne (Paris-IV).

Jean de VIGUERIE, professeur à l'Université d'Angers.

PROLOGUE
LE MIRACLE CAPÉTIEN

Le 27 octobre 1873, dans sa fameuse lettre à Chesnelong qui devait fermer la voie à une troisième restauration monarchique qui n'eût pas été conforme à la tradition, le comte de Chambord — Henri V pour ses fidèles —, ultime rejeton de la branche aînée des Bourbons, écrivait : « La France ne peut pas périr, car le Christ aime encore ses Francs ». Il y a un peu plus d'un siècle, un tel propos se heurtait sans doute déjà au scepticisme de larges couches de la population. Mais il y avait certainement alors des millions de catholiques français pour comprendre ce que voulait dire le prince exilé. Infiniment plus, à l'évidence, que pour pénétrer le sens de la terrible question, identique en son fond, du pape Jean-Paul II, débarquant en France il y a quelques années : « France, es-tu fidèle aux promesses de ton baptême ? »

Un monde de sensibilités englouties rend aujourd'hui difficile l'intelligence de ce que la formule « miracle capétien » aurait évoqué pour nombre de Français d'autrefois. L'homme cultivé du XVe siècle ou le royaliste fidèle du XIXe n'aurait pas hésité sur le sens d'un tel miracle : le miracle français, le miracle de la monarchie française depuis Clovis, et en fin de compte le miracle des huit siècles capétiens, de cette « sainte et sacrée lignie » (Golein), n'est autre — ainsi pensait-on — que celui des Gesta Dei per Francos, *de l'action providentielle de Dieu par les Francs. Ce feuilleton merveilleux avait ses héros majeurs : Clovis, saint Louis, Jeanne d'Arc... Il connaissait de perpétuels rebondissements : le vœu de Louis XIII — qui donne à nouveau lieu à des processions le 15 août en l'honneur de la Vierge Marie — ou les apparitions à Marguerite-Marie. Il manifestait l'irruption du surnaturel dans l'ordre naturel, d'abord par le miracle fondateur de la Sainte-Ampoule consommé à nouveau par le sacre au début de chaque règne*[1], *également par mille traits sacrés et miraculeux dont les auteurs du couchant du Moyen Age, notamment à partir du* Traité du sacre *de Jean Golein, ne se lassaient pas de faire l'inventaire.*

Il ne fait pas de doute que l'extension de l'efficace du miracle était diversement appréciée. Léon Bloy, à la fin du siècle dernier, nous en livre une version extrême et dont l'orthodoxie est sujette à caution : « C'est surtout pour la France, écrivait le bouillant Périgourdin, que Jésus a sué sang et eau (...), parce que la France est la fille aînée de son Eglise, parce qu'elle est (...) la seule dont il ait besoin, *la seule capable de l'outrager ou de le glorifier comme il lui convient de l'être, la non-pareille dont il souffre tout, dont il attend tout et qu'il a tellement pénétrée de Lui,* qu'elle ne peut faire un geste sans trahir un dessein divin (...). L'histoire de France est quelque chose comme le Nouveau Testament continué (...). *La France est le* SECRET *de Jésus, le secret profond qu'il ne communiqua pas à ses disciples et qu'il voulut que les peuples devinassent. » Sans aller aussi loin, la conviction commune fut longtemps que le roi de France — thaumaturge qui guérissait les écrouelles — était, plus que tout autre prince, « roy tres crestien, roy par miracle consacré, roy espirituel et sacerdotal » (Gerson). Que la France, « Fille aînée de l'Eglise », était un nouveau « peuple élu », un nouvel Israël et que la monarchie capétienne était vraiment la* Renovatio regni Juda, *le renouvellement du royaume de Juda ; ce qu'atteste au plus haut point, dans son ordonnancement et sa symbolique, la cérémonie du sacre.*

Bien qu'officiellement l'Eglise n'ait jamais admis d'autre doctrine que celle du droit divin in abstracto *— aux termes de laquelle c'est le pouvoir en général qui est de droit divin —, la doctrine du droit divin* in concreto *a tendu à prévaloir en France à partir du* XIVe *et surtout du* XVIe *siècle. Alors ce n'est plus seulement le pouvoir en soi, ni même le régime monarchique en général qui furent considérés comme de droit divin ; on fut de plus en plus persuadé que Dieu choisissait la personne du roi par le truchement de la règle coutumière de succession. Dans un tel climat, les virtualités de la riche formule du juriste méridional Jean de Terrevermeille (début* XVe*)* — Providentia consuetudinis — *ressortent en toute clarté. La providence de la*

---

[1] Plusieurs contributions à cet ouvrage abordent ces questions. Voir notamment « Le sacre », p. 79.

coutume régissant la dévolution de la Couronne mérite d'être dite telle à deux égards : d'une part une coutume de cette sorte, qui écarte toute incertitude sur la désignation du Prince, est bien providentielle ; mais d'autre part, par le truchement de la désignation statutaire, le roi du Ciel choisit bien la personne du roi terrestre qui, par essence, peut bien être dit rex christianissimus. *La royauté française, dès lors, n'est plus un régime : c'est, ainsi qu'on commence à le dire au* XIVe *siècle, une religion.*

*
* *

Pourtant, au terme des quelques siècles de sécularisation qu'il est convenu de baptiser « modernité », l'« apologétique » capétienne — apologétique toute scientifique au demeurant — ne peut plus, si elle veut franchir les barbacanes qui entourent et protègent l'opinion dominante et toucher le public, emprunter principalement les voies de l'« hagiographie » royale. Certes, le « charme séculaire de la monarchie » — selon la belle expression de Jaurès — opère toujours. La symbolique capétienne[1]*, comme les monuments de toute nature légués par un passé glorieux, fait toujours vibrer la corde sensible de la nostalgie. Mais les grilles d'analyse d'un monde saturé de religion, « enchanté » au sens propre et spontanément vertical, et celles d'une époque désertée par le vrai sacré et de plus en plus horizontale et désenchantée, ne sauraient être les mêmes. Aussi bien, par « miracle capétien », renverra-t-on plus volontiers aujourd'hui au caractère exceptionnel — tout humainement exceptionnel — de l'expérience royale française.*

*La durée, tout d'abord, frappe notre temps. Sans doute, dans toute la mesure où ce dernier valorise le changement, la grandeur intrinsèque de la durée lui échappe-t-elle un peu. Mais il discerne bien malgré tout, prenant parfois quelque recul par rapport à sa propre et vaine fébrilité, la majesté d'un quasi-*millenium *(en s'en tenant aux seuls Capétiens) dont la continuité n'a pas été immobilisme. Capétiens directs, Valois et Bourbons ont exercé, grâce à l'efficacité des lois fondamentales du royaume, peu à peu découvertes ou mises au point*[2]*, la dignité royale pendant plus de huit cents ans. En aval, la Restauration*

---

[1] « Armes de France et symboles capétiens », p. 317.
[2] « La dévolution de la Couronne », p. 87.

des aînés puis l'usurpation des Orléans couvrent encore une partie du XIXe siècle. En amont, Hugues Capet, en 987, n'est pas le premier roi de sa lignée à monter sur le trône : d'autres Robertiens — ainsi appelle-t-on les ancêtres des Capétiens — ont accédé à la royauté. D'ailleurs, outre le fait que le sang capétien charriera une part non négligeable de sang carolingien, Hugues et ses successeurs immédiats placeront leurs pas dans les traces des princes de la seconde race[1] *et l'historiographie, forgeant les représentations et amorçant une véritable histoire nationale, marquera autant qu'elle le pourra cette continuité*[2].

On s'étonne, sur une telle période, de la qualité d'ensemble des princes capétiens. Toutes les grandes biographies royales qui semblent passionner nos contemporains finissent par réhabiliter ceux que l'opinion jugeait le plus sévèrement. Sachons raison garder : quand on vit des années avec son sujet — fût-il souverain —, il est bien rare qu'on ne sorte pas d'une telle cohabitation plein d'indulgence et de compréhension à son endroit. Mais, même en faisant la part des choses, comment ne pas être saisi par l'absence presque complète de mauvais rois et le faible nombre de princes inégaux à leur tâche au regard de circonstances parfois très ingrates. Sur trente-six Capétiens, de Hugues Capet à Charles X, on émettra bien sûr des réserves sur Louis X le Hutin (1314-1316) ou François II (1559-1560) — mais ils sont morts jeunes et leur règne a été court — ou encore sur Charles IX (1560-1574) et peut-être Charles VIII (1483-1498). Mais on devra constater que le règne de Charles VI — obscurci par une folie particulièrement tragique — avait fort bien commencé. On admirera Louis XIII qui, au rebours de certaines inclinations, sut défendre le grand cardinal de Richelieu contre toutes les intrigues. On saura discerner la vraie grandeur, au moins morale, d'un Louis XVI[3] *ou d'un Charles X, même s'il eût fallu un Louis XIV pour faire face à la bourrasque révolutionnaire qui les a emportés l'un et l'autre et, avec eux, la monarchie des lys. Surtout, on imputera à tous les autres plus de qualités que de défauts et on sera frappé par le nombre, sans exemple ailleurs, des très grands rois. Tous les Capétiens directs jusqu'aux fils de Philippe le Bel, c'est-à-dire pendant plus de trois cents ans, sont de grande race, à commencer par*

[1] « Aux origines de la fortune capétienne : l'héritage mérovingien et carolingien », p. 29.
[2] « Les Capétiens et la naissance d'une histoire nationale », p. 68.
[3] « Louis XVI ou la fin du miracle », p. 285.

Hugues Capet lui-même[1]. *A des titres divers, certains nous éblouissent — au premier chef Philippe Auguste ou saint Louis*[2]. *Mais chez tous, on admirera une « souplesse tenace » sans laquelle la France ne serait pas*[3]. *Par la suite, est-il besoin de s'attarder sur les exceptionnelles personnalités de Charles V le Sage, de Charles VII, de Louis XI, de Henri IV ou de Louis XIV*[4], *qui font injustement pâlir les réels mérites de tous les autres ? Bref, il faut en finir — la meilleure historiographie contemporaine nous y invite — avec toutes les « légendes noires » : la plupart des Capétiens n'ont pas trop mal correspondu au modèle — certes évolutif — du roi, si prégnant à l'esprit de nos aïeux*[5]. *Osons l'écrire au vu d'une telle galerie*[6] *: les lois de la génétique, associées aux contraintes d'une éducation singulière, semblent souvent moins hasardeuses que les techniques de l'élection dans le choix d'hommes bien adaptés à leur tâche...*

Cette tâche, ce fut d'abord, tout simplement, la France. La France n'a sans doute pas le caractère de nécessité éternelle et transcendante que lui prêtait Léon Bloy (supra). *Mais c'est tout de même une belle et grande chose. Les presque « quarante rois », en presque « mille ans », ont bien « fait la France ». Ils ont été les patients ouvriers d'un pays singulier qui aurait pu ne pas être ou être autre mais qui, étant, a su accéder à l'universel. On sait bien aujourd'hui que nulle fatalité d'aucune sorte — géographique, ethnique, linguistique ou autre — ne portait la France en ses flancs. Le « pré carré » a bien plutôt résulté du labeur patient, tenace, modeste, d'une dynastie terrienne de superbes rois paysans. Voyez Hugues, le fondateur éponyme : il s'écarte des chimères carolingiennes, il bannit toute nostalgie d'empire universel, il ancre la France à l'Ouest, retrouvant en gros, plus ou moins inconsciemment, les anciennes limites de la Gaule. Voyez ces premiers Capétiens, si faibles, plus faibles à tous égards que les derniers Carolingiens du fait de l'amplification du processus de dissociation politique qui*

[1] « Hugues Capet », p. 21.
[2] « Saint Louis », p. 55.
[3] Selon la formule de M. Guillot ; voir « Les premiers Capétiens et la féodalité ».
[4] « Louis XIV ou la grandeur », p. 153.
[5] « Le modèle du roi », p. 94.
[6] Qu'il faudrait compléter car les Capétiens ont essaimé à travers le monde ; voir « Le palmarès des Capétiens », p. 325. et « Les Capétiens à l'étranger », p. 338.

travaille l'Occident : forts de la dignité royale, ils tiennent bon, ils font face à plus puissants qu'eux, ils conquièrent patiemment leur indépendance, envers l'Empereur[1] *et le pape*[2] *à l'extérieur et sur les grands à l'intérieur*[3] *; et Philippe Auguste finit, à Bouvines, en 1214, par étayer la suprématie de droit du roi de France d'une indispensable supériorité de fait. Voyez encore le patient grignotage qui, en plusieurs siècles, va substituer le moderne « hexagone » — définitif, en dépit des guerres sanglantes de la Révolution et de l'Empire — au pentagone médiéval que bornaient l'Escaut, la Meuse, la Saône et le Rhône. Voyez enfin la façon dont Louis XIV — au milieu de souffrances terribles, il est vrai — cassera la tenaille de la maison d'Autriche en installant son petit-fils Philippe d'Anjou sur le trône de Madrid d'où ses descendants rayonneront sur l'Italie, faisant de la Méditerranée nord-occidentale une mer bourbonienne au milieu du* XVIIIe *siècle.*

On ne cherchera pas, au principe de cette longue marche, un dessein géopolitique précis : la fermeté capétienne est mise au service de la finesse plus que de la géométrie et la notion de « frontières naturelles » est beaucoup plus tardive[4] *; la stratégie matrimoniale relaye d'ailleurs volontiers la gloire des armes*[5]*. La méthode est celle des petits pas. Seule la folle chevauchée des guerres d'Italie fait exception : mais le comptable le plus froid l'excusera peut-être, sinon à cause du panache, du moins en considération du vaste mouvement intellectuel et artistique qu'elle a suscité. De façon plus générale, la fascination des Capétiens pour la Méditerranée leur a peut-être trop longtemps masqué le déplacement du centre de gravité du monde de celle-ci à l'Atlantique. On ne verra là que le reflet du caractère terrien de leur démarche, si fructueux par ailleurs. Et on ne s'étonnera pas que des princes qui avaient patiemment modernisé leurs forces terrestres*[6] *aient dans l'ensemble trop négligé — mais on ne peut pas tout faire — leur marine. Encore faudrait-il nuancer. L'effort en faveur des forces navales fut considérable sous Louis XIII et Louis XIV et, après avoir marqué le pas, il*

---

[1] « Le roi et l'Empereur », p. 63.
[2] « Le roi et l'Eglise », p. 215.
[3] « Les premiers Capétiens et la féodalité », p. 40.
[4] « Géopolitique des Capétiens », p. 115.
[5] « La proche ascendance des rois capétiens », p. 346 ; « Le palmarès des Capétiens », p. 325 ; et « Les Capétiens à l'étranger », p. 338.
[6] « De l'armée féodale à l'armée permanente », p. 123 et « L'Ancien Régime et les forces armées », p. 133.

culmina sous Louis XVI dont, rappelle justement M. Taillemite, « le véritable hobby *(...) ne fut pas la serrurerie mais la marine et la géographie*[1] *». Il est patent que les guerres révolutionnaires et impériales ont bénéficié de la qualité de l'armée de la fin de l'Ancien Régime, sur le plan tant de l'armement que de l'encadrement. En revanche, la grande marine de Louis XVI, la meilleure que la France ait jamais eue, s'effondra dès les premiers temps de la Révolution.*

Rayonnement par les armes. Rayonnement par ces surgeons que l'arbre capétien multiplia dans les pays les plus divers. La France des Bourbons rayonna aussi par les arts, encouragés avec un goût exquis[2]*, et par les lettres*[3]*. Notre pays comportait trop d'illettrés à la fin du* XVIII*e siècle. Les universités, aidées au Moyen Age, traversaient une crise. Sans doute. Mais comment ne pas voir que — avec des faiblesses — « l'instruction obligatoire en France date de Louis XIV et non de Jules Ferry », selon la formule de M. de Viguerie*[4] *? Comment passer sous silence le fait que la plupart des grands établissements scientifiques et culturels qui font, aujourd'hui encore, le renom de la France ont été créés, protégés ou encouragés par nos rois ? Et, alors que la langue française est en pleine déconfiture, comment ne pas éprouver un pincement au cœur en évoquant ce* XVIII*e siècle où, culturellement, l'Europe était française et où les élites parlaient la langue de nos grands classiques du Rhin à l'Oural ?*

La contribution capétienne à la construction de l'Etat appellerait certainement des observations nuancées au vu de ses résultats ultimes, que nous subissons aujourd'hui. De toute façon, les tendances à la concentration et à la publicisation comme à la désincarnation du pouvoir, qui semblent irrésistibles sur la longue durée qui va du XIII*e au* XX*e siècle, dépassent de beaucoup la question des seuls Capétiens, si grands fussent-ils. Entre leurs mains, l'Etat fut une arme qui finit par se retourner contre eux. Elle leur permit de briser la féodalité et de cantonner l'Eglise, mais, dans sa vertigineuse logique de la désincarnation et de l'abstraction du pouvoir, le déploiement de l'Etat finit par éliminer ce trait, à la fois trop humain et trop divin, inassimilable*

[1] « La marine royale », p. 142.
[2] « Le mécénat royal », p. 173.
[3] « Les rois de France et la littérature à l'époque classique », p. 181.
[4] « La monarchie française et l'instruction publique », p. 188.

par lui, d'un roi héréditaire et consacré. Ce fut le martyre de Louis XVI.

La monarchie avait chevauché le tigre de l'Etat[1]. *Mais sa disposition propre lui interdisait de poursuivre sa course jusqu'au terme. Elle avait bien pu esquisser une rationalisation de l'administration*[2]. *Elle ne saura pas éviter une large repatrimonialisation de celle-ci*[3]. *Venue à bout de la féodalité, elle allait succomber en partie pour avoir laissé se créer une oligarchie d'« officiers » à la fois contestataire et ennemie de toute réforme, même si, d'un autre côté, il n'y a pas meilleure garantie de l'indépendance des magistrats que la vénalité des charges de judicature*[4]. *Là est toute la monarchie capétienne, traditionnelle même lorsqu'elle est moderne. Profondément pénétrée des limites à son pouvoir — limites tenant aux lois divines, aux lois naturelles et aux lois fondamentales —, respectueuse des droits acquis au profit de formations sociales anciennes qui de toute façon auraient su se défendre, ne prenant pas de front les jaillissements spontanés de la société, ennemie des actes de volonté délibérés, prudente à l'excès, elle se veut paternelle et non despotique — le despotisme fût-il éclairé. « La plus libérale des démocraties actuelles, fait justement observer M. Harouel, est bien plus absolue que la monarchie dite absolue*[5]. *»*

*
* *

Le miracle, bien sûr, eut ses ombres. Mais elles ne sont sans doute pas celles dont la « légende noire » de l'Ancien Régime s'est repue.

Trop de guerres ? Mais, malheureusement, on connaît des guerres perdues et des guerres gagnées ; on ne connaît pas de peuples qui aient su se tenir à l'écart de toute guerre. La France fut plusieurs fois envahie et défaite après 1789 comme elle ne l'avait jamais été depuis une guerre de Cent Ans dont la signification était au demeurant tout autre.

Trop de dépenses au regard de la misère du peuple des

[1] « La monarchie absolue », p. 101.
[2] « De la gestion du domaine à l'administration du royaume », p. 199.
[3] « Officiers et commissaires », p. 208.
[4] « Le roi et les parlements », p. 231.
[5] « L'esprit des institutions d'Ancien Régime », p. 107.

campagnes ? Mais le coût du mécénat[1] *et celui des pensions, souvent véritables retraites avant la lettre*[2], *n'était pas, et de loin, celui que les libellistes des « Lumières » prétendirent. Le coût spécifique de la monarchie française était une goutte d'eau au regard de l'immensité des difficultés du pays. Surtout, s'est-on avisé qu'avant le « décollage économique » des* XVIIIe-XIXe *siècles, la misère relative du peuple était l'horizon indépassable de l'existence du plus grand nombre et qu'à tous égards la pauvreté du paysan français était moindre que celle de la plupart de ses homologues européens ? A-t-on réfléchi au fait que, sans le prélèvement sur les campagnes, il n'y aurait pas eu de villes, pas d'artisanat avancé, pas de couche oisive susceptible de s'adonner aux lettres et aux sciences, pas d'art élaboré enfin ? La prospérité de l'Occident contemporain est fille de cette lente accumulation intellectuelle, technique, sociale et économique, et, par voie de conséquence, fille du prélèvement sur les campagnes d'autrefois. C'est dur, mais c'est ainsi*[3].

Des finances déplorables ? Sans aucun doute, la situation financière des dernières décennies de l'Ancien Régime était peu satisfaisante. Le système était vermoulu et les privilégiés les plus contestataires s'opposaient à sa réforme. Or la guerre d'Amérique, succès militaire et naval mais désastre financier, rendait celle-ci urgente. Pratiquement, la Révolution est née de cet état de choses. Pourtant, il est patent que l'Ancien Régime n'a pas su « vendre » ses finances à l'opinion. La pression fiscale demeurait modeste par comparaison avec d'autres pays européens, Hollande ou Angleterre, et surtout avec notre époque. La stabilisation monétaire de 1726, appelée en gros à durer jusqu'à la première guerre mondiale, était source de difficultés pour un Etat endetté, mais bénéfique pour l'économie[4].

Des perspectives économiques un peu courtes, fort traditionnelles et souvent contradictoires ? Elles n'empêchaient pas la France d'être sur une voie plutôt favorable et d'esquisser parfois des politiques audacieuses (on songe à ce qu'un historien américain a appelé « la bataille du libéralisme » à la fin du

[1] « Le mécénat royal », p. 173.
[2] « La cour de France », p. 164.
[3] « Le mécénat royal », p. 173.
[4] « La question financière à l'époque moderne », p. 254.

règne de Louis XV), même s'il semblait difficile de rattraper le lièvre anglais[1].

La blessure protestante ? François Bluche, protestant lui-même, démontre l'anachronisme de nos vues modernes en matière de tolérance religieuse. On ne peut pas juger le roi très-chrétien, agissant d'ailleurs de la même manière que les autres princes, notamment protestants, de son temps, avec les lunettes contemporaines des droits de l'homme[2].

Une mauvaise gestion de l'élite nobiliaire ? Mais on a trop caricaturé la Cour[3]. *Et si les voies de l'anoblissement ont trop largement favorisé l'argent*[4], *du moins ont-elles permis, sans malthusianisme excessif, le renouvellement sans lequel tout groupe humain s'étiole.*

Le présent recueil ne pouvait prétendre à une quelconque exhaustivité. Bien qu'il ne soit pas complaisant, qu'il ne cèle pas les erreurs et les maladresses, il permettra sans doute de rendre leur dû aux Capétiens. On ne saurait imputer à ceux-ci les fruits de tendances lourdes, mentales, politiques, sociales ou économiques. Mais on doit bien admettre que, dans l'ensemble et sur la longue durée, pour ce qui ressortissait à son cadre, leur action devrait susciter plus d'estime que de dénigrement et plus de reconnaissance que d'oubli. On ne se baigne jamais deux fois dans le même fleuve. Le monde capétien, dont nous sommes les héritiers, est bien mort en tant que tel. Mais, en voyant les régimes se succéder, le consensus se dérober, les politiques se contredire, on se prend à souhaiter arracher son secret à cet immense cadavre. Il tient, semble-t-il, en un mot : Légitimité, *cette légitimité qui — Napoléon ne l'a pas compris*[5] *— ne s'établit pas par décret. Les Capétiens ont pu durer et faire de la France le premier pays du monde à la veille de la Révolution parce qu'ils baignaient, avec la plupart de leurs sujets jusqu'aux derniers temps, dans un vaste courant de légitimité qui, tout à la fois, fondait leur pouvoir de manière incontestée et lui opposait des limites difficilement franchissables.*

Stéphane RIALS.

---

[1] « Les Bourbons et l'économie », p. 266.
[2] « Louis XIV ou la grandeur », p. 153.
[3] « La cour de France », p. 164.
[4] « Les Bourbons et la noblesse », p. 241.
[5] « Napoléon et les Bourbons », p. 294.

I

L'AURORE

HUGUES CAPET

On a coutume de reconnaître à Hugues Capet le mérite d'avoir durablement affirmé la vocation royale de son lignage. Il n'est pas le premier des Robertiens ayant assumé le ministère royal, mais il apparaît sans aucun doute — son surnom a servi à désigner sa descendance — comme le fondateur de la longue dynastie capétienne. Son rôle fut décisif en cette affaire, mais il ne s'arrête pas à cela.

Petit-fils de roi (Robert, 922-923), comte et marquis des pays d'entre Seine et Loire, abbé des plus prestigieuses abbayes de France, duc des Francs, conseiller royal, il s'élève au-dessus de l'aristocratie de son temps. Son personnage est mal connu, voilé par la renommée de son père et le long règne de son fils. Son père Hugues le Grand avait tracé la route, avec peut-être trop d'éclat : riche de toutes les gloires guerrières, de nuées de vassaux, de brillantes actions et de grands domaines, il avait occupé pendant plus de trente ans une place particulière auprès des rois et des grands. Hugues Capet hérita du tout, avec une sagesse qui lui est propre.

Les sources, trop rares, sont trop discrètes sur le personnage. De plus, leur maniement se révèle délicat. La rigueur des Annales carolingiennes est absente de l'*Histoire de France* que rédigea le moine Richer, vers 996, plus soucieux de la hiérarchie qu'il accordait aux événements que de leur chronologie. Les actes royaux, rarement conservés en originaux, n'ont plus la précision des capitulaires, disparus depuis un siècle, et ils ne concernent plus que des cas particuliers. Des lettres, provenant du roi à travers la plume de Gerbert, jettent aussi quelques lueurs sur son mode de gouvernement, le rôle qu'il accorda à son épouse, Adélaïde, sa recherche de relations avec Byzance. C'est bien trop peu. L'histoire du Xe siècle, éclatée en histoires des principautés, comme le pouvoir lui-même, ne sert pas mieux le roi que le prince normand ou celui d'Aquitaine. Cependant, quelques faits émergent des sources et évoquent un caractère royal bien affirmé.

Réflexion, prudence, modération sont les traits dominants chez cet homme de tête qui sait être pleinement généreux, écoute et pardonne aussi souvent qu'il le faut. Sa franchise, son respect des engagements pris, et notamment des serments de fidélité, tranchent dans ce monde dont les clercs dénoncent l'hypocrisie et la perversité. Il aime demander conseil, écouter, et n'entreprend aucune action sans en avoir délibéré. S'il juge que cela est nécessaire, il peut montrer sa force et, parfois, sa violence. Dans la guerre, il est inégalable : que son armée vole au secours du roi carolingien, et celui-ci est assuré de la victoire. Il aime les forteresses, construit et améliore citadelles et châteaux dont il a compris le rôle dans la stratégie de son temps. Il fut, selon l'analyse des sources, un duc magnanime et constant, un roi avisé. Héritier d'une tradition familiale de puissance aristocratique et d'une tradition carolingienne de royauté, c'est son intelligence, sa fermeté, sa réflexion et son entourage qui lui ont permis de faire de l'année 987 l'aube du « miracle capétien ».

Puissant et fidèle duc des Francs

Puissant et fidèle duc des Francs (960-987), Hugues reçut du roi Lothaire le titre qu'avait porté son père. Ce titre ne peut en aucune manière être assimilé aux autres titres ducaux que l'on trouve alors en France. Les ducs des Bourguignons ou des Aquitains, pour prendre ces exemples, gouvernent des régions bien individualisées, et appuient la référence historique de leur principauté sur des peuples particuliers, mineurs, installés en des points précis du royaume. Au contraire, tout ce qui est franc est général et doit se comprendre à l'échelle du royaume tout entier. Le roi Louis IV disait, en 936, de Hugues le Grand qu'il était le second après lui dans tout le royaume. Le titre de duc des Francs comporte donc, de l'aveu même du roi, un pouvoir sur l'ensemble du royaume et non sur une seule région. Les aspects de ce pouvoir apparaissent dans les actions des Robertiens. Tout d'abord, le duc des Francs remplit une charge militaire dans tout le royaume, comme jadis Charles Martel : il lève les contingents, conduit l'armée royale, veille à la défense du pays. En 978, au moment du conflit entre le roi Lothaire et Otton de Germanie au sujet de la Lotharingie, Hugues, à la tête de l'armée, entre à Aix-la-Chapelle et déloge Otton du palais de Charlemagne. Sa mission de chef de l'armée royale ne fait alors aucun doute. De même, lors de l'invasion du royaume par ce même Otton, il défend seul Paris, tandis que Lothaire est replié à Étampes. Aussi, après 983, lorsque Lothaire veut engager des combats sans le conseil ni le secours de Hugues, il est non seulement moins heureux dans la guerre mais désapprouvé par tous.

Le titre de duc des Francs faisait en effet de son titulaire non seulement le stratège du peuple franc et de son roi, mais aussi le premier conseiller royal. Entendu avant les autres grands, il dirigeait et exposait au roi les réponses de tous. Il se montra jaloux de cette prérogative. Robert avait pris ombrage des divers conseillers de Charles le Simple : l'archevêque de Reims, Foulques, le Lorrain Haganon. Les grands du royaume avaient dans l'ensemble partagé ce mécontentement. Hugues le Grand, ensuite, n'avait pas admis la préférence du roi pour Guillaume de Normandie. Hugues Capet lui-même, après 980, ressentit comme un affront le détachement du roi qui l'écarta des décisions politiques. Les grands de l'entourage robertien s'indignèrent d'un procédé qu'ils assimilèrent à une trahison. Le duc des Francs, chef d'armée, premier conseiller royal, porte-parole de l'aristocratie, est muni de droits qui lui sont propres et lui confèrent une réelle puissance dans le royaume, à côté du roi.

En dehors de ces titres, entouré de ses grands, il possède une force que le roi peut lui envier : Gerbert ne dit-il pas, en 984, que le véritable roi est Hugues ? Ses fidèles lui sont attachés par des liens qu'il aime leur rappeler. Ils sont encouragés à lui donner l'aide et le conseil. Sa parentèle est aussi prestigieuse que celle du roi : Otton, Lothaire et Hugues sont cousins germains. Ses frères et sœurs, mariés en Bourgogne et en Normandie, lui assurent le soutien des princes territoriaux les plus puissants et lui-même épouse, vers 970, Adélaïde d'Aquitaine. Les lignages bourguignons, normands, aquitains, vermandois, flamands, toulousains, catalans ou gascons sont tous liés les uns aux autres et dessinent les contours du royaume. Hugues Capet est comme le point de convergence de cette aristocratie et, par elle, des plus petits lignages régionaux, voire locaux. L'histoire du Xe siècle le dit « père » de l'aristocratie et insiste sur ses alliances tandis qu'elle n'évoque guère ses origines, car ce n'était pas l'usage de ce temps. La place d'un grand dans la distribution des pouvoirs depuis la naissance du royaume, c'est-à-dire depuis le règne de Charles le Chauve, était seule importante. Le duc Hugues exerce un pouvoir dont l'origine est carolingienne et il le fait avec l'accord des princes : là est sa légitimité pour ses contemporains. Les titres de comte et marquis, puis de duc ont été accordés à Hugues et à ses prédécesseurs depuis 850 au moins, par les rois carolingiens : aussi la fidélité de Hugues à l'égard de Lothaire ne s'est-elle jamais démentie.

Sa fidélité résista à toutes sortes de décisions royales dont certaines auraient pu l'irriter. Bien plus, il sembla ne conserver aucune rancune contre le roi après que celui-ci lui eut dressé un guet-apens. Hugues et Otton avaient eu des entretiens à Rome au printemps 981. Lothaire prépara ses filets et diffusa des ordres pour capturer le duc sur le chemin du retour. Hugues chercha son salut dans un déguisement qu'un aubergiste trop curieux finit par deviner ; mais il sut l'éconduire en s'échappant à bride abattue, dans la nuit, du relais qui aurait pu lui être fatal. Malgré cela, dès son retour, il se rendit auprès du roi et l'entoura. Cette attitude de fidélité lui valut l'admiration des grands. Hugues n'a jamais renié les origines carolingiennes de son pouvoir ; il n'a jamais refusé son service au roi.

D'un autre côté, ce service est rendu difficile par les choix politiques du roi qui ne sont pas soutenus par l'opinion du royaume. Les derniers carolingiens s'obstinent dans une politique austrasienne, qui les concerne seuls. Pour reprendre possession d'Aix-la-Chapelle, ils oublient le reste du royaume, résidant le plus près possible de la zone convoitée qui absorbe toutes leurs énergies. Cette politique avait entraîné des désastres et n'était pas suivie par le groupe aristocratique, sensible aux réalités issues du traité de Verdun de 843. Hugues Capet est au centre de ce groupe pour lequel la France est occidentale, dessinée autour de l'Ile-de-France par les pays de l'ancienne Neustrie, constituée, au-delà, par ce qui a formé la *Francia*, l'*Aquitania* et la *Burgundia*. C'est ce qui apparaissait déjà dans une titulature du roi Raoul, de la parentèle robertienne (923-936) : « Raoul, Roi des Francs, des Aquitains et des Burgondes. » L'option du groupe aristocratique dans la définition de la France, longuement élaborée au cours d'un siècle et demi, et toujours soutenue par les Robertiens, est différente de celle du roi carolingien. Entre ces deux tendances, le siège archiépiscopal de Reims a toujours soutenu, jusqu'en 979 au moins, date du dernier sacre carolingien, la politique carolingienne. On pourrait penser qu'il y a à cela des causes multiples, telles que l'attachement inconditionnel du siège de Reims, depuis Hincmar, à la famille carolingienne, ou encore les rêves impériaux de ses titulaires, par tradition ecclésiastique ou parce que la province de Reims, si proche des terres d'Empire, avait à Verdun et Cambrai, alors en Lotharingie, deux évêchés suffragants. Mais si Reims venait à basculer vers l'option robertienne de la France, il n'y aurait plus aucune force véritable autour des Carolingiens.

Le bon roi Hugues

Le bon roi Hugues fut élu à Senlis, selon le moine Richer, par les princes de tous les peuples de France et l'assemblée des évêques, aux beaux jours de l'année 987. Ensuite, il reçut l'onction sacrée à Noyon, des mains de l'archevêque Adalbéron de Reims, dans la plus grande sérénité.

Depuis quelques années déjà, l'archevêque Adalbéron s'était rapproché des Robertiens. Son parent, Frédéric de Bar, avait épousé Béatrice, sœur de Hugues Capet. Adalbéron appartenait à une puissante famille bien représentée en Lotharingie, à Metz et Verdun notamment. Or ce prélat avait la plus grande méfiance vis-à-vis de la politique du roi Lothaire, politique qu'il jugeait hasardeuse.

En 983, l'Empire échut à Otton III, âgé de trois ans. Lothaire reprit avec plus d'ardeur ses visées orientales. Adalbéron, conseillé par l'écolâtre Gerbert, fit en décembre 984 une première ouverture à Hugues qui ne s'engagea pas, toujours fidèle au roi. En mars 985, la rupture fut consommée entre Lothaire et Adalbéron qui refusa le service armé au roi pour l'attaque de Verdun. Hugues n'eut pas de choix à faire, le roi ne lui ayant rien demandé bien qu'il se trouvât de plus en plus isolé, sa politique étant jugée dangereuse par une grande partie de l'opinion. Lothaire considéra le refus de service d'Adalbéron comme une trahison et voulut le mettre en jugement dans le plaid qu'il réunit à Compiègne. Mais il mourut avant de l'avoir conclu, le 2 mars 986. Son fils Louis V lui succéda dans l'ensemble de ses entreprises et soutint maladroitement l'accusation contre le prélat de Reims qu'il invita à se justifier au plaid de mai 987. L'assemblée s'ouvrait lorsque le jeune roi, en chasse dans la forêt de Senlis, mourut accidentellement, sans descendance (22 mai 987). La succession au trône de France était ouverte.

Les grands, réunis à Compiègne pour juger Adalbéron, se séparèrent parce que personne n'avait repris l'accusation. Selon l'ordre des choses, Hugues Capet, qui était le second dans le royaume, confia à Adalbéron le soin de convoquer une nouvelle assemblée. Elle eut lieu à Senlis quelques jours plus tard et s'appliqua au choix d'un roi.

Adalbéron conseilla d'écarter de la royauté le dernier Carolingien, Charles de Basse-Lorraine, et donna divers arguments. En fait, il est essentiel de noter que Charles, fils de Louis IV, avait été oublié dans le partage des territoires, pourtant traditionnel chez les Francs, au moment de l'accession au pouvoir de Lothaire (954). Charles, de ce fait, n'a pas de légitimité carolingienne, pour des raisons qu'aucun historien de ce temps n'a consignées. Il est, en outre, vassal de l'Empereur qui lui a remis la Basse-Lorraine. Avec lui renaîtraient les jours les plus sombres de la politique lotharingienne dont tout le pays était las.

Plus importantes sont les raisons qui ont présidé au choix de Hugues. On peut invoquer les précédents : il appartient à une famille qui a déjà donné trois rois au royaume. Mais il ne s'agit plus tout à fait de la même chose. Les trois premiers Robertiens ont été consacrés par l'archevêque de Sens dont dépendait le siège de Paris où, depuis Eudes, les Robertiens assumaient la charge comtale. Chacun de ces sacres avait été difficilement admis par l'archevêque de Reims. En 987, la nouveauté est grande puisque c'est bien l'archevêque de Reims qui officia à Noyon, vieille cité carolingienne proche du palais de Compiègne, le dimanche 3 juillet sans doute. Le sacre de Hugues revêt une autre signification que les sacres de ses ancêtres. Élection et sacre de 987 sont deux événements importants dont les contemporains mesurèrent toute la portée. Hugues a été investi du pouvoir royal par l'aristocratie, par la puissante maison de Cluny, favorable aux Robertiens depuis sa fondation, et par une partie de l'épiscopat. Ses qualités personnelles sont mises en avant par les sources : noblesse physique, maturité d'esprit, honneur, magnanimité. Elles étaient nécessaires mais point suffisantes. Lorsque Richer fait dire à Adalbéron que Hugues « est garant du bonheur de la France, de sa prospérité », on conçoit les raisons essentielles du choix. On ne peut manquer d'évoquer la paix qu'il est assuré d'apporter du côté lotharingien. Aussi le nouveau roi pouvait-il écrire, dès son avènement, que le royaume jouissait de la tranquillité.

Son règne, qui ne dura que neuf ans, a laissé peu d'archives. Il a été troublé, mais non du fait du roi, par la question lotharingienne devenue question carolingienne. Charles, le candidat carolingien évincé, tentait dès 988 de s'emparer de Laon, et il mena plusieurs combats, ralliant quelques indécis. En 991 il fut capturé et incarcéré à Orléans où il mourut. Ses enfants ne revendiquèrent jamais une succession à laquelle, depuis 954, ils n'avaient plus droit. Mais un bâtard de Lothaire, Arnoul, créa encore quelques troubles. En effet, le siège épiscopal de Reims étant devenu vacant en 989 par le décès d'Adalbéron, Hugues y fit installer Arnoul. Celui-ci se révéla rapidement dangereux pour la paix de sa ville et celle du royaume : il fallut convoquer conciles et synodes pour mettre fin à ses intrigues rémoises en 991. Le lignage robertien était alors fermement en place, d'autant que, dès la Noël 987, Hugues avait fait procéder au sacre de son fils, Robert, par l'archevêque Adalbéron. Il reprenait, ce faisant, le geste du carolingien Lothaire, lequel avait fait sacrer son fils en 979, geste qui n'avait déjà rien de nouveau.

Hugues comprend la royauté qu'il exerce comme un ministère plein et fort. Si dans son domaine propre, en pays neustrien, comtes et vicomtes acquièrent de plus en plus de puissance, appuyés sur leurs forteresses, on ne peut imputer ce phénomène à son gouvernement. Il est général et se retrouve, semblable, dans toutes les principautés. Si, dans le royaume, on observe l'action de princes portant généralement le titre ducal, assurant régionalement et héréditairement un pouvoir efficace au sein de leurs territoires (*regna*), on ne peut y voir la volonté ou le laisser-faire du roi. Les principautés se sont formées au sein du monde carolingien, et leur mise en place a commencé depuis la fin du IXe siècle. La référence du pouvoir des princes est le pouvoir carolingien. Hugues n'a pas favorisé les principautés. Il les a trouvées en plein épanouissement. On perçoit, en revanche, quelques actions qui tendent à freiner leur multiplication, en Anjou et en Champagne par exemple. Dans l'ensemble du royaume sa politique tend à assurer son pouvoir sur des hommages qu'il quête incontestablement : dans une lettre au comte Borel, la demande d'hommage n'est pas mentionnée moins de trois fois, et il en est de même à l'égard du prélat de Sens, Séguin, à qui il demande instamment une promesse. Derrière les princes, il aimerait voir des vassaux, et derrière les principautés, si possible, des fiefs. La réalité était encore autre, mais il est le premier, par une politique qui sera reprise plus largement par son fils et ses successeurs, à tenter d'appuyer la royauté sur de nouvelles forces.

En 888, lorsque le Robertien Eudes devint roi des Francs, Réginon de Prüm remarquait que le royaume avait pris un roi en son sein. Pendant un siècle, ensuite, la France s'est constituée, dans ses contours, ses traditions, ses paysages châtelains, paroissiaux ou urbains. Après les grands empires, romain et carolingien, le royaume retrouvait, sinon le nom, du moins les anciennes limites approximatives de la Gaule : cela faisait assurément une partie de sa force. Mais il n'y eut pas de rupture avec le monde carolingien finissant. On ne retrancha rien du passé. C'est bien l'institution royale carolingienne que reçut Hugues. La souche carolingienne, consacrée, seule destinée à la royauté par la papauté en 754, resta vivante dans le nouveau roi dont la grand-mère, Béatrice de Vermandois, était une descendante directe de Charlemagne. Le sacre et la promesse qui l'accompagne, la désignation anticipée du successeur, le rôle reconnu à l'aristocratie dans le gouvernement du royaume comme dans le choix du roi étaient déjà des traits de la royauté carolingienne, de même que la participation de tous, chacun selon sa vocation, à la sauvegarde de la France. En 987, toutes ces forces se sont consolidées autour de Hugues Capet, roi d'une France riche de ses provinces, de l'unité de son histoire et d'une identité qu'elle vient d'affirmer.

Renée MUSSOT-GOULARD.

AUX ORIGINES DE LA FORTUNE CAPÉTIENNE : L'HÉRITAGE MÉROVINGIEN ET CAROLINGIEN

Les deux dynasties qui eurent le mérite d'implanter pour la première fois le pouvoir monarchique sur notre sol, et qui léguèrent tant aux Capétiens, sont méconnues du grand public. Le profane s'étonne lorsqu'on souligne devant lui la très grande durée de la période franque : cinq siècles, soit un demi-millénaire sans lequel le millénaire capétien n'existerait pas (481-751, presque trois siècles, pour les Mérovingiens ; 751-987 pour les Carolingiens).

La représentation étriquée de ces siècles si importants vient peut-être de ceux qui les ont décrits : des ecclésiastiques pour la plupart, les seuls qui eussent tant soit peu de culture. Mais le revers est que les clercs qui tenaient la plume n'observaient ni n'écrivaient comme Thucydide, Tacite ou Machiavel. Ils décrivent donc souvent les événements en moralistes, sinon en théologiens. Le grand historien des premiers rois mérovingiens, l'évêque Grégoire de Tours, ne voit dans la justice qu'un attribut de la miséricorde : la charité doit éclipser la fiscalité, et dès lors c'est un crime horrible que de vouloir maintenir les impôts. Le salut de l'homme privé y gagnerait peut-être, mais quel pouvoir résisterait à une description sous-tendue par de telles idées ! Une autre optique s'impose pour réhabiliter ces premiers rois.

Si les Mérovingiens sont défavorisés par la mentalité de leurs historiens-clercs, pour qui la cité terrestre n'est pas la finalité première, ils souffrent aussi de l'idée sommaire mais tenace qui oppose barbarie et civilisation romaine. En réalité, procéder ainsi revient à occulter la période du Bas-Empire et sauter uniment du IIe siècle — de la *pax romana* — aux Ve et VIe siècles, lorsque les barbares ont envahi l'Empire. Fustel de Coulanges déjà avait insisté avec raison sur l'importance du Bas-Empire, marquant les différences et les continuités avec le monde romain. Cette réflexion, affinée par des études récentes, démontre que la barbarie ne date pas de la chute de Rome. De même, on rappellera que des phénomènes majeurs et bénéfiques de l'époque franque (notamment une partie des institutions ecclésiastiques) remontent sans aucune hésitation possible au Bas-Empire.

Les cadres chronologiques, eux, sont plus nets. Le renvoi des insignes impériaux à Byzance en 476 marque sans doute la fin de l'Empire d'Occident, mais cette date n'a qu'une signification relative au regard de ses conséquences réelles. Déjà de puissants royaumes barbares s'étaient implantés dans le cadre géographique impérial. Pour s'en tenir à la Gaule, il s'agit des Wisigoths, dont le poids politique culmine dans la seconde moitié du Ve siècle, et des Burgondes. Pourtant ce sont les Francs qui ont définitivement marqué notre pays. En quelques décennies, les rois mérovingiens, à la suite de Clovis (481-511), le soumettent progressivement. Leur conquête est favorisée par la conversion de Clovis au catholicisme. Cet acte religieux fut un succès politique. En face de lui, les autres rois barbares étaient ariens. Les rois wisigoths allaient même jusqu'à persécuter, au nom de leur hérésie, l'épiscopat et les populations catholiques. Il n'est pas étonnant, dans ces conditions, que Clovis fût bien accueilli en Aquitaine après la victoire de Vouillé en 507.

Selon la pratique germanique, les fils de Clovis se partagent l'héritage paternel ; mais, contrairement à une vision assez répandue, ils ne règnent pas sur « des terres encombrées des ruines des "grandes invasions", mais [sur] des royaumes pleins de vitalité sur le plan politique et ecclésiastique »[1]. L'essor architectural encouragé par les rois est indéniable : Clovis fait construire l'église des Saints-Apôtres devenue Sainte-Geneviève, Childebert fonde Saint-Germain-des-Prés. K.-F. Werner insiste à juste titre sur l'âge d'or que représente le VIIe siècle. Une explosion religieuse sans précédent couvre la Gaule de monastères qui suivent la règle celtique de saint Colomban, plus ou moins latinisée et humanisée par celle de saint Benoît.

L'Histoire a retenu les rivalités royales, parfois féroces (éliminations de frères ou de neveux par des proches avides de puissance), mais somme toute pas plus cruelles que dans l'Empire romain. Elle se souvient aussi du morcellement progressif du *regnum* en

[1] K.-F. Werner, *Les origines (avant l'an mil)*, t. I de l'*Histoire de France* publiée sous la direction de J. Favier, Paris, 1984, p. 311.

quatre grandes unités politiques : Austrasie (Est et Rhin), Neustrie (axée sur la Loire), Burgondie, et Aquitaine (de la Loire aux Pyrénées). Quartiers qui seront réunifiés à deux reprises seulement : par Clotaire Ier (558-561), puis par Clotaire II et son fils Dagobert (613-639). Pourtant ces partages n'éliminent pas toute concertation entre les *reges criniti* (appelés ainsi à cause de leur longue chevelure qui symbolise le pouvoir), prédestinés par leur naissance à gouverner le *regnum Francorum* (le nom est conservé à l'ensemble territorial). Ces alliances naturelles se manifestent, par exemple, lors de la défense des frontières — car le *regnum* conserve une réalité qui surpasse les particularismes et les intérêts passagers.

Dans ce climat, les clientèles politiques se font et se défont, et, après Dagobert, le pouvoir royal finit par tomber totalement sous la coupe des Pippinides, puissante famille austrasienne qui s'était rendue maîtresse de l'importante fonction de maire du palais en Neustrie et en Austrasie. Le prestige obtenu en 732 à Poitiers par Charles Martel est exploité par son fils Pépin le Bref, seul défenseur possible de l'Occident contre les Arabes. Après s'être assuré de l'appui pontifical, il dépose le dernier Mérovingien en 751. Pour effacer son usurpation et légitimer ce coup de force, il aura par deux fois recours au sacre (en 751 et en 754), lequel entre ainsi dans notre histoire et entame une longue destinée sur notre sol. Caractérisé par une onction d'huile sainte qui donne charisme à celui qui la reçoit, le sacre, inspiré de l'Ancien Testament, est un apport majeur des Carolingiens à leurs successeurs. Cette nouvelle dynastie est représentée à ses débuts par des chefs de guerre remarquables : Pépin le Bref, puis Charlemagne (couronné empereur en 800). Ils étendront leur pouvoir sur environ un million de kilomètres carrés, du nord de l'Espagne et de l'Italie jusqu'à l'Elbe, englobant ainsi une grande partie de cette Germanie qui avait écrasé en l'an 9 de notre ère les légions de Varus. A huit siècles de distance, la civilisation romaine devenue chrétienne prend sa revanche sur Arminius. En même temps que cet empire se constitue, l'axe politique de l'Occident achève de se déplacer de la Méditerranée au Rhin.

Le règne de Charlemagne marque l'apogée de la dynastie. Eginhard nous transmet l'image du grand empereur épris de culture ; mais, pour être précis, on doit ajouter que la renaissance carolingienne s'épanouit sous Louis le Pieux et encore sous Charles le Chauve. Par ailleurs, une nouvelle approche des sources révèle une économie beaucoup plus productive et organisée qu'on ne l'a longtemps cru (J. Durliat et A. Verhulst).

Toute remarquable qu'elle soit, cette construction politique sera minée par plusieurs facteurs : les invasions normandes tout d'abord, dont l'effet sera amplifié par la maladie endémique et congénitale du monde franc, à savoir la pratique des partages qui nourrit le jeu des clientèles. Le traité de Verdun de 843 prétend mettre fin aux luttes fratricides entre les fils de Louis le Pieux, en consommant la dislocation de l'Empire en trois royaumes : la *Francia occidentalis*, futur royaume de France, échoit à Charles le Chauve, la *Francia orientalis* à Louis le Germanique, et, entre les deux, la partie de Lothaire, étroite mais prestigieuse puisqu'elle réunit les deux capitales : Aix-la-Chapelle et Rome.

Si les bienfaits que représentent pour l'essor de la Gaule la catholicité de ses rois et le sacre sont relativement bien connus, d'autres aspects tout aussi importants pour l'avenir des Capétiens sont rarement mis en lumière. Parmi ceux-ci nous retiendrons : l'attachement au principe dynastique, l'exaltation du titre royal, enfin les engagements du sacre et la conception du pouvoir.

L'attachement au principe dynastique

M. Reydellet note finement que ce principe, découlant des pratiques mérovingiennes, et qui nous paraît évident pour l'avoir connu pendant treize siècles, ne l'était pas à l'origine. En effet, que l'on se tourne vers Rome ou vers les autres royautés barbares, l'hérédité n'est pas le mode habituel d'accession au pouvoir. Déjà pour Pline le Jeune, l'Empire doit appartenir à celui qui le mérite ; mais ce type de dévolution, apparemment séduisant, présenta en fait de graves inconvénients. Chez les Vandales, Genséric instaure à sa mort (477) un système relativement compliqué qui élimine la tradition du partage familial pour assurer l'unité de commandement. La transmission du pouvoir s'effectue uniquement en ligne masculine ; l'aîné des princes de la deuxième génération n'accède au titre royal qu'après la disparition du dernier survivant de la première. Ceci entraîne des crises lorsque le roi cherche à instaurer l'hérédité en ligne directe ; ainsi, malgré ses tentatives, Huniric ne peut empêcher que ses neveux Gunthamund et Thrasamund lui succèdent avant que son propre fils ne règne. Toutefois, nous ne pouvons suivre l'expérience vandale que durant quelques décennies puisque cette lignée est éliminée en 533 par la reconquête byzantine. L'Espagne wisigothique connaît une destinée beaucoup plus longue et nous montre la rivalité des grandes familles pour le pouvoir. Parfois un roi cherche à associer au trône son frère ou ses fils, mais les essais échouent très rapidement. Si, à la fin du VIe siècle, on peut croire que l'hérédité va l'emporter avec les fils de Léogivile, l'aventure se termine mal pour Herménégild dont la conversion au catholicisme est perçue comme une trahison, et elle ne va pas au-delà de 601, date de la mort de son frère Récarède. Il faut d'ailleurs souligner que des rois fort appréciés et reconnus comme remarquables seront renversés et qualifiés de tyrans pour avoir voulu transmettre le pouvoir à leur fils. C'est le cas de Svintila, honni par le IVe concile de Tolède.

Cette histoire tumultueuse reflète donc des tentatives infructueuses pour essayer d'acclimater l'hérédité dynastique, tentatives toujours bouleversées par la pression des grands.

La situation est bien différente chez les Mérovingiens où l'on constate un très fort attachement au principe dynastique, aussi bien de la part de l'aristocratie que de celle des populations gallo-franques. Peut-être aussi les panégyristes gaulois de la fin du IIIe et du début du IVe siècle avaient-ils bien préparé les esprits des sénateurs gallo-romains à l'hérédité, favorisant ainsi son acceptation sans difficulté dans le *regnum Francorum*. Mais au-delà de cette empreinte, la vision chrétienne de l'histoire, liée à la conversion de Clovis, rejoint l'idée germanique d'une prédestination de la race royale à mener les destinées du peuple des Francs.

Ce sentiment se reflète dans les poèmes de Fortunat et dans l'œuvre de Grégoire de Tours. La race de Mérovée et de Clovis a seule le pouvoir de protéger les Francs et ce serait une malédiction de la voir s'éteindre. On voit éclater cette croyance dans le souhait exprimé par « les personnages les plus considérables [...] de Soissons et de Meaux » qui sollicitent du roi Childebert II la présence d'un enfant royal afin, disent-ils, « que possédant chez nous un rejeton de ta lignée, nous résistions plus facilement aux ennemis, et que nous nous attachions plus vigoureusement à défendre le territoire de la ville ». Pourtant cet enfant n'avait que cinq ans !

Les liens tissés avec les Mérovingiens se manifestent aussi dans les difficultés rencontrées par les Pippinides lors de leur longue préparation du changement dynastique. Un coup d'essai est tenté par le maire du palais Grimoald (fils de Pépin l'Ancien) au milieu du VIIe siècle : il fait adopter son fils Childebert dit « l'Adopté » par le roi Sigebert III, alors sans descendance ; et lorsque celui-ci aura un fils, Grimoald l'écartera au moment de la succession. Mais cette expérience se soldera finalement par un échec et il faudra attendre presque un siècle pour que les Pippinides éliminent définitivement les descendants de Clovis.

A leur tour les Carolingiens appliqueront ce principe dynastique, lequel sera repris après quelques vicissitudes par les Capétiens qui hériteront ainsi d'un capital politique inappréciable. La durée, en effet, engendre la stabilité. Et c'est précisément la stabilité des institutions françaises que Machiavel nous enviera lorsque, écrivant *Le Prince*, il essaiera de conjurer le désordre de l'Italie de la Renaissance.

L'exaltation du titre royal

Des deux dynasties qui les ont précédés, les rois de la troisième race ont aussi repris un titre qui s'était progressivement enrichi d'un lustre remarquable : la *regia dignitas*. Il est bien connu que c'est elle qui permit aux premiers Capétiens de s'élever au-dessus de la médiocre condition politique dans laquelle leur extrême faiblesse les plaçait, et d'obtenir une considération, certes relative, de la part de chefs territoriaux plus puissants.

Déjà, au XIe siècle, Guillaume le Conquérant, au plus fort de conflits avec Henri Ier, manifestait du respect pour la dignité royale. Et, un siècle plus tard, Henri II Plantegenêt, roi d'Angleterre et maître par ses fiefs aquitain, normand et angevin de la moitié ouest du royaume, renonce à attaquer le comte de Toulouse lorsqu'il apprend que le roi de France en personne est venu protéger son vassal.

La question reste de savoir à travers quel cheminement le titre royal a acquis cet éclat que l'empereur romain possédait. On sait qu'à Rome, après la chute des Tarquins, la notion de royauté était restée très dévaluée pendant toute l'époque républicaine. Or elle va perdre progressivement de son discrédit pendant l'Empire sous l'influence, entre autres, de la pensée hellénistique.

L'un des paliers de cette transformation se devine à travers le récit que fait Sulpice Sévère d'une vision de saint Martin. Pour le tenter, Satan lui apparaît sous les traits du Christ-Empereur — les chrétiens n'avaient-ils pas cultivé cet attribut depuis la conversion de Constantin ? Mais l'apôtre des Gaules démasque cette apparition en disant qu'il ne croit qu'au Christ-Roi, c'est-à-dire au Christ de la Passion. Ainsi, au cours du IVe siècle, cette royauté que le Fils de Dieu avait revendiquée devant Pilate devient un thème théologique qui nourrit la spiritualité chrétienne. Et ce serait par là que le christianisme aurait relevé le titre de roi trop longtemps éclipsé par celui d'empereur. De fait, on ne trouve plus, au début du Ve siècle, aucune mention péjorative. La réhabilitation est totale.

Cependant, la royauté acquiert ses lettres de noblesse définitives avec le baptême de Clovis. Nous en voulons pour preuve les félicitations que l'évêque Avit de Vienne adresse au roi et qui traduisent de manière indiscutable la pensée de l'épiscopat des Gaules. Une telle missive est d'autant plus significative que saint Avit exerce son ministère en pays arien, chez les Burgondes. Pour lui, jusqu'alors, l'Orient détenait le flambeau du catholicisme tandis que l'Occident, gouverné par des rois païens ou hérétiques, ne recevait que les reflets de la lumière orientale ; traduit en termes politiques, cela accentuait le décalage hiérarchique entre les rois et l'Empereur parce qu'il y a un abîme entre l'hérésie et l'orthodoxie. Or, voici qu'« Avit découvre à travers l'exemple de Clovis cette vérité nouvelle : désormais les *reges* de l'Occident peuvent remplir à l'égard de la foi le même rôle que, depuis longtemps, remplit l'Empereur. Par l'adoption du christianisme, la royauté devient, au moins en ce qui concerne la religion, une forme de gouvernement conforme à l'idéal romain. Clovis est donc le créateur, l'*auctor*, d'une royauté nouvelle qui a rompu avec le modèle germanique pour se rapprocher du modèle romain. [...] Ce faisant, il trace la route aux autres rois d'Occident [1]. »

Le ministère royal et les engagements du sacre

Lors du changement dynastique de 751, l'introduction du sacre auréole définitivement le titre royal. La catholicité des rois mérovingiens, si importante pour le prestige de la royauté, n'était pas seulement une adhésion personnelle au symbole de Nicée. Cela imprégnait la fonction qui se conformait de plus en plus à l'idée que les doctrinaires ecclésiastiques s'en faisaient. De grands évêques n'hésitaient pas à s'instituer pédagogues

---

[1] M. Reydellet, *La royauté dans la littérature latine de Sidoine Apollinaire à Isidore de Séville*, Paris, 1981, pp. 38 et 113.

pour enseigner aux rois la piété et l'humilité qui doivent éclairer leur responsabilité de princes chrétiens. Cette tradition inaugurée par saint Remi fut illustrée notamment par Aurélien d'Arles à l'égard de Théodebert Ier.

Grégoire de Tours nous a conservé les termes de son exhortation à Chilpéric : « Si l'un de nous, ô roi, a voulu s'écarter du sentier de la justice, il peut être ramené par toi dans le droit chemin ; mais si c'est toi qui t'en écartes, qui te reprendra ? Nous te parlons et, si tu le veux, tu nous écoutes ; mais si tu ne le veux pas, qui te condamnera, si ce n'est Celui qui a déclaré qu'Il est la justice ? » Cette considération de l'épiscopat est tout à fait remarquable parce qu'elle dissipe la vision moderne d'une monarchie sans lustre et sans but. A Rome, le pape Grégoire le Grand lui-même, pourtant élevé dans le climat de la reconquête byzantine, s'il n'est pas aussi révérencieux, n'a pas à l'égard des royautés barbares (franques et wisigothiques depuis leur conversion) l'attitude méprisante qu'on a coutume de lui prêter. Au demeurant le mot *ministerium* apparaît au IVe concile de Tolède (633) ; une invention qui fera fortune puisque tous les écrivains carolingiens insisteront sur l'importance de la fonction royale.

L'idéal de justice, de paix, de concorde et d'unanimité que doit réaliser le roi, et qui sera véhiculé par les capitulaires, procède du programme de gouvernement proposé par Alcuin à Charlemagne, la veille du couronnement impérial, pour remédier aux troubles que traversaient l'Eglise et la société. Sous Louis le Pieux, le même rôle sera rempli par l'évêque d'Orléans, Jonas, qui ordonnera, dans son *De institutione regia*, le sens du ministère royal autour de deux pôles : assurer la défense des églises et des faibles, gouverner avec équité et justice.

Avec le partage de Verdun (843) et les crises qui suivent la difficile élaboration de ce traité, la responsabilité du roi, influencée par les circonstances politiques, prend un tour différent. Nithard, donnant un tableau frappant de la désagrégation engendrée par les luttes des fils de Louis le Pieux entre eux, ne dénonce-t-il pas la folie qu'il y a à négliger l'intérêt public ? « Au temps de Charlemagne [...] comme le peuple marchait dans une voie droite, [...] la paix et la concorde régnaient en tous lieux ; mais, à présent, au contraire, comme chacun suit le sentier qui lui plaît, de tous côtés les discussions et les querelles se manifestent. » Sentiment identique chez Loup de Ferrière qui souhaite que le roi mette fin aux tensions anarchiques : « Que tous aient la notion que la commune utilité et l'intérêt général vous sont chers entre tout, pour que tous s'efforcent à l'envie de vous préférer à eux-mêmes[1]. »

Mais pour ce faire il ne s'agit plus d'imposer — cela n'est guère possible — mais de composer. Charles le Chauve, maître de la *Francia occidentalis*, s'engage dans cette voie pour assurer la paix. Il inaugure une politique contractuelle tant avec ses frères Lothaire et Louis qu'avec les grands laïcs et ecclésiastiques. Par ces accords, ces *convenientiae*, qui, d'esprit romain, procèdent des institutions aquitaines et doivent sans doute beaucoup à Hincmar de Reims, Charles le Chauve s'affranchit de l'emprise épiscopale qui avait pesé trop fort sur le règne de Louis le Pieux.

Jusqu'aux accords de Coulaines (843), tout l'effort de l'Eglise tendait à moraliser la fonction royale. A partir de cette date, l'accent est mis sur le rôle d'arbitre, de garant de la stabilité. Chacun dans la société doit respecter la loi divine et les lois humaines pour autant que celles-ci sont justes. Et le roi, le premier, doit s'effacer devant leur autorité ; Charles le Chauve ne promet pas autre chose à Coulaines : « J'accorde que, Dieu m'aidant, je respecterai la loi particulière de chacun, telle que l'ont connue ses ancêtres au temps de mes prédécesseurs. » Une nouvelle étape est franchie : le roi doit être le serviteur de la loi.

Ce même esprit inspire l'engagement du sacre que Charles le Chauve est le premier roi à prêter en 869 sous l'égide de l'archevêque de Reims. Qu'il s'agisse, à l'origine, d'une promesse (M. David) ou d'un serment (E. Magnou-Nortier), il sera repris par tous les Capétiens (exception faite pour Louis XVIII), et cette limitation volontaire que les rois acceptent scelle définitivement l'orientation de la monarchie : défense des églises, fidélité à l'égard des grands et du peuple, respect de la justice et maintien de la paix. C'est pourquoi on doit souscrire à l'appréciation d'E. Magnou-Nortier : « Charles est le premier [...] à fonder une monarchie qui, à la différence de la royauté mérovingienne et de la monarchie impériale carolingienne, si éphémère, devait traverser neuf siècles. Il faut redonner à ce règne toute la portée qu'il possède dans notre histoire[2]. »

En effet, la fonction des premiers Capétiens se définit dans

---

[1] Cf. J. Devisse, *Hincmar, archevêque de Reims, 845-882*, Genève, 1976, pp. 287 et suiv.

[2] E. Magnou-Nortier, *Foi et fidélité. Recherches sur l'évolution des liens personnels chez les Francs du* VIIe *au* IXe *siècle*, Toulouse, 1976, p. 98.

la droite ligne du ministère royal carolingien. Abbon de Fleury, contemporain de Hugues Capet, cite dans sa collection canonique un canon du concile de Paris de 829, inspiré par Jonas d'Orléans : « La justice du roi, c'est de n'opprimer injustement qui que ce soit, [...] d'être le défenseur des étrangers, des pupilles et des veuves, de réprimer les vols, punir les adultères [...] défendre les églises, nourrir les pauvres par des aumônes [...] vivre en Dieu pour tout. » Mais à l'instar aussi des conseillers de Charles le Chauve, il s'inquiète de l'insubordination des grands : « Comme la fonction du roi est de régler jusqu'au bout les affaires du royaume, comment pourra-t-il pourvoir à de telles tâches si les évêques et les grands ne sont pas d'accord avec lui ? Comment exercera-t-il sa fonction si les grands du royaume ne lui fournissent pas, par l'aide et le conseil, l'honneur et le respect qui lui sont dus avec toute la *reverentia* ? »

De ce voyage en pays franc, une leçon s'impose : le désir et le sens de la continuité. Par souci de légitimer leur pouvoir, mais aussi par admiration, les trois races royales chercheront à se rattacher à leurs prédécesseurs. Peut-être la progressive exaltation du *nomen* royal, qui acquiert un éclat quasiment aussi grand que le titre impérial, explique-t-elle ce culte des devanciers qui apparaît très vite chez les Carolingiens, puis chez les Capétiens. Les Mérovingiens mêmes en avaient usé. Ainsi Théodebert, petit-fils de Clovis, frappait des monnaies à son effigie, rompant avec le monopole impérial. Les Carolingiens utiliseront très tôt les noms royaux mérovingiens Clotaire et Clovis qui deviendront respectivement Lothaire et Louis. Et on connaît la fortune de ce grand nom royal jusqu'à la Révolution.

Ce même désir de fusion historique se traduit également par le rattachement généalogique à la dynastie précédente, cela dès le règne de Louis le Pieux où cette fiction connaît un vif succès. Les Capétiens à leur tour, mais avec plus de vérité, se flatteront du *reditus ad stirpem Karoli*. Sans attendre son expression définitive au XIIIe siècle, Hugues Capet et son fils ne magnifieront pas l'importance de l'élection de 987 pour mieux se considérer comme les continuateurs des Carolingiens et bénéficier du prestige royal attaché à la seconde race. Peut-être une réflexion instinctive et viscérale sur le pouvoir, sur les conditions de sa durée, les conduit-elle assez vite, après avoir supplanté les rois précédents, à rehausser leur image ; ce qu'un sociologue pourrait appeler la théorie de la paternité politique adoptive.

Quoi qu'il en soit, la filiation politique et religieuse est indubitable, et les Capétiens continueront l'œuvre de Clovis, Charlemagne et Charles le Chauve.

Jacqueline THIBAUT-PAYEN.

LES PREMIERS CAPÉTIENS ET LA FÉODALITÉ

Dans l'œuvre capétienne, le chapitre des rapports entre le roi et les grands aux trois premiers siècles de la dynastie est l'un des plus spectaculaires. Durant les décennies qui suivent l'année 987, le pouvoir du prince par rapport aux grands du royaume — qui constituent alors la féodalité dans tous les sens du terme — est extrêmement faible, pour des raisons profondes que la recherche historique récente a mieux discernées. A peine trois siècles plus tard, à partir du milieu du XIIIe siècle, le pouvoir royal commence à être en mesure de maîtriser les grands, quant à leurs fiefs et quant à leurs seigneuries. C'est un retournement complet qui, vers la fin du règne de saint Louis (1270), donne au roi une puissance virtuelle sur les grands telle qu'elle prépare, pour plus tard, les voies de l'absolutisme.

Il importe d'essayer de comprendre comment la chose a pu se faire, en appréhendant en chaque temps la place respective des grands et du roi et la nature exacte de leurs rapports ; en cessant d'imaginer que le renforcement de la prérogative du roi sur la féodalité ne soit toujours imputable qu'à des initiatives du roi ; et en acceptant l'idée que les grands eux-mêmes, en certains moments critiques, y ont contribué d'une manière décisive.

L'analyse, comme la trame de l'histoire, doit donc suivre les temps au fil des générations de rois, et marquer, en chacun d'eux, ce qu'est le roi et ce que sont les grands.

Hugues Capet, Robert le Pieux et Henri Ier (987-1060)

Dans le royaume franc de l'Ouest issu du traité de Verdun (843), qui va devenir, avec les premiers Capétiens, la France, un lignage avait prospéré à travers les difficultés de la royauté : les Robertiens. Déjà considérable auparavant, il avait acquis à partir des années 936 une primauté quasi officielle sur tous les grands avec le titre de *dux Francorum*. L'élection et le sacre de Hugues Capet comme roi dans l'été 987, à la mort du jeune Louis V, ont donc promu le personnage le plus puissant : plus puissant que les autres grands ; plus puissant que les derniers Carolingiens, rois en titre.

Et pourtant Hugues Capet, devenu roi et ayant installé la dynastie capétienne par le sacre anticipé de son fils Robert dès la fin 987, a bien dû reconnaître combien il était en position de faiblesse par rapport aux grands, plus encore que ne l'avaient été les derniers rois carolingiens. Il faut ici jeter un peu de lumière sur cet apparent paradoxe.

C'est d'abord affaire de constitution politique. La tradition carolingienne, issue de Charlemagne puis de Louis le Pieux son fils, voulait que le roi, par son ban, commandât à tous ses sujets, tant nobles que roturiers, et à ses agents, titulaires d'une partie de son propre ministère, d'une charge publique ou *honor*. Avec l'affaiblissement ultérieur de la royauté en *Francia* de l'Ouest, les plus importants des grands avaient reçu du roi, chacun en tant que *princeps*, une principauté généralement héréditaire et autonome. Puis, dans le cours du Xe siècle, certaines de ces principautés s'étaient dissociées à leur tour en partie, donnant naissance à des principautés secondaires. Mais lors de cette double dissociation, la notion d'*honor*, partie du ministère royal, était restée intacte : le *princeps* en sa principauté commandait à la hiérarchie des agents publics (comte, vicomte, viguier) comme le roi l'eût fait lui-même : de même commandait-il à tous, nobles et roturiers.

A l'époque de l'accession de Hugues Capet, cette constitution politique s'est transformée. D'un côté les roturiers, hier soumis à la justice publique au chef-lieu de viguerie, ont été amenés à reconnaître comme leur seigneur, à partir d'une place forte voisine, le maître de cette place, assez puissant pour les contraindre, leur fournir justice et les protéger. Ils ont ainsi été encadrés en coutume par la seigneurie banale, avec l'idée qu'une fois admise, cette seigneurie, par la force du précédent, devait demeurer. A part le cas de places fortes du domaine royal que le roi avait pu garder en sa maîtrise, ce nouvel encadrement politique, par son fondement purement local et coutumier, ne devait absolument rien au roi. Cette seigneurie est propre au seigneur, c'est lui seul qui la commande. Sauf le cas de châteaux restés au roi, où ce dernier a pu devenir seigneur de ban, tout roturier inclus dans une seigneurie banale n'est plus, du point de vue politique, un sujet du roi : il n'est assujetti qu'à son propre seigneur, ou plutôt au prévôt ou autre ministérial de ce dernier. Pour le Capétien, cette floraison de seigneuries banales constitue une sorte d'amputation politique.

Dans le même temps s'accomplit la transformation du statut sociopolitique des grands. Au moment où certains d'entre eux s'arrogent en coutume, à partir d'une place forte, le pouvoir de commander aux roturiers, toute la catégorie sociale que constituent les nobles — ceux dont les ancêtres avaient détenu des *honores* à l'âge antérieur — s'attribue une pleine liberté politique : par rapport au roi, au *princeps*, au comte, vicomte, viguier, le noble n'a plus à obéir à l'injonction d'aucun ban ; il n'a plus à se soumettre, si ce n'est de son plein gré, à aucune justice ; il est libre en tout d'agir à sa guise, et, notamment, libre de combattre (sauf les limites prescrites par les évêques dans les conciles de paix des années 989-994). Pour le Capétien, on devine l'importance de cette transformation. Cette amputation de son ban est au moins aussi grave que la précédente. A tenir compte de l'une et de l'autre, on mesure le handicap que le changement de constitution politique du royaume a fait peser sur les tout premiers Capétiens.

Mais la faiblesse de ces rois tient aussi à un changement de structure de la vassalité. La tradition carolingienne avait rapproché du roi tous ceux des grands qui, en lui faisant hommage par dation des mains, devenaient ses vassaux, recevant de lui un bénéfice et lui devant un service spécifique. Dans le même temps, la vassalité s'était répandue entre grands. Puis, de génération en génération, l'habitude s'était prise, pour chaque lignage vassal, de prêter hommage soit au roi, soit à tel lignage de grands, avec, en règle, la conservation du bénéfice par le lignage vassal. Or, vers la fin du Xe siècle, ces traditions tombent progressivement en désuétude. Même quand un lignage continue de prêter hommage soit au roi, soit à quelque lignage de grands, ce lignage vassal, dans de nombreux cas, n'a plus conscience de devoir son bien à cette dépendance : le bénéfice anciennement concédé n'est plus considéré que comme un bien reçu des ancêtres, c'est-à-dire un alleu. Dans cette vague de dissociation politique, même ceux qui, encore aux derniers temps carolingiens, devaient leurs *honores* au lien de vassalité établi entre eux et le roi, ou le *princeps*, ou tel autre grand, sont amenés, dans les régions étrangères au domaine royal, à considérer qu'ils ne tiennent ces *honores* que de leurs ancêtres. Ainsi, le comte d'Anjou. Encore en 966, à un moment où il lui est redevenu fidèle, Geoffroy Grisegonelle, vassal du duc Hugues Capet, déclare tenir de lui le comté. A partir de 987, comme tout au long du XIe siècle, le comte, comme vassal du roi capétien, n'avoue jamais tenir de lui le comté, mais seulement des droits, le plus souvent modestes, portant sur des parties du domaine royal. Aussi bien, en dehors de ce dernier — comme on le verra —, ce n'est que de manière exceptionnelle que la prérogative du roi sur les *honores* de ses grands vassaux redevient effective : ainsi quand, vers 1019-1020, le comte Étienne de Troyes étant mort sans laisser d'hoir proche, le comte Eudes II de Blois, l'un de ses lointains cousins, est choisi par le roi Robert, parmi d'autres héritiers possibles, pour hériter des *honores* champenois du défunt.

Cet état de la vassalité permet ainsi aux vassaux du roi grands détenteurs d'*honores*, s'ils sont infidèles à leur seigneur, de n'avoir pas à craindre leur confiscation : on ne voit pas qu'à propos de ces vassaux considérables, le roi, dans la période, ait jamais réuni l'assemblée des pairs. De fait, ces grands peuvent être indépendants du roi ; ils lui prêtent hommage quand ils le veulent, et, à ce qu'il semble, sans qu'il y ait là une nécessité. Mais cette absence d'une vassalité stricte n'empêche pas les tout premiers rois capétiens d'avoir, le cas échéant, des rapports très actifs avec certains de ces grands à tel ou tel moment, et de nouer alliance avec eux : or cette diplomatie est pour le roi un moyen de gouverner. On citera, sur ces points, deux exemples.

Vers 1020, le duc de Normandie Richard II, fier de descendre de Rollon, fait faire par son chancelier, Dudon de Saint-Quentin, le récit des hauts faits de son ancêtre. A l'origine de la Normandie, en 911, au traité de Saint-Clair-sur-Epte, il prétend que Rollon, prêtant hommage à Charles le Simple, aurait reçu du roi la Normandie en alleu, sans devoir de service à quiconque, sauf à Dieu. Le duc fait exprimer par là comme traditionnelle sa propre définition de la vassalité qui, dans les années 1020, le relie au roi capétien : cette définition est alors exacte, et elle vaudra pour tout le XIe siècle. Cependant, il se noue des alliances entre le roi et le duc. Robert le Pieux, vers 1023, recherche les bons offices du même duc Richard en vue de régler le conflit qui oppose le roi au comte Eudes II. Plus tard, pour terminer toutes les luttes que depuis 1035 le jeune Guillaume le Bâtard avait dû mener contre les grands du duché, le roi Henri Ier, allié au duc, lui apporte son ost en 1047 et remporte avec lui la victoire de Val-ès-Dunes : succès décisif pour le duc, qui lui permet non seulement de mater sa noblesse, mais même de la soumettre à son ban, chose que le roi, pour lors, ne peut faire. Cette alliance active se maintient jusque vers 1052 : là, Henri Ier change de cap et combat le duc durant des années. En l'occurrence, le seigneur et le vassal ont toujours gardé leur pleine liberté d'action. Ils pouvaient s'allier, tout comme ils pouvaient se combattre.

Autre exemple : le comportement de Henri Ier face à un autre vassal difficile, Geoffroy Martel. Celui-ci, du temps que son père Foulque Nerra est encore comte d'Anjou (il mourra en 1040), obtient vers 1032 de son seigneur le roi Henri Ier le domaine éminent sur le Vendômois, un petit comté qui, par l'intermédiaire de l'église de Chartres, restée royale, appartenait au domaine royal, en étant tenu à titre héréditaire par un lignage issu des comtes Bouchard. Peu après, le jeune Geoffroy Martel, à la faveur de ce droit éminent, évince arbitrairement du comté l'héritier légitime, Foulque l'Oison, et prend sa place. Mais voilà que plus tard, à partir de 1052, s'opère un renversement des alliances : Henri Ier, allié depuis 1047 à Guillaume le Bâtard contre Geoffroy Martel devenu comte d'Anjou, commence à s'allier à ce dernier contre l'autre ; bientôt, en 1056, l'alliance de Henri Ier avec Geoffroy Martel se renforce, mais à cette occasion le roi exige du comte qu'en Vendômois il rétablisse en son *honor* légitime ce Foulque l'Oison naguère injustement évincé. Le roi, patient mais tenace, obtient finalement de Geoffroy Martel qu'il se range à la doctrine royale de la légitimité des *honores*. Ainsi, sans user de coercition juridique envers ses grands vassaux, Henri Ier parvient parfois à les gouverner. Ce faisant, à travers sa faiblesse, la jeune dynastie capétienne se fraie une voie.

Il reste à jeter un coup d'œil sur cette partie du royaume plus soumise au pouvoir du roi qu'est son domaine. L'étendue du domaine royal résulte de l'héritage — au sens large — reçu par Hugues Capet lors de son accession à la royauté, c'est-à-dire deux domaines qui désormais n'en font plus qu'un. D'un côté, ce que détenaient encore les derniers rois carolingiens : Laon, avant tout, comme cité ; Compiègne, comme palais ; comme évêchés dont le roi avait l'investiture, presque tous les sièges, semble-t-il, relevant de la province de Reims, sauf probablement Senlis ; plus quelques abbayes et domaines situés en ce nord de l'Ile-de-France. De l'autre, tous les *honores* que détenait encore vers 987 Hugues Capet en tant que *dux Francorum* : les cités de Senlis, Paris et Orléans notamment, et nombre de places fortes comprises dans cette zone, avec, en plus des évêchés de ces trois sièges, nombre d'autres situés plus au loin, en des parties de la principauté robertienne que le duc avait par ailleurs perdues : notamment, dans la province ecclésiastique de Sens, ce siège métropolitain, plus le siège de Chartres ; en celle de Tours, ce siège métropolitain, plus le siège du Mans ; en celle de Bourges, ce siège métropolitain, plus le siège du Puy ; enfin plusieurs très grandes abbayes, notamment Saint-Denis et Saint-Martin de Tours.

C'est sur ce fonds territorial que les trois premiers rois capétiens se sont avant tout appuyés. Du point de vue politique, c'est en cette aire que le roi a pu détenir lui-même des châteaux, soit anciens, soit construits par lui. Il les confie à de simples chevaliers qui les gardent et défendent en son nom, et c'est à son profit qu'à partir de ces places s'établit en coutume la seigneurie banale dont il confie l'administration, au regard des roturiers, à ses prévôts : autant de points forts de la puissance du roi, où le Capétien, comme seigneur de ban, commande aux roturiers et les protège.

Du point de vue vassalique, c'est ici que le roi peut puiser ce qu'il concède de bénéfices nouveaux à ses vassaux, et fonder une vassalité plus stricte où le vassal ait vraiment conscience d'avoir reçu du seigneur roi un bénéfice. D'où, à partir des pôles que constituent les éléments du domaine royal, des réseaux de vassalité effective. Cela vise, parmi les laïcs, une aristocratie moyenne qui est évidemment plus assidue à la cour du roi que la plupart des princes territoriaux — à part les alliés du moment — et que les autres grands vassaux du roi qui ne touchent au domaine que par des dotations infimes à leurs yeux. Mais cela vise aussi et presque surtout cette catégorie à part de vassaux que constituent les évêques royaux, et les titulaires de bénéfices relevant d'églises et d'abbayes royales. Comme il s'agit de clercs, en principe obligés au célibat, l'hérédité stricte est ici exclue, sauf quelque népotisme. De la sorte, en ces églises où le roi investit tout nouveau dignitaire, l'engagement personnel que prend ce dernier envers le roi s'apparente à une entrée en vasselage et comporte, en plus de l'attribution de pouvoirs spirituels, l'octroi d'une seigneurie souvent considérable. Les évêques et autres clercs royaux sont ainsi des sortes de vassaux particulièrement proches du roi, et sensibles au prestige d'un roi sacré. Aussi bien, sous Hugues Capet et Robert, évêques et autres clercs royaux sont-ils remarquablement assidus à la cour du roi et incomparablement plus dévoués à sa personne, comparés aux grands laïques les plus fidèles. Cependant, à partir des années 1031, dès le règne de Henri Ier, les premiers effets de la réforme grégorienne tendent à relâcher le lien : la revendication de la primauté du spirituel et de sa liberté tend à mettre en cause la portée spirituelle de l'investiture royale, et à faire obligation au clerc de prendre ses distances à l'égard de la cour du Capétien.

Philippe Ier (1060-1108)

Durant le long règne de Philippe Ier, la constitution politique et vassalique du royaume évolue à peine. La seigneurie banale s'affirme en coutume. Hormis le cas de ses seigneuries propres, le roi voit proliférer plus que jamais dans le royaume un commandement des roturiers qui lui échappe absolument. De même, au-delà de son domaine, le roi continue de ne trouver dans les grands du royaume — notamment les princes territoriaux — que des vassaux fort peu attentifs à le servir (sauf raison particulière), presque toujours absents de sa cour. Philippe Ier, de ces deux points de vue, paraît avoir renoncé plus nettement que ses prédécesseurs à étendre sa prérogative au-delà de son domaine. Même de la part de vassaux relativement proches, il tolère une liberté qui réduit à une fiction son autorité sur eux. On le voit en 1066 quand l'abbé — royal — de Saint-Médard de Soissons se plaint au roi des mauvaises coutumes levées sur des terres de l'abbaye par Aubry, seigneur de Coucy. Le roi, pour juger l'affaire, réunit à Compiègne une assemblée où Aubry, feignant de se soumettre au jugement prononcé contre lui, ne s'engage pour l'avenir, s'il récidive en son abus, qu'à venir de lui-même à Senlis se prêter à incarcération ! En quoi Aubry reste un noble, pleinement libre, tant envers le roi qu'envers l'abbé ou quiconque.

Philippe Ier est un roi remarquablement réaliste. Il applique toutes ses forces à son domaine. Dans l'ordre politique et économique, il organise et fortifie ses seigneuries banales, renforce ses châteaux, multiplie ses ministériaux — et notamment ses prévôts —, prend grand soin de mieux gérer ses seigneuries, ses terres : en quoi il reprend à son compte un effort de meilleure gestion alors propre à nombre de seigneurs, en particulier le duc de Normandie. Philippe Ier, dans le domaine royal, mène aussi une politique féodale active. La moyenne aristocratie de l'Ile-de-France, au sein de laquelle comptent bon nombre de seigneurs châtelains, lui fournit des vassaux relativement assidus à sa cour. Si, au sein de celle-ci, par l'effet de la réforme grégorienne, les évêques, même royaux, se font de plus en plus rares, en revanche s'affirme le Palais, avec de grands officiers dont les plus importants sont choisis par le roi parmi quelques grands lignages de l'Ile-de-France, ramenés par là, pour certains, à moins d'arrogance.

Au terme de son règne, Philippe Ier a revigoré son domaine. Il en a fait, au cœur du royaume, une sorte de principauté, bien exploitée et gouvernée. Œuvre relativement modeste en apparence, mais sans laquelle l'extension ultérieure des pouvoirs du roi eût été probablement impossible.

Louis VI et Louis VII (1108-1180)

Par rapport au siècle antérieur, le XIIe siècle est comme dominé par des aspirations nouvelles, très largement partagées à travers tout le royaume. C'est un peu le mystère de cette époque que d'avoir substitué en large part à la prédilection pour toute organisation locale autonome, une sorte de penchant pour l'unité. Ce qui vaut dans l'ordre intellectuel, dans le sillage de la réforme grégorienne — qui centralise comme elle ne l'avait jamais été l'Eglise d'Occident autour de la papauté —, pour prôner la valeur d'un raisonnement et d'un enseignement dignes d'être admis partout à l'image de la philosophie d'Aristote retrouvée, pour divulguer le droit romain des Compilations de Justinien comme l'expression de la « raison écrite », et même pour inciter Gratien à dépasser les diversités passées du droit de l'Eglise et à définir un corps unifié de droit canon, tout cela se retrouve dans le domaine des rapports entre le roi capétien et les grands. La tendance unitaire prévaut d'abord dans l'ordre vassalique, puis commence à s'étendre à l'ordre politique.

C'est en matière de vassalité que les progrès des droits du roi sont les plus spectaculaires. Le premier progrès, et le plus important, remonte à l'avènement de Louis VI, quand certains des plus puissants vassaux du roi — les ducs de Normandie et de Bourgogne, le comte de Poitou — refusent de lui prêter hommage. C'est le signe de la gravité d'un tel acte aux yeux mêmes des grands qui cherchent à l'éviter. On en trouve l'explication en 1120, quand, après bien des luttes, Louis VI obtient enfin l'hommage du plus redoutable des récalcitrants, le duc de Normandie ou plutôt son fils, Guillaume Adelin : où il est dit que Guillaume reçoit « sous le Roi » la principauté de

Normandie. Désormais, on le voit, l'hommage prêté par un prince territorial au roi de France signifie que la principauté en cause est dans la mouvance du roi. La rigueur des obligations vassaliques, telle qu'elle pouvait antérieurement jouer à l'intérieur du domaine royal, s'étend désormais en principe au royaume de France tout entier.

Un autre élément vient encore renforcer les prérogatives du roi sur ses vassaux par l'effet, ici encore, d'une sorte de discipline admise à travers tout le royaume : la fidélité prioritaire. Depuis le XIe siècle il était courant en France, pour un vassal, de prêter foi et hommage à plusieurs seigneurs ; d'où, bientôt, dès les années 1060, la distinction entre hommage *plain* (simple) et hommage *lige* (prioritaire). D'une manière remarquable, qui ne semble pas avoir suscité de forte opposition dans le royaume, l'usage va prévaloir de considérer que tout hommage prêté au roi est absolument prioritaire, même dans le cas où le vassal avait déjà prêté hommage lige à un ou plusieurs seigneurs. La place du roi dans la hiérarchie féodale commence à devenir privilégiée. Tout comme la règle, d'importance surtout symbolique, qui, dans les cas exceptionnels où le roi détient un fief mouvant d'une seigneurie — comme le Vexin, tenu de l'abbé de Saint-Denis — veut que le roi soit dispensé de prêter hommage.

Enfin, dans les dernières décennies du règne de Louis VII, profitant de cette ligesse privilégiée attachée à tout hommage prêté au roi, le Capétien s'est appliqué avec bonheur à élargir le cercle de ses vassaux directs. Le problème était en effet qu'en vertu des règles de la vassalité admises dans le royaume, un seigneur déterminé ne pouvait rien exiger de ses arrière-vassaux, lesquels ne devaient fidélité et service qu'à leur seigneur direct. L'adage disait : « Le vassal de mon vassal n'est pas mon vassal. » De la sorte, sauf le cas où l'arrière-vassal, en conflit avec son seigneur direct, faute d'obtenir justice de ce dernier, en appelait à la justice du suzerain, ce dernier était coupé de ses arrière-vassaux. Pour le roi tout spécialement, il était grave que ses plus considérables vassaux directs fissent écran entre lui et leurs propres vassaux. Louis VII doit bien tenir compte, en cela, du renforcement des dépendances vassaliques et de l'élargissement des mouvances dont profitent autant que lui, chacun pour sa part, les princes territoriaux. De plus, à partir de 1154 et du remariage d'Aliénor — qu'il avait dû répudier — avec le redoutable Henri II Plantagenêt, les états continentaux que ce dernier tenait de lui (duchés de Normandie et d'Aquitaine, comtés du Maine et d'Anjou) formaient une convergence de dépendances vassaliques au profit du même prince, menaçante pour le roi capétien. A la suite de cette crise, Louis VII s'est appliqué d'une manière originale à rompre cet écran, en se choisissant et se rattachant des vassaux directs relevant jusque-là de leurs seuls princes respectifs : recevant leur hommage — prioritaire —, il leur concède de préférence un fief-rente sur son domaine, c'est-à-dire le droit d'aller quérir chaque année, à terme fixe, auprès de tel de ses prévôts, le montant de la rente, imputée sur le revenu de telle terre du fisc. L'octroi de bénéfices de cette sorte n'atteint en rien les droits de seigneurie du roi sur les terres du fisc concernées, et présente aussi l'avantage, en cas d'infidélité du vassal et de confiscation de son bénéfice, de permettre sans aucune difficulté, par mandement du roi, que l'agent royal ne verse plus la rente.

Vers la mort de Louis VII, les prérogatives juridiques du Capétien sur ses vassaux, comparées à ce qu'il en était à l'avènement de Louis VI, ont fait des progrès surprenants. Il reste le péril présenté par le plus puissant des vassaux du roi de France, le prince Plantagenêt : le Capétien a su le supporter, en roi réaliste, dans l'attente d'une occasion de l'éliminer.

C'est avec le même pragmatisme patient que Louis VI et Louis VII ont saisi toute occasion d'œuvrer, même de manière infime, pour la reconstruction de l'unité politique, après l'éparpillement de la puissance publique au siècle antérieur et la prolifération de la seigneurie banale.

Louis VI, en ce domaine, en est resté à des interventions ponctuelles qui le montrent à l'affût de toute chance de s'ingérer dans la seigneurie banale d'un de ses grands. Ainsi lors de l'octroi aux villes de chartes de franchises. On citera seulement l'exemple de la charte concédée à la commune de Saint-Omer en 1127 par le nouveau comte de Flandre Guillaume Cliton. Après la mort du comte Charles le Bon, le roi, parmi les cousins éloignés du défunt, avait désigné Guillaume comme comte successeur et l'avait accompagné en Flandre pour l'aider à recevoir l'appui des Flamands. A Saint-Omer, à l'instant où le comte accorde de vigoureux privilèges, Louis VI, présent, fait serment de les appliquer pour sa part. C'est une voie ouverte pour l'avenir, au cas où le comte de Flandre manquerait à tel de ses engagements, qui ménage aux bourgeois de Saint-Omer un appel éventuel au roi.

Avec Louis VII s'ébauche une première et frêle responsabilité politique du roi appliquée à tout le royaume. La chose paraît avoir été indirectement suscitée par Henri II Plantagenêt qui, dès qu'il reçut l'Aquitaine par Aliénor, s'appliqua à y introduire, sur le modèle de la paix ducale normande et avec la pleine collaboration du clergé et des barons — seigneurs de châteaux en Aquitaine, maîtres de seigneuries banales —, une paix protégeant des violences les églises et clercs, les paysans et les marchands. L'exemple paraît avoir porté, dans le royaume, au-delà des états plantagenêts. Dès 1155, à Soissons, les évêques des provinces de Reims et de Sens, de concert avec nombre des plus importants barons du royaume (le duc de Bourgogne, les comtes de Flandre, de Troyes et de Nevers), se tournent, pour la première fois depuis les débuts capétiens, vers le roi de France pour qu'il proclame une paix de dix ans. Louis VII saisit l'occasion : tout en associant pleinement les barons présents (compris ici non comme ses vassaux, mais comme les maîtres pleinement autonomes de seigneuries banales, dont il est dit qu'ils interviennent « de leur bon plaisir ») pour jurer la paix avec lui et la faire appliquer en leurs états respectifs, il proclame la paix ainsi instituée applicable à tout le royaume, chaque bénéficiaire étant invité à en réclamer l'application à son juge ordinaire, sauf l'appel au roi en cas d'échec. Il y a des preuves que cette paix n'a pas été une fiction. Louis VII s'en est vu demander le respect dans des terres relevant de barons présents à Soissons qui la négligeaient, et aussi en des régions comme les Cévennes nullement représentées par les prélats et barons venus à Soissons. La paix de 1155 scelle ainsi le moment où l'esprit d'indépendance des plus forts barons du royaume — le Plantagenêt exclu — cède le pas à l'idée d'une collaboration délibérée entre eux et le roi en vue de la paix ; le moment où, même au-delà de ce cercle, on aspire à voir le roi, dans tout le royaume, promouvoir la paix.

Philippe Auguste, Louis VIII et saint Louis (1180-1270)

C'est, en un siècle à peine, le plein rétablissement de la suprématie du roi sur les grands : où s'accomplit dans un ordre logique ce qui, au siècle précédent, n'avait été qu'ébauché.

Comme au temps précédent, c'est la situation des vassaux par rapport au roi qui a d'abord été transformée sous Philippe Auguste. Puis, à la faveur même de ces résultats, au temps de saint Louis, c'est la constitution politique du royaume qui s'est ouverte à la souveraineté du roi.

L'effort de Philippe Auguste, en ses lignes maîtresses, s'applique à la vassalité. Réaliste et patient comme ses prédécesseurs, le roi guette l'occasion d'écarter du royaume son trop puissant vassal, le prince Plantagenêt, dont la richesse et les droits politiques lui portent ombrage. A l'aube du XIIIe siècle, c'est l'occasion favorable. Après la mort de Henri II et celle de Richard Cœur de Lion, la situation de Jean sans Terre en Angleterre est critique. Et voilà qu'un des vassaux les plus vigoureux du duc d'Aquitaine, Hugues de Lusignan, est en butte à l'agression de Jean sans Terre, son seigneur, qui lui prend son château et sa fiancée, puis lui refuse justice. Hugues en appelle à son suzerain, Philippe Auguste. L'assemblée des pairs, dûment convoquée par le roi, devant le défaut à comparaître de Jean sans Terre, prononce la confiscation de tous ses états continentaux. Aussitôt, Philippe Auguste pénètre en Normandie avec son armée, s'empare de Château-Gaillard, voit le duché lui tomber en main comme un fruit mûr qu'il agrège immédiatement au domaine de la Couronne (1204). Peu après, c'est le tour des comtés de Touraine, Maine et Anjou. Reste le morceau de résistance : l'Aquitaine. Philippe Auguste, opposé, avec de forts contingents, à une coalition hétéroclite groupant Jean sans Terre, l'empereur Otton IV et nombre de barons français récalcitrants, remporte la mémorable victoire de Bouvines (1214) qui démontre la supériorité militaire du roi de France sur les plus considérables de ses vassaux. Alors s'achève par l'Aquitaine — Guyenne exceptée — l'agrégation au domaine de la Couronne des états continentaux du Plantagenêt. Avec Bouvines, on peut dire que la supériorité du roi sur ses vassaux n'est plus seulement juridique, mais effective. Philippe Auguste, en ce sens, a maîtrisé la féodalité.

Sur cet effort s'articule rigoureusement l'œuvre politique qui restait à mener envers une constitution du royaume encore très largement pluraliste.

Philippe Auguste lui-même n'a pas manqué d'exploiter à cet égard, dès l'annexion de la Normandie au domaine royal, l'exemple ducal normand. On le voit dès 1205, quand le Capétien cède contre l'hommage à son cousin Robert de Courtenay des châteaux normands jouxtant l'Ile-de-France : le roi de France reprend à son compte l'usage ducal de faire prêter aux dépendants de son vassal, seigneur châtelain, tant roturiers que vassaux, un serment public de fidélité destiné au prince, établissant entre eux et lui un rapport direct, une fidélité publique qui, dans le cas où leur propre seigneur, en litige avec le roi, refuserait de s'en remettre à la justice de ce dernier, leur fait obligation de ne pas soutenir leur seigneur contre le roi. Par ce serment, la souveraineté du roi commence à s'insinuer dans la seigneurie châtelaine, tant féodale que banale.

Il faut croire que la recette normande a été étendue par le roi à bien d'autres régions du royaume, mais sous la forme d'une pratique si profondément ancrée en coutume que ce devoir de fidélité publique des dépendants des seigneurs châtelains est devenu d'ordre public sans qu'il soit besoin d'aucune prestation explicite de serment. Au vrai, les coutumiers révèlent qu'après quelques décennies saint Louis est parvenu, dans le prolongement de l'œuvre de Louis VII et de Philippe Auguste, à modifier fondamentalement la constitution politique du royaume ; et toujours par l'affirmation de la justice du roi, une justice qui, sous ce règne, reçoit en la Sainte-Chapelle à Paris un lieu désormais fixe d'exercice, ainsi qu'un personnel de gens de loi, clercs ou laïques, plus compétent, stable et spécialisé.

Le premier trait de cette transformation politique s'attache à la prérogative du seigneur de ban. Dans la tradition coutumière du XIe siècle, c'était un droit propre au seigneur, librement exercé (sauf le respect de la coutume), appliqué à des roturiers en les assujettissant de manière exclusive. Saint Louis réussit à faire passer en coutume une définition différente qui, pour les roturiers, comme pour les nobles par ailleurs vassaux d'un seigneur châtelain, implique que tous les dépendants de ce dernier n'aient plus le droit d'entreprendre contre le roi si leur seigneur, en conflit avec lui, refuse de s'en remettre à sa justice ; une définition qui, en outre, de manière plus générale, traite la seigneurie banale comme un office, c'est-à-dire une fonction qui n'appartient légitimement à son titulaire qu'aussi longtemps qu'il l'exerce selon la justice, sauf, sinon, à ce que le roi, de par sa justice, se substitue à lui. C'est pour la dynastie capétienne une victoire politique fondamentale qui restaure la vocation justicière du roi à l'égard de tous les humbles et relativise, par rapport à la majesté royale, le pouvoir des seigneurs châtelains. On comprend que dans l'application de ces nouveaux principes, saint Louis ait pu être tenté d'aller encore plus loin là où il estimait avoir le plus d'influence : ainsi s'explique une réforme judiciaire qu'il a ordonnée dans le cadre du seul domaine royal, tendant à interdire en toute juridiction, comme mode de preuve, le recours au duel judiciaire, et à prescrire, à la place, le recours au témoignage. Ici l'obligation pour le seigneur de respecter la justice devenait plus contraignante ; le mode d'exercice de son droit de justicier était, sur un point critique, réglementé par le roi.

Le second trait de cette transformation politique tend à définir le sujet du roi d'une seule manière, sans faire de différence entre le noble et le roturier. Cette unicité du statut de sujet du roi s'exprime implicitement par la référence au droit romain public de l'Empire, puisée aux Compilations de Justinien. Sous Louis VII, les Français avaient appris que dans l'entourage de Frédéric Barberousse, Otto de Freising affirmait que seul l'empereur romain germanique pouvait reprendre à son compte la primauté du *princeps* définie par le droit romain. Un siècle plus tard, vers 1258, durant l'interrègne de l'Empire — entre la mort de Frédéric II en 1250 et l'avènement de Rodolphe de Habsbourg en 1273 —, voilà qu'en France un romaniste bolonais, Jean de Blanot, commence à lancer l'adage : « Le roi de France est *princeps* en son royaume. » C'est déjà le signe qu'en un certain sens le pouvoir du roi, en son royaume, s'applique à tous.

A cela s'ajoute, d'une manière concrète, la mise en œuvre judiciaire — limitée — de ce principe, ordonnée vers les mêmes années 1258 : l'instauration par saint Louis, à l'égard de quiconque, en matière pénale, de la procédure d'enquête. La réforme permet au roi, par ses commissaires, de faire enquête de son propre mouvement quand un crime a été commis, fût-il imputé à un noble. Elle permet aux agents royaux de s'emparer de tout suspect jusqu'à son jugement, fût-ce, si l'inculpé est noble, à le traduire devant la Cour des pairs. C'est là, de la part de saint Louis, attenter à ce privilège des nobles, issu des tout premiers temps capétiens, qui voulait qu'ils fussent à l'abri de toute justice qui s'imposerait à eux. Les premières applications du nouveau principe ont naturellement suscité des remous. La plus célèbre, vers 1262, fut l'affaire d'Enguerrand de Coucy. Ce seigneur fut accusé d'avoir, par ses agents, fait exécuter arbitrairement trois enfants nobles. Il fut soumis d'autorité à la procédure d'enquête, incarcéré, puis jugé en la Cour des pairs, le roi, à la demande des pairs, acceptant finalement que le condamné rachetât sa vie contre dix mille livres, sans diminuer par là la rigueur du principe. Mais saint Louis, ici encore, tenta d'aller plus loin, par une réforme limitée au domaine de la Couronne et visant à interdire tout recours à la guerre privée. C'était supprimer d'un coup — ou prétendre supprimer — cette liberté des armes qui avait été, elle aussi, acquise par les nobles aux débuts de la dynastie capétienne. Sur ce point, l'ordonnance heurtait si fort des mœurs trop bien ancrées qu'elle ne fut, de la part du roi, qu'une pure velléité.

L'effort des rois capétiens à l'égard des grands démontre la souplesse tenace de ces princes. Les trois premiers rois de la dynastie ont dû composer avec la constitution coutumière du royaume, tant politique que vassalique. Philippe Ier a ramassé sur son domaine les forces de la royauté, rendu plus ordonné et prospère ce cœur du royaume, organisé une administration bien adaptée, tant au Palais que sur son domaine. Louis VI et Louis VII ont fait progresser les droits du roi sur ses vassaux, et le second de ces rois, avec les barons, s'est fait reconnaître promoteur de paix. Une fois Philippe Auguste maître effectif de toute vassalité, saint Louis a pu permettre à la royauté de recouvrer le principe même d'une souveraineté applicable à tous. La constitution vassalique et politique du royaume avait établi un pluralisme qui profitait à la féodalité. Les rois capétiens, par ce qu'ils ont su faire en trois siècles, ont établi leur primauté sur la féodalité : celle du roi souverain fieffeux ; celle du roi souverain justicier.

Olivier GUILLOT.

SAINT LOUIS

Lorsque la mort de Louis VIII fit de son fils un roi de France, il y avait déjà près de deux siècles et demi que les Capétiens se succédaient sur le trône. Et la naissance de ce même Louis VIII, descendant des Carolingiens par sa mère Isabelle de Hainaut, avait été considérée à l'époque comme marquant le retour de ce trône à la lignée de Charlemagne, fondant donc définitivement les droits des descendants de Hugues Capet à la Couronne. Mais il manquait à la dynastie, malgré la réputation méritée de piété qui avait été celle de Louis VII, de se prévaloir d'un « saint roi » : c'est Frédéric Barberousse qui avait obtenu la canonisation de Charlemagne, dont le prestige était ainsi revendiqué par l'Empire. La lignée capétienne ne pouvait donc se référer au culte voué à l'un des siens, comme le faisaient tant d'autres familles royales.

Robert Folz, qui a étudié *les Saints Rois du Moyen Age*, a mis en lumière le fait que le Moyen Age a ignoré le culte du roi : pour être élevé sur les autels, il fallait qu'un souverain se fût acquis un renom de piété, la gloire du martyre ou le mérite de la conversion d'un peuple. Dans le cas de Louis IX, nous connaissons assez l'enquête qui fut conduite dès le lendemain de sa mort et menée à sa conclusion par Boniface VIII pour savoir que ce sont ses vertus éclatantes qui ont entraîné sa mise au rang des saints. Plus que le fait d'avoir gouverné son royaume en conformité avec les exigences des règles évangéliques, les enquêteurs ont relevé les témoignages relatifs à l'héroïcité de ses vertus, aux miracles obtenus par son intercession, à tout ce qui — pourrait-on dire — prouvait que, malgré les obstacles que l'exercice du pouvoir souverain pouvait opposer au plein accomplissement des devoirs du chrétien, le roi Louis avait su se comporter en saint.

On peut se demander dans quelle mesure les sujets du roi ont considéré le gouvernement de celui-ci comme s'approchant de l'idéal de la royauté chrétienne et ayant attiré sur le royaume les bienfaits de la protection divine ; ce qui, nous le savons, était l'objectif même que se proposait le fils de Louis VIII.

Les ombres

Les biographes n'ont pas dissimulé les ombres qui ont pesé sur son règne. Il n'était pas jusqu'à son attachement passionné à la justice qui ne l'eût amené à des actes arbitraires : qu'on pense à ce Jean Britaut de Nangis qui fut jeté en prison parce qu'il était trop bien apparenté et trop soutenu par de grands seigneurs pour que la partie fût égale entre lui et le simple chevalier qui l'accusait d'être responsable de la mort de son fils. Jean Britaut fut reconnu innocent ; il n'en avait pas moins été incarcéré. La rigueur du roi à châtier les blasphémateurs choqua jusqu'au pape Clément IV, son ancien conseiller. Bien que naturellement porté à la clémence, sa passion pour la justice pouvait donc amener le roi à un excès de rigueur.

Les siècles ultérieurs ont évoqué avec nostalgie le temps du bon roi Louis comme celui d'exigences fiscales modérées. Certes, avec son règne, on voit disparaître des pratiques de taxation qui avaient eu cours sous Philippe Auguste et sous Louis VIII et que révèlent les enquêtes récemment analysées par Gérard Sivéry, pratiques qui allaient jusqu'au rançonnement de certains contribuables. Mais les « tailles » de saint Louis, parfois présentées sous forme d'emprunts forcés, étaient lourdes, et les villes du domaine royal ont crié grâce lorsque la charge de l'indemnité à verser au roi d'Angleterre en vertu du traité de Paris fut venue s'ajouter à celle du financement de la croisade.

Dans son souci du bien du royaume, saint Louis a tenu à affirmer les prérogatives de la Couronne, en n'hésitant pas à passer outre aux droits acquis, abolissant telle coutume qu'il jugeait contraire à l'équité. Il faisait intervenir ses officiers dans les terres des barons et des prélats pour y faire respecter la justice telle qu'il la concevait, et ceci finit par écœurer jusqu'à Jean de Joinville qui en prit argument pour refuser de reprendre la croisade en 1267. Les évêques et le pape lui-même firent l'expérience de cette volonté de garder intacte l'autorité que le roi estimait tenir de son sacre et qu'il s'était engagé à maintenir par le serment qu'il avait alors prêté ; ils s'en plaignirent.

On eut donc bien des fois l'occasion de grogner dans le royaume de France contre un roi autoritaire, parfois contrariant (ainsi en jugeait la reine Marguerite...), longtemps jugé trop docile aux vues de sa mère, imbu d'idées qui étaient nouvelles, notamment en matière de droit, et qu'il imposait à des sujets récalcitrants.

La politique du roi n'a pas non plus été toujours heureuse. Ce qui lui tenait le plus à cœur — la croisade et l'extension du règne du Christ — a connu l'échec. L'expédition de 1249, si soigneusement préparée, si heureusement commencée par la prise de Damiette, n'a pu progresser dans le delta du Nil qu'au prix de combats harassants ; la victoire de la Mansoura, chèrement acquise, est suivie d'une retraite désastreuse provoquée par la famine et l'épidémie. Le roi, capturé, a dû se racheter lui-même et ce qui restait de son armée. Une habile politique lui a alors permis de sauver les établissements latins d'Orient, mais non de récupérer les Lieux Saints. Et, moins de dix ans après la trêve de 1254, la guerre a repris.

L'autre objectif majeur, pour le roi, est d'assurer la paix entre les princes chrétiens. Il a eu d'indéniables succès : la liquidation de la querelle avec les Plantagenêts, la réconciliation avec l'Aragon, qui assurent les frontières du royaume. Les arbitrages royaux ont mis fin aux disputes dégénérant en guerres interminables, de la Flandre au Lyonnais. Mais le roi a échoué dans ses efforts pour réconcilier Frédéric II et la papauté, et il a fini par se laisser entraîner indirectement dans l'affaire de Sicile, où d'ailleurs son frère Charles d'Anjou a acquis une nouvelle couronne pour la maison capétienne. Il n'a pas non plus rétabli la concorde entre Henri III d'Angleterre et ses barons. Tout ne lui a donc pas toujours réussi.

Dans son royaume même, son intervention conciliante dans la querelle de l'Université de Paris n'a pas pu faire prévaloir une solution pacifique et, finalement, il lui a fallu bannir Guillaume de Saint-Amour. Certes, il n'a pas regretté la victoire des maîtres Mendiants qu'il admirait ; mais il a été durement pris à parti par un Rutebeuf qui le traitait de roi faible, se laissant mener par « une gent doublière ». Et, en refusant au sire de Coucy le recours au « droit des Francs » (le serment purgatoire et le combat en champ clos), il s'est attiré d'autres reproches, venant d'autres secteurs de l'opinion. Celle-ci n'a pas été sensible à d'autres affaires qui ont choqué nos contemporains — la répression dont furent l'objet les juifs ou les hérétiques, par exemple. Et, dans son ensemble, elle a moins été attentive à ce qui peut nous apparaître comme des échecs qu'à cet effort permanent de faire la volonté de Dieu qui caractérise l'action du roi. De la croisade de 1249 et des épreuves qu'elle entraîna, certains ont conclu à ce que Louis aurait dû être porté sur les autels en tant que martyr, et que bienheureux étaient ceux qui avaient donné leur vie en cette « sainte compagnie », sans s'arrêter aux insuccès ni à l'importance des pertes.

Les réussites

Si nous nous sommes arrêté sur les ombres, c'est pour insister davantage sur les réussites. L'une des plus tangibles, c'est que saint Louis a su réconcilier la royauté avec la féodalité, en réintégrant les grands barons, parfois si rudement traités par ses prédécesseurs, dans leur rôle d'auxiliaires du gouvernement du royaume. Là où Philippe Auguste et Louis VIII avaient recherché un accroissement démesuré du domaine que le roi — par ses agents — administre directement, saint Louis a su faire confiance à ses grands vassaux pour qu'ils fassent eux-mêmes régner la paix et la justice dans leurs terres. Non sans les rappeler à l'ordre, les châtier à l'occasion, et parfois sévèrement, mais en observant à leur égard le même respect du contrat féodal qu'il attendait d'eux. Avoir fait rentrer le duché d'Aquitaine dans la mouvance de la Couronne de France valait bien la concession en fief à Henri III de terres saintongeaises, quercinoises, limousines ou périgourdines. Avoir pour vassaux directs ses frères, Artois, Poitiers, Anjou, eux-mêmes mariés aux héritières de telle ou telle grande seigneurie, c'était renforcer la puissance du royaume. Et tout ceci a permis d'atteindre à un équilibre auquel d'autres États contemporains ne sont pas parvenus.

A l'égard du clergé, le pieux roi, tout en témoignant d'un respect très net pour les serviteurs de Dieu et leur autorité spirituelle, n'a rien cédé de son pouvoir royal. Il a résisté aux prétentions des juridictions ecclésiastiques, imposé le respect de ses ordonnances : quand l'évêque de Cahors fait guerre à l'abbé de Moissac, les agents du roi interviennent aussitôt. Le personnel ecclésiastique, bien formé aux écoles, fournit des cadres précieux à l'administration, et le roi ne voit aucun motif qui puisse l'empêcher d'utiliser des prébendes canoniales pour rétribuer tel où tel de ses auxiliaires. Les religieux mendiants sont employés aux enquêtes, tant à cause de la confiance qu'il leur témoigne que de leur compétence en matière de dogme ou de morale.

C'est à ces religieux, à des clercs, à des chevaliers de sa maison que saint Louis a confié ces grandes enquêtes, inaugurées en 1247, auxquelles il avait d'abord demandé de mettre sa conscience en paix avant de partir pour la croisade. La mise en lumière des exactions des agents royaux l'a amené à les reprendre pour assurer l'application de la grande ordonnance de 1254 qui fixait les normes à respecter par les baillis, les sénéchaux, les bayles, les prévôts, les viguiers et autres représentants de l'autorité royale ; l'information ouverte sur leurs agissements à leur sortie de charge permettait aux sujets d'exprimer leurs plaintes contre les abus de tel tyranneau. Le jeu des appels leur permettait aussi de faire valoir leurs réclamations à l'encontre de sentences qu'ils estimaient injustement rendues, soit par les baillis, soit par leurs propres seigneurs. La régularité des sessions du Parlement, assurée à partir de 1254, répond au même but : offrir aux justiciables du royaume tout entier un recours contre d'éventuels abus de pouvoir. Et, comme le roi avait la main lourde, ses sujets ont vu en lui un de ces « forts justiciers » en qui la conception médiévale reconnaît les souverains dignes de leur couronne.

Saint Louis s'est exclamé un jour, nous dit Joinville : « Bénis soient tous les apaiseurs », traduisant ainsi le *Beati pacifici* de l'Évangile. Faire régner la paix, ceci peut exiger de recourir à la « justice à main forte », entendons à la guerre. Le roi Louis a fait guerre, dans la première partie de son règne, contre des féodaux rebelles ; il a mené des expéditions guerrières contre les Infidèles, assimilés soit à d'« injustes détenteurs » de la Terre sainte, soit à des oppresseurs interdisant la libre prédication de la foi chrétienne. Ceci rentre dans la conception médiévale de la paix, qui est moins l'absence du recours aux armes que le règne de l'ordre voulu par Dieu. Mais le roi est allé plus loin, en prohibant la guerre privée et les ravages qu'elle engendre, en recommandant à son fils Philippe de ne recourir aux armes qu'en dernier ressort et de préférer la guerre de siège (qui permet des négociations) à la dévastation des campagnes, qui fait souffrir des innocents. Son intervention dans les querelles des princes de la partie occidentale de l'Empire auxquels il propose son arbitrage répond au même but. Et on le voit se préoccuper de réprimer la piraterie, fléau des mers du Ponant, en mettant sur pied une escadre de galères.

Qu'on y ajoute cette création d'une « bonne monnaie », que caractérise l'apparition du gros tournois et de l'écu d'or : quoique certains historiens actuels de l'économie aient pu contester qu'une telle création ait répondu aux besoins réels de la situation économique, les contemporains y ont vu un remède au fléau des affaiblissements monétaires et il est certain que ces nouvelles espèces ont été d'utiles instruments d'un commerce en expansion.

La mise en place d'institutions d'assistance — aveugleries, maisons-Dieu et hôpitaux, communautés de repenties — permet de secourir les misérables, à qui le roi réserve d'abondantes aumônes. Les multiples fondations de « religions », qui agaçaient Rutebeuf et émerveillaient Joinville, et l'acquisition de reliques prestigieuses, pour lesquelles fut notamment édifiée la Sainte-Chapelle, représentent pour le royaume un accroissement de forces spirituelles. La lutte, enfin, contre tout ce qui scandalise les âmes délicates — l'hérésie, le sacrilège, l'immoralité — est menée sans défaillance.

Ainsi le bilan du règne est-il apparu dans la mémoire collective comme celui d'un grand règne. Le souverain a été attentif à maintenir ce qui rend prestigieuse la monarchie : il a fait rebâtir le chœur de Saint-Denis pour y mettre à l'honneur les sépultures royales ; il a donné des fêtes splendides pour la chevalerie de ses proches. Mais il a été bien plus soucieux d'assurer l'essentiel de la fonction royale : la protection des faibles, la présence de la justice. Son pouvoir, Dieu le lui avait conféré pour qu'il servît au bien commun : Louis n'a jamais perdu de vue ce qu'il devait à « sa gent ». C'est cette image-là qui va se renforcer avec les années, tandis que viennent des temps de crise qui s'annoncent déjà à la fin du règne. Celui-ci n'en apparaîtra que mieux comme une époque bénie, tandis que l'on oubliera les épreuves que ces quarante-cinq ans ont apportées : les derniers sursauts de la guerre en Languedoc et la répression anti-albigeoise, les charges financières et les souffrances liées à trois croisades, à la guerre en Champagne, en Bretagne, en Saintonge, la trouble aventure des Pastoureaux finissent par s'effacer du souvenir des hommes.

L'homme et le saint

Tout autant que la paix et la prospérité relatives qui ont marqué le règne, tout autant que l'effort pour une justice meilleure et un ordre public mieux respecté, et tout autant que la répression des abus commis par les « gens » du roi, les contemporains comme la postérité ont retenu l'image de la sainteté personnelle du roi. En témoigne, sitôt après sa mort, l'afflux de ceux qui viennent solliciter son intercession ; un peu plus tard, les récits de ceux qui ont été les compagnons de sa vie, qu'il s'agisse du sire de Joinville qui a vécu avec lui les années de croisade, de son propre confesseur, de celui de la reine. Ce qu'ils ont senti, c'est cette piété profonde, sincère, sans ostentation ; c'est l'austérité qui, à partir de la croisade, est vraiment celle d'un pénitent ; c'est la rectitude dans la conduite et dans le jugement. C'est aussi cette charité qui s'exerce à l'égard des pauvres, des malades, des lépreux, et qui s'exprime par des gestes qui frappent l'imagination. Saint Louis, si attentif à bénéficier des indulgences, pratique tout particulièrement les œuvres de miséricorde.

Ces récits nous disent aussi les qualités de l'homme : un sens du contact humain, qui nous vaut les propos familiers recueillis par Joinville ; l'idéal de « prud'homie » que le roi lui-même place au-dessus de celui des « béguins ». Un amour de l'équité qui l'amène à recommander à son fils de donner à ceux qui auraient à se plaindre de lui toutes les facilités, de façon à contrebalancer le penchant des juges à plaire au souverain. C'est aussi cette soumission à une règle fondamentale du gouvernement monarchique : celle qui veut que le roi ne prenne de décision qu'avec l'avis de son conseil. Et cela nous vaut cette étonnante anecdote où nous voyons saint Louis faire rappeler du sein des unités où ils sont engagés en pleine bataille ses conseillers avant de décider d'un mouvement.

Au fond, la sainteté de Louis IX n'est pas fondée sur des charismes éclatants : aucun miracle ne lui a été attribué qui soit intervenu de son vivant. Durant tout son règne, il n'a rien d'une figure hiératique. C'est un beau chevalier, un prud'homme au milieu d'autres prud'hommes. Il reste très humain, à la mesure d'un temps qui est aussi celui d'un art gothique qui recherche l'équilibre dans les partis les plus audacieux. Et ceci n'empêche pas ses contemporains de voir en lui — Guillaume de Rubrouck l'a entendu dire par un prince mongol — le plus grand des rois d'Occident.

C'est tout cet ensemble de traits qui lui a valu sa place dans la dynastie des Capétiens. Il est ce roi de France « qu'on tient pour droiturier », comme le disait non sans hargne un troubadour au service d'un parti adverse. Un roi qui, on le sent autour de lui, est épris d'un idéal de perfection humaine ; dont le royaume jouit d'un incontestable prestige sans s'être imposé par une volonté de puissance. Ce royaume est une construction féodale apparemment parvenue à un harmonieux épanouissement, et cependant saint Louis est un roi aussi obéi que les conceptions du temps l'admettaient.

Les Capétiens qui ont pris sa suite n'ont pas eu qu'à se louer d'être les descendants du saint roi : Philippe le Bel et ses fils ont vu les mécontents se référer à celui-ci dès qu'ils avaient à dénoncer l'abus de la fiscalité, les manipulations monétaires, les excès de pouvoir des officiers. Le « temps de saint Louis », le « gros vieux tournois de saint Louis », s'opposant aux réalités du temps présent, sont autant de critiques de celui-ci.

Mais, désormais, le roi de France est aussi entouré du prestige que sa sainteté a conféré à Louis IX. Et ce n'est plus de Hugues Capet, mais de son héritier à la huitième génération que se réclament ceux qui ont vocation au trône de France. Les « princes des fleurs de lys », ce sont ceux qui descendent de saint Louis ; les Courtenay, dont la lignée remonte à Louis VI, n'ont pu se faire reconnaître comme princes du sang, tandis que la dernière fille du saint roi, devenue duchesse de Bourgogne, avait la fierté de se titrer « fille monseigneur saint Loys ». C'est une nouvelle référence qui s'est ainsi introduite dans le lignage capétien, et un relais au cours de neuf siècles d'histoire.

Jean RICHARD.

LE ROI ET L'EMPEREUR

L'Empire fut le rêve politique du Moyen Age comme la démocratie est le nôtre. C'est en 476 que l'armée barbare d'Odoacre, bousculant le pouvoir de Romulus Augustule et renvoyant à Byzance les insignes impériaux, efface la présence institutionnelle de l'Empire en Occident. Mais s'il est officiellement rayé de la carte politique, l'Empire ne disparaît pas de l'esprit des hommes. Dans cette société bouleversée par les invasions, où l'autorité politique s'effrite progressivement, le souvenir de l'ordre antique demeure comme celui d'un âge d'or. La mémoire de la réussite impériale est d'autant plus persistante parmi l'intelligentsia qu'elle s'alimente à un idéal d'un universalisme très ancien mais rendu moderne par l'œcuménisme chrétien. Depuis longtemps, les analyses stoïciennes avaient conduit à donner à l'Empire les dimensions de l'orbe terrestre, mais depuis Constantin l'*orbis Romanus* se confondait avec l'*orbis Christianus*.

Sur cette toile de fond magnifique, imaginaire — comme la qualifie l'historien goth Jordanès —, s'inscrit la réalité morcelée des royaumes barbares. Isidore de Séville, au VIIe siècle, note dans ses *Étymologies* (IX, 3, 2) : « L'Empire romain dont les autres royaumes ne sont que des appendices ». Cependant, la fiction impériale est si forte qu'elle semble toujours prête à se réincarner si les circonstances s'y prêtent. C'est bien ce qui se produit à la fin du VIIIe siècle : le roi des Francs, Charles, s'est rendu maître de l'Occident ; il apparaît aux yeux de tous comme « le mandataire direct de Dieu » (Alcuin). Son succès politique a spontanément restauré l'Empire : tel est le sens du couronnement impérial du 25 décembre de l'an 800.

Cette *Renovatio Imperii*, les héritiers directs de Charlemagne la maintiennent effectivement pendant près d'un siècle. Après la mort de Charles le Gros (887) cependant, et les expériences maladroites de quelques comparses, la dignité impériale demeure vacante pendant plus de trente ans. Mais le charisme d'un membre de la dynastie royale saxonne, Othon Ier, lui donne en 962 une nouvelle survie. Cette seconde restauration impériale présente tous les caractères de la première : la fonction impériale est unie à la royauté la plus considérable du moment. C'est assez démontrer que les rénovations carolingienne ou saxonne de l'Empire ne font pas disparaître les royaumes dont l'existence plus ou moins stable et les contours plus ou moins mouvants se partagent en Italie, en Espagne, en Angleterre, en Allemagne comme en France le territoire de l'Occident. Simplement, il en résulte une sorte de prééminence matérielle et institutionnelle — point toujours trop définie, mais indiscutable — de l'*Imperium* sur les *Regna*. Telle est la situation quand, en 987, Hugues Capet est élu *rex Francorum*.

Assez curieusement, le nouveau roi des Francs se comporte tout de suite comme le successeur, au sens plein du mot, des Carolingiens, pourtant écartés par son élection. Dès l'année même de son couronnement, il précise qu'il entend suivre la pratique de ses prédécesseurs, aussi bien empereurs que rois francs, « *morem predecessorum nostrorum francorum, scilicet imperatorum ac regum sequente* ». Son petit-fils, Henri Ier, à un demi-siècle de distance, réaffirme, presque dans les mêmes termes, qu'il est le successeur, tant par la fonction que par la dignité, des rois et empereurs carolingiens. D'ailleurs, nul esprit cultivé — fût-il chroniqueur ou poète — en cette fin du Xe siècle, et même encore pendant tout le XIe siècle, ne semble mettre en doute le bien-fondé des prétentions capétiennes à cet égard. Le roi allemand et le Capétien sont considérés par tous comme « les plus chrétiens et les plus excellents princes de leur temps » (Raoul Glaber). Les successeurs impériaux d'Othon eux-mêmes, qui pourtant ne laissent échapper aucune occasion de manifester leur supériorité sur tous les princes de l'Empire, font une exception pour le roi capétien. Rien de plus révélateur à ce sujet que le cérémonial de leurs rencontres, minutieusement étudié pour maintenir entre eux la plus stricte égalité. En bref, tout semble indiquer que ces premiers Capétiens, encore qu'ils ne soient pas de la famille carolingienne, appartiennent à la race franque, d'où sortent les empereurs, et pendant tout le XIe siècle le caractère franc des rénovations impériales demeure un élément essentiel de l'échiquier politique occidental. En ce sens, il est significatif que la chancellerie impériale saxonne ait conservé, dans la titulature de l'Empereur, jusqu'en 1105, la qualification « *rex Francorum* » dont usent aussi les Capétiens.

Ces relations pacifiques, sinon toujours pleinement amicales, changent insensiblement au début du XIIe siècle pour prendre, avec l'avènement des Hohenstaufen (1137), les allures d'une véritable crise entre le royaume de France et l'Empire, crise dont les épisodes majeurs se développent tout au long des règnes de Louis VII, Philippe Auguste et Louis VIII. Entre les adversaires, il n'y eut guère d'hostilités armées : l'ost de 1124 ne fut qu'un exercice militaire d'intimidation entre Henri V et Louis VI ; Bouvines est une victoire sur une coalition où figurait Othon IV, mais le problème impérial n'y était qu'un élément parmi d'autres. Entre le Roi et l'Empereur, à vrai dire, ce fut une lutte profonde mais subtile, dont le caractère primordialement juridique ne doit pas pour autant dissimuler l'importance de l'enjeu, qui était l'existence originale de l'un ou l'autre des antagonistes.

Du côté impérial, c'est avec Frédéric Barberousse que le différend prend toute son ampleur, car l'Empire que celui-ci conçoit n'est plus tout à fait l'*Imperium* carolingien qui s'impose à un Occident inorganisé, ni même celui d'Othon qui se construit dans un cadre italo-allemand ; c'est le *dominium mundi* que poursuit Barberousse.

En cette seconde moitié du XIIe siècle, l'université de Bologne est sur le chemin de remettre au jour la physionomie réelle de l'Empire romain. Frédéric Ier trouve là un dessein à la mesure de son ambition. En 1158, à la diète de Roncaglia, il a fait définir son pouvoir par les plus prestigieux des Bolonais, Martinus et Bulgarus. L'année d'après, il agit déjà en chef de la chrétienté, convoquant au concile de Pavie les évêques de l'Empire et de tous les royaumes. *Dei gratia Imperator et semper Augustus*, il estime que les rois dépendent de son *auctoritas* : pour maintenir l'ordre de l'Empire, il s'autorise donc à intervenir dans le différend des rois d'Angleterre et de France. Ses successeurs, plus audacieux encore, tenteront d'obtenir l'hommage de Richard Cœur de Lion et celui de Philippe Auguste.

En face de cette offensive grandiose qui visait à une réorganisation du monde, que représentait le roi capétien ? Audacieusement, dès l'élection de 987, il avait assis son pouvoir sur son appartenance à la race des Francs et par là établi qu'il se situait dans l'orbe de la dignité impériale. Quelle qu'ait été la modestie des forces dont il disposait alors, son pouvoir différait de celui des seigneurs féodaux ; il était de même nature que celui de l'Empereur. Au XIIe siècle, cette ambition, non seulement s'appuyait sur des ressources politiques d'autre importance, mais elle se trouvait confortée par une nouvelle légitimité : Louis VII n'avait-il pas épousé Adèle de Champagne, de descendance carolingienne ? En la personne de Philippe Auguste, la maison capétienne rejoignait la lignée impériale de Charlemagne. Fort de la place qu'il occupait désormais sur la carte politique du moment, justifié par l'héritage carolingien auquel il pensait avoir droit, le roi de France pouvait donc bien proclamer, au début du XIIIe siècle, que, dans le domaine temporel, il ne reconnaissait aucun supérieur. Il trouvait même en la personne d'Innocent III un garant indiscutable à sa prétention.

Restait évidemment le legs romain sur lequel s'appuyait son adversaire impérial. Le royaume de France avait toujours été compris dans les limites de l'Empire : la reconnaissance de l'indépendance du roi de France par la bulle « *Per Venerabilem* » (1202), la défaite qu'Othon de Brunswick venait d'essuyer à Bouvines, tous ces faits si favorables au *Regnum* risquaient d'être annulés au nom de l'unité de l'*Imperium* que structurait le droit redécouvert à Bologne. Or, précisément, le *Jus civile* commençait à se répandre de ce côté-ci des Alpes. Il gagnait du terrain vers le nord. Son éblouissante rigueur séduisait les meilleurs esprits du royaume jusqu'au Conseil du roi. Allait-on s'avouer sujet de l'Empereur en usant de son droit ? Philippe Auguste fit en sorte de barrer la route à cette invasion : en 1219, il obtenait du pape l'interdiction de l'enseignement du droit romain dans la jeune université de Paris.

En fait, quand Philippe Auguste marquait cette nouvelle victoire sur son rival, l'Empire était déjà frappé à mort par l'immensité même de son dessein. L'Empire au Moyen Age ne pouvait se concevoir que chrétien. Or, dans son totalitarisme, l'Empire a fatalement vocation spirituelle autant que politique, et réciproquement la papauté, en l'absolutisme de son vicariat divin, a vocation politique autant que spirituelle : impossible partage du pouvoir conçu sans mesure ! Dès le XIe siècle, le heurt se produit entre Grégoire VII et Henri IV. Au XIIIe siècle, la chrétienté est dominée par l'extraordinaire personnalité de ses papes. L'Empereur doit compter avec eux ; c'est à trois désormais que se mène le jeu complexe de la politique : le pape, l'Empereur et le roi de France. A cette époque-là, ils portent les noms d'Innocent IV, de Frédéric II de Hohenstaufen et de Louis IX. L'Empire est finalement perdu par les rêves de Frédéric II, tentant de lier, en une administration à l'étonnante modernité, la Sicile à l'Allemagne par-dessus la papauté. Deux fois excommunié, déposé au concile de Lyon (1245), Frédéric meurt en 1250, abandonné de tous.

En face de cet échec, le *Regnum*, c'est saint Louis. D'autres ont conté ici ce qu'il fut et ce qu'il fit pour l'Europe, l'Orient, l'Afrique. Dans le cadre de notre propos, il suffit de rappeler qu'on admet généralement que c'est pour lui d'abord que fut forgé le brocard : « Le roi est empereur en son royaume. » Toutes les prérogatives que l'expérience antique avait accumulées sur la tête de l'Empereur pour définir le pouvoir et que Justinien avait fait recueillir dans le *Code*, le *Digeste*, les *Institutes* sont maintenant attribuées au roi dans les limites de son royaume. C'est tout au moins ainsi que les légistes — ceux qui savent interpréter les lois — traduisent la réussite du roi. Le rêve impérial, longtemps apparu comme le seul remède à la perversion de la société privatisée qu'était la féodalité, s'estompe. Le bien commun s'incarne désormais en la personne d'un prince constitué par Dieu pour représenter, non plus la communauté humaine universelle, mais une communauté nationale dont il avait reçu la charge. Ce prince était souverain, sans supérieur au temporel, mais sa compétence se cadrait au territoire du *Regnum*. L'État moderne était né. Les juristes, gens dont on sait que la prudence méprise la hâte, attendront près d'un siècle encore pour le reconnaître *de jure*. Mais on ne peut guère nier que le roi capétien ait été l'artisan majeur de cette naissance.

Marguerite BOULET-SAUTEL.

LES CAPÉTIENS ET LA NAISSANCE D'UNE HISTOIRE NATIONALE

Grégoire de Tours avait écrit le premier, à la fin du VIe siècle, une *Historia Francorum*. Il y voyait l'histoire de l'action divine parmi les hommes et particulièrement parmi les Francs, peuple guerrier dont le territoire variait en fonction de ses conquêtes. C'était la geste animée et brutale d'un peuple non stabilisé et non d'une nation territoriale. Cette sorte d'histoire ecclésiastique des Francs eut un succès réel. Elle présentait des ancêtres des Français un portrait favorable mais non dépourvu d'ombres, et ne comportait évidemment aucune allusion aux mythes monarchiques dont l'apparition est plus tardive. Aussi fut-elle moins utilisée par la suite que les deux compilations mérovingiennes des VIIe et VIIIe siècles, la chronique de Frédégaire et le *Liber Historiae Francorum* qui toutes deux insistent sur les origines troyennes du peuple franc qui lui donnent une noblesse égale à celle des Romains descendants d'Énée.

L'époque carolingienne n'écrivit guère, outre la *Vita Karoli* d'Eginhard inspirée de la Vie des douze Césars de Suétone, que des annales monastiques dont certaines jouèrent d'ailleurs un rôle officiel (Annales royales). Les Carolingiens avaient pourtant réussi au IXe siècle à se rattacher à l'imaginaire Blitilde, fille de Clotaire Ier, et au Xe la *Clausula de unctione Pepini* proclamait qu'au moment du changement de dynastie le pape Étienne II avait excommunié et jeté l'interdit sur tout non-carolingien qui usurperait le trône. Autrement dit, le succès de la légitimation carolingienne rendait plus difficile la tâche de leurs successeurs.

Quand les Capétiens arrivèrent au pouvoir, il y avait donc longtemps qu'aucune œuvre historique d'envergure n'avait été entreprise. Aucune présentation globale de l'histoire française jusqu'au Xe siècle n'existait. Par ailleurs, la plupart des centres culturels aptes à une telle tâche (Reims, Sens, Laon) ne faisaient pas partie de leurs domaines et les événements de 987 y furent appréciés très diversement. Ainsi, à Sens, dans l'entourage pro-carolingien de l'évêque Seguin, Hugues Capet fut présenté comme un usurpateur qui avait empêché l'héritier légitime d'être oint roi. A Laon, Charles de Lorraine devenait le type de l'innocent ou du juste martyrisé. Aussi l'attitude des premiers Capétiens vis-à-vis de l'histoire fut-elle extrêmement réservée. L'emprise des rois sur le travail historique resta longtemps vacillante et due plus à des initiatives locales qu'à l'incitation du pouvoir central. Fleury — de 975 à 1150 — puis Saint-Denis par la suite s'efforcèrent de combler le vide, sans que dans un premier temps leurs efforts reçussent une caution officielle.

Fleury

L'histoire capétienne naquit à Fleury grâce aux abbés Abbon et Gauzlin (demi-frère de Robert le Pieux). Ce monastère bénédictin avait été créé vers 651 à trente kilomètres d'Orléans dans une région fertile entièrement contrôlée par les Capétiens, comtes du lieu. La légende en attribue la fondation à saint Maur, disciple que saint Benoît aurait envoyé en Gaule. Au début du VIIIe siècle, l'abbé Monmole fit chercher au mont Cassin, alors abandonné à la suite des pillages des Lombards, le corps de Benoît dont tous les moines d'Occident allaient bientôt suivre la règle. La nouvelle relique assura un succès fantastique à l'abbaye. Une importante bibliothèque et des écoles célèbres s'y formèrent qui jouirent par la suite de l'appui de la dynastie et des abbés de Cluny.

En fait, l'idée d'écrire l'histoire des rois de France ne vint aux moines de Fleury que très progressivement. La première génération, au milieu du IXe siècle, s'était exclusivement intéressée à l'hagiographie. Vers 850, Adrevald entreprit d'écrire l'histoire de la translation de saint Benoît suivie d'une série de miracles qui furent continués jusqu'au début du XIIe siècle. Il s'agissait de prouver que le corps de Benoît était bien à Fleury et que son efficacité thaumaturgique était grande. Ceci n'empêchait pas de s'intéresser à la succession des abbés de Fleury et à celle des rois de France pour ordonner chronologiquement le récit, mais l'ouvrage restait plus hagiographique qu'historique. La fin du IXe siècle fut marquée par les invasions normandes. Fleury fut pillé en 865 et en 879 et ne retrouva sa prospérité que sous les abbés Abbon (988-1004) et Gauzlin. Renouveau politique et renouveau spirituel s'y confortèrent. Les abbés de

Fleury devinrent conseillers des Capétiens et l'abbaye eut même l'honneur d'abriter le tombeau de Philippe Ier. Le monastère fut l'un des foyers les plus actifs de la réforme clunisienne, et Abbon l'un des plus grands écrivains de son temps. Ouvrages de comput, grammaires, vies de saints et un abrégé de la vie des papes marquèrent son activité. Mais son plus grand titre de gloire est d'avoir fait réaliser par une équipe de moines dirigée par Aimoin les *Gesta Francorum*. L'œuvre est d'une grande importance. C'est la première tentative de ce genre depuis les compilations mérovingiennes que d'ailleurs Aimoin connaît et utilise. Il veut écrire l'histoire du peuple franc et de ses rois, des origines nationales (et non plus des débuts de l'histoire du monde comme Grégoire ou Frédégaire) jusqu'à Pépin et Charlemagne. En fait, l'ouvrage composé entre 997 et 999 ne fut pas terminé et s'arrête en 654. Même si l'histoire de saint Benoît demeure importante, le thème central est bien l'histoire franque, et cette histoire est discrètement capétienne.

Après avoir célébré dans la préface le courage des Gaulois, Aimoin utilise les origines troyennes pour démontrer que les Francs ne sont pas des Germains et que seule la *Francia occidentalis* a droit au nom de France. Les Francs sont « une nation magnanime, valeureuse, maîtresse de beaucoup d'autres nations, qui ne cesse d'accroître les bornes de sa puissance ». Dieu lui-même cherche à la rendre chrétienne et intervient pour convertir Clovis. Ce roi juste et efficace est sacré par la Sainte-Ampoule venue du ciel. Cet épisode ne faisait jusque-là partie que de la littérature hagiographique (précisément de la *Vie de saint Remi* d'Hincmar à la fin du IXe siècle), et c'est là sa première apparition dans un ouvrage historique. L'épisode du vase de Soissons est aussi traité de manière originale. Loin d'y voir une preuve de l'indiscipline des Francs comme chez Grégoire de Tours, Aimoin y voit un signe de leur dévouement à la dynastie. « Si tu nous dis de plonger dans l'eau ou dans les flammes, rien ne nous retiendra, car nous t'avons promis foi et serment et nous accepterons la mort pour ton salut. » Les Capétiens trouvaient donc dans les Mérovingiens des prédécesseurs sacrés, justes et vaillants guerriers, entourés de l'obéissance de leurs hommes. Aimoin eut le succès qu'il méritait, inspira de nombreuses continuations et finit par constituer la vulgate généralement reçue sur les origines nationales tant à Fleury qu'à Saint-Denis. Il est aussi l'auteur d'une vie d'Abbon qui est la première biographie écrite dans le royaume, autre qu'une vie de saint.

Les biographies devinrent d'ailleurs l'une des spécialités de Fleury. Une seule retiendra notre attention : la *Vie de Robert le Pieux*, écrite vers 1033 par le moine Helgaud deux ans après la mort du roi qui avait été son protecteur. C'est la première biographie royale française. Panégyrique avoué à l'usage des générations futures, ce recueil d'anecdotes édifiantes assez mal ordonné est à mi-chemin entre l'hagiographie et l'histoire. Robert est pieux et savant. Tel un saint, il guérit les lépreux (c'est la première allusion aux pouvoirs guérisseurs des rois de France) avant de gagner le paradis, regretté de tous. Cette orientation explique le silence absolu qui règne sur l'embarrassant changement de dynastie (Robert était de souche royale et de la plus noble naissance, indique seulement Helgaud), sur les trois mariages du roi, et l'insistance obsédante sur les bons rapports entre le Capétien et les abbayes réformées. L'œuvre, aujourd'hui connue par un manuscrit unique, fut vite oubliée.

La dernière génération des grands historiens de Fleury est représentée par Hugues de Fleury. Celui-ci écrivit une histoire universelle en quatre livres (1109) puis en six livres (1110) dédiée à Adèle de Blois, sœur du roi d'Angleterre, contemporaine des grandes histoires universelles impériales d'Ekkehardt d'Aura ou de Sigebert de Gembloux. L'œuvre commence à la Genèse et se termine en 840 sous Louis le Pieux. Les Francs n'y jouent qu'un rôle discret après les rois bibliques et les empereurs de Rome. En revanche, Hugues dédia en 1110-1114 à l'impératrice Mathilde, fille de Henri Ier, un « *Livre qui contient les actes des rois de France modernes* » ; il entend par là les rois ayant vécu entre 840 et 1108. Le cadre carolingien demeure pour lui plus vivant que le cadre capétien. Depuis les partages de 843, « le royaume de France demeure séparé de l'empire ». De nombreux passages sont donc consacrés aux empereurs comme aux ducs de Normandie ancêtres de Mathilde. Pourtant, théoriquement le catalogue des rois francs forme la structure du récit qui est ordonné en trois parties suivant les trois dynasties. En 751, les Carolingiens succèdent aux Mérovingiens, parce que Childéric était inapte et stupide, sur le conseil du pape Zacharie et avec l'accord des grands. De même en 987, lorsque Louis V mourut sans enfant, les grands élirent Hugues Capet malgré les prétentions de Charles de Lorraine. « Ainsi finit la deuxième génération des rois et le royaume fut transmis à une troisième par le jugement de Dieu qui élève ou humilie ceux qu'il veut. »

Après 1140, Fleury décline, la discipline s'y relâche. On n'y écrit plus que des œuvres mineures ou des continuations des grandes œuvres composées entre 975 et 1115, cent cinquante années qui avaient marqué l'apogée de l'abbaye et de son alliance avec la nouvelle dynastie. L'histoire de Fleury n'avait pas été sans mérite. Elle avait réussi à prouver que les rois francs étaient des rois sacrés ou même saints, justes conducteurs d'un peuple distingué par Dieu entre tous. La Sainte-Ampoule et le pouvoir guérisseur des rois y étaient affirmés. Mais Fleury n'avait fourni aucune solution pour le problème, gênant entre tous, que constituaient les deux ruptures dynastiques. Si les événements y étaient racontés de manière très neutre, ils n'étaient pas réellement justifiés. Ce que Dieu avait fait, Dieu pouvait le défaire. Les Capétiens restaient des princes sans ancêtres qui apparaissaient au mieux avec Robert le Fort et parfois même avec Hugues le Grand, père de Hugues Capet. En fait, il semble bien que, pas plus à Fleury qu'ailleurs, et ce jusque vers 1050, les Capétiens n'aient eu aucune explication autre à proposer que de relater les faits sans commentaire et d'inscrire leurs noms dans la liste des rois à la suite de leurs prédécesseurs. Dans un premier temps, ils n'ont nullement cherché à se rattacher à ceux-ci, bien que certaines de leurs épouses aient été des Carolingiennes. Bien d'autres familles du royaume pouvaient en effet se rattacher plus directement qu'eux au grand Charlemagne.

Saint-Denis

Entre-temps, Saint-Denis avait remplacé Fleury comme église dynastique. La basilique funéraire élevée sur le tombeau du premier évêque de Paris martyrisé au IIIe siècle avait été reconstruite sous Dagobert. Des bénédictins s'y étaient installés vers 650 et l'abbaye avait joué un grand rôle à l'époque carolingienne. Charles Martel, Pépin et Charles le Chauve y étaient enterrés. L'abbé Hilduin, vers 835, avait habilement confondu l'incolore évêque de Paris du IIIe siècle avec Denis l'Aréopagite converti par saint Paul au Ier siècle et auteur d'une œuvre philosophique capitale pour tout le Moyen Age : le *De Hierarchia*. Les invasions normandes et l'abbatiat laïc entraînèrent ensuite le monastère dans une crise dont il ne devait guère sortir que par la réforme amorcée par Suger en 1127. C'est à celui-ci que Saint-Denis doit d'avoir éclipsé Fleury, à une époque où par ailleurs les Capétiens délaissent Orléans pour Paris. Compagnon de Louis VI, conseiller de deux rois, régent de France durant la croisade, ce fils de paysans offert à l'abbaye devait se révéler l'un des grands esprits de son temps. Grand administrateur, grand constructeur, homme politique habile, Suger sut persuader le roi de faire de Denis le « spécial patron de notre royaume ». Louis VI porta la bannière de l'abbaye, bientôt identifiée à l'oriflamme de Charlemagne, il lui légua sa couronne, faisant de celle-ci la gardienne des *regalia*, et s'y fit enterrer comme la plupart de ses prédécesseurs et tous ses successeurs. Inversement, l'abbé écrivit de nombreuses œuvres pour célébrer l'alliance du roi et de l'abbaye : une *Vie de Louis VI* centrée sur les qualités du roi plus que sur ses ancêtres, une *Vie de Louis VII* inachevée et une *Historia Francorum* malheureusement perdue. Il fit constituer aussi des dossiers de compilations à partir des œuvres antérieures, particulièrement celles de Fleury, qui s'ajoutèrent aux nombreux ouvrages hagiographiques originaires de Saint-Denis. L'étape suivante fut atteinte sous le règne de Philippe Auguste. Le roi désigna comme « *chronographus regis* » le moine Rigord qui écrivit en latin une histoire du règne jusqu'en 1206, terminée par le chapelain du roi Guillaume Lebreton. La mission de Saint-Denis était désormais officielle.

Il n'en restait pas moins que le problème de 987 n'avait pas encore reçu une solution satisfaisante. Ni Suger ni Rigord n'en parlent. Pourtant, vers 1050, était apparue la prophétie de saint Valéry et de saint Riquier. Les deux saints auraient promis à Hugues Capet, qui avait mis fin au transfert de leurs reliques, le trône pour sept générations en récompense de sa piété. Cela répondait à la *Clausula* en affirmant que la volonté divine avait changé, mais cette solution était temporaire, à moins de confondre « *septem* » et « *sempiternae* ». A la fin du XIIe siècle, les sept générations étaient sur le point de s'accomplir avec Philippe Auguste. La prophétie figure en 1220 dans un registre officiel de la chancellerie. Quelque vingt ans plus tôt, André de Marchiennes, dans un texte par ailleurs hostile à Hugues Capet, avait insisté sur le sang carolingien d'Élisabeth de Hainaut, épouse de Philippe et descendante d'Ermengarde, fille de Charles de Lorraine. En la personne de Louis VIII, fils d'Élisabeth et de Philippe, le sang de Charlemagne reviendrait sur le trône. Le texte fut utilisé par Vincent de Beauvais vers 1240 dans une œuvre offerte à saint Louis et le *reditus regni* apparut ainsi dans l'historiographie dionysienne. Vers 1262, l'abbé Mathieu de Vendôme et le roi décidèrent de remanier les tombeaux royaux en fonction des nouvelles certitudes : à droite les Carolingiens, à gauche les Mérovingiens, et, au milieu, formant pont, leurs communs successeurs qui à partir de Louis VIII étaient à la fois des Carolingiens et des Capétiens.

On entreprit aussi de remanier l'ensemble des textes en latin sur l'histoire de France conservés dans l'abbaye. Vers 1250, le manuscrit latin 5925 regroupa dans l'ordre chronologique des textes qui permettaient d'écrire toute l'histoire de France des origines à la mort de Philippe Auguste : Aimoin, Eginhard et le pseudo-Turpin, l'*Historia senonensis*, Suger, Rigord et Guillaume Lebreton. Il est probable que la décision de faire traduire la collection est due à saint Louis mais l'auteur, le moine Primat, ne termina son œuvre qu'en 1274 et la dédia à Philippe III. L'idée était de faire un résumé en français des chroniques de Saint-Denis accessible à tous, qui donnerait une vue d'ensemble cohérente et exemplaire de l'histoire nationale. Ce *Roman des rois*, comme Primat l'avait appelé, est un chef-d'œuvre où chacun des mythes nationaux trouve sa place : les origines troyennes et la Sainte-Ampoule, et surtout la lignée ininterrompue des rois de Mérovée à Pépin par l'intermédiaire de Blitilde et surtout de Louis V à Hugues Capet grâce au *reditus regni*. En effet, si Primat, qui suit l'*Historia senonensis*, fait encore de Hugues un usurpateur félon, l'auteur de la *Vie de Louis VIII* insiste sur l'unité des trois dynasties. La vision de saint Valéry prouve que Dieu choisit la lignée capétienne pour régner pendant sept générations, puis le mariage avec Élisabeth de Hainaut rend le trône aux Carolingiens. La translation de 987 comme le retour de 1223 sont l'effet de la volonté de Dieu. Les trois générations ne forment en réalité qu'une seule lignée à laquelle le royaume est promis pour l'éternité si elle ne manque pas à sa vocation supérieure de royauté très chrétienne. Les *Grandes Chroniques* véhiculaient donc une image glorieuse et légitimante de la monarchie qui réalisait le dessein de Dieu sur la France à travers une série de victoires dues à l'éminence de ses vertus. Les Capétiens, sauf à vrai dire le premier d'entre eux, n'étaient pas loin d'être représentés comme un lignage de saints, et la France était reine des nations de toute chrétienté. L'œuvre eut un énorme et durable succès : plus de cent manuscrits conservés.

Jusqu'à la fin du Moyen Age, Saint-Denis allait conserver plus ou moins officiellement la charge d'écrire au jour le jour l'histoire de chaque règne. Guillaume de Nangis écrivit les vies de saint Louis et Philippe III continuées jusqu'en 1340 (il y insista sur le personnage de l'ottonienne Havise, mère de Hugues Capet, dont on avait fait une Carolingienne dès 1220, assurant ainsi par les femmes la légitimité des sept premiers Capétiens, ce qui complétait le *reditus*). Richard Lescot écrivit le règne de Philippe VI, le Religieux de Saint-Denis celui de Charles VI, et Jean Chartier, le premier à porter le titre d'historiographe du roi, celui de Charles VII. Seul Charles V fit faire en dehors de Saint-Denis, par son chancelier Pierre d'Orgemont, la vie de son père et la sienne propre. Ces vies en latin, longues et détaillées, formaient la base à partir de laquelle on éditait de loin en loin des versions abrégées en français auxquelles on donna le titre de *Grandes Chroniques de France* qui finit à vrai dire par s'imposer pour l'ensemble de l'ouvrage. L'une, à la fin du XIIIe siècle, fut l'œuvre des libraires parisiens et résumait Nangis jusqu'en 1270 ; l'autre date de Philippe VI et se termine en 1340. On peut éventuellement aussi y ajouter la chronique de Pierre d'Orgemont qui avait été écrite directement en français. Le public touché fut nombreux, surtout après 1350. Ce fut principalement un public nobiliaire, originaire de la France du nord et féru de manuscrits coûteux et richement décorés. Les officiers royaux ne semblent guère s'y être intéressés avant 1450, mais l'œuvre fut plusieurs fois imprimée à partir de 1477

La France possédait donc grâce à Saint-Denis une histoire nationale continue, cohérente et laudative, aboutissement de cinq siècles d'efforts. Toute rupture en avait été effacée, tous les rois avaient été légitimés et Hugues Capet récupéré dans la mesure du possible. Cette vision fut popularisée par quantité d'abrégés et de manuels qui touchèrent un vaste public. Si les *Grandes Chroniques* ne furent pas la seule histoire de France que le Moyen Age ait écrite, c'est néanmoins toujours par rapport à elles qu'on se définit à partir de la fin du XIIIe siècle. Elles furent la référence obligée, l'autorité des autorités, la Bible de cette autre histoire sainte qu'était l'histoire de France.

Colette BEAUNE.

II

L'ESSENCE DE LA ROYAUTÉ

LE SACRE

En 751, fort de l'appui du pape, Pépin le Bref évince le dernier roi mérovingien, puis se fait élire et sacrer roi des Francs à Soissons, par saint Boniface : l'institution du sacre fait son apparition en France. L'idée en avait germé dans l'entourage ecclésiastique du fils de Charles Martel : afin d'assurer son pouvoir sur les bases d'une nouvelle légitimité, les clercs carolingiens renouaient avec l'antique onction biblique que déjà l'épiscopat espagnol avait sporadiquement remise en vigueur mais sans éveiller d'échos chez les Francs. Modèle d'institution auquel s'abreuve le haut Moyen Age, la Bible assume et continue la tradition du pouvoir sacré venue de la haute Antiquité (Égypte, Babylonie, Canaan) en donnant l'exemple d'une royauté naissant d'une onction sur Saül et ses successeurs. Par cette onction, les rois de l'Ancien Testament sont les élus (I Sam. 9 et 10) et les fils adoptifs de Dieu (II Sam. 7-14), ses médiateurs avec le peuple de l'Alliance. Treize siècles après le sacre du dernier roi de Juda, l'onction reçue par Pépin est de la même façon l'acte générateur de sa légitimité. Cette pratique — qui gagne l'Angleterre et le reste de l'Europe occidentale —, rigoureusement respectée par les rois carolingiens puis capétiens — à l'exception de Louis XVIII — jusqu'en 1825, les introduit donc par la même approbation expresse de Dieu dans la lignée des rois de l'Ancien Testament. Mais au fil des temps l'institution du sacre, tout en conservant sa signification profonde, évoluera et dans son rite et dans ses effets.

Pour recevoir l'onction, le roi se déplace à Reims, ville du sacre, mais il n'en a pas toujours été ainsi. Les premiers Carolingiens et Capétiens, comme en Israël, sont oints par n'importe quel ecclésiastique et en n'importe quel lieu. Cependant, dès 936 (sacre de Louis IV d'Outremer), l'archevêque de Reims, bénéficiant du prestige de son prédécesseur saint Remi, ministre du baptême de Clovis, s'impose comme prélat consécrateur contre un compétiteur, l'archevêque de Sens. Trois fois seulement son privilège personnel sera mis en échec (sacre de Louis VI en 1108 par l'archevêque de Sens, de Louis VII en 1131 par le pape Innocent II, de Henri IV en 1594 par l'évêque de Chartres). Au début, l'archevêque administre l'onction dans divers lieux de sa province métropolitaine (Soissons, 923 ; Laon, 936 ; abbaye Saint-Remi de Reims, 954 ; Compiègne, 979 et 1017 ; Noyon, 987), comme en dehors (sacre de Robert Ier en décembre 987 à Orléans) ; bientôt, en 1027, s'impose à son tour le privilège de l'église cathédrale de Reims, exceptionnellement enfreint en 1108 (sacre de Louis VI à Orléans) et en 1594 (sacre de Henri IV à Chartres en raison de l'hostilité de la Ligue, maîtresse de Reims).

Ce prélat est l'ordonnateur d'une liturgie sacrale qui acquiert progressivement une complexité croissante. Ses rites, connus par des documents appelés *ordines ad consecrandum regem*, s'enrichissent en effet d'apports successifs mais sans que la facture tripartite du sacre — serment, onction, couronnement — en soit affectée. Prenons comme modèle l'*ordo* rédigé en 1364 sous Charles V, moment où la liturgie du sacre atteint sa maturité et qui servira de référence aux cérémonies ultérieures, non sans modifications.

La cérémonie

Une série d'actes chargés de symbole précèdent la première partie de la cérémonie axée sur le serment. Le soir de la vigile du sacre, au cours de sa veillée dans la cathédrale, le futur roi fait une oraison au cours de laquelle il se prépare à dépouiller sa personnalité. Ce dépouillement se poursuit le lendemain matin au palais de Tau, résidence royale, à l'occasion d'un rite qui prendra toute son ampleur au XVIe siècle : les évêques de Beauvais et de Laon, pairs de France, lèvent le « roi dormant », acte par lequel le roi abandonne son individualité pour être réveillé à sa personnalité royale nouvelle. Puis, le roi ayant été processionnellement installé dans le chœur de la cathédrale, une théorie de laïcs et de clercs de l'abbaye Saint-Remi, gardienne de la Sainte-Ampoule, vient placer cette dernière sur l'autel. Alors intervient le serment du roi. Introduit en 869 lors du sacre de Charles le Chauve comme roi de Lotharingie, ce serment longtemps unique se dédouble au XIVe siècle. Dans le serment fait à l'Église, qui revêtira une particulière acuité au XVIe siècle dans la bouche du roi gallican, celui-ci s'engage à lui procurer la paix, à maintenir « les privilèges canoniques et la loi due » aux églises du royaume et aux clercs. Par un second serment, appelé serment du royaume, le roi promet de maintenir son peuple dans la paix, d'agir en toute chose avec équité, miséricorde et justice, de chasser les hérétiques du royaume (clause apparue en 1215) ; en 1722, au sacre de Louis XV, est faite une adjonction, celle de faire respecter les édits contre le duel ; quant à la clause d'inaliénabilité du domaine de la Couronne, introduite dans l'*ordo* de Charles V, il semble qu'aucun roi ne l'ait prononcée.

Par ce serment, le roi, médiateur de Dieu, promet en son nom de ne pas abuser du pouvoir et de remplir les devoirs de sa fonction.

Après ce rite, les insignes royaux — éperons, épée, sceptre, main de justice, couronne — une fois bénis, on retire au roi ses vêtements, sauf la chemise dans laquelle sont réservées des ouvertures en vue de l'onction. Ainsi, par ce dépouillement venu à son terme, devient manifeste l'abandon par le roi de son état laïque : « Il quitte l'état mondain [...] pour prendre celui de la religion royale », écrit Jean Golein, dans son *Traité du sacre* dédié à Charles V. Par là s'annonce le moment culminant de la cérémonie : la consécration du roi par l'onction qui le marque au sceau de Dieu.

Cette consécration suit d'assez près celle d'un évêque, mais en y ajoutant un élément de prestige particulier : l'huile d'origine céleste contenue dans la Sainte-Ampoule. La tradition, mise en forme achevée par Hincmar archevêque de Reims au milieu du IXe siècle, relate qu'elle fut apportée miraculeusement à saint Remi par une colombe le jour du baptême de Clovis ; mais elle n'intègre vraiment la cérémonie pour en devenir une pièce essentielle qu'au début du XIIIe siècle. Du contenu de l'Ampoule, le prélat consécrateur prélève une parcelle qu'il mêle au Saint Chrême (huile additionnée de baume) utilisé pour l'onction épiscopale ; après une oraison, il procède à une sextuple onction : d'abord sur la tête — comme pour Saül, comme pour les successeurs des apôtres —, puis sur la poitrine, les épaules, aux jointures des bras ; s'ajoute parfois, comme pour l'ordination d'un prêtre, une onction sur les mains. Le versement de l'huile s'accompagne d'une formule en usage depuis Pépin le Bref selon laquelle l'onction est conférée par la puissance de la Trinité qui la rend ainsi efficace.

En découle-t-il que le sacre est un sacrement ? Des papes

(Grégoire le Grand commentant l'onction de Saül, au VIe siècle), des théologiens (Hugues de Saint-Victor), des dignitaires ecclésiastiques, notamment à l'époque grégorienne, l'opinion commune enfin le jugent tel jusqu'au XIIIe siècle. A cette époque, l'Église fixe à sept le nombre des sacrements sans prendre en compte l'onction royale, à peu près dans le même temps qu'elle décide de ne plus sacrer les rois avec le Saint Chrême, mais avec l'huile des catéchumènes, sauf à en laisser le privilège au seul roi de France. C'est laisser au sacre la qualité de sacrement *lato sensu* en raison de la similitude avec l'onction épiscopale et sacerdotale, mais aussi avec le sacrement de baptême comportant après le rite de l'eau celui de l'onction du Saint Chrême sur le front. A tout le moins le sacre est-il un sacramental, c'est-à-dire un signe sensible conféré par l'Église pour entraîner des effets spirituels. Quoi qu'il en soit, la tradition française persistera toujours à voir dans l'onction royale un quasi-sacrement. Cette position est confortée par certains rites qui suivent immédiatement la consécration. La vêture que passe le roi indique clairement sa personnalité nouvelle : les habits royaux symbolisent par leur couleur et leur forme les trois degrés du sacerdoce : tunique du sous-diaconat, dalmatique du diaconat, manteau-chasuble de la prêtrise. La similitude se poursuit par la bénédiction de l'anneau royal, symbole de l'union mystique du roi et du royaume, et, à partir de Charles V, par l'investiture des gants, toutes deux faites suivant le rite épiscopal. Puis vient la remise des insignes royaux : dans la main droite, le sceptre, qui est la marque du pouvoir venu verticalement de Dieu ; dans la main gauche, la main de justice par laquelle le roi « assure les bons et fait craindre les méchants ».

Prend alors place l'acte du couronnement combiné avec l'onction depuis 816, acte solennel et important puisque « Couronne », jusqu'au XVIe siècle et au-delà, est synonyme de royauté et d'État. Les douze pairs de France, qui paraissent avoir rempli ce rôle depuis la fin du XIIe siècle, confirment l'« élection » du roi au titre de représentant du royaume en soutenant le temps d'une oraison la couronne au-dessus de sa tête sur laquelle elle est ensuite placée par le seul archevêque. Enfin, par l'intronisation, le roi est conduit jusqu'au trône, insigne d'une valeur comparable à la couronne, désignant lui aussi la royauté elle-même. La messe du jour est alors célébrée.

Les effets du sacre

Du fait que dès ses origines le sacre fait surgir le roi et lui donne un caractère nouveau qui transcende son humanité, il emporte des effets remarquables, à la fois juridiques et religieux — justement recherchés par le premier Carolingien — qui surdéterminent la royauté française.

Comme en Israël, la consécration rend le pouvoir royal légitime puisqu'elle l'authentifie sans équivoque. C'était indiscutable pour Pépin le Bref ; ce ne l'est pas moins pour ses successeurs, qu'ils soient désignés par l'hérédité, jusqu'en 885, ou par l'élection (885-987). Hérédité et élection confèrent au fils ou à l'élu un droit à la royauté qu'actualisent onction et couronnement en les constituant rois. Dès 987, la politique des premiers Capétiens est de se libérer du système électif et de réintroduire l'hérédité : ils y réussissent de règne en règne grâce au sacre anticipé de leurs fils aînés de leur vivant. Ces derniers, faits rois par l'onction et le couronnement, sont ainsi associés au trône ; à la mort du père, ils continuent, mais seuls et véritablement, à exercer les prérogatives royales sans contestation. Avec Philippe Auguste cesse cette pratique. L'hérédité ayant triomphé de l'élection, elle s'impose en coutume et désigne le roi en puissance, mais celui-ci n'est toujours investi de sa fonction que par le sacre : les rois ne prennent en effet ce titre qu'après la cérémonie.

La disparition de l'élection et l'affirmation de l'hérédité font peu à peu perdre au sacre sa valeur constitutive. Le vide juridique existant entre la mort du roi et le sacre de son successeur est peu compatible avec la continuité de l'État monarchique naissant (fin XIIIe siècle). Déjà Philippe III, en 1270, peut-être conscient de cet inconvénient, est le premier à dater ses actes à partir de la mort de son père et non de son propre sacre. Le début du XVe siècle est décisif. Deux édits, en 1403 et 1407, proclament l'instantanéité de la succession au profit du dauphin saisi par la seule mort du roi. Ces textes reçoivent la consécration doctrinale des juristes (Terrevermeille) avec la mise en forme de la théorie statutaire qui rattache l'instantanéité successorale au droit acquis du successeur découlant des coutumes d'hérédité, de primogéniture et de masculinité. Pourtant l'idée qu'il n'y a de roi parfait que par le sacre persiste longtemps dans l'opinion. Pour Jeanne d'Arc, si sûre de l'hérédité de Charles VII, ce roi reste le dauphin jusqu'à l'onction de Reims ; de même, en 1594, le sacre de Henri IV détermine son succès final. Néanmoins le droit du successeur désigné et investi par les lois fondamentales coutumières triomphe lorsqu'il s'exprime en 1498 aux funérailles de Charles VIII par un rite oral toujours réitéré ensuite, le cri : « Le roi est mort ! Vive le roi ! » Tel est le droit du sang que confirme le juriste Jean Bodin en 1576 : « Le roi ne laisse pas d'être roi, sans le couronnement et la consécration. »

Le sacre a ainsi perdu aux XIVe-XVe siècles sa portée juridique ; il ne fait plus le roi. Mais n'est-il plus qu'une cérémonie qui honore et confirme la royauté ? S'arrêter à cette explication traditionnelle revient à suggérer que la royauté se laïcise et que le sacre devient inutile ; ce que certains soutiennent lors des préparatifs du sacre de Louis XVI. Or, il semble au contraire que ce dernier sacre de l'Ancien Régime, plus que l'observance d'un rite superfétatoire, fut une volonté du roi d'affirmer et de restaurer le caractère sacré de la royauté. Sous cet angle, le sacre conserve une valeur constitutive. Il fait acquérir au roi une légitimité de surcroît. En sanctifiant sa personne, il authentifie son titre issu du sang capétien et des lois fondamentales en le fixant de façon ultime en Dieu. Si le sacre constitue en effet dans le roi l'autorité divine, c'est qu'il est depuis toujours chargé d'une lourde signification religieuse. Il fait du titulaire de la Couronne un souverain radicalement différent d'un souverain « légal », en ce qu'il lui imprime une dimension supra-humaine. Par la grâce reçue de l'onction, le roi est le mandataire de Dieu. Saint Augustin écrivait déjà : « Nous pouvons appeler des Christ tous ceux qui ont été oints du Saint Chrême » (*Cité de Dieu*, XVII, 4). De même dira-t-on que le roi est « l'image du Père » (Hugues de Fleury, début XIIe siècle), qu'il est « la vivante image de Dieu » (Suger, XIIe siècle), le « Christ du Seigneur » (Pierre de Blois, fin XIIe siècle), qu'il doit être « regardé comme le ciel » (Chastellain, XVe siècle), qu'il est « l'image de Dieu en terre » (Jean Bodin, XVIe siècle ; Jean Domat, XVIIe siècle), qu'il est encore « Dieu corporel » (Jean Savaron, début XVIIe siècle). Plus précisément, il est le vicaire de la puissance divine (Charles V ; Terrevermeille, début XVe siècle), « Dieu sur terre » (Terrevermeille, Charles de Grassaille et divers textes épiscopaux jusqu'au XVIIIe siècle), « le représentant de la souveraine puissance » (Godefroy, XVIIe siècle)... Le roi étant la figure du Christ, il intègre en lui-même la dimension sacerdotale de son mandant, ainsi qu'il est maintes fois souligné, particulièrement à partir du XIVe siècle, quand décline le rôle constitutif du sacre : « Li roi a temporalité et divinité avec »

(Masuyer, évêque d'Arras, fin XIVe siècle), il est « vaillant prélat » (Juvénal des Ursins, XVe siècle), « roi espirituel et sacerdotal » (Jean Gerson, XVe siècle) ; il est aussi « roi et prêtre » (chancelier d'Aguesseau, XVIIe siècle) ou bien « l'évêque commun de France » (La Roche-Flavin, XVIIe siècle), ou enfin « l'évêque du dehors » (arrêt du Conseil du roi de 1766).

Le roi sacré participe donc du ministère ecclésiastique et « embrasse la religion royale » (Jean Golein). De fait le roi bénéficie après son sacre de certains privilèges ecclésiastiques, tels l'accès au chœur et à l'autel dans les églises, l'encensement par le diacre, le droit de toucher les objets sacrés sauf l'hostie, la communion sous les deux espèces ; il peut aussi être titulaire de certaines dignités ecclésiastiques (chanoine de Saint-Martin de Tours, par exemple). Tout ceci concourt à justifier, à partir de la fin du XIVe siècle, l'appellation de « roi très-chrétien. »

De la sacralité inhérente à la personne du roi s'ensuivent deux effets. Le premier donne au roi la maîtrise sur certaines forces naturelles, celles du mal royal : les écrouelles. Le pouvoir thaumaturgique revendiqué dès le XIe siècle permet au roi, le surlendemain du sacre et régulièrement par la suite, de toucher et guérir les scrofuleux. Surtout le sacre, temporellement, définit la mission du roi. Avec celui de Pépin le Bref, le pouvoir est devenu une fonction ministérielle dont la condition d'exercice est l'imitation du Christ. Le vicariat royal implique alors l'idée d'une délégation de pouvoir dans un but précis hors duquel il ne serait pas concédé. C'est ainsi que des responsabilités pèsent sur le roi, celles-là mêmes de protéger l'Église et de favoriser la paix et la justice, l'équité et la miséricorde attendues de tous. Ces responsabilités procèdent du serment du sacre qui a pour objet d'imposer des limites ou des directions au pouvoir royal. Ainsi, par le serment, le sacre réintègre l'ordre juridique du royaume. Les juristes, du XIVe au XVIIIe siècle, ne voient pas en lui une simple formalité. L'onction n'est conférée qu'en échange de serments publics qui constituent des restrictions au pouvoir royal en ce qu'ils créent des obligations pour le roi envers son peuple (Bodin et Bossuet). Ces limites peuvent être très générales, comme la paix et la justice. Parfois elles engagent plus précisément le roi. Ainsi, malgré l'absence de mention spécifique, le serment a servi à promouvoir l'inaliénabilité du domaine de la Couronne, reconnue comme loi fondamentale en 1566, entrave au libre arbitre du roi. En outre, le serment assoit l'ordre constitutionnel formé par les autres lois fondamentales : jurer de maintenir la paix et l'ordre du royaume ne revient-il pas à les observer ? Le serment du royaume peut donc être tenu pour « le saint et sacré lien des Lois Fondamentales » (Godefroy, XVIIe siècle). Du respect de ce serment, le roi n'est comptable que devant Dieu, et non devant son peuple comme tenteront d'en accréditer l'idée des monarchomaques protestants et catholiques au XVIe siècle. Aucun sujet ne peut invoquer l'inobservance de son serment pour faire violence au roi. Le sacre, depuis ses origines bibliques, emporte l'inviolabilité du titulaire de la Couronne, et les attentats commis contre Henri III, Henri IV ou Louis XV font tomber leur auteur dans le sacrilège et le crime de lèse-majesté.

Pendant douze siècles, l'institution du sacre, consubstantielle à la royauté, l'a accompagnée dans son destin. Dans les premiers temps de la dynastie capétienne, le roi, seul à recevoir l'onction, en a tiré prestige et force vis-à-vis de la féodalité. En opérant dans le roi une profonde transformation de sa nature, en en faisant un être à part, le sacre a renforcé la majesté de la personne publique. Le statut hors de pair du prince capétien, le plaçant hors de toute contestation, a finalement bénéficié à la Couronne : le mystère du sacre scelle l'autorité de l'État monarchique. C'est ce qui ressort *a contrario* des mouvements d'opinion entourant, au déclin de la royauté, le sacre de Louis XVI en 1775. Les incertitudes et les critiques développées par l'idéologie des Lumières à son égard dissimulent des doutes sur la raison d'être de la monarchie. Les sorts de l'un et de l'autre étaient, pour l'essentiel, communs.

Jean BARBEY.

LA DÉVOLUTION DE LA COURONNE

Les thèses du contrat social ont persuadé les penseurs de l'âge classique de la possibilité — et même du devoir — pour la société de *se constituer* elle-même par le truchement d'un instrument écrit : la constitution. Les révolutionnaires français, jugeant que les lois fondamentales du royaume, non écrites, n'étaient qu'un ramas « gothique » et obscurantiste, s'employèrent d'abord — dans quelles difficultés ! — à rendre effective cette mutation des doctrines communes de la société. Les contre-révolutionnaires, de Burke à Maistre, ne s'y tromperont pas en dénonçant au premier chef dans la Révolution le triomphe d'une volonté orgueilleuse et dévergondée. Ils opposeront aux prétentions nouvelles la constitution anglaise et les lois fondamentales françaises, ces produits coutumiers, fruits de la « prescription » (Burke) et manifestations concrètes autant que providentielles d'une immuable Loi naturelle. Ce faisant, ils révéleront le véritable esprit des « constitutions » traditionnelles.

La loi de succession

La loi de succession à la Couronne de France — qui combine plusieurs lois fondamentales et forme l'essentiel de celles-ci — s'est définitivement fixée au XVe siècle, au terme d'une longue incubation, après qu'eurent été successivement consacrées les diverses règles la composant : hérédité avec primogéniture (XIIe), agnation (ou masculinité) et collatéralité (XIVe), enfin indisponibilité et continuité de la Couronne (XVe).

C'est à l'élection par les hauts dignitaires du royaume, resurgie au couchant de l'ère carolingienne, que Hugues Capet doit son accession au trône en juillet 987. Dès décembre, au nom de la nécessaire continuité du pouvoir, il fait élire et sacrer comme roi en second son fils Robert qui lui succédera en 996. La pratique de l'élection et du sacre du fils — *rex designatus* — du vivant du père se poursuit de règne en règne jusqu'à l'élection et au sacre de Philippe Auguste en 1179, peu avant la mort de son père Louis VII. Par la suite, l'hérédité, longtemps étayée par l'élection, se suffira à elle-même.

Avec l'hérédité, la primogéniture (aînesse) s'impose dans la pratique. Elle évite la partition du royaume, comme sous les premières races (Mérovingiens et Carolingiens). Ainsi naît le *droit public*, exorbitant du « droit commun » : le royaume n'est pas un patrimoine privé et sa dévolution obéit à des règles spécifiques.

Le mécanisme successoral s'approfondit au début du XIVe siècle, à l'occasion de deux crises bien connues des lecteurs — et des spectateurs — des fameux *Rois maudits*. Lorsque meurt en 1316 l'éphémère Louis X le Hutin, fils aîné de Philippe IV le Bel, il laisse une orpheline, Jeanne. Sa femme est toutefois enceinte et accouchera d'un fils posthume, Jean Ier. Mais celui-ci meurt à son tour, âgé de quelques jours. Le second fils de Philippe le Bel, Philippe, comte de Poitiers, qui s'est arrogé la régence à la disparition de son aîné, se fait reconnaître comme roi par une assemblée de dignitaires et sacrer en janvier 1317. L'avènement de Philippe V marque la rupture définitive du droit royal avec le droit féodal. Le frère du roi a été préféré à sa fille. Il sera dorénavant entendu que les filles ne succèdent pas au trône des lys et que, à défaut de descendants mâles en ligne directe, la Couronne passe au plus âgé des frères du défunt roi. Lorsque Philippe V meurt en 1322, il n'a engendré que des filles : aucune contestation ne s'élève à l'encontre de l'élévation au trône de son frère, Charles IV le Bel.

Il est clair qu'un tel mécanisme ne doit rien à la prétendue *lex salica* : la vieille loi des Francs Saliens sera exhumée quelques décennies plus tard et ne pourra d'ailleurs être revendiquée qu'à la suite de manipulations. On placera en réalité au principe du déploiement de la loi de succession un réseau complexe de convictions sur lesquelles on reviendra plus loin.

En 1328 survient une nouvelle crise dont l'ampleur sera tout autre. Charles IV ne laisse que des filles... mais point de frère. Le mâle le plus proche est le roi d'Angleterre, Édouard III : petit-fils de Philippe le Bel par sa mère Isabelle, neveu des trois derniers rois, il est leur parent au troisième degré mais en ligne féminine. La question est simple : Isabelle a-t-elle pu former « pont et planche », c'est-à-dire transmettre à son fils un

DÉCOUVERTE DE LA LOI «SALIQUE»

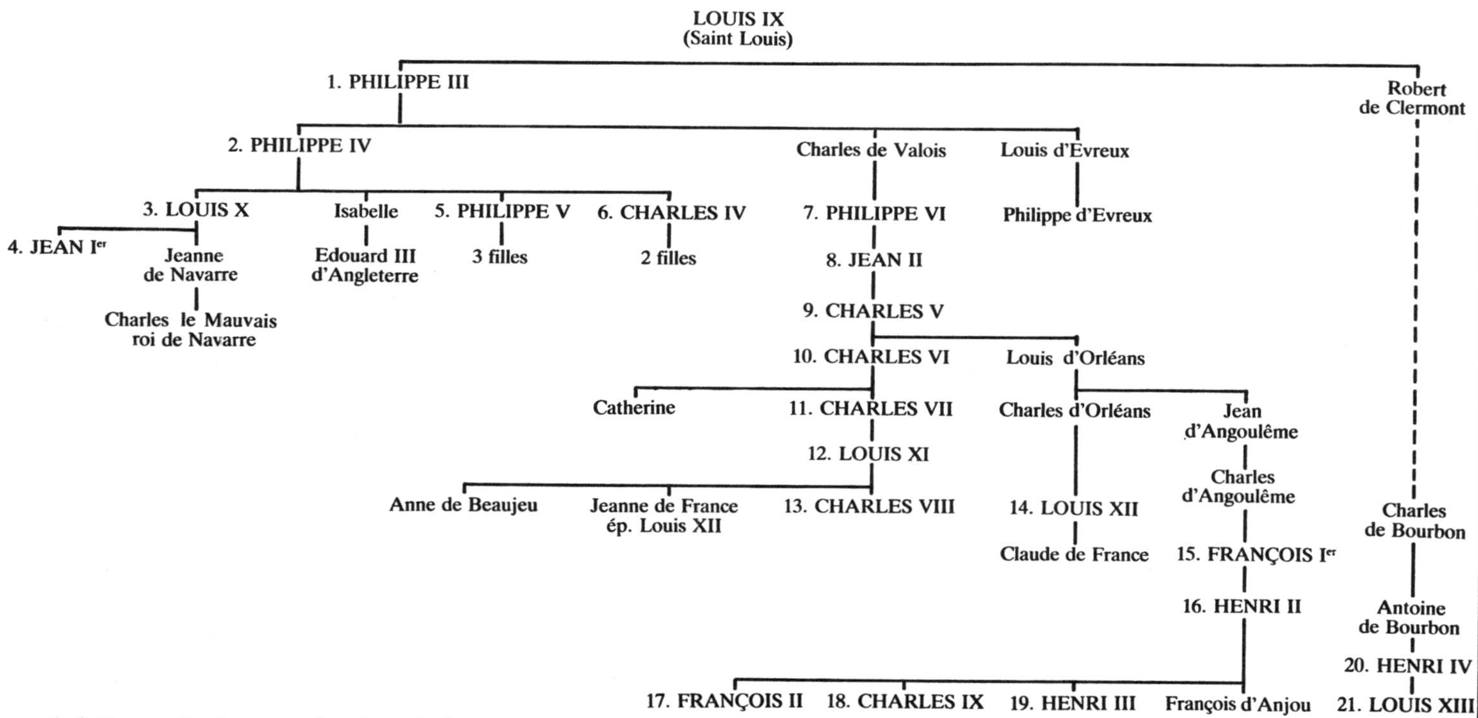

1, 2, 3, ***ordre de succession des rois de France***

droit dont la règle de masculinité l'excluait elle-même ? Une assemblée de dignitaires reconnaît la solution qu'impose la logique juridique : on ne saurait transmettre plus de droits qu'on n'en a. Philippe VI de Valois, petit-fils de Philippe III le Hardi, fils de Charles de Valois, frère puîné de Philippe le Bel, et donc cousin germain des derniers Capétiens directs, monte sur le trône, bien qu'il ne soit leur parent qu'au quatrième degré.

La loi de succession est désormais bien fixée : en l'absence de successible direct du monarque défunt, la Couronne est dévolue, à l'infini, à l'aîné de la branche collatérale aînée. Cette dévolution en ligne collatérale avec primogéniture jouera au profit de princes parfois éloignés : en 1498, Louis XII sera cousin de Charles VIII au cinquième degré ; en 1589, Henri IV sera parent de Henri III au vingt et unième degré.

L'esprit des lois fondamentales

Nos contemporains ont beaucoup de mal à comprendre l'esprit des systèmes constitutionnels coutumiers. Ceux-ci s'édifient à partir d'une conviction première qui, dans l'ordre juridique, forme norme fondamentale : ce qui était hier et demeure aujourd'hui a vocation à perdurer. On est aux antipodes du volontarisme moderne qu'étaye une foi illimitée dans les facultés de la raison humaine de changer délibérément la vie — notamment politique. Dans les systèmes coutumiers, la suprême autorité n'est pas le « peuple », ni la « nation », pas même le roi, mais le temps et, plus profondément, Dieu par le temps. Ou encore, entremêlées, la Nature (créée par Dieu) et la Providence (divine) par l'histoire.

Jean de Terrevermeille, grand juriste méridional du début du XVe siècle, parle significativement, à propos de ce qu'on n'appelle pas encore les lois fondamentales, de la providence de la coutume (*Providentia consuetudinis*). Autant dire que, dans un tel système, le *droit* constitutionnel ne sort pas purement et simplement — ce qui est d'ailleurs impossible en théorie — du pur *fait* constitutionnel : les pratiques constitutionnelles, sous condition d'être stables, de former ce que les juristes nomment un *usage*, se trouvent habilitées et transmutées en droit par le principe fondateur aux termes duquel seul ce qui *est* de longue date *doit être*.

On observera la complexité du processus coutumier. Dans le

cadre de cette habilitation de principe, il est nettement inductif : ce n'est qu'à partir du moment où une pratique bénéficie d'une certaine ancienneté et fait figure d'usage que la conviction de son caractère juridique s'épanouit ; on l'a bien vu pour la mise en place de la loi de succession. Cette dynamique inductive n'est toutefois pas exclusive. D'un côté, si une pratique devient un usage, c'est qu'elle correspond à certains « pré-jugés », à une sorte d'*opinio iuris* en formation. Les auteurs médiévaux ont la conviction — sur fond d'analogie entre le pouvoir du monarque et celui du père de famille — que la dévolution la plus « naturelle » du pouvoir est la dévolution successorale au profit d'un mâle. Les doctrines embryologiques de leur temps les persuadent d'ailleurs que le fils est la reproduction du père : la « nature » royale est ainsi transmise du père au fils par le sang et logiquement réversible sur les collatéraux. Par ailleurs, si les filles sont plus ou moins consciemment écartées de la succession dès l'origine, c'est moins en raison des obligations militaires du prince que des exigences du sacre qui infuse à la fonction royale — plus justicière que guerrière — une dimension quasi sacerdotale. L'onction royale est calquée sur la consécration épiscopale. Une femme n'a en conséquence pas plus accès au *ministerium regis* qu'au ministère sacerdotal. Rien ne s'oppose en revanche à ce qu'elle exerce la régence.

D'un autre côté, le déploiement de toutes les implications de la loi de succession atteste le travail de la raison des légistes. Ceux-ci prennent conscience de la nécessité de déduire radicalement toutes les implications de la règle primaire de l'hérédité avec primogéniture masculine car ils discernent dans son automaticité un rempart contre des contestations toujours redoutables.

La succession statutaire

Les troubles dramatiques des débuts du XVe siècle vont favoriser la mise à jour par les légistes d'une ultime règle, en vérité impliquée par les « lois » antérieures : la règle d'indisponibilité de la Couronne, complétée par le principe corollaire de sa continuité.

En mai 1420, Charles VI, le roi fou, signe le traité de Troyes avec Henri V d'Angleterre. Cet accord écarte le dauphin Charles (futur Charles VII) de la succession et déclare Henri fils adoptif de Charles VI. Les grands juristes contestent cette « exhérédation » au motif, justement, que la succession royale n'est pas patrimoniale et héréditaire, mais *statutaire*. Alors qu'en droit successoral privé la volonté du défunt peut modifier la succession en instituant un héritier par testament, de même que les héritiers peuvent manifester leur volonté de refuser la succession, le statut coutumier du royaume est hors de portée des volontés humaines, celles du roi comme de son « héritier ». Le droit du sang (*ius sanguinis*) fait du successeur, quel que soit son degré de parenté avec le défunt roi, un « héritier nécessaire ». La Couronne est indisponible. Cette indisponibilité a plusieurs corollaires, peu à peu précisés, qui manifestent tous que la fonction royale et les règles de sa dévolution sont non la chose du roi mais les attributs de la Couronne :

— Le roi ne saurait renoncer à la Couronne en abdiquant. Le parlement de Paris le signifiera à François Ier, captif à Madrid, après la défaite de Pavie (1525), et les juristes rigoureux comme les membres de la famille royale ne reconnaîtront jamais après 1830 la validité des abdications de Charles X et de son fils, le duc d'Angoulême (futur Louis XIX de l'exil), au profit du duc de Bordeaux (puis comte de Chambord et Henri V de l'exil).

— Le roi ne saurait limiter les prérogatives de ses successeurs. Et, pour commencer et sauf exceptions précises, le domaine de la Couronne est inaliénable (principe formalisé en 1566 par l'ordonnance de Moulins).

— Surtout, le roi ne peut porter atteinte à l'ordre de succession. L'affaire des bâtards légitimés de Louis XIV est à cet égard exemplaire. Le Grand Roi, inquiet de la disparition prématurée d'une bonne part des successibles, avait déclaré habiles à succéder ses deux bâtards légitimés, le duc du Maine et le comte de Toulouse. Le Conseil de régence rendit à bon droit en 1717 un édit portant annulation de cette décision, au motif qu'elle ne pouvait constitutionnellement attribuer à des descendants illégitimes vocation successorale en violation de l'exigence, découlant de la « loi de catholicité », que les successibles fussent issus d'un mariage canoniquement valable. Toujours parce que l'héritier nécessaire, quelle que soit sa place dans l'ordre successoral, jouit d'un droit acquis à succéder le cas échéant, le roi régnant ne peut le faire renoncer à ce droit. Déjà, en 1457, Charles VII avait imaginé de priver le duc d'Alençon de son droit successoral. Mais les historiens s'intéressent surtout à la renonciation, nulle de plein droit, de Philippe V d'Espagne en 1713 (voir *infra*, « Épilogue »).

La règle de continuité de la Couronne forme l'ultime volet de la succession statutaire. Aux XIe et XIIe siècles, le sacre faisait le roi. Mais, dès lors que cessa la pratique de faire sacrer le fils du vivant du père, la béance d'un vide juridique entre la mort du second et le sacre du premier devint préoccupante. Le principe de l'instantanéité de la succession s'affirma peu à peu entre la fin du XIIIe et le début du XVe siècle : l'adage du droit privé « le mort saisit le vif » fut étendu à la succession royale. La mort du roi saisit immédiatement son successeur ; d'où l'adage fameux « le roi ne meurt jamais en France » et la rituelle formule, à la disparition d'un souverain : « le roi est mort, vive le roi. »

La Couronne — notion morale — est de mieux en mieux abstraite, en sa permanence, de ses titulaires physiques successifs. Cette distinction des « deux corps du roi » (pour reprendre la formule chère à Kantorowicz) — corps physique du prince et corps moral de sa fonction — et l'intelligence d'une constitution royale hors de portée de ses bénéficiaires eux-mêmes portaient en elles la notion moderne de l'État.

Stéphane RIALS.

LE MODÈLE DU ROI

Sacre et lois fondamentales de succession constituent le roi mais ne font pas de lui le prince idéal. Aussi, de l'époque carolingienne à l'époque classique, chaque siècle a-t-il éprouvé le besoin de tracer le visage du roi modèle se superposant au roi de droit. Cependant, ce prince que théologiens, moralistes ou humanistes souhaitent voir s'incarner sous les traits qu'ils lui dessinent, est loin d'être toujours un personnage idéal. De l'abondante littérature des « miroirs des princes », des biographies ou des ouvrages plus didactiques, émerge un roi aux vertus accomplies certes, mais accessibles. Un modèle unique du roi planant intemporellement n'a jamais existé. Sans doute des traits perdurent à travers les siècles, mais les mentalités, l'esprit des institutions, les influences intellectuelles ont donné aux vertus traditionnelles du bon roi un contenu différent, modifiant le visage idéal du titulaire de la Couronne.

Le bon roi ou le serviteur accompli de Dieu

Sous la poussée de l'Ancien Testament et de la tradition chrétienne, prévaut d'abord et pour de longs siècles (VIe-XIIe) l'image d'un roi modelé par les exigences de l'ordre moral et religieux. L'époque carolingienne et le début du Moyen Age sont pénétrés de l'idéal biblique. Les exemples des royautés de Saül, David et Salomon montrent que le roi — choisi et béni par Dieu lors de l'onction du sacre —, comme ses prédécesseurs de l'Ancien Testament, doit s'adonner à la méditation de la loi divine, se plier à ses commandements pour la gloire de Dieu et le bien des fidèles (Jonas d'Orléans, *De institutione regia*, début du IXe siècle). Mais la définition du roi est surtout due à saint Augustin, cet inspirateur de l'idéal médiéval d'une réalisation terrestre du royaume éternel. Ce père de l'Église a tracé le premier portrait du bon roi en lui façonnant avant tout un visage moral (*Cité de Dieu*, V, 24). Il est suivi et quelque peu déformé par les écrivains carolingiens et ceux des deux premiers siècles capétiens. Isidore de Séville, au VIIe siècle, avait rendu compte de cet idéal par une formule bien frappée : *rex a recte agendo dicitur* ; pour ne pas être un tyran mais un vrai roi, le prince doit régner droitement. Peu de phrases ont un sens aussi prégnant. Cela signifie que le bon roi, dont la raison d'être est la valeur morale de direction et de correction du monde temporel, gouverne par ses vertus personnelles qu'il communique à ses sujets et au royaume. Dans ces conditions il n'est pas de distinction possible entre l'ordre des vertus privées et l'ordre politique, tous deux identiques.

Durant quatre à cinq siècles, les auteurs, à travers les « miroirs des princes », répandent une vision moraliste du monarque par le rappel du principe que, pour bien gouverner, le roi doit d'abord se régir lui-même. De lui sont exigés la possession et l'exercice des vertus privées réclamées chez tout chrétien, lesquelles sont aussi les vertus politiques fondant la justesse du gouvernement royal. Elle sont même davantage vécues chez le prince que chez le simple fidèle : étant la *figura Dei* par la grâce du sacre, ne doit-il pas imiter parfaitement les vertus du Christ ? Et le gouvernement du roi ne s'insère-t-il pas dans l'œuvre rédemptrice de Dieu comme un moyen à son service (Hugues de Fleury, *De regia potestate*) ? C'est ainsi qu'un saint Louis, pratiquant l'ascèse pour sa perfection intérieure et chrétienne, accède à la sainteté qui rejaillit sur le royaume pour son bien. L'humilité, la bonté, la tempérance doivent être l'apanage du prince. Mais encore la piété par laquelle il honore Dieu et l'Église (Jonas d'Orléans, *De institutione regia* ; Hugues de Fleury ; Honorius d'Autun, *Summa gloria*) et surtout la justice. Tout l'ordre du gouvernement en effet n'est qu'un rayonnement de la justice du roi. Sans elle, il ne serait qu'un pécheur comme un autre ; avec elle, il contribue à pacifier et à diriger droitement le royaume.

A travers nombre de « miroirs » ou de traités de « science politique » destinés à la pédagogie du roi (Jean de Salisbury et son *Polycraticus* écrit en 1159 ; Hélinand de Froidmont et son *De regimine principum* dédié en 1200 à Philippe Auguste ; Guibert de Tournai dans son *Eruditio regum et principum* ; Vincent de Beauvais et son *De eruditione filiorum regalium* au XIIIe siècle), ces conceptions mûrissent et s'explicitent. Certes parmi les vertus nécessairement cultivées par le prince, la justice garde la primauté, mais on s'évertue à mettre en lumière deux qualités qui la déterminent et lui donnent efficacité : la force et la sagesse. La force ou la puissance doit être au service de la justice et du bien commun qui en est la fin ; elle est la vertu qui assure la réalisation de la justice. La force est aussi l'auxiliaire d'une autre vertu royale, la sagesse. C'est avec elle, proclame-t-on avec les *Proverbes* (VIII, 15), « que les rois règnent et ordonnent ce qui est juste ». Si elle est identifiée à celle de Salomon, si elle s'incarne dans la fidélité aux enseignements bibliques et patristiques, elle commence, au milieu du XIIIe siècle, à se charger d'un autre sens.

En effet, avec l'épanouissement de la pensée d'Aristote, avec la place grandissante que prennent les juristes et le droit romain, le portrait du roi modèle se modifie. L'image traditionnelle du prince conditionnée par l'ordre éthico-religieux persiste toujours, exacerbée même lors de la crise politique du début du XVe siècle ou pendant les guerres de Religion au XVIe siècle. Les moralistes (Jean Gerson, *Vivat Rex* ; Christine de Pisan, *Livre de paix* ; J. Legrand, *Le Livre des bonnes meurs*) se tournent vers le passé, vers l'âge d'or des prédécesseurs modèles, renouent avec la vision de la sainteté installée sur le trône en brossant les contours d'une perfection royale selon eux oubliée. Cependant, dans un lent mouvement qui s'étend de la fin du XIIIe siècle à la Renaissance, se renforce l'image d'un roi exemplaire par ses vertus naturelles et son aptitude à bien gouverner.

Le bon roi ou l'administrateur sage et réaliste

Pour bien gouverner « le roi doit commencer par se gouverner lui-même en toute police », continue d'affirmer Christine de Pisan à l'aube du XVe siècle. Le bon gouvernement d'un État exige chez celui qui l'exerce de solides habitudes de vertus puisque dans le roi, l'homme public et l'homme privé étant indissociables, les vertus privées ne sont que plus nécessaires au bon accomplissement de la fonction royale. Mais ces vertus, avec l'impact de la philosophie aristotélicienne, perdent leur aspect de moyens de perfection pour prendre celui d'une vie toute de mesure. Ainsi un Charles V pratique l'ascèse non pour acquérir la perfection chrétienne mais pour délivrer son gouvernement des pesanteurs des passions. Rabelais, Guillaume Budé, Morisot le répéteront au XVIe siècle.

Les vertus du roi concourent donc à procurer au royaume une

direction juste, mais efficace aussi. La première d'entre elles est la sagesse. Cette vertu repose sur la science, assimilée aux connaissances intellectuelles du prince (N. Oresme, *Livre des Politiques* ; Philippe de Mézières, *Le Songe du viel Pèlerin* ; Christine de Pisan ; Rabelais ; Budé). C'est le sens que s'évertuent à lui donner — fondés sur la renaissance culturelle des XIIe-XIIIe siècles — les traités éducatifs et moraux des XIVe et XVe siècles. Le roi, comme un Charles V, qui lisait « chaque jour d'Yconomiques et d'Ethyques », doit posséder les connaissances de science politique nécessaires à l'exercice de sa fonction qui lui assurent une incomparable compétence ; il doit aussi être un lettré. L'idée d'un souverain inculte devient donc inconcevable. Cette tendance est encore plus forte à partir de la fin du XVe siècle, sous la plume des humanistes. Guillaume Budé tend même à assimiler la vertu du prince à sa formation intellectuelle et au bon usage de la raison. Ainsi s'annonce dès le XIVe siècle le roi cultivé et technicien apparu avec la Renaissance.

Mais la sagesse suppose l'aptitude à être prudent. La prudence est jugée par tous les auteurs comme la vertu cardinale de l'office royal, celle qui met la sagesse en pratique. Elle permet au monarque d'orienter son action de manière réfléchie avec raison droite, jugement et autorité — éclairé par les conseillers et l'expérience du passé — en considération des moyens qui conduisent à la finalité du bon gouvernement. Ainsi se modifie la vieille conception de la fonction royale héritée du haut Moyen Age, qui n'y voyait qu'un pouvoir justicier destiné à faire respecter l'ordre divin. Maintenant, la prudence du roi, toujours dans le but de bien gouverner, débouche sur l'efficacité politique de ses actes en lui inspirant la modération de ses inclinations et de sa volonté et en en dirigeant l'usage vers la pondération et la mesure. Un sage administrateur et un sage législateur, tel doit être le roi. Et chez les juristes prévaut l'idéal froid du roi législateur qui n'est pas le serviteur d'un ordre existant en soi et qui s'impose à lui du dehors, mais la source de lois qui adaptent l'ordre éternel aux conditions réelles de la vie quotidienne. Le gouvernement d'un royaume a ses lois propres et naturelles qu'il importe de comprendre et de connaître et sur lesquelles le monarque agit avec prudence, par un art spécial et autonome : l'art politique.

Mais sagesse et prudence sans la force ne seraient rien. Cette dernière vertu prend maintenant tout son relief. Elle est la puissance du roi en action, orientée vers le bien commun et la conservation du corps politique en imposant aux sujets sa justice et sa volonté. Suivant Aristote, saint Thomas et son disciple Gilles de Rome (voir son *De regimine principum* composé pour Philippe le Bel), un Philippe de Commynes au XVe siècle, puis tous les auteurs du siècle suivant précisent les vertus annexes de la force. D'abord la magnanimité qui cherche à atteindre ce qu'il y a de plus grand, c'est-à-dire le service de l'intérêt commun et de Dieu : cette fonction finalisée par la transcendance de son objet se répercute sur le prince dès que ce dernier l'exécute selon la raison politique qui lui enjoint de le faire comme il convient de le faire, en restant dans le juste milieu. Ensuite la magnificence qui astreint le souverain à être grand et à « faire dans le grand » pour être campé dans l'honneur en gloire et en majesté au seul profit du prestige de la Couronne. Enfin patience et persévérance sont les vertus qui ont pour fonction de supporter, autant qu'il est nécessaire, « la durée dans les œuvres des vertus précédentes et de toutes les autres » (saint Thomas).

Sagesse, force, prudence ne peuvent-elles pas être assouplies dans leur rigueur au bénéfice du pragmatisme, sans que le bon roi perde cette qualification ? Aux dires de Christine de Pisan, Charles V soutenait l'affirmation selon laquelle « *les circonstances font les choses bonnes ou mauvaises, car en tele manière peut estre dissimulé, que c'est vertu, en tele manière, vice* ». Certes le roi entend qu'il est utile de dissimuler « contre la fureur des gens pervers ». Pourtant, au nom du réalisme de l'action, Christine de Pisan et d'autres (ainsi Philippe de Mézières) donnent au prince la liberté de prendre ses aises avec la morale politique au profit de l'opportunité et du pragmatisme. Exceptionnelle à la fin du XIVe siècle, une telle vue s'acclimate peu à peu. Les auteurs qui la partagent ne songent pas à contester substantiellement l'éthique traditionnelle revendiquée pour le prince, mais reconnaissent qu'il peut l'écarter.

Commynes admet que le bien de l'État peut éventuellement cautionner la dissimulation, le mensonge, la cautèle ou l'absence de scrupules du souverain. Claude de Seyssel (dans sa *Grande Monarchie de France* parue en 1519) envisage, non sans prendre des formes, l'emploi de la ruse et de la mauvaise foi dans l'exercice du pouvoir. Juristes et humanistes du XVIe siècle reconnaissent que l'intérêt bien compris du royaume ne peut s'accommoder d'exigences morales qui enferment trop étroitement l'action du monarque. A côté de la sagesse et de la prudence s'inscrivent aussi le savoir-faire, l'habileté, la subtilité ou la ruse, qui animent le gouvernement du prince au nom de ce qui peut s'appeler la raison d'État. Ainsi semble s'opérer une dissociation dans la personne du prince. En elle, le vertueux et le pragmatique s'accorderaient pour réaliser le bien commun tout en s'affrontant éventuellement sur les moyens d'y parvenir. Mais n'y a-t-il pas entre vertu et savoir-faire une relation d'aide mutuelle ? La sagesse et la prudence d'un côté, le calcul politique de l'autre sont les deux versants de la vérité politique qui doit guider le bon roi et s'obtient par la raison.

L'État croît ou périt, et cette réalité doit être contemplée et comprise par le souverain pour qu'il puisse agir sur elle par l'art politique.

Le bon roi et ses bons conseillers

De tout temps, le monarque capétien prend conseil. Soucieux de brosser le portrait du bon prince, les « miroirs » et les traités moraux s'attardent sur les conseillers qui permettent au roi de rassembler les avis et donc de mieux mûrir sa décision. Venue du haut Moyen Age s'installe d'abord l'image du conseiller « œil et oreille » du monarque. Le modèle est trouvé dans l'Ancien Testament avec Josaphat établi juge aux portes de Juda. Comme ce dernier, le bénéfice que le conseiller doit trouver dans sa charge est de mériter son salut éternel en faisant son devoir avec clémence et justice (Suger, *Vie de Louis le Gros*). Peu à peu les contours du conseiller idéal prennent plus de densité, lorsque l'administration royale s'étoffe et se diversifie aux XIIe-XIIIe siècles et que le royaume grandit.

Le choix des conseillers — choix qui relève du seul prince — répond à la préoccupation de repousser tout personnage indigne. A cette fin les critères requis, pas nécessairement cumulatifs, varient. Pour Gilles de Rome ou Gerson, « *aimer Dieu, foy et chrestienté* » serait la marque de hautes qualités. La vie vertueuse est donc indispensable sous peine de desservir l'honneur du roi. Mais on se doute qu'avec le développement de l'État et de l'administration, si on ne laisse pas d'exiger sagesse et vertu, la compétence devient le critère essentiel ; ce que confirment un Ghillebert de Lannoy et un Commynes pour lesquels le prince ne peut repousser un conseiller capable, serait-il démuni de vertu. Le XVIe siècle souligne cette priorité des capacités pour le recrutement des conseillers que certains auteurs, en vue d'accroître leur prestige dans le royaume, souhaitent voir recruter en même temps dans les rangs du clergé, de la noblesse et de la « plèbe » (Pierre Grégoire, *De Republica*, fin du XVIe siècle). Ensuite et enfin, les XIVe et XVe siècles, influencés par les modèles bibliques et antiques, ne voient de sagesse achevée et de vraie compétence que dans l'âge mûr. Pourtant soumis aux mêmes réminiscences de l'Antiquité — Guillaume Budé invoque le Nestor de l'*Iliade* —, le XVIe siècle célèbre moins la maturité ; elle est sans doute signe de jugements sûrs et d'expérience, mais celle-ci peut être acquise au service du roi dès l'obtention d'un grade universitaire. Les qualités du conseiller qui ont déterminé son choix doivent naturellement se confirmer dans l'exercice de sa fonction. Là, il doit déployer ses vertus intellectuelles et sa capacité ; son éloquence — appréciée depuis le XIVe siècle — doit être entraînante mais au service d'un esprit capable d'expliquer les raisons de délibérer et de dégager les moyens de ce qui est décidé. Ces qualités lui servent à rechercher le bien commun, ce qu'expriment son dévouement à la chose publique et sa fidélité au roi. Le conseiller du roi selon Gerson doit pouvoir dire : « *Je suis au roy et non a d'aultre.* » Le dévouement au prince réclame droiture et franchise, excluant toute cautèle ou flatterie excessive à son égard. La fidélité implique notamment la mise en œuvre de sa responsabilité si la conduite politique ou morale du prince est critiquable — il devra alors le reprendre — ou critiquée : en ce cas il endossera l'impopularité de l'acte royal et devra être capable de renoncer à l'amour de la gloire et de la carrière comme à tout sentiment personnel égoïste.

En définitive, le bon roi doit s'entourer de conseillers « prud'hommes », aptes à servir le roi et l'État. Le gouvernement du roi et du royaume « gît en son conseil », lit-on à la fin du XIVe siècle. Si le royaume est un corps, son âme est le roi qui est l'idée directrice de l'État et qu'il convient de servir avec un idéal mystique. Le modèle du conseiller est à la mesure du roi modèle. L'un et l'autre sont enfermés dans le champ des vertus morales et « administratives », propres, par l'idéal qu'elles tracent, à renforcer dans la réalité l'autorité et la gloire du monarque très-chrétien.

Jean BARBEY.

LA MONARCHIE ABSOLUE

La monarchie absolue est fille de la guerre civile et de l'insécurité des guerres de Religion. Sa forme la plus achevée, la monarchie louis-quatorzienne, fut engendrée par cette brève mais violente rechute de la guerre civile qu'a été la Fronde. Bossuet se montre bon historien lorsqu'il compare la Fronde à « un travail de la France prête à enfanter le règne miraculeux de Louis ».

Les troubles politico-religieux de la seconde moitié du XVIe siècle furent le creuset de la monarchie absolue. Son affirmation doctrinale constitue le contrecoup d'une longue période de guerre civile au cours de laquelle l'autorité royale fut sans cesse bafouée par les factieux et contestée par leurs théoriciens. Les guerres de Religion ont constitué une crise politique extrêmement grave, qui mit la monarchie capétienne à deux doigts de sa perte.

En réaction contre la violence et l'insécurité des personnes et des biens, les meilleurs esprits, ainsi que la *sanior* et même la *maior pars populi*, placèrent tous leurs espoirs dans le rétablissement d'un pouvoir royal fort, seul moyen de recouvrer la paix civile et la sécurité. Mais il fallait pour cela réfuter l'argumentation des partisans d'un pouvoir royal amoindri, qu'il s'agisse des auteurs monarchomaques comme Hotman, ou des théoriciens jésuites de l'école espagnole, tels Bellarmin et Suarez. Il fallait s'inscrire en faux contre ceux qui prétendaient soumettre le pouvoir du roi au contrôle, voire à la sanction, du peuple ou bien du pape. D'où la double théorie de la monarchie absolue et du droit divin des rois.

Bodin, dans ses *Six Livres de la République*, sera le grand théoricien de l'absolutisme. Les auteurs ultérieurs ne feront que reprendre et illustrer sa pensée. Contre les doctrinaires d'un pouvoir royal limité par les effets d'un régime mixte, Bodin plaide en faveur d'une monarchie titulaire d'une souveraineté entière et impartagée. Une monarchie pure de tout alliage avec la démocratie ou l'aristocratie. C'est la monarchie absolue, ou monarchie pure, les deux termes étant synonymes.

Quant à la théorie du droit divin, préparée de longue date par des siècles de gallicanisme, elle repose sur l'idée que le roi a reçu directement son pouvoir de Dieu. Dès lors, il n'a de comptes à rendre qu'à Dieu seul et se trouve irresponsable devant les hommes. Le pape ne saurait le déposer. Ses sujets n'ont aucunement le droit de se révolter, et encore moins d'assassiner le prince, comme les y invitaient certains auteurs monarchomaques (d'où les deux régicides de 1589 et de 1610). Cette doctrine du droit divin trouvera sa forme achevée avec Bossuet, pour qui « le trône royal n'est pas le trône d'un homme, mais le trône de Dieu même ».

En dépit des apparences et des idées reçues, ces deux théories n'ont pas accru les prérogatives du roi — sinon indirectement, du fait que la désuétude des États généraux lui permet de se passer de leur accord pour créer de nouveaux impôts. Pour le reste, il n'y a rien de nouveau. Depuis des siècles, le roi est, par son sacre, le représentant de Dieu sur la terre et le titulaire d'un pouvoir miraculeux. Depuis des siècles, le roi décide en dernier ressort. Bref, si Louis XIV est un monarque absolu de droit divin, Philippe IV le Bel, Louis XI ou François Ier l'avaient été tout autant que lui

La monarchie absolue et l'État

Le grand bénéficiaire de la monarchie absolue ne sera pas le roi, mais l'État. Le roi des XVIIe et XVIIIe siècles ne se veut pas autre chose que le premier serviteur de l'État. D'ailleurs, selon les théoriciens du droit public d'Ancien Régime, c'est à l'État qu'appartient la souveraineté (Loyseau). Le roi ne fait que l'exercer en son nom. Si bien que les théories de la souveraineté absolue et du droit divin des rois équivalent finalement à une proclamation de l'absolutisme étatique et à une caution divine accordée à l'État.

La monarchie absolue est tout entière au service de l'État. Le roi n'a pas de vie privée. Il naît, meurt et passe une grande partie de son existence en public. Il n'a pas non plus de patrimoine privé. Il ne peut rien posséder en propre. A son avènement, toutes ses possessions entrent dans le domaine de la Couronne. Tant les biens du roi que sa personne sont la chose de l'État. Celui-ci est une entité autonome, permanente, qui reste tandis que passent les rois. « Je m'en vais, mais l'État demeurera toujours », a dit Louis XIV mourant. Au surplus, l'État est indifférent à la forme du gouvernement. Créé par les longs et persévérants efforts de la royauté, il n'est pas uni à celle-ci par un lien bi-univoque. Que la monarchie disparaisse demain, l'État n'en continuera pas moins d'exister.

Il n'empêche que la notion d'État a été utile au roi. Il lui a été commode de pouvoir parler et ordonner au nom de l'État. De plus, le bien de l'État étant identifié au bien de tous, le roi, serviteur et représentant de l'État, constitue du même coup le représentant de l'universalité de la nation. L'idée d'État a aidé la royauté à défendre son pouvoir contre les idéologies subversives et contre les révoltes. Elle lui a permis de le faire pénétrer efficacement dans la vie de la nation. Au temps de la monarchie absolue, la royauté a, au nom de l'État, éliminé tout ce qui prétendait partager son autorité, et ramené dans l'obéissance tout ce qui osait la méconnaître ou la bafouer.

Les États généraux furent réunis pour la dernière fois en 1614-1615. Après quoi ils tombèrent progressivement dans l'oubli. Une fois passée l'ultime réunion de 1626-1627, les Assemblées des notables partagèrent la même désuétude. Le roi représentant de manière parfaite la nation tout entière, il n'y avait plus de place pour une représentation politique de celle-ci au moyen d'assemblées. Parallèlement, la royauté a très activement combattu les autonomies régionales et municipales. La majorité des États provinciaux disparurent dans le cours du XVIIe siècle. Il ne s'en maintint que dans quatre grandes provinces périphériques (Bourgogne, Bretagne, Languedoc, Provence), ainsi que dans quelques petites. Quant aux villes, dont la très grande autonomie engendrait une gestion financière catastrophique, et parmi lesquelles plusieurs s'étaient révoltées contre le roi, elles furent soumises à une stricte tutelle, codifiée par un édit de 1683. En outre, le parti protestant, après sa rébellion armée et la victoire royale, avait été privé de la formidable assise militaire qui faisait de lui, selon la formule prêtée à Richelieu, « un État dans l'État » (édit d'Alès, 1629). Enfin, la monarchie du XVIIe siècle réussit à venir à bout de la redoutable opposition des parlements. Témoin, dans son enfance, de la guerre civile qu'ils avaient déclenchée, Louis XIV veilla à les mettre hors d'état de nuire.

Dans le même temps, le pouvoir royal instaure un ordre public s'imposant à tous. Richelieu réprime sévèrement l'indiscipline et les rébellions de la haute noblesse. Cette dernière prend sa revanche durant la seconde phase de la Fronde, la Fronde des princes (1650-1652). Mais avec Louis XIV, la royauté victorieuse domestique les grands nobles et les transforme en courtisans. Quant à ceux des gentilshommes qui, dans les provinces, s'estiment en droit de se comporter en tyrans locaux, voire en véritables bandits, ils vont, pour la première fois, éprouver la rigueur des lois. Si la plupart ne sont exécutés qu'en effigie, du moins est-il mis fin à leurs tristes exploits. D'une façon plus générale, l'État louis-quatorzien lutte vigoureusement contre le banditisme et l'insécurité, tant à Paris (création du lieutenant général de police en 1667) que dans les provinces. Et il s'efforce de résorber la mendicité par la mise au travail et l'évangélisation d'un certain nombre de mendiants au sein des hôpitaux généraux. Autre grand facteur d'insécurité : les soldats. Ceux-ci vont se trouver soumis à une discipline plus efficace. De plus, on commence à construire systématiquement des casernes pour y loger les gens de guerre, soulageant ainsi progressivement la population de ce redoutable fardeau. Enfin, les grandes révoltes populaires, qui avaient créé des troubles graves durant la fin du XVIe et une bonne partie du XVIIe siècle, vont disparaître sous Louis XIV, à la suite d'une répression particulièrement rude.

En travaillant à mieux faire respecter son autorité, le roi a du même coup accru fortement l'emprise de l'État sur la nation. La royauté a ainsi mis en route un processus de croissance de l'État, sous-tendu par une prétention de celui-ci à étendre sans cesse son champ d'action, voire à régir toute la vie du royaume. C'est d'ailleurs là un phénomène qui n'est pas propre à la France. Il se retrouve dans les autres États européens. Et c'est même paradoxalement en France que la logique de l'absolutisme étatique a été, dans les faits, poussée le *moins* loin.

La monarchie absolue, monarchie limitée...

Ce caractère mesuré de la monarchie d'Ancien Régime tient à des causes juridiques, à des raisons de philosophie politique, ainsi qu'à des facteurs purement matériels. Même parlant au nom de l'État, le roi ne peut pas faire n'importe quoi. En effet, la monarchie absolue de droit divin n'est pas arbitraire ou despotique. Elle est légitime, c'est-à-dire soumise aux lois. Le roi doit respecter les lois fondamentales, qui sont la « constitution de la monarchie » (Déclaration royale de 1723). En conséquence, il ne peut ni aliéner le domaine de la Couronne, ni infléchir les règles de la succession au trône. C'est en vain que Louis XIII et Louis XIV créèrent, avant de mourir, un conseil de régence pour gouverner le royaume durant la minorité de leur successeur. C'est en vain que Louis XIV, afin d'obtenir la paix pour la France exsangue, fit renoncer son petit-fils Anjou, devenu roi d'Espagne, à ses droits au trône de France. C'est en vain que Louis XIV, encore, déclara habiles à succéder deux de ses bâtards légitimés. Toutes ces mesures étaient inconstitutionnelles. Une fois mort le roi qui les avait adoptées, elles furent révoquées ou demeurèrent sans effet. Par ailleurs, le roi, parce qu'il est légitime, soumet l'exercice de son pouvoir à toute une série de normes supérieures : respect des lois divines et de la morale naturelle, souci de la justice, de la « liberté publique », protection de la propriété, maintien d'un lien affectif (autorité « pure paternelle ») et d'une familiarité entre le prince et son peuple. Même si le respect de ces obligations ne se trouve sanctionné par aucune procédure, tout cela limite considérablement la liberté d'action du roi et de l'État.

Cette liberté d'action se trouve au surplus freinée par l'existence d'une véritable forêt de privilèges, tant anciens que nouveaux, tant individuels que collectifs. Certes, leur présence ne saurait juridiquement restreindre l'exercice de l'autorité royale. Mais certains de ces privilèges ont une origine contractuelle, d'autres reposent sur de très anciennes coutumes, et tous garantissent la liberté des sujets du roi. Si bien qu'une monarchie respectueuse de la justice, de la propriété et de la liberté aura forcément scrupule à bousculer massivement les privilèges. Et il faut ajouter à ce qui précède l'importance des obstacles matériels à l'action de l'État d'Ancien Régime. Ils résultent de l'énormité de la population (28 millions d'habitants en 1789), de la lenteur des communications, de la diversité des parlers locaux, de la résistance des mentalités aux innovations, et, face à tout cela, de l'insuffisante information du pouvoir central et de la faiblesse de ses moyens.

Tout bien considéré, les historiens s'accordent pour conclure que le propre de la monarchie absolue était d'être... limitée. Elle le fut sous tous les rois, y compris sous Louis XIV dont le règne représente l'apogée de cette forme politique. Elle le sera nettement plus sous Louis XV, du fait de la renaissance de l'opposition parlementaire. Enfin, avec Louis XVI, la modération de la monarchie absolue se transforme en faiblesse pure et simple.

La Révolution n'a pas été la réponse de la nation à un gouvernement autoritaire, et encore moins tyrannique. La Révolution fut la sanction d'une timidité du pouvoir royal, que ses scrupules envers la société civile ont conduit à freiner le processus de construction de l'État. Bien qu'ayant rêvé l'État moderne, la monarchie absolue a finalement renoncé à le mettre véritablement en œuvre. Ne s'étant pas fait par elle, il se fera contre elle.

Jean-Louis HAROUEL.

L'ESPRIT DES INSTITUTIONS D'ANCIEN RÉGIME

L'Ancien Régime connaît une cohabitation, doublée d'une tension, entre deux logiques antagonistes : celle des privilèges et celle de l'État. La première conduit le roi à respecter les privilèges et les droits acquis de ses sujets. La seconde le pousse à rendre plus efficace l'exercice de son autorité, et donc à réformer les institutions, l'organisation administrative et le droit en vigueur. La logique de l'État porte le roi à changer ce qui est. Celle des privilèges lui commande de garder ce qui est.

Les rois n'ont pas édifié leur pouvoir « sur les ruines de la société traditionnelle ». Bien au contraire, ils l'ont « construit au prix d'une série de conflits et de transactions avec cette société qui s'est, au bout du compte, trouvée imbriquée dans le nouvel État par de multiples liens » (F. Furet). Très officiellement, la France est une « nation organisée », dont la société obéit à une complexe « organisation corporative » (Fr. Olivier-Martin). D'où la forêt de privilèges qui caractérise l'Ancien Régime. Le royaume se compose d'une multitude de groupements territoriaux, sociaux, professionnels, qui tous possèdent leurs privilèges et exercent une certaine autonomie. A cela viennent s'ajouter les privilèges individuels accordés ou confirmés par le roi. Dans la conception de l'Ancien Régime, les privilèges ne sont rien d'autre que les libertés des sujets du prince. Les deux termes sont d'ailleurs synonymes. Le privilège représente la notion traditionnelle et aristocratique de la liberté. Elle résulte, dans ce système, de la possession d'un régime juridique particulier, créateur d'un certain nombre de garanties et de prérogatives qui confèrent au corps ou à l'individu privilégié des droits opposables à tous, y compris à l'État. En effet, la monarchie, parce qu'elle est légitime et non despotique, se fixe comme objectif le respect des libertés de ses sujets.

Dans ces conditions, réformer est extrêmement difficile. Comment transformer des circonscriptions, faire disparaître des juridictions ou des degrés de l'administration, comment imposer un droit commun, lorsqu'on se heurte sans cesse à des privilèges et à des droits acquis, défendus avec acharnement par leurs titulaires, et qu'au surplus on a scrupule à détruire ?

Une sédimentation institutionnelle

La logique de l'État pousse le roi à instituer une organisation plus rationnelle, ainsi qu'à créer de nouvelles instances, plus adaptées que les anciennes aux tâches que l'on attend d'elles. La logique des privilèges empêche le roi de supprimer ce qui existe, afin de respecter les libertés et les droits acquis de ses sujets, mais aussi des officiers royaux. Le personnel de chaque instance (parlement, bureau des finances, présidial...) forme en effet une compagnie d'officiers qui est un corps privilégié. En conséquence, l'Ancien Régime ne fait jamais disparaître une instance pour lui en substituer une autre. Il crée la nouvelle tout en laissant subsister l'ancienne, quitte à la vider autant qu'il le peut de sa substance. *L'Ancien Régime ne réforme pas en substituant, mais en superposant.* Toutes les strates d'une histoire presque millénaire sont lisibles dans cette étonnante sédimentation institutionnelle. *La très grande difficulté de la monarchie à réformer efficacement est la conséquence de son respect des privilèges, qui se double d'une immense vénération du passé.*

La logique des privilèges culmine dans la patrimonialité des offices et de certaines autres charges publiques. Ce ne sont plus alors des droits acquis ou un statut juridique particulier, coutumier ou concédé par le roi, que l'on oppose à l'État, mais un pur et simple droit de propriété. L'énorme majorité des agents royaux sont, en pratique, propriétaires de leur charge. Ils peuvent, à leur gré, la vendre ou la transmettre à leurs descendants. Il serait dès lors très onéreux de vouloir réformer radicalement l'État et l'administration. Car pour supprimer, il faut rembourser. *Si bien que la monarchie, quand bien même elle le désirerait, ne peut faire disparaître les instances inadaptées. Elle se voit contrainte d'empiler les institutions nouvelles sur les anciennes.*

On pourrait donner mille exemples de la sédimentation institutionnelle de l'Ancien Régime. Ainsi, lorsque vers 1640 l'intendant devient, dans chaque généralité, le principal agent financier du pouvoir royal, le bureau des finances n'est pas supprimé pour autant. Mais il est largement dépossédé de ses compétences fiscales et placé sous l'autorité du « commissaire départi ». Un autre exemple est fourni par la politique de Louis XIV à l'égard des gouverneurs de province. Le roi voit, à juste titre, dans leurs traditionnelles tendances frondeuses un grave danger pour la royauté. Pourtant, il ne supprime pas cette institution. Il se contente de la neutraliser en retenant les gouverneurs à sa cour ou aux armées. Désormais, il leur faut une autorisation spéciale du roi pour pouvoir se rendre dans leur gouvernement. Et, tandis que le gouverneur est absent de sa province, le roi y fait exercer ses compétences par un commandant en chef ; ce qui crée une nouvelle strate institutionnelle...

Il est impossible d'évoquer ici tous les aspects de ce processus de sédimentation. Cependant, il peut être utile de l'illustrer de manière concrète en développant un exemple relativement peu connu : celui des diverses instances compétentes en matière de voirie. Le terme de voirie désigne tout ce qui concerne la formation et l'entretien des voies publiques, ainsi que la fixation de l'alignement des maisons qui les bordent, la réglementation des éléments en saillie et la police des édifices menaçant ruine.

A la fin du XVIe siècle, la voirie est exercée, selon les lieux, par le corps de ville, une juridiction royale (bailliage, sénéchaussée, prévôté), ou un seigneur haut justicier (c'est à ce titre que le roi a, depuis longtemps, institué à Paris un voyer). Là-dessus, en 1599, Henri IV crée la charge de grand voyer de France et la confère à Sully. Mais celui-ci ne dispose d'aucun personnel pour accomplir sa mission. De plus, la voirie est partout aux mains d'autres instances. Si bien que Sully, pour que sa charge ne demeure pas un vain titre, achète l'office de voyer particulier de Paris, ce qui lui permet du moins d'exercer ses pouvoirs de voirie dans la capitale. Puis, en 1626, le titre de grand voyer de France passe au corps des bureaux des finances, qui le portent chacun dans sa généralité. En 1627, ils reçoivent la juridiction de la voirie. Enfin, en 1635, le bureau des finances de Paris ayant acquis l'office de voyer particulier de la capitale, un édit étend les pouvoirs qu'il possède désormais à l'ensemble des bureaux des finances du royaume.

Forts de leurs titres, les bureaux des finances prétendent exercer partout les pouvoirs dont ils sont investis. Las, partout la place est déjà occupée. Il en résulte un flot immense de procès, dont l'issue est très variable selon les cas. Si beaucoup d'arrêts sont rendus en faveur des bureaux des finances, nombre d'autres donnent gain de cause aux magistrats municipaux, à une juridiction royale ou à un seigneur justicier. La jurisprudence du Conseil du roi est, dans ce domaine, des plus indécises. Parfois, le combat fut bref, ne durant que quelques années. Mais dans certaines villes, comme à Lyon, le conflit entre les instances concurrentes se poursuivra durant un siècle et demi.

La royauté avait donc attribué aux bureaux des finances une compétence générale de voirie, sans se soucier des autorités qui se trouvaient déjà en charge de cette matière. Il en résulte une inextricable mosaïque de compétences, compliquée encore par l'entrée en scène de nouveaux compétiteurs, les lieutenants de police, et sans cesse remise en question par les prétentions de ces instances rivales. Les conséquences étaient parfois ubuesques. Ainsi, à Montpellier, après l'incendie de la rue de l'Aiguillerie, en 1770, la ville et le bureau des finances se contestèrent le droit de déterminer le nouvel alignement : les sinistrés durent attendre dix ans avant de pouvoir reconstruire.

Il est vrai que le pouvoir royal avait très largement atténué les effets néfastes de cet entassement institutionnel en vidant le plus possible de leur substance les autorités de voirie et en conférant l'essentiel du pouvoir dans ce domaine à un commissaire, l'intendant. Par les plans d'alignement et d'embellissement, souvent tracés à leur initiative, et en tout cas approuvés par le Conseil du roi en suivant leur avis, les commissaires départis ont une grande influence sur la morphologie urbaine. En outre, les innombrables arrêts du Conseil intervenus en matière d'urbanisme ont régulièrement attribué aux intendants une très grande partie du contentieux de la voirie.

Au terme de cette incursion dans le labyrinthe des compétences en matière de voirie, on mesure à quel point l'État d'Ancien Régime comporte d'irrégularités et fait preuve de fantaisie. C'est un État inachevé, dans lequel la logique étatique a accepté de composer avec le legs du passé, les privilèges et les droits patrimoniaux des agents royaux, et, plus généralement, les structures de la société civile composée d'ordres et de corps. L'État monarchique s'engage à respecter tout cela, quitte à discrètement le subvertir s'il en a la possibilité.

« Règle rigide » et « pratique molle »...

Cette transaction entre l'État et des structures sociales et institutionnelles largement héritées des temps médiévaux fait que la monarchie d'Ancien Régime est souvent contrainte de se contenter d'à-peu-près. Il est en quelque sorte admis que la royauté soit plus ou moins obéie. La législation royale ne s'applique que très imparfaitement. Comme l'a bien vu Tocqueville, l'Ancien Régime combine « une règle rigide » et « une pratique molle ».

En particulier, l'esprit d'indépendance manifesté par les parlements ira très loin. Songeons que, pendant trois siècles, celui de Paris a obstinément refusé d'appliquer le concordat de Bologne de 1516. Si bien que le roi fut contraint d'appeler à lui les affaires concernant les bénéfices majeurs (évêchés, abbayes) et d'en attribuer la connaissance au Grand conseil. Aussi bien cette cour souveraine très particulière est-elle spécialisée dans les catégories d'affaires que les autres juridictions se refusent à juger conformément aux lois et traités en vigueur. Le roi en charge systématiquement le Grand conseil. Ainsi, certains rouages de l'État ont des caprices que la royauté se résigne à admettre. Toutefois, elle veille à en prévenir les effets néfastes, au moyen d'une sorte de « bricolage » institutionnel.

Ces caprices ont parfois des conséquences très graves, comme en témoigne le véritable détournement de pouvoir opéré par les parlements. Ils ont, par le biais de l'enregistrement, paralysé la royauté en l'empêchant de légiférer et de se procurer les ressources nécessaires à son bon fonctionnement. Sauf sous Louis XIV et vers la fin du règne de Louis XV, le pouvoir royal s'est accommodé tant bien que mal de cette situation. Il faisait prévaloir autant qu'il le pouvait sa volonté, mais se trouvait contraint de transiger sur plus d'un point avec celle des cours souveraines. De la même façon, d'ailleurs, le roi fut obligé de composer avec les *desiderata* de ces grands corps privilégiés qu'étaient le clergé et les provinces ayant conservé leurs États (Languedoc, Bretagne, Bourgogne, Provence).

Bref, l'État de l'Ancien Régime est loin d'avoir toute la rigueur qui caractérise l'État moderne. *La plus libérale des démocraties actuelles est bien plus absolue que la monarchie dite absolue*. En effet, l'autorité étatique y est beaucoup plus à même d'imposer sa volonté. Comme l'avait observé l'abbé de Véri, la monarchie d'Ancien Régime est, surtout au XVIIIe siècle, un régime modéré. Car si le roi est en principe tout-puissant, l'État se trouve très fortement limité ; et ceci compense cela.

Cet équilibre instable entre la logique de l'État et celle des privilèges va se trouver remis en question au XVIIIe siècle. Telle est la conséquence des « idées nouvelles ». L'esprit des Lumières rejette le poids du passé, la sédimentation institutionnelle génératrice de complexité et d'irrationalité, ainsi que les privilèges, les droits acquis et la vieille hiérarchie sociale officielle héritée des temps médiévaux. Une nouvelle conception de la liberté se fait jour, fondée non plus sur le privilège mais sur le droit commun. L'esprit des Lumières exige la rationalité, l'unification, la simplification. Il condamne la logique des privilèges et exalte celle de l'État dont on attend la modernisation du royaume et la destruction des antiques structures de la société civile.

La monarchie eût pu aisément se servir de ce courant d'idées pour justifier une vigoureuse action réformatrice. Elle le fit entre 1771 et 1776 avec les réformes de Maupeou, puis de Turgot. Mais ces deux tentatives furent immédiatement reniées par une royauté qui, sous Louis XVI, se montre incapable de continuer à parler au nom de l'État. Doutant d'elle-même, elle révère à l'excès les privilèges, jusqu'à se laisser paralyser par eux : rappel des anciens parlements en vertu du respect des privilèges des magistrats contestataires, dépossédés en 1771 ; recours anachronique à d'anciennes institutions oubliées depuis longtemps et qui étaient traditionnellement les porte-parole de la logique des privilèges : Assemblée des notables et États généraux. C'est, de la part de la royauté, une régression d'un siècle et demi. Un fantastique recul de l'État monarchique.

En poursuivant avec fermeté et sagesse la construction de l'État, la royauté eût pu non seulement se sauver elle-même, mais encore conserver une bonne part de l'organisation et des structures de l'ancienne France. Celle-ci aurait accompli progressivement, et sans heurt trop violent, son processus de modernisation. Ainsi eût sans doute pu être évité le terrible traumatisme de la Révolution.

Jean-Louis HAROUEL.

III

LA PUISSANCE

GÉOPOLITIQUE DES CAPÉTIENS

Durant les huit siècles de la monarchie capétienne, la France acquiert sa forme à peu près définitive : ne manquent plus que quelques enclaves, la Savoie et le comté de Nice. La formule célèbre « les quarante rois qui, en mille ans, firent la France » n'est pas dépourvue de liens avec la réalité.

Pas de grand dessein a priori

Tenter une interprétation en termes géopolitiques d'une si longue période revient à s'exposer au double reproche d'anachronisme et de déterminisme. Louis VI essayant de réduire les châtellenies de Montlhéry ou de Chevreuse qui gênaient ses communications entre Paris et Orléans pouvait-il imaginer que la France deviendrait ce grand royaume « couvrant la Chrétienté de son ombre » ? Les rois de la Renaissance étaient-ils mus par une vision géopolitique quand ils allaient s'enliser dans des guerres stériles en Italie ? Pourquoi la frontière de l'est ne suit-elle pas la limite linguistique franco-germanique (elle se situe au-delà dans l'est puisqu'elle englobe l'Alsace et la Lorraine germanophone, en deçà en Wallonie) ? Autant d'interrogations qui suggèrent par avance l'absence de rationalité géopolitique de la naissance et du développement de la nation France.

Il y a là une vision mécaniste de l'approche géopolitique. Il faut poser dès le départ une règle simple : il n'y a pas de déterminisme (sauf peut-être providentiel, mais celui-ci échappe à l'humaine analyse) qui condamnait dès les origines la France à être ce qu'elle est. Alfred Fierro souligne que « ni la géographie, ni la race, ni la langue, ni la religion, ni l'économie n'ont fait la France. Englobant des éléments allogènes et laissant en dehors d'autres éléments qui lui sont apparentés, elle est l'aboutissement d'un long processus d'expansions et de régressions, avec des occasions saisies ou manquées, des volontés politiques plus ou moins conscientes et cohérentes, des phénomènes d'assimilation et de différenciation incessants »[1]. C'est dire que la rationalité de l'ensemble ne peut être constatée qu'*a posteriori*. Mais si l'on garde ces limites présentes à l'esprit, on peut mettre en évidence certaines lignes directrices de la construction de la France.

La première chance de la France a été son identification avec la maison des Capétiens. Aucun pays d'Europe ne peut revendiquer une continuité comparable dont on devine tout de suite les effets positifs. Le fait que les Capétiens directs se soient succédé pendant près de trois siècles et demi a permis d'éviter les querelles de succession et joué un rôle décisif dans la consolidation du royaume. On pourrait dire que l'histoire de la formation de la France est celle d'une stratégie lignagère devenue nationale, et dans les deux sens. Le sentiment national a d'abord été une fidélité dynastique et il l'est resté longtemps. Contre ceux qui voudraient voir dans la France une création récente, il faut affirmer qu'il y a eu très tôt un sentiment confus, mais très réel, d'attachement au roi. On a pu le vérifier à plusieurs reprises durant la guerre de Cent Ans, notamment lors de la folie de Charles VI ou après le couronnement de Charles VII. La cérémonie du sacre et le mystère qui entourait le roi thaumaturge avaient un impact qu'on ne retrouve dans aucun autre pays et qui d'ailleurs surprenait les étrangers. En sens inverse, le souverain était lié de manière irrévocable à la nation : les biens de sa maison étaient réunis dès son avènement au domaine royal, et ceux des souverains qui renâclèrent devant cette loi fondamentale (Henri IV en particulier) furent pourtant bien obligés de s'y soumettre. Le roi ne pouvait avoir d'autre souci que son royaume. Il avait à l'égard de celui-ci le devoir de maintenir son intégrité, son indépendance, et son unité. Force est de constater qu'hormis l'intermède du règne du malheureux Charles VI ces buts ont toujours été poursuivis, avec plus ou moins de bonheur il est vrai.

L'indépendance de la France n'a jamais été sérieusement menacée (encore une fois, laissons à l'écart l'épisode de la folie de Charles VI et du traité de Troyes). Mais les rois de France se sont très vite employés à prévenir toute tentative d'immixtion d'une quelconque autorité dans leurs affaires. Les légistes ont

---

[1] Voir Alfred Fierro, *Le Pré carré. Géographie historique de la France*, Paris, 1986.

développé la théorie du roi empereur (*princeps*) en son royaume. D'autre part, ils ont réussi, à l'issue d'une longue lutte, à limiter le pouvoir du pape sur l'Église de France aux questions purement spirituelles. Sous le règne d'Innocent III, qui marque l'apogée de la puissance de la papauté, le roi de France est, ainsi que le rappelle Marie-Bernadette Bruguière, le « seul souverain d'Europe à échapper totalement à la théocratie pontificale [1] ».

L'unité de la France a été un problème beaucoup plus sensible. A l'avènement des Capétiens, le domaine royal était extrêmement réduit (6 800 km²). Il a d'abord fallu le consolider (cela a été l'œuvre des premiers Capétiens, de Henri Ier à Louis VI) avant de songer à l'étendre, à partir du règne de Philippe Auguste. Ensuite, la lutte contre les grands féodaux et les cadets apanagés a été un souci constant de la monarchie jusqu'au XVIe siècle au moins. Les démêlés de Louis XI avec le duc de Bourgogne sont bien connus, mais ce combat a été gagné.

Le problème essentiel, dans la très longue durée, est évidemment celui de la forme de la France, de ses frontières. Défendre l'intégrité du royaume est inscrit dans les lois fondamentales. Le roi peut augmenter son territoire, il ne peut le diminuer. Une province acquise l'est définitivement, du moins au bout d'un certain délai (ce qui pose au passage le problème de la légalité de l'abandon par Louis XIV de Casals et Pignerol, de possession déjà ancienne). On sait comment Louis XI s'est servi de ce principe (et aussi du refus des provinces concernées) pour refuser d'honorer les engagements que lui avait arrachés Charles le Téméraire.

Les grands axes d'une géopolitique

Il n'y a pas eu de grand dessein *a priori*, mais l'historien peut identifier les grands axes de l'expansion après la phase initiale de consolidation.

Dès le XIIe siècle, la France est prise entre deux « lions » — l'image est de Philippe Auguste — inégalement dangereux. Les griffes du « lion » impérial étant rognées par les querelles

---

[1] Marie-Bernadette Bruguière, « Un mythe historique : l'impérialisme capétien dans le Midi aux XIIe et XIIIe siècles », in *Annales du Midi*, 1985, p. 255. Cet article porte un coup décisif audit mythe. Il permet de mieux comprendre le divorce de Louis VII et d'Aliénor d'Aquitaine.

entre princes allemands puis par la politique d'Innocent III hésitant entre Guelfes et Staufen, Philippe Auguste, qui donne au royaume sa première grande extension, s'attaque donc au « lion » Plantagenêt, beaucoup plus redoutable avec ses immenses possessions anglo-normandes. Il oriente d'abord son action en direction du nord : « Philippe Auguste se souciait de ce qui était plus près et plus pressé. Son effort se porta sur la Manche ; l'Atlantique pouvait attendre [1]. » La maladresse de son adversaire Plantagenêt l'incita ensuite à étendre sa pression en direction de l'ouest, avec pour résultat final une énorme expansion : le roi d'Angleterre se voit enlever tout le nord-ouest de la France (où n'échappe plus au roi que la Bretagne), la Saintonge et une partie du Poitou. La France est ainsi solidement installée sur les rives de la Manche et de l'Atlantique. Dans les autres directions, l'effort est moindre : essentiellement défensif dans le nord où Philippe Auguste complète le contrôle des vallées conduisant vers Paris (Oise, Aisne, Somme) et très modeste vers l'est où le roi ne se dresse pas encore ouvertement contre l'Empereur.

Avec ses successeurs, l'axe d'expansion se déplace vers le sud, que les Capétiens, contrairement à une légende tenace, avaient toujours délaissé jusqu'alors. Louis VIII et la régente Blanche de Castille mettent la main sur les immenses domaines du comte de Toulouse. La France « touche » la Méditerranée. Avec Philippe IV le Bel, c'est le début de la poussée vers l'est : réunion à la Couronne du comté de Champagne et débordement des limites du royaume sur les terres d'Empire (annexion du Barrois et de Lyon). Philippe VI de Valois descend vers le sud-est : il compense la perte de Calais et de quelques territoires en Aquitaine par l'acquisition du Dauphiné. Après lui, l'expansion s'arrête. La guerre de Cent Ans entraîne des désastres qu'il faut réparer, ce qui est d'ailleurs assez rapide : les provinces perdues au traité de Brétigny sont récupérées par Charles V ; Charles VII rétablit une situation compromise par la folie de Charles VI.

Louis XI reprend l'expansion vers le nord-est contre le duc de Bourgogne. Après la mort du Téméraire, il met la main sur la moitié de ses possessions. Mais ses successeurs ne poursuivent pas dans cette direction. On a blâmé, avec raison, cette folle équipée d'Italie, alors que s'offrait une occasion de porter la

---

[1] Michel Mollat, « Philippe Auguste et la mer », in Colloque *La France de Philippe Auguste*, Paris, 1980, p. 613.

frontière sur le Rhin. Mais il ne faut pas oublier l'équilibre de puissance qui s'est établi après le démembrement de la Bourgogne : « Les frontières de la France sont verrouillées au nord et à l'est par les possessions de Maximilien, au sud par une Espagne débarrassée des Maures et en plein essor. Il ne reste qu'une voie d'expansion possible, vers le sud-est [1]. » On le sait, cette tentative n'aboutira pas. Il est cependant important de noter au passage que lors de la restitution au roi d'Espagne de la Cerdagne et du Roussillon et à l'Empereur de la Franche-Comté et de l'Artois, Charles VIII prend soin de préciser que la France ne renonce aucunement à ses droits sur les provinces rétrocédées. S'il lâche « la proie pour l'ombre », il a au moins la sagesse de réserver l'avenir. Cette prudence sera bien utile lors des négociations qui devaient conduire au traité des Pyrénées, un siècle et demi plus tard.

L'époque des grandes extensions est provisoirement close. Par rapport aux époques antérieures, les gains paraissent modestes : les trois évêchés sous Henri II, la Bresse et le Bugey sous Henri IV. L'heure est à la défensive : il faut briser l'encerclement des Habsbourg et maintenir l'équilibre des puissances en Europe. Ce résultat est obtenu par les traités de Westphalie (1648) et le traité des Pyrénées (1659), qui consacrent la France comme garante de l'équilibre européen et améliorent les frontières des Pyrénées (récupération du Roussillon et du nord de la Cerdagne) et du nord (récupération de l'Artois). Surtout, ils préparent le parachèvement de la poussée vers l'est, avec l'héritage des droits de l'Empereur en Alsace. Au cours de son règne personnel, Louis XIV « rectifie » la frontière du nord-est et acquiert la Franche-Comté. Ces conquêtes sont conservées face à l'Europe coalisée dans les guerres de la Ligue d'Augsbourg et de Succession d'Espagne. Louis XV complétera l'œuvre en intégrant dans le royaume le duché de Lorraine encerclé de toutes parts. Il donnera aussi à la France la Corse... et Napoléon.

Alfred Fierro note avec raison la difficulté avec laquelle les franges flamandes, lorraines et comtoises ont été intégrées au royaume : pour 60 000 km² environ, il a fallu de très longues guerres contre les Habsbourg. L'enjeu les justifiait-il ? On a beaucoup reproché à Louis XIV ses guerres, et lui-même s'en est accusé sur son lit de mort. Mais il faut bien voir que leur finalité était essentiellement défensive : il fallait à tout prix briser l'encerclement Habsbourg. Louis XIV, malgré quelques

---

[1] Alfred Fierro, *op. cit.*, p. 72.

excès dans sa jeunesse, s'en est tenu à cet objectif. L'historienne britannique Ragnhild Hatton a réexaminé sa politique étrangère et montré que, dans l'ensemble, son comportement fut d'une relative modération, ou tout au moins qu'il n'était pas très différent de celui des autres monarques européens. Du côté de l'Italie, il renonça à toute visée offensive, ainsi qu'en témoigne son abandon de Casals et Pignerol. Quant à la frontière de l'est, s'il eut au début de son règne des vues excessives qui devaient le conduire à refuser à la Hollande une paix particulièrement avantageuse pour lui en 1673, il en revint vite à un souci défensif : le « pré carré » soigneusement fortifié par Vauban devait mettre Paris à l'abri de l'invasion pour un siècle [1].

Un bilan largement positif

Lorsqu'on examine l'ensemble de la période, le bilan apparaît comme largement positif. Malgré les inévitables revers, les occasions perdues, l'expansion a été réussie. Les rois capétiens sont restés fidèles à cette loi fondamentale. Leur réussite tient sans doute à ce qu'ils ont su pratiquer de manière empirique la concentration des efforts et l'économie des forces. L'expansion a été menée tous azimuts, mais selon des axes successifs : d'abord le nord, l'ouest, puis le sud, l'est et enfin le nord-est, obsession presque exclusive des deux derniers siècles de la monarchie. Pour l'échec retentissant des guerres d'Italie (compensé partiellement par ce qu'elles ont apporté à la civilisation française), il y a les succès encore plus éclatants contre l'Anglais bouté hors de France, contre l'Espagnol dont les visées hégémoniques s'écroulent définitivement à Rocroi, contre l'Allemand enfin, patiemment refoulé.

Était-il possible de faire mieux ? A une certaine époque, la Catalogne fut française et la Flandre resta dans la mouvance capétienne jusqu'en 1526. On a déjà rappelé les reproches faits aux Valois qui n'essayèrent pas de pousser jusqu'au Rhin. Mais, à l'époque, la théorie des frontières naturelles n'avait pas cours. La frontière traditionnelle était celle des quatre fleuves (Escaut, Meuse, Saône et Rhône). Jusqu'à Voltaire, les conquêtes de Louis XIV se heurtèrent à une large hostilité (Fénelon). La Flandre aurait peut-être pu être gagnée, mais elle ne fut jamais

[1] Ragnhild Hatton, « Louis XIV et l'Europe. Éléments d'une révision historiographique », in *XVIIe siècle*, n° 123, 1979.

vraiment intégrée dans le royaume. La souveraineté des rois de France y était toute théorique. C'était encore plus vrai pour la lointaine Catalogne : plutôt que de regretter qu'elle ait échappé à l'emprise française, on doit plutôt trouver merveilleux que le Languedoc soit entré dans le royaume alors que rien ne l'y prédisposait.

Sur un point crucial, on peut reprocher aux Capétiens leur négligence relative : ils n'ont pas su faire de la France une puissance maritime. De Philippe Auguste à Louis XV, nombreux sont les rois qui ont fait montre en ce domaine d'un trop réel désintérêt. On peut cependant leur opposer Charles V rénovant le Clos des Galées, Henri II encourageant les entreprises de colonisation, Louis XIII soutenant sans faille Richelieu, Louis XIV concurrençant la puissance maritime britannique, enfin Louis XVI passionné des choses de la marine, s'inquiétant jusqu'à ses derniers jours du sort de Bougainville et permettant à la marine d'atteindre un niveau d'efficacité qu'elle n'a plus jamais retrouvé par la suite. L'historiographie récente tend d'ailleurs à se montrer moins sévère envers l'action des Capétiens dans ce domaine. Si Louis XIV a délaissé la flotte à l'extrême fin du XVIIe siècle, ce ne fut pas par impéritie ou sur un mouvement d'humeur après La Hougue, mais parce qu'il est arrivé un moment où, entre la terre et la mer, il fallait choisir : le budget ne pouvait plus entretenir l'armée *et* la marine. A l'heure où la frontière du nord craquait devant l'invasion, où les troupes françaises étaient bousculées en Italie et en Espagne, le choix s'imposait de lui-même. L'abstention de Louis XV doit aussi être replacée dans son contexte. Choiseul avait formulé la première version de la théorie du risque : la marine française devait être suffisamment forte pour se faire respecter, mais en même temps rester à un niveau assez modéré pour que les Britanniques ne la prissent pas pour une menace[1]. On ne pouvait être à la fois la puissance dominante sur le continent, risquant constamment la coalition des autres, et susciter en plus l'hostilité déclarée de la maîtresse des mers.

Il faut d'ailleurs rectifier l'interprétation traditionnelle qui voit dans le traité de Paris de 1763 une honteuse capitulation. En fait, le traité sauvegardait les intérêts commerciaux et maritimes essentiels de la France. Le vieux Pitt ne s'y trompa pas, qui se fit porter à moitié mort à la Chambre des communes

---

[1] Sur la théorie du risque, voir Hervé Coutau-Bégarie, *La puissance maritime*, Paris, 1985.

pour dénoncer l'inconscience des négociateurs britanniques. Choiseul voulait au moins dix ans de paix, pour exploiter l'occasion favorable quand elle se présenterait. Le succès de la guerre d'Indépendance américaine devait prouver, sous le règne suivant, la justesse de ce calcul.

Hervé COUTAU-BÉGARIE.

DE L'ARMÉE FÉODALE A L'ARMÉE PERMANENTE

A l'origine, la mentalité des hommes du Moyen Age ne laissait guère de place à l'idée d'une armée permanente. Il ne faut pas rechercher l'explication de ce phénomène dans une absence de précédent, puisque l'exemple de Rome aurait pu servir de référence, mais dans les conditions économiques et dans les structures sociales. Pour ne s'arrêter qu'à ce dernier point, l'organisation de la société rendait en principe inutile l'entretien permanent par le prince d'une armée sur le pied de guerre : théoriquement, tous les hommes libres en état de porter les armes étaient susceptibles d'être appelés à effectuer le service de guerre, même si, en règle générale, la tripartition fonctionnelle de la société réservait la fonction militaire à un *ordre* de guerriers. D'autre part, la mise sur pied et le paiement régulier d'une armée permanente auraient nécessité des moyens administratifs et financiers dont l'État, en France, ne commença à disposer qu'aux XIVe et XVe siècles, période où les circonstances historiques provoquèrent une profonde réforme des institutions militaires. Auparavant, l'armée des rois capétiens fondait son existence sur un système que l'on peut qualifier de « féodal ».

Les origines de l'armée féodale

Au début du XIe siècle, le combattant le plus efficace est le cavalier lourd, bientôt désigné sous le terme de « chevalier ». Or sa monture, dressée au combat, et son équipement de fer coûtent cher. L'escrime exige un entraînement que ne peuvent pratiquer que des individus déchargés de tout travail servile. Tout a donc concouru à l'apparition d'une catégorie de spécialistes de la guerre. Le prince avait tout intérêt à grouper autour de lui un nombre appréciable de ces guerriers. C'est ainsi que le noyau des armées des premiers Capétiens est constitué par les membres de leur *Familia*, aussi bien ceux qui leur sont proches par le sang que des familiers remplissant des tâches à l'origine domestiques et qui deviendront de grands offices militaires : le connétable, les maréchaux. Tous ont en commun le service du prince. Ce dernier les entretient, leur fournit vivres, chevaux et armes, exigeant en retour fidélité et foi jurée.

Par la vertu d'un serment, les deux hommes, le guerrier et son seigneur, sont liés l'un à l'autre. Sur le premier pèse une série d'obligations militaires ; en contrepartie, le second lui doit une rémunération de son service. Pour des raisons tenant au faible développement des échanges et à la mentalité de l'époque, le principe du salariat est exclu. Le système va devenir « féodal » lorsque la rémunération consistera dans l'octroi de terres, de « fiefs », dont les produits et le travail des paysans assurent la subsistance du guerrier et lui garantissent les loisirs nécessaires aux exercices martiaux.

Dans les premiers temps de la dynastie capétienne, la puissance très limitée du roi de France ne lui permet pas de mener de grandes actions militaires. Il faut attendre Philippe Ier (1060-1108) et son fils Louis VI (1108-1137) pour assister en ce domaine, dans le cadre d'une restauration de l'autorité royale, à une activité appréciable et qui va grandissant. Le rôle du roi ou de son fils aîné, en tant que chef de guerre, est primordial. C'est un héritage du chef germanique qui, à travers les temps mérovingiens et carolingiens, s'est transmis au roi capétien et fait de lui le premier des guerriers du royaume et leur chef naturel. C'est à ce titre que Louis VI, du vivant de son père puis en tant que roi, a mené de nombreuses interventions armées. Sa guerre contre les seigneurs d'Ile-de-France, puis contre ceux des principautés limitrophes, reste limitée, tant par les moyens que par les objectifs. C'est à partir du début du XIIe siècle, lorsque le roi de France commencera à se heurter à son puissant vassal, le duc de Normandie et roi d'Angleterre, que les moyens militaires mis en œuvre ne cesseront de croître.

A cette époque, les obligations militaires des vassaux détenteurs de fiefs à l'égard de leur seigneur sont assez précisément définies. Le service militaire revêt trois formes qui correspondent aux trois grandes nécessités de la guerre : *le service de garde* assure la défense des places fortes ; *la chevauchée* permet d'entreprendre de courtes razzias sur les terres d'un voisin ; *le service d'ost*, enfin, concerne la mise sur pied de vastes opérations. C'est cette dernière forme de service qui est la plus importante. Le guerrier qui y est astreint doit rejoindre l'armée de son seigneur pour participer à une expédition militaire de grande ampleur. Le service est généralement limité par la coutume à quarante jours dans l'année. Le seigneur peut non seulement compter sur la venue de ses vassaux, mais ces derniers sont tenus de venir accompagnés d'un nombre fixé de leurs propres vassaux. En principe le vassal sert à ses propres frais. Mais, passé le délai de quarante jours, il peut, si l'expédition se prolonge, rentrer librement chez lui. Pour garder auprès de lui ses combattants au-delà du temps de service gratuit, le seigneur doit les entretenir, assurant les frais d'armement, de remonte, d'approvisionnement.

De Brémule à Bouvines

Telle est la base de l'organisation militaire qui commence à s'affirmer au début du XIIe siècle. Dans sa guerre contre le roi d'Angleterre, le roi de France va s'appuyer sur cette organisation, et chercher à adjoindre aux forces que lui procurent les vassaux du domaine royal les ressources militaires des grands fiefs du royaume. Leurs détenteurs, laïcs ou ecclésiastiques, doivent théoriquement le service d'ost au roi, mais s'en dispensent (lorsqu'ils ne sont pas en armes contre lui...).

Dans cette épreuve de force, le roi aura beaucoup de mal à s'imposer. Lors de la bataille de Brémule (20 août 1119), Louis VI sera vaincu par Henri Ier Beauclerc, roi d'Angleterre. Après cette bataille, le roi de France tente d'accroître les effectifs de ses armées. L'ost royal va se gonfler non seulement des contingents menés par ses vassaux, mais aussi de milices levées dans chaque diocèse ; car la division de la société en trois ordres aux fonctions spécialisées n'exclut en rien le vieux principe germanique, transmis par les temps carolingiens, qui fait peser sur tous les hommes libres des obligations militaires ressemblant dans leurs grandes lignes à celles qui pèsent sur les détenteurs de fiefs. C'est ainsi que l'on voit en 1124, lorsque l'empereur Henri V tente de marcher sur Reims, ce que l'on a pu appeler une « levée en masse ». L'armée royale, dans ces circonstances exceptionnelles, est constituée de contingents provinciaux regroupés en grands corps pour la bataille. Aux côtés des troupes conduites par les grands feudataires — ducs de Bourgogne et d'Aquitaine, comtes de Nevers, de Chartres, de Champagne, de Vermandois, de Flandre et de Bretagne — s'alignent les vassaux et milices du Ponthieu, d'Amiens et de Beauvais, de Reims, de Châlons-sur-Marne, d'Orléans, d'Étampes et de Paris.

L'afflux, sous l'oriflamme, des astreints au service ne doit pas faire illusion. En 1124, la défense du royaume contre l'invasion impériale avait fait naître un enthousiasme que des opérations plus limitées ou moins prestigieuses ne suscitaient pas. Comme l'écrit Ph. Contamine, « le rendement des semonces était variable selon les circonstances ». Ce trait dénote l'un des vices du système : les combattants astreints au service gratuit l'effectuent dans un esprit d'indépendance qui nuit à son efficacité. Signe évident de la recherche d'une solution par le pouvoir politique, on voit apparaître, à côté des contingents féodaux ou des milices, des guerriers professionnels, mercenaires louant leurs services aux princes. On les recrute surtout dans les pays rhénans et mosans. Ces gens de pied sont honnis et détestés, mais les princes apprécient leurs qualités de combattants et la facilité de leur procédure d'engagement. On les voit combattre dès le XIIe siècle pour le roi de France. Philippe Auguste (1180-1223) en prend à son service mais leur nombre reste modeste et en 1214, à Bouvines, l'armée du roi de France est encore toute féodale : la parenté, l'amitié, la foi vassalique et les liens de voisinage y jouent un grand rôle, formant un « large filet de relations hiérarchisées » (G. Duby) qui toutes se concentrent autour du roi, personnage quasi sacerdotal. La présence du roi à la tête de l'armée, renforcée par celle de l'oriflamme de Saint-Denis, enseigne sacrée levée solennellement au jour du péril, donne au combattant foi en la cause royale. En cette occasion, le roi n'a pas hésité, comme ses prédécesseurs, à exiger le service militaire de tous, y compris de ceux qui ne font pas partie de l'ordre des chevaliers, comme l'indique la présence remarquée sur le champ de bataille des « gens de communes ». A l'époque de Philippe Auguste, il ne s'agit plus d'un service pesant effectivement sur tous les hommes, mais d'un système fournissant au roi une masse d'infanterie d'appoint, ainsi que des moyens logistiques. Dans le cadre du domaine royal, chaque circonscription doit fournir un contingent de gens de pied au prorata de sa population. Tous les habitants doivent participer financièrement à l'équipement de ces combattants.

Grâce aux levées féodales et communales, Philippe Auguste peut disposer, le 27 juillet 1214, d'une armée comptant environ 1 300 chevaliers, 1 300 sergents à cheval et peut-être de 4 à 6 000 gens de pied.

Les limites d'un système

Si la victoire de Bouvines peut sembler marquer l'apogée d'un système militaire fondé sur les relations féodales, les inconvénients nés de la pratique institutionnelle sont déjà sensibles. Le service des vassaux, comme celui des communes, est faussé par une conjonction de mauvaises volontés, de résistances, d'accommodements. L'ensemble des obligations militaires est compliqué de multiples particularismes. La convocation des vassaux est le plus souvent suivie de négociations, et les vassaux eux-mêmes, lorsqu'ils veulent rejoindre l'ost, doivent négocier avec leurs propres vassaux pour se faire accompagner d'une suite conforme à l'effectif fixé. D'autre part, il est exceptionnel que les astreints géographiquement les plus lointains se joignent à l'ost royal. La lenteur des déplacements, le relâchement des liens juridiques, les commodités d'ordre logistique et tactique forcent le plus souvent le roi capétien, comme ses prédécesseurs carolingiens, à ne réunir que les contingents originaires des provinces proches du théâtre d'opération. Tel est le cas à Bouvines, où, selon les mots de G. Duby, « l'armée royale [...] est d'abord celle de la vieille *Francia* », c'est-à-dire issue du nord du royaume, cœur de l'antique domaine de la monarchie franque. Phénomène d'autant plus paradoxal qu'à la fin du règne de Philippe Auguste, si les obligations militaires ont peu varié, l'étendue géographique sur laquelle elles s'appliquent en faveur du roi de France est devenue considérable et les effectifs théoriques qu'elles mettent à sa disposition en cas de semonce générale sont très importants. Mais le service est déjà interprété de façon restrictive par ceux qui y sont astreints. Sous le règne de Louis IX (1226-1270), le pouvoir royal, qui voudrait faire admettre les frontières du royaume comme limite du service gratuit de quarante jours, se heurte à la volonté de beaucoup de ceux qui doivent servir le roi dans sa guerre, de faire reconnaître leur province d'origine comme seul ressort géographique.

La conjugaison de tous ces facteurs rend le système, sinon inefficace, du moins le plus souvent décevant, les effectifs étant très nettement inférieurs à ceux que le prince, en théorie, peut espérer réunir. Un roi aussi entreprenant que Philippe III (1270-1285) en fait l'expérience [1]. En une période où l'administration se perfectionne, le gouvernement royal tente de prendre des

[1] Lors d'une expédition contre le comte de Foix, en 1272, Philippe III ne peut effectivement disposer que de 672 chevaliers alors qu'il en escomptait approximativement 2 750. Voir F. Lot, *L'art militaire et les armées au Moyen Age*, t. I, p. 237 ; Ph. Contamine, *La guerre au Moyen Age*, pp. 179-181.

mesures coercitives. Les agents de la monarchie, baillis et sénéchaux, sont chargés de faire exécuter les mandements du roi en frappant les récalcitrants de lourdes amendes censées représenter la contre-valeur du service non effectué. Ces mesures sont assez vaines. Philippe le Hardi et son fils Philippe le Bel (1285-1314) compteront de moins en moins sur les obligations féodales traditionnelles pour constituer leurs armées.

L'apparition du service soldé

La fin du XIIIe siècle et le début du XIVe sont marqués par une nette modification de l'organisation militaire. L'ancien système subsiste, mais avec de tels aménagements qu'il se révèle de peu de valeur maintenant que les ambitions royales sont à l'échelle du royaume tout entier. En cette fin du XIIIe siècle, l'idée d'un service militaire entièrement soldé commence à se faire jour, d'autant que l'État est désormais en mesure de s'en donner les moyens. A la faveur de l'essor économique, des progrès de l'utilisation de la monnaie dans les échanges, du perfectionnement croissant de son appareil administratif, le pouvoir royal peut envisager de substituer au service féodal défaillant un système dans lequel les hommes de guerre seraient payés. L'habitude se prend, de plus en plus, de solder les gens de guerre, y compris ceux qui, devant servir le roi quarante jours à leurs propres frais, répondent aux semonces.

Certes, le roi de France abandonne un droit, mais cet abandon est relatif dans la mesure où Philippe le Bel tentera, parallèlement, d'élargir la portée du « ban » et de l'« arrière-ban » en imposant l'obligation de servir le roi à tous les hommes du royaume, de quelque condition qu'ils soient et quel que soit leur seigneur. Pour les non-nobles, du fait de l'existence d'une faculté de rachat du service militaire par le paiement d'une taxe, cet élargissement de l'arrière-ban débouchera sur une mesure fiscale, l'impôt devenant la forme ordinaire de la participation des non-nobles à la guerre. Cependant leur appel sous les armes pour une participation active ne disparaîtra jamais complètement.

Au XIVe siècle, dans les conflits de Flandre et de Guyenne annonciateurs de la guerre de Cent Ans, puis lorsque commence le long conflit avec l'Angleterre, au début du règne de Philippe VI de Valois (1328-1350), ce sont encore les nobles qui sont concernés au premier chef par les convocations sous les armes. Par leurs traditions familiales, leur genre de vie, leur stature sociale, ils forment toujours une réserve de gens de guerre possédant les chevaux, les armes et la technique du combat.

Les sources des obligations militaires ont subi, en revanche, une profonde mutation qui influe sur la composition des armées. Dès lors qu'il est soldé, le service n'attire plus exclusivement ceux qui répondent aux semonces en vertu d'anciennes obligations féodales : de véritables volontaires figurent désormais dans l'armée. Leur « retenue » aux gages du roi peut faire l'objet d'un accord formel entre eux et les représentants de l'autorité royale. Après 1350, ce type d'accord prendra couramment la forme d'un acte écrit : les « lettres de retenue ».

Dans les premières années de la guerre de Cent Ans, la diversité des combattants qui servent dans l'armée du roi montre bien la variété des sources de recrutement : aux côtés des nobles — vassaux et arrière-vassaux du roi ou purs volontaires — s'alignent des sergents à cheval, venus souvent dans la compagnie d'un chevalier ou d'un écuyer, des arbalétriers à cheval et une nombreuse infanterie, en partie composée de gens de trait, quelques mercenaires, recrutés parfois en dehors du royaume, sans omettre les contingents de sergents ou d'arbalétriers que le roi exige des villes ; enfin, l'influence française débordant les limites du royaume, on voit rejoindre l'ost, en cas de péril, des troupes menées par des princes étrangers liés à la monarchie par des alliances diplomatiques ou familiales. Tous, sans distinction, après un contrôle préalable, passeront aux gages du roi. A cette époque, l'appareil administratif et financier de la monarchie est assez développé pour faire face à toutes les opérations nécessaires : convocation, contrôle, entretien et paiement des armées. Quand débute la guerre franco-anglaise, des agents de finances spéciaux, les « trésoriers des guerres », sont déjà chargés de solder les combattants. Les effectifs et l'équipement sont contrôlés par les maréchaux de France lors de « montres d'armes », sortes de revues de détail qui marquent, pour tous les gens de guerre, l'entrée aux gages du roi. A partir du moment où ils sont reçus, ils perçoivent une solde journalière censée couvrir leurs « frais et dépens ». Jusque vers 1370, la monarchie va même plus loin pour s'assurer le concours du plus grand nombre de gens d'armes possible : elle accorde une somme couvrant les frais de déplacement jusqu'au lieu du mandement, et, après le licenciement de l'armée, les frais de retour du combattant dans ses foyers, le remboursement des chevaux blessés ou tués en guerre, des indemnités diverses, plus ou moins généreuses selon les circonstances.

Permanence de la guerre et des armées

Il est difficile d'imputer à l'organisation militaire seule les grandes défaites de Crécy (26 août 1346) et de Poitiers (19 septembre 1356) dans lesquelles les causes tactiques et circonstancielles ont joué un grand rôle. Cependant, les armées de Philippe VI et de son successeur Jean le Bon (1350-1364) souffraient de vices graves : une composition trop hétérogène, une indiscipline destructrice, un contrôle insuffisant, des paiements irréguliers, autant de facteurs d'affaiblissement dans une situation de guerre prolongée. Dans cette crise, le pouvoir royal n'est pas resté passif. Ses efforts de réforme ont permis une amélioration de l'administration militaire et du contrôle des armées. Sous Charles V (1364-1380), la réorganisation conduira au succès.

A cette époque, le prolongement de la guerre détermine la présence permanente de combattants sous les armes. Déjà sous Philippe VI, la menace anglaise obligeait au maintien de garnisons dans les régions menacées : Picardie et Artois, Normandie, Bretagne, Poitou et Guyenne. C'est donc *de facto* qu'apparaissent les premières forces armées permanentes. Ce phénomène prend une telle ampleur sous Charles V qu'on a pu écrire que ce roi avait été, en ce domaine, un précurseur. Il ne s'agissait plus seulement de garnisons, mais de forces d'intervention capables de s'opposer à la marche des grandes « chevauchées » anglaises des années 1370-1380. En fait, il n'est pas dans les projets des gouvernants de maintenir, en temps de trêve, de coûteux contingents d'hommes d'armes et de trait. Seules subsistent alors quelques garnisons de régions « frontières ». C'est le cas à partir des années 1390 et jusqu'au déclenchement de la guerre civile. Le principe reste celui de l'engagement de troupes pour le temps des hostilités. Lorsque ces dernières s'interrompent, les gens de guerre sont « cassés », c'est-à-dire licenciés. Ce système génère la constitution, à partir des années 1360, de bandes de gens de guerre restant, après leur cassement, groupés sous les ordres de leurs chefs, et menant la guerre pour leur propre compte. Tels seront les « Grandes compagnies » dans la période 1360-1370, et les « Écorcheurs » dans les années 1435-

1440. Du volontariat du début de la guerre, on est passé au pur et simple mercenariat.

Effondrement et relèvement

La période qui s'ouvre en 1410, avec le début du conflit entre Armagnacs et Bourguignons et le retour de la guerre anglaise, est marquée par une dissolution de l'institution militaire. L'armée royale est déchirée entre les deux partis. Les appels au loyalisme, lancés au nom de Charles VI (1380-1422), sont vains. Le roi est fou et le gouvernement royal passe alternativement aux mains des tenants de l'une et l'autre faction. L'invasion du royaume par les Anglais en 1415 ne suscite même pas une réunification des efforts militaires des princes français. Ils affronteront l'ennemi en ordre dispersé : défaite « armagnaque » d'Azincourt (25 octobre 1415) et tentative « bourguignonne » avortée pour secourir Rouen assiégée (1418).

En 1420, le traité de Troyes clarifie la situation. Il existe alors dans le royaume trois forces militaires : l'armée du roi d'Angleterre, dans laquelle les contingents français sont négligeables, l'armée du duc de Bourgogne, de plus en plus étrangère au royaume, les troupes armagnaques groupées autour du dauphin Charles. Lorsque ce dernier, en 1422, est proclamé roi de France, les gens de guerre qui tiennent son parti deviennent, par la force des choses, l'armée royale. Comme au début de la guerre de Cent Ans, le prolongement des opérations de guerre détermine le caractère permanent des armées. Les anciens capitaines armagnacs qui servent le « roi de Bourges » ne cessent à aucun moment le combat. Pourtant le vieux système consistant à engager puis à licencier des compagnies, au gré des circonstances et des disponibilités financières, perdure.

Les désastres des débuts de son règne ont empêché Charles VII de tenter une quelconque réforme des structures de l'État. Le succès des armes françaises après 1429 modifie la situation. Le reflux anglais permet au roi de prendre le temps de forger un nouvel instrument militaire capable de chasser définitivement l'ennemi du royaume. Le but de la grande réforme militaire de Charles VII est aussi de mettre un terme aux désordres nés de l'interruption des hostilités : la paix avec le duc de Bourgogne (1435), en provoquant un licenciement massif de gens de guerre, a donné naissance à l'« Écorcherie ». Le projet consiste à créer, à partir des éléments existants, une armée plus cohérente, plus disciplinée, aux effectifs fixes et — grande nouveauté — entretenue de façon permanente, en temps de paix comme en temps de guerre.

La réforme est rendue possible par les trêves conclues avec les Anglais en 1444. Dans la masse des compagnies sans emploi, un choix est fait des meilleurs éléments qui formeront le noyau de la nouvelle armée. Les « compagnies d'ordonnance » naissent en 1445. Placées sous les ordres de capitaines retenus par le roi, elles sont composées de 1 800 « lances », chaque lance comptant un homme d'armes, un « coutilier »[1] et deux archers à cheval. Ces 7 200 combattants seront répartis dans des garnisons proches des zones d'opérations et toujours en mesure de se mettre en campagne. En 1448, la création des « francs-archers » vient compléter cette réforme par l'organisation d'une milice dans le cadre de la paroisse. Une infanterie de 8 000 combattants, rapidement mobilisable et, en théorie, régulièrement entraînée, est ainsi mise sur pied. Lorsqu'en 1449 les hostilités reprennent, l'armée royale réorganisée mènera à bien la conquête de la Normandie (Formigny, 15 avril 1450) et de la Guyenne (Castillon, 17 juillet 1453).

Après la fin de la guerre, bien des contemporains ont vu dans le maintien d'une force armée en temps de paix, un accroissement insupportable des pouvoirs du roi. Cette réforme marque, en effet, une étape dans l'histoire de l'État monarchique. Les nécessités de la guerre et l'entretien de l'armée permanente ont contribué à l'établissement de l'impôt permanent et à l'accroissement de la pression fiscale. D'autre part l'institution militaire est passée des mains de princes, seigneurs ou capitaines particuliers sous le contrôle exclusif du pouvoir royal. Le roi se réserve ainsi le droit de recourir aux armes. Le lent passage de l'armée féodale à l'armée permanente est l'un des signes les plus caractéristiques du renforcement progressif de l'État monarchique durant tout le Moyen Age et jusqu'au seuil de l'époque moderne.

Bertrand SCHNERB.

---

[1] Le « coutilier » est un cavalier équipé plus légèrement que l'homme d'armes et armé d'une lance à fer large appelée « langue de bœuf » ou « coutille ».

L'ANCIEN RÉGIME
ET LES FORCES ARMÉES

C'est de l'année 1445 que l'on peut dater la naissance de l'armée permanente en France. La transformation de l'armée royale en un corps autonome devait poser de façon nouvelle le problème des rapports entre armée et nation. Après la fin des périls anglais puis bourguignon et avant que l'extraordinaire montée en puissance des Habsbourg ne menace le royaume, celui-ci jouit, de 1460 à 1560, d'un siècle de paix presque totale, à peine troublé par quelques mouvements nobiliaires et par les guerres menées en Italie. Les guerres de Religion bouleversèrent cette quiétude. La guerre redevint présente dans presque toutes les provinces pour un autre siècle (1560-1660), sauf une accalmie relative de 1601 à 1635. A cette dernière date, la France entra pour quatre-vingts ans dans une suite de guerres qui mobilisèrent toutes ses énergies, mais dont elle tira au moins le bénéfice de frontières sûres. A l'exception du monde maritime, les guerres du XVIIIe siècle ne troublèrent pas la vie intérieure et, après une crise de confiance pendant la guerre de Sept Ans, la France put se donner une excellente armée, réhabilitée dans l'opinion, qui fut à même d'affronter l'Europe coalisée pendant les guerres de la Révolution.

Aussi dans cette longue histoire, peut-on distinguer plusieurs phases dont l'une, centrale et essentielle, vit, de 1635 à 1715, la formation de l'Hexagone, en même temps que celle de l'armée française moderne.

La place incertaine de l'armée permanente dans la nation (1445-1635)

Avec les ordonnances de 1445, tout un système de contrôle est organisé pour la levée et l'entretien des gens de guerre et pour lutter contre les parasites de l'armée. La physionomie de l'armée change avec l'éveil de la pensée militaire qui suit le désastre d'Azincourt. En 1482 la cavalerie ne représente plus que 38 % des troupes permanentes et les deux tiers des cavaliers sont des archers montés, remplacés au XVIe siècle par des pistoliers, alors que la cavalerie lourde ou gendarmerie voit son rôle reculer. En revanche, la part de l'infanterie et de l'artillerie s'élève.

Un des effets de la création de l'armée permanente est la distinction qui s'opère entre service militaire effectif et devoir militaire, autrement dit le ban et l'arrière-ban qui pèsent sur les possesseurs de fiefs et aussi sur les habitants des villes participant à la défense de leur cité et fournissant à l'occasion au roi des contingents équipés, ainsi que sur les campagnards soumis à la levée des francs-archers. Ces derniers étant tombés en désuétude, François Ier tente d'organiser des légions provinciales. Si l'on ajoute l'emploi des mercenaires suisses ou allemands, le roi couvre facilement les besoins militaires du royaume avec 80 000 hommes dont la moitié de combattants, soit 0,5 % de la population. Même si l'on y joint les formes locales d'activité militaire, milices urbaines, milices garde-côtes organisées par François Ier, on peut estimer que vers 1540, 90 % des hommes n'ont jamais été amenés à participer à un quelconque service armé. L'armée royale ne se confond plus avec le peuple en armes. Reste à savoir si l'armée permanente a créé une société militaire et quelle a été la place du militaire dans la société française.

Remarquons que chefs et soldats, nobles ou non, sont à la solde du roi, mais que l'équipement appartient encore partiellement au combattant. A côté des volontaires pour une ou plusieurs campagnes, une bonne partie des soldats ne quittent le service qu'usés. Des traditions militaires naissent sous l'effet d'une réglementation de plus en plus exigeante, de l'élaboration d'usages de guerre et d'un code de l'honneur tiré de celui de la chevalerie. Cette société militaire ne s'isole pas encore du peuple au milieu duquel elle vit. Nobles et roturiers se côtoient dans l'armée, les premiers plus nombreux parmi les chefs et dans la gendarmerie. Toutefois la petite noblesse pauvre, dont Monluc offre un bon exemple, ne dédaigne pas de servir dans l'infanterie, bien que beaucoup de hobereaux se tiennent en dehors des activités militaires. Les guerres extérieures entraînent hors du royaume tout ce qui a l'humeur belliqueuse.

Tout change avec les guerres de Religion qui forcent les

populations à se défendre ou même à prendre parti. On a souvent expliqué ce réveil militaire par la paix extérieure qui a ramené dans le royaume des gens de guerre sans emploi. De plus, le système qui servait au roi à effectuer des levées d'hommes pouvait être utilisé par ceux, gouverneurs de provinces ou de villes, chargés habituellement de ces opérations, au service du camp qu'ils avaient choisi. En vain Henri III rappela en 1583 qu'il ne pouvait se faire de levées d'hommes dans le royaume que sur ordre du roi. Des vieilles bandes sortirent, à l'imitation de l'armée espagnole, les régiments commandés par les colonels, formés de compagnies aux ordres de capitaines.

La présence de la guerre raviva le goût des armes dans la population. Le nombre des hommes ayant eu l'occasion d'une activité guerrière au moins momentanée s'accrut. En 1587, avec 3 500 hommes, Henri de Guise arrivait ainsi à épuiser puis à vaincre les 35 000 mercenaires allemands de Dohna venus au secours des huguenots, par une suite d'escarmouches auxquelles participèrent les populations. Mais les cahiers de doléances des États généraux et provinciaux déplorent constamment le grand nombre de soldats réguliers ou licenciés qui sont « à la foule des populations ». On constate une remontée de la violence que Henri IV ne réussit pas à apaiser. Aussi est-ce dans un climat assez belliqueux que la guerre européenne reprend en 1635.

La naissance de l'armée moderne

En déclarant la guerre au roi d'Espagne, Louis XIII porta son armée de 20 000 à 150 000 hommes. La levée de soldats, pris parmi les hommes recensés à cet effet, procura surtout beaucoup de malandrins dont les villes cherchaient à se débarrasser. Il fallut recourir à l'« entreprise », en évitant de traiter au niveau des généraux (seule exception : l'achat de l'armée de Bernard de Saxe-Weimar). Le roi donna des commissions à des colonels et capitaines de son choix qui se chargèrent de recruter leurs unités. Ainsi il resta maître de son armée mais en abandonna la gestion à ces officiers, propriétaires à la fois de leur charge et de leur troupe. Grâce à l'énergie de Richelieu, à la ténacité de Mazarin, à la valeur des Condé et Turenne, et au travail acharné du secrétaire d'État de la Guerre Michel Le Tellier et de ses commis, la France put surmonter la crise initiale, vaincre la maison d'Autriche et s'assurer, par les traités de Westphalie et des Pyrénées, la première place dans une Europe épuisée.

Ce système convenait aux structures sociales de l'époque en faisant reposer les cadres de l'armée sur une combinaison de la vocation, de la naissance, de la richesse et de la fidélité au roi, et le recrutement de la troupe sur la présence dans les villes d'une foule de déracinés chez qui l'attrait des armes n'était pas absent. En revanche, Louis XIII et Richelieu combattirent les anciennes structures militaires du royaume dont la Fronde représente le véritable chant du cygne. Ayant repris la France en main, Louis XIV fit démolir ou laissa crouler les enceintes des villes, confisqua leur artillerie municipale et, sauf dans les régions frontières où elles servirent de forces auxiliaires aux troupes royales, cantonna les milices bourgeoises dans des tâches de police.

L'armée royale valait ce que valait le contrôle de l'administration royale. Les abus de toutes sortes étaient inévitables dans un rassemblement d'hommes qui devait atteindre plusieurs centaines de milliers d'individus, alors que les pratiques administratives étaient encore hésitantes. Les capitaines géraient leur compagnie comme une ferme. Les « passe-volants », sortes de soldats fantômes, étaient nombreux. D'après les comptes les plus sérieux, il manquait 40 % des effectifs. D'ailleurs, comment les troupes auraient-elles pu subsister au complet alors que le roi ne pouvait leur verser régulièrement de l'argent ?

La création d'une armée moderne fut le résultat de la volonté de Louis XIV et du labeur passionné de Le Tellier et de son fils Louvois, à la tête d'une administration militaire issue de la robe. Intendants d'armée ou de province et commissaires des guerres traquèrent les malversations et réprimèrent le pillage. Logement des gens de guerre, paiement des subsistances et police des troupes furent codifiés. Depuis 1668, des inspecteurs d'armes veillèrent au bon entraînement des unités qui se fit dans des camps. La hiérarchie fut établie plus rigoureusement. Par les charges non vénales de major, lieutenant-colonel, brigadier, il fut possible d'accéder aux grades d'officiers généraux. En 1675, l'ordre du tableau, sans supprimer le choix pour les hommes de valeur, assura à tous au moins la promotion à l'ancienneté. Toutefois, après un essai, il fallut renoncer à la formation des officiers dans des compagnies de cadets (1682-1694) car on estimait généralement que le service comme volontaire dans les troupes était la meilleure école. Dans le même temps, Louis XIV faisait de la Maison du roi, outre sa garde, une troupe d'élite recrutée parmi des hommes choisis dans les régiments de cavalerie et une pépinière d'officiers pour ses régiments. Enfin il ne faudrait pas sous-estimer l'effort technique remarquable réalisé à partir du régiment des fusiliers du roi, formation expérimentale où furent mises au point des armes nouvelles — fusil remplaçant le mousquet, baïonnette — et qui fut également le berceau des premières formations d'artillerie. On sait encore qu'avec Vauban l'école française de fortification prit alors une place éminente en Europe.

En effet, au début de son règne Louis XIV se trouva aux prises avec le grave problème de la défense de Paris. Deux partis se présentaient : donner à la capitale une vaste enceinte en forme de camp retranché ou la défendre sur les frontières. La crainte de fournir une défense à une éventuelle révolte des Parisiens fit pencher pour le second. D'où la « frontière de fer » édifiée sous la direction de Vauban de 1688 à 1705, qui impliquait l'idée du « Pré carré » exprimée par le grand ingénieur dès 1673, c'est-à-dire de frontières plus linéaires et plus faciles à défendre. De là découlait aussi une stratégie défensive sur le continent, donnant au roi les mains libres pour une politique maritime active. Sans doute ne s'agissait-il pas d'une stratégie passive, comme le prouve la politique des « réunions » faites pour améliorer le tracé de cette frontière. Si contestables qu'aient été les procédés employés, c'est à cette politique que l'on doit les contours de l'Hexagone que des rattachements ultérieurs devaient remplir.

La valeur de cette œuvre fut démontrée pendant la terrible guerre de Succession d'Espagne qui prit vite l'aspect d'une guerre de défense nationale avec des effectifs jusque-là jamais atteints en Europe. L'armée de Louis XIV s'éleva à 380 000 hommes de troupes réglées auxquels il faut ajouter une centaine de milliers de miliciens garde-côtes, les miliciens du Languedoc participant à la lutte contre les Camisards, sans compter quelque 70 000 matelots. Le nombre des hommes appelés à porter les armes pendant cette longue épreuve, régulièrement ou occasionnellement, se compte entre 500 000 et 1 000 000, ce qui, pour 20 millions d'habitants, est comparable à l'effort fait en l'an II dans une France plus peuplée. Le vieux roi réussit alors à faire sortir de ses foyers un homme sur dix en âge de porter les armes et, pour encadrer ces troupes, un gentilhomme sur trois. Beaucoup d'officiers recrutaient dans leur propre seigneurie, ce qui donnait une réelle cohésion aux compagnies ainsi formées. Il fallut compléter par le racolage pratiqué surtout dans les villes, souvent parmi des ruraux n'y ayant pas trouvé d'emploi. En 1688 enfin, s'appuyant sur le principe du devoir militaire, le roi institua la milice royale, bientôt levée par tirage au sort. Dès 1704, les bataillons de miliciens furent directement adjoints par incorporation à ceux des régiments qui ne comptaient qu'un seul bataillon, préfiguration de l'amalgame de 1793. L'armée était devenue depuis Richelieu la première entreprise du royaume. On se rapprocha de l'idée de nation en armes. Albert Malet ne se trompait pas en écrivant, peu avant 1914, qu'à la défense nationale de l'an II, les combattants de Malplaquet et de Denain avaient écrit une préface sublime. Nous pourrions ajouter : et aussi à la Grande Guerre.

Cependant, si la France a résisté ainsi, c'est également parce que les structures de l'armée élaborées sous Louis XIV permettaient d'incorporer, d'équiper, d'entretenir, d'encadrer une telle masse d'hommes et que la « frontière de fer », bien qu'entamée, avait tenu assez longtemps pour permettre le dernier sursaut. C'est aussi parce que cette grande armée levée à partir d'institutions militaires rénovées était restée liée à la nation. Est-il exagéré d'écrire que les soins apportés par Louis XIV à ses soldats, notamment aux invalides, et que la sécurité intérieure assurée au royaume ont eu une part à l'accueil fait par le pays à son pathétique appel du 12 mai 1709 l'informant que toutes les possibilités de paix honorables étant épuisées, il fallait continuer à combattre.

L'armée de l'État

L'historiographie traditionnelle présente le XVIIIe siècle comme saturé de guerres de princes menées avec distinction par des professionnels pratiquant entre eux un code de bonnes manières, mais auxquelles les peuples ne prenaient part qu'en subissant des charges fiscales accrues. On évoque aussi la montée des sentiments pacifistes chez les hommes des Lumières et dans les populations, et enfin le trouble introduit dans l'armée par la réaction nobiliaire et l'adoption de la discipline prussienne. Ce tableau doit être nuancé.

Soulignons d'abord que la France du XVIIIe siècle jouit d'une insolente rente de situation due à la formation de l'Hexagone soigneusement fortifié. La guerre n'y est plus présente et la défense du royaume apparaît de plus en plus comme l'affaire des provinces frontières, conscientes de leur rôle de sentinelles. De ce vide militaire extraordinaire qui commence non loin des côtes et des frontières, Paris semble la manifestation éclatante, comme l'a montré Jean Chagniot. Siège des décisions militaires, de l'administration supérieure de l'armée et des munitionnaires, hanté par des officiers en mal d'emploi ou d'avancement et par les recruteurs, Paris est singulièrement dépourvu de troupes. Gardes-françaises et gardes suisses sont devenus des forces de police. La correspondance, à l'exception des provinces frontières, passe entre les mains du secrétaire d'État de la Maison du roi, qui n'aura plus en 1790 qu'à devenir le ministre de l'Intérieur.

La monarchie cependant ne se désintéresse pas de son armée. Après la défaite de Rossbach, les gouvernements de Louis XV et Louis XVI y entreprirent de profondes réformes mais le roi n'eut plus l'occasion d'affirmer son rôle de chef militaire puisque le royaume n'était pas menacé. Il est symbolique que Louis XVI ait été le premier souverain n'ayant jamais arboré un insigne militaire, contrairement à ses prédécesseurs et aux rois ses contemporains. Les sentiments des Français apparaissent à l'unisson. Progressivement entre 1716 et 1789, le recrutement de l'armée se resserre sur les provinces de l'est et du nord. Les récriminations contre la milice, pourtant moins oppressive, ne désarment pas. La sécurité et une amélioration générale du niveau de vie rendent le métier militaire moins attirant. L'esprit des Lumières fait perdre aux armes leur place éminente parmi les valeurs sociales. Une partie de la noblesse et de la bourgeoisie s'en détourne.

Rossbach produisit un choc, toutes proportions gardées, comparable à Sedan. Pendant les dernières années de l'Ancien Régime, l'armée fut un véritable chantier de réformes. En 1762, colonels et capitaines perdirent la propriété de leur troupe, puis, à partir de 1776, graduellement, celle de leur charge. Dans le même temps des efforts considérables furent faits pour la formation des officiers avec la fondation de l'école de Mézières pour les officiers du génie (1749), celle de l'École militaire pour les officiers de la noblesse pauvre (1750), remplacée en 1776 par une dizaine d'écoles royales militaires dont les meilleurs élèves sélectionnés par concours devaient accéder à l'École de guerre. Bonaparte devait se souvenir de l'excellence de ce système en créant les lycées. L'armement fit l'objet de réalisations remarquables avec le système Gribeauval qui standardisa et perfectionna le matériel d'artillerie et le fusil modèle 1777, armes qui firent les campagnes de la Révolution et de l'Empire. Avec un entraînement et une discipline rigoureux, l'armée française de la fin du XVIIIe siècle était redevenue la meilleure de l'Europe.

Dans ces conditions, en quoi consiste la crise souvent évoquée de l'armée française après la guerre d'Amérique ? Gilbert Bodinier a fait justice de l'esprit de liberté qu'auraient rapporté les combattants des États-Unis. Quelques noms célèbres, dont celui de La Fayette, ne doivent pas faire oublier que neuf officiers sur dix n'ont fait que répondre à l'affectation de leur unité. La plupart découvrirent seulement après leur retour qu'ils avaient été les héros de la Liberté. En revanche, beaucoup de jeunes nobles pauvres ont participé au renouveau de l'armée parce que l'évolution sociale ne leur était pas favorable. S'étant pliés à une discipline renforcée et ayant investi dans les études, sacrifice peu conforme aux habitudes de la noblesse militaire, ils entendaient ne pas voir échapper le profit de leurs efforts. Or la réduction des effectifs par mesure d'économie après 1783 restreignait leurs espérances. L'armée n'offrait plus de place qu'à un gentilhomme sur huit au lieu d'un sur trois sous Louis XIV. Bloqués par la noblesse de cour qui accédait rapidement aux grades élevés, ces gentilshommes faisaient barrage à la promotion des jeunes gens issus de la bourgeoisie, lesquels, refoulés vers les grades d'officiers subalternes ou de bas-officiers, faisaient obstacle aux hommes d'origine populaire.

L'attitude du gouvernement à l'égard de la troupe n'était pas sans ambiguïté. Développant la politique de Louis XIV à l'égard des vieux soldats, Choiseul avait en 1764 créé la pension militaire. Une vieillesse décente, la réduction des heurts entre soldats et population grâce aux progrès du casernement avaient contribué à la réhabilitation du troupier dans l'opinion. Mais Saint-Germain, en limitant les pensions, prétendit retenir les meilleurs soldats jusqu'à la limite de leurs forces, favorisant ainsi la formation d'une armée de professionnels et d'une société militaire fermée. Bien qu'ils ne suscitassent plus les mêmes préventions qu'autrefois, les soldats ne constituaient plus autant l'armée du royaume que celle du roi, ou plutôt, ce dernier s'y intéressant peu, l'armée de l'État.

La crise révolutionnaire éprouva l'armée royale par des mutineries et l'émigration des trois quarts des officiers, mais ne la disloqua pas, car les officiers subalternes et les bas-officiers, hommes de valeur, voyant s'ouvrir devant eux des possibilités inattendues d'avancement, en maintinrent la cohésion. En outre, l'armée royale, comme l'a établi Jean-Paul Bertaud, continua à recruter jusqu'en 1792. Ce sont des hommes de l'armée royale recrutés avant ou après 1789 et bien peu de volontaires nationaux qui, avec le matériel de Gribeauval et le règlement de manœuvre de 1791 élaboré dans les vingt années précédentes, remportèrent la première victoire de la Révolution.

André CORVISIER.

LA MARINE ROYALE

Le royaume capétien est, d'origine, fondamentalement terrien et la percée vers les rivages maritimes se fit longuement attendre. Ce n'est, en effet, qu'en 1204 que l'acquisition de la Normandie apporta la première ouverture sur la mer, et une « fenêtre » sur la Méditerranée n'apparut avec Aigues-Mortes qu'en 1246. Marseille et la Provence attendront 1481 pour devenir françaises. Cette longue enfance continentale explique sans doute l'absence d'intérêt pour les horizons marins qui demeura trop souvent une constante de la politique française. Philippe Auguste le déplorait déjà : « Les Français ne connaissent point les voies de mer. » Indifférence de l'opinion et des grands corps de l'État, méconnaissance des possibilités et des ressources en tous genres offertes par les espaces océaniques : il se trouva heureusement des rois et des hommes d'État pour lutter contre ces tendances invétérées d'un peuple à dominante paysanne, attaché par mille liens « au plus beau royaume sous le ciel ». Ainsi la marine royale se trouva livrée à bien des vicissitudes.

La France médiévale, même lorsqu'elle eut commencé à atteindre les côtes normandes et atlantiques, se préoccupa peu d'acquérir une puissance navale et les rois capétiens s'accommodèrent longtemps de ne disposer que d'une flotte de louage, commandée et armée par des étrangers. Ce sera le cas de la longue histoire des croisades et sans doute l'une des causes de leurs échecs.

Premières tentatives

Philippe le Bel fut le premier souverain français qui se préoccupa de créer un établissement maritime, car il avait compris toute l'importance de la mer dans une stratégie axée contre l'Angleterre. Mais il fallut avoir recours à des modèles et à des spécialistes étrangers. Le premier chantier royal de constructions navales, le fameux Clos des Galées de Rouen, fut ainsi créé à l'imitation de l'arsenal de Séville et dirigé par des charpentiers génois. Le roi Philippe le Bel donna à la France sa première victoire navale, le 17 août 1304, à Ziericksee, pendant la guerre de Flandre. Mais cet effort fut sans lendemain. Le roi mort, cette première marine périclita rapidement et, à la veille de la guerre de Cent Ans, le royaume ne disposait que de forces navales hétéroclites et mal commandées qui furent écrasées par les Anglais d'Édouard III le 24 juin 1340 à l'Écluse, près de Gand. Ce désastre naval, négligé par beaucoup d'historiens français aux vues trop purement terriennes, eut de redoutables conséquences car il assurait à l'ennemi « la maîtrise plus que précieuse de la mer » (F. Braudel) et donc une liberté de manœuvres et de communications dont il se hâta de profiter. Crécy et Poitiers furent la conséquence logique de l'Écluse dans une France ouverte aux descentes anglaises.

Charles V fit preuve de plus de lucidité et comprit toute l'importance d'une flotte pour troubler les arrivées de renforts ennemis. Il fallut d'abord, suivant la tradition, louer des navires castillans et génois. En 1373, ce sont les galères du roi de Castille Henri de Transtamare qui détruisent en rade de La Rochelle une flotte anglaise et permettent ainsi à Du Guesclin de reconquérir le Poitou, la Saintonge et l'Angoumois. Le roi va plus loin et confie à Jean de Vienne en cette même année le soin de recréer une flotte de construction française. Les résultats furent rapides et brillants. En 1377, 120 navires dont 35 de haute mer étaient en service et menaient le combat en Manche. Déjà s'élaboraient des projets de descente en Angleterre. En 1386, une armée et une flotte furent réunies, puis à nouveau en 1387, mais ces velléités ne purent aboutir. Charles VI, avant sa maladie, si l'on en croit Froissart, se considérait comme « bon marinier » ; mais après 1392, les troubles permanents du royaume entraînèrent la ruine de l'instrument naval qui souffrait de l'incohérence du pouvoir politique.

L'inexistence de la marine royale entraîna, au début du XVe siècle, les mêmes résultats qu'à l'époque précédente. En août 1415, la flotte anglaise, évoluant en toute tranquillité, débarquait 20 000 hommes à Chef-de-Caux. La prise d'Harfleur créait une tête de pont. Et ce fut Azincourt. Même scénario en 1417 avec un nouveau débarquement à Touques qui permit la conquête de la Normandie.

La marine s'enfonce dans une période très sombre qui, malgré quelques sursauts, va durer plus de deux siècles. Certes, pendant ce long intermède, les Français ne resteront pas totalement absents des mers. Les armements de Jacques Cœur, au milieu du XVe siècle, ceux de nombreux négociants normands et bretons, l'activité des pêcheurs sur les bancs de Terre-Neuve laissèrent quelques traces mais il ne s'agissait que d'initiatives individuelles. L'État n'avait aucune politique maritime. Toujours engoncée dans des conflits terrestres, la France, malgré de vastes frontières maritimes auxquelles personne ne semble s'intéresser, tourne le dos à ce type d'expansion et les choses évoluent peu au XVIe siècle. François Ier cependant et Henri II sont conscients de la carence française. Le vainqueur de Marignan s'insurge contre le monopole hispano-portugais dans la première grande vague des découvertes, où les Français brillent par leur absence, et il encourage les expéditions des frères Verrazano et celles de Jacques Cartier en Amérique du Nord. Mais il faut encore recourir, presque toujours, aux étrangers et c'est le Génois Andrea Doria qui sauve Marseille de la famine en 1524. Malgré l'intérêt qu'il porte aux sciences nautiques, François Ier, absorbé par sa lutte contre Charles Quint, ne peut soutenir une grande politique maritime. En 1544, au traité de Crépy, il promet même d'interdire à ses sujets tout armement vers les Indes et l'Amérique.

Sous Henri II apparaît enfin une première tentative de marine permanente avec la constitution de deux flottes en Levant et en Ponant, commandées par Leone Strozzi et le baron de la Garde. On s'efforça aussi d'améliorer la formation des capitaines et des pilotes en développant les écoles de Dieppe, du Havre et de Honfleur. Les guerres de Religion vinrent rapidement briser cet essai au moment où l'Angleterre se lançait à fond dans l'expansion maritime. Passionnés par leurs querelles religieuses et civiles, les Français ne prêtèrent ni attention ni soutien aux projets d'expansion menés vers le Brésil par Villegagnon (1554-1560) et vers la Floride par Rigault, Laudonnière et Gourgues (1562-1567). C'est toutefois du XVIe siècle que date l'apparition en France d'une ébauche de législation maritime avec la publication de deux textes importants : les lettres patentes du 31 juillet 1553 et l'édit de mars 1584 réglant les attributions de l'amiral de France et le fonctionnement des amirautés. Même si, du fait des circonstances politiques, ces actes restèrent en grande partie lettre morte, ils constituent néanmoins une étape importante dans l'histoire de la marine royale.

Richelieu

Ce n'est vraiment qu'au XVIIe siècle que celle-ci sortira enfin de ses structures féodales pour devenir une institution permanente et véritablement royale. Louis XIII et Richelieu d'une part, Louis XIV et le tandem Colbert-Seignelay d'autre part seront les artisans de cette transformation irréversible. Richelieu fut indiscutablement le premier homme d'État français à définir une politique globale de la mer et à tenter, au milieu de mille difficultés, de la mettre en œuvre. Certes, il s'inspira beaucoup d'idées émises avant lui par l'amiral de France Montmorency et par certains économistes du temps qui commençaient à s'aviser de l'importance des enjeux maritimes, mais lui seul sut imposer la volonté politique indispensable à la création d'une flotte nationale. Était-il supportable que le roi de France en soit réduit à mendier le concours de navires étrangers pour réduire ses propres sujets à l'obéissance, comme ce sera le cas lors de la guerre contre les protestants en 1622 et 1625 ?

Richelieu s'attacha donc à créer une flotte et à la doter d'une organisation institutionnelle et administrative rationnelle. Jusqu'à la grande réforme de 1626, il n'y avait aucune autorité centrale et l'amiral de France, grand officier de la Couronne, dont la charge existait depuis le XIVe siècle, n'avait autorité que sur la partie des côtes du royaume correspondant au ressort du parlement de Paris. Celles de Bretagne, Guyenne et Provence relevaient de trois autres amirautés indépendantes. Dans le contexte général d'expansion de l'État, il était donc indispensable de remédier à une situation aussi archaïque. C'est ce que Richelieu va faire entre juillet 1626 et juin 1629. Une série d'édits suppriment la charge d'amiral et confient à Richelieu celle de grand maître, chef et surintendant de la navigation et commerce de France, dont l'autorité s'étendra à toutes les côtes du royaume. En 1636, la charge de général des galères, autre vestige féodal, était rattachée à la Grande Maîtrise. Ainsi les affaires maritimes se trouvaient enfin dotées d'une structure centralisée placée dans la main du roi, ce qui allait permettre l'élaboration d'une politique d'ensemble. Le cardinal va s'attacher à créer une marine de guerre permanente et à développer le commerce maritime de manière à affranchir le royaume des interventions étrangères. Il tentera aussi, grâce à un gros effort de propagande, d'intéresser l'opinion publique à cette entreprise. Ainsi naquit, dès 1625, le premier programme naval français que Richelieu fit approuver par l'Assemblée des notables d'août

1626 et dont la réalisation fut immédiatement commencée. En 1636, la flotte comprenait une quarantaine de bâtiments qui allaient se comporter fort honorablement lors des opérations contre l'Espagne.

Richelieu se soucia aussi d'améliorer les pratiques administratives. Le « Règlement sur le fait de la marine » du 29 mars 1631 est un texte important qui prétendait mettre de l'ordre dans une situation confuse et annonçait à beaucoup d'égards les grandes ordonnances de Colbert en jetant les premières bases d'une organisation qui allait durer jusqu'à la Révolution. Ces « commissaires généraux » des provinces, chargés de la construction et de l'entretien de la flotte, annoncent les intendants de marine qui joueront un si grand rôle dans les périodes suivantes. Pour la première fois, le commandement à terre, l'infrastructure portuaire et industrielle recevaient une ébauche de codification. Bien d'autres projets avaient été élaborés pour le recrutement et la formation des équipages, pour le développement des industries navales, mais la situation générale du royaume et la guerre étrangère ne permirent pas de les mener à bien. Frappé aussi par le caractère archaïque de l'économie française de son temps, Richelieu aurait souhaité l'ouvrir vers le commerce maritime au long cours. C'est à cette fin qu'il créa un réseau de compagnies de commerce spécialisées par secteurs géographiques : Antilles, Canada, côtes d'Afrique, océan Indien, dont les résultats furent trop souvent médiocres car la nation ne répondit guère aux appels du cardinal. Lorsque celui-ci disparaît en 1642, d'importants résultats sont acquis : la marine royale existe et a fait ses preuves en Atlantique comme en Méditerranée, l'expansion vers les mers lointaines est amorcée et la France commence, lentement, à rattraper l'énorme retard pris au XVIe siècle et à s'insérer dans une économie de type moderne.

Louis XIV et Colbert

Compromise par les troubles de la Fronde, l'œuvre maritime de Richelieu va être reprise et développée, avec le plein accord de Louis XIV, par Colbert qui se voudra le fidèle disciple du cardinal. Pour la seconde fois et dans des conditions générales plus favorables, une volonté politique durable va permettre la création d'une des plus belles flottes que le royaume ait jamais possédées. Lorsqu'il commença, dès avant la mort de Mazarin, s'occuper des questions maritimes, Colbert trouvait une marine diminuée dans son matériel et désorganisée dans ses structures car les réformes de Richelieu n'avaient pu porter tous leurs fruits. La Grande Maîtrise, passée entre les mains de Vendôme, qui ne brillait ni par la compétence ni par la fidélité, échappait à nouveau à l'autorité royale. Profitant habilement de circonstances favorables, Colbert établit d'abord un nouveau programme naval qui sera réalisé avec une étonnante rapidité. En une dizaine d'années, 120 vaisseaux étaient mis à flot et participaient activement aux opérations de la guerre de Hollande pendant laquelle Duquesne mènera la flotte de Méditerranée à la victoire (1675-1676). Devenu officiellement secrétaire d'État de la Marine en 1669, Colbert, homme de dossiers, premier technocrate de France, s'attacha à donner à la marine des structures administratives solides qui la mettraient définitivement dans la main du roi. François de Vendôme, duc de Beaufort, grand maître de la navigation, étant mort fort opportunément le 25 juin 1669 au siège de Candie, la Grande Maîtrise fut supprimée par un édit de novembre suivant et la charge d'amiral de France rétablie. Mais pour bien montrer qu'il s'agissait d'un faux-semblant, le roi s'empressa de conférer le nouveau titre au comte de Vermandois, fils de Mlle de la Vallière, qui venait d'entrer dans sa troisième année. En fait, tout le pouvoir était désormais concentré entre les mains du secrétaire d'État, l'amiral ne conservant que des fonctions honorifiques, judiciaires et fiscales. Réforme capitale, car reprenant et précisant les dispositions de Richelieu, elle donnait à la marine le cadre institutionnel qui ne sera plus remis en question jusqu'à 1789. La flotte devenait véritablement et définitivement royale.

Constamment soutenu par Louis XIV, Colbert put aller beaucoup plus loin que Richelieu et donner à son œuvre juridique et administrative le caractère durable qui manqua aux initiatives du cardinal. Progressivement, il organisa la hiérarchie et le commandement de la flotte qui n'avaient jamais été réglés de manière rigoureuse et jeta les bases d'un recrutement plus rationnel des officiers, constitués désormais en corps permanent doté d'un statut et de règles d'avancement. La formation des jeunes officiers fut confiée aux compagnies de gardes de la marine de Brest, Rochefort et Toulon qui furent, pendant un peu plus de cent ans, la pépinière des cadres de la marine.

Le recrutement des équipages n'avait jamais non plus fait l'objet d'une quelconque organisation et les levées de matelots soulevaient toujours bien des difficultés. Pour remplacer le barbare système de la « presse », c'est-à-dire l'embarquement forcé, Colbert imagina dès 1665 de recenser les gens de mer et de les diviser en classes qui serviraient alternativement sur les vaisseaux du roi. Cette première tentative de service militaire obligatoire ne put jamais fonctionner de manière satisfaisante, mais il est une des preuves du souci constant qu'avait Colbert d'améliorer la condition du marin. Une autre initiative remarquable dans ce domaine fut la création, par l'édit de Nancy du 22 septembre 1673, des invalides de la marine, premier essai en France d'assurance sociale mutuelle basée sur un régime de cotisations.

Il fallait aussi prévoir l'administration de cette flotte. Développant encore une fois une création de Richelieu, Colbert créa un corps d'officiers de plume, véritables fonctionnaires au sens moderne du terme puisqu'ils ne relevaient que du roi qui les nommait et les révoquait à son gré. A la tête de ce corps, les intendants siégeant à Dunkerque, Le Havre, Brest, Rochefort et Toulon, aux attributions très vastes, qui préfigurent sur le plan administratif nos modernes préfets maritimes.

Homme de loi, Colbert ne pouvait manquer de doter la marine du *corpus* juridique dont il n'existait que des ébauches incomplètes. A peine avait-il pris en charge la Marine qu'il entreprit de codifier les divers aspects du service, et l'idée de regrouper tous les textes s'imposa. Ainsi naquirent deux ordonnances fondamentales : celle d'août 1681 concernant la marine marchande et celle d'avril 1689, conçue par Colbert, achevée par son fils Seignelay, qui réglait tous les aspects du fonctionnement des arsenaux et de la marine de guerre. Ces deux monuments juridiques resteront en vigueur pratiquement jusqu'à la Révolution et même, dans certaines de leurs dispositions, bien au-delà.

Organisateur et législateur de la marine, créateur en France des industries navales, soucieux de donner au commerce maritime une impulsion nouvelle, Colbert fut un des très rares hommes d'État français à concevoir et à tenter de mettre en œuvre une politique maritime globale incluant tous les aspects militaires, économiques, industriels, juridiques, scientifiques, humains de ce vaste problème. Louis XIV, Colbert et Seignelay ont construit et armé la première grande flotte française, l'une des plus puissantes que la France ait jamais possédées, qui subsistera jusqu'à la fin du règne et jouera, lors de la guerre de Succession d'Espagne, un rôle aussi déterminant que méconnu. Sans cette flotte qui assura l'acheminement de l'or américain, Louis XIV et Philippe V auraient-ils pu sauver l'essentiel ?

Le XVIIIe siècle

La création de cette flotte de combat s'accompagna, au cours des vingt dernières années du règne, d'une remarquable expansion du commerce maritime, récemment découverte et étudiée par un groupe d'historiens français. Souhaité par Colbert, encouragé vivement par Pontchartrain, cet essor qui va permettre à certains ports atlantiques comme Nantes et Bordeaux de connaître un taux d'expansion exceptionnel, se développa assez régulièrement au long du XVIIIe siècle, malgré les guerres qui ne parviendront pas à briser durablement l'élan. Mais la leçon de Richelieu et de Colbert fut oubliée après 1715 et l'on peut dire que, pendant les cinquante ans qui suivirent la mort de Louis XIV, la France n'eut plus de politique navale d'ensemble. Rongée par de perpétuelles difficultés financières, bridée par la politique anglophile et ultra-pacifiste du régent Philippe d'Orléans et de Fleury, la flotte entra alors dans une somnolence dont il fallut les désastres répétés des années 1758-1759 pour commencer à la tirer. Après un demi-siècle d'indifférence et de laisser-aller, la marine, sous l'impulsion énergique, quelquefois désordonnée, de Choiseul, commence à renaître et à se rajeunir dans son matériel, ses institutions, ses activités. La création en 1765 de l'École du génie maritime, ébauchée depuis une quinzaine d'années par Duhamel du Monceau, allait donner à la construction navale française une réputation justifiée. Adaptant peu à peu ses structures aux nécessités nouvelles, la marine s'insère activement dans le grand mouvement scientifique des Lumières. La création de l'Académie de marine, la participation française, très active cette fois, à la seconde vague des grands voyages de découverte dans le Pacifique replacent la France au rang des nations maritimes et montrent qu'elle n'entend pas laisser le champ totalement libre à la puissance anglaise.

De tous nos rois, Louis XVI fut certainement celui qui porta à la marine l'intérêt le plus vif et le plus éclairé à la fois dans ses aspects opérationnels, scientifiques et législatifs. Comme le remarquait récemment Alain Guillerm, le véritable *hobby* du roi ne fut pas la serrurerie mais la marine et la géographie. Et il eut le mérite de confier les intérêts maritimes français à deux ministres successifs : Sartine et Castries qui surent, surtout ce dernier, porter les escadres, à la veille de la Révolution, à un degré de puissance inconnu depuis Louis XIV. Pendant la guerre d'Amérique, cette flotte, pour la première fois depuis longtemps, avait été en mesure, grâce à des hommes comme d'Orvilliers, Guichen, de Grasse, La Motte-Picquet, Suffren, Lapérouse, de tenir tête honorablement à la *Royal Navy*, d'assurer une protection assez efficace du commerce national et de bénéficier d'un réel mouvement de faveur dans l'opinion publique. Par la qualité technique de ses navires, par la valeur et l'entraînement de ses états-majors et de ses équipages, la flotte de Louis XVI, présente dans toutes les mers du monde, fut sans doute la plus parfaite que la France ait jamais possédée. Elle sera d'ailleurs abondamment imitée, tant dans ses techniques que dans ses institutions, dans toute l'Europe. Ce remarquable instrument naval, fruit d'une politique réfléchie — car ni le roi ni Castries n'avaient d'illusions sur le caractère provisoire de la paix de Versailles —, ne cessa d'être perfectionné jusqu'aux premiers troubles révolutionnaires qui allaient, en quelques mois, ruiner ce magnifique édifice. Toute l'économie maritime du royaume s'effondra également, d'une manière qui fut quelquefois définitive

Ainsi après de longs tâtonnements et bien des vicissitudes, la monarchie, au moment où elle allait disparaître, avait réussi à définir et à mettre en œuvre une politique maritime d'ensemble. Les Français s'habituaient à compter avec les enjeux de la mer et de l'outre-mer, ils étaient présents dans toutes les zones économiquement importantes. Certes il y avait encore bien des progrès à réaliser, mais l'élan était donné. L'écart avec l'Angleterre, alors première puissance mondiale, se comblait. La France maritime décollait. L'effort tenace poursuivi depuis Charles V et Jean de Vienne portait enfin ses fruits.

Étienne TAILLEMITE.

IV

LE RAYONNEMENT

LOUIS XIV OU LA GRANDEUR

« Un des plus grands rois qui furent jamais », écrit, parlant de Louis XIV, le philosophe Leibniz, allemand et protestant. « Louis eut toujours dans l'âme une élévation qui le portait aux grandes choses », précise Voltaire. De cette grandeur, les bons esprits de jadis furent témoins ; même les persécutés ou exilés, au moins les meilleurs d'entre eux : Antoine Arnauld, Pierre Bayle, Pasquier Quesnel. La postérité, cependant, a terni l'image louis-quatorzienne, trop brillante pour les médiocres, trop rayonnante pour les cuistres. Michel Déon l'affirme avec raison : « L'acharnement de la plupart des historiens français contre Louis XIV est à mettre au compte de leur incapacité à concevoir la véritable grandeur. C'est parce qu'il était grand, ajoute-t-il, ce qui, je pense, est assez insupportable aux autres hommes. » Les historiens étrangers obéissent probablement à des sentiments semblables, même s'ils affectent de surtout dénoncer les ambitions du roi de France, la politique des réunions ou la révocation de l'édit de Nantes.

Tous usent et abusent des chiffres et des notes, mais cet appareil réputé scientifique cache mal des idées préconçues. De tels préjugés entretiennent une légende noire souvent vieille de trois cents ans.

Les ravages de la légende noire

Cette légende a été forgée, dès les années quatre-vingt du XVIIe siècle, par le pasteur Jurieu et certains huguenots réfugiés en Hollande (à leurs yeux, Louis XIV représente Nabuchodonosor) ; renforcée en 1694 (*A Louis XIV, Remontrances à ce prince sur divers points de son administration*) et 1699 (*Les aventures de Télémaque*) par Fénelon que pourtant le roi ne cesse d'obliger ; cernée au vitriol vers 1743 par le vieux duc de Saint-Simon. Ce dernier n'a jamais pardonné à Louis XIV de ne l'avoir pas nommé brigadier des armées en 1703. Nous y avons gagné un chef-d'œuvre littéraire, mais aussi un prodigieux ramassis de contre-vérités. C'est en vain que Voltaire publie *Le siècle de Louis XIV* (1751), que le plus habile de nos écrivains célèbre le plus grand de nos rois. La légende noire poursuit son travail de destruction. Michelet, qui a consacré au Moyen Age français ses plus belles pages, n'a que haine et mépris pour l'Ancien Régime monarchique (« Les dieux crevés, les rois pourris ont apparu sans voile »...). Les dragonnades, les conversions forcées, les galères, la guerre et les disettes semblent le réjouir. Il se félicite de nos revers militaires. Faut-il parler d'Ernest Lavisse ? Dans son *Histoire de France illustrée*, destinée aux adultes, il dépeint Louis XIV avec une certaine mesure, peut-être quelque respect, tandis que les manuels primaires qui portent son nom dépeignent une manière de tyran, léger et cruel. Le XXe siècle en a vu d'autres, servis à la mode anecdotique ou à la sauce pseudo-scientifique, à la mode démographique ou économique, pour ne point parler de la langue de bois.

Car le vocabulaire n'est jamais innocent. On n'en voudra pour preuve que l'emploi trop courant du mot *absolutisme*, substantif détestable, inadéquat et hypocrite. Tandis qu'il se présente benoîtement comme un terme de droit public, il rend en fait péjorative toute vision de la « monarchie absolue » (c'est-à-dire de la monarchie parfaite et sans liens, sans liens mais non sans limites), seule réalité historique correspondante. Au reste, absolutisme ne se rencontre guère avant Michelet, soit avec un retard de cent cinquante ans, et Littré le tient pour néologisme.

Nous avons tous plus ou moins subi l'influence de ce légendaire, les retombées de ces aigres critiques ou de ces insinuations. Nous avons tous besoin de fermer pour quelques mois les *Mémoires* de Saint-Simon, de relire Dangeau, le marquis de Sourches, Mme de Sévigné ou l'abbé de Choisy, Jean Racine et Mme de La Fayette ; besoin de réfléchir et de méditer sans passion sur l'un des règnes les plus longs de l'histoire. Alors, au fil des semaines, le film de ce règne changera de teintes, gagnera des couleurs. Nous comprendrons que monarque ne se confondait point ici avec autocrate, que le Roi-Soleil ne se prenait pas pour Apollon, que le souverain le plus puissant et le plus illustre de la chrétienté d'alors était un être humain, par certains côtés très humain, dans ses paroles, ses silences, sa façon de punir ou de récompenser, et pas seulement en ses faiblesses sentimentales (« Je croirais même, écrit Voltaire à propos des maîtresses du roi, que ces intrigues de cour, étrangères à l'État, ne devraient point entrer dans l'histoire, si le grand siècle de Louis XIV ne rendait tout intéressant, et si le voile de ces mystères n'avait été levé par tant d'historiens, qui, pour la plupart, les ont défigurés »).

De l'homme, on a écrit qu'il était d'une intelligence tout juste moyenne, d'esprit lent (« Je verrai » !), peu instruit dans son enfance, modérément ouvert à l'âge adulte, à la fois influençable et obstiné. Il est, en général, dépeint comme orgueilleux, prodigieusement égocentrique, presque insensible malgré sa larme facile. On le dit indifférent aux misères de ses peuples, seulement préoccupé de son ambition extrême, des jeux de l'amour et de la guerre en sa jeunesse, du jeu de la guerre et de la dévotion en sa vieillesse. Ce serait au fond un médiocre, élevé au-dessus de lui-même par sa naissance et son pouvoir, se forgeant une personnalité au-dessus du commun en exagérant à l'envi chacune de ses passions, chacun de ses désirs. Brochant sur le tout, Louis est souvent présenté comme un despote, gouvernant selon « son bon plaisir », baignant dans l'arbitraire — cet arbitraire dont la prison de Fouquet et les lettres de cachet seraient les symboles.

Car on ne peut séparer, même dans la polémique, l'homme de son œuvre. De cette dernière les procureurs ne retiennent que les revers ou les erreurs. Et de reprocher au roi ses dépenses excessives (Saint-Simon lui a fait dire, à la veille de sa mort : « J'ai trop aimé les bâtiments »), son amour de la guerre (le P. Le Tellier, il est vrai, lui souffla de dire au dauphin : « J'ai souvent entrepris la guerre trop légèrement et l'ai soutenue par vanité »), ses maîtresses (or il est mal de tromper sa femme, même si, comme Louis XIV, on la rejoint toutes les nuits).

A la limite, ce qui est déplorable incombe au roi, y compris les poisons de la femme Voisin, les messes noires, les sorcelleries, les maléfices. C'est à peine s'il échappe à la responsabilité des calamités naturelles, tant on associe à son règne l'évocation des rudes hivers du « petit âge glaciaire » : 1693, 1694, 1709, 1710... Il est d'usage, aussi, de reprocher à Louis XIV tout et le contraire. Au début du règne, c'est un homme qui aime trop le théâtre ; à la fin, il ne l'aime pas assez ; époux de Marie-Thérèse d'Autriche, il lui est par trop infidèle ; marié secrètement à Mme de Maintenon, il est en somme trop exactement fidèle. La Cour des années soixante a la frivolité que dénonce l'*Histoire amoureuse des Gaules*, ce *Satiricon* des temps baroques ; celle de Versailles (où l'on se fixe en 1682) est un monde où, chacun sait, l'on s'ennuie. Tantôt on reproche au roi de laisser à ses « vizirs » bien trop d'autorité ; tantôt le monarque est accusé de réduire les ministres à l'état de simples commis. A propos des ministres, tout ce qui, aux yeux de l'historiographie courante, paraît fâcheux — comme le « dégât » palatin — est donné comme engageant le roi. Tout ce qui est heureux — notamment le mécénat érigé en système — est présenté comme une responsabilité ministérielle.

La « gauche » reproche à Louis XIV la persécution de Port-Royal (1661-1713), les travaux coûteux ou meurtriers de la rivière d'Eure (1685-1693), la condamnation de Fouquet (1664), les deux ravages du Palatinat (1674, 1689), la politique des réunions (1679-1684), la révocation de l'édit de Nantes (octobre 1685) ; la « droite », nourrie de Saint-Simon, ne pardonne pas une promotion des princes légitimés qui, au moins dans sa dernière phase (1714), outre les droits régaliens et viole les lois fondamentales, c'est-à-dire la constitution coutumière du royaume. L'honnêteté intellectuelle oblige à une mise au point.

La formation d'un prince exceptionnel

L'éducation de Louis n'a été négligée que sur le plan de la stricte scolastique, et il est sûr que le jeune roi apprit moins de latin que les fils de ses courtisans soumis à l'excellente pédagogie des jésuites. Mais le roi de vingt ans manie à la perfection la langue française, connaît depuis longtemps l'espagnol et parle fort bien l'italien. Responsable de sa formation, le cardinal Mazarin, son parrain, l'a parfaitement initié aux travaux de la guerre, la guerre civile aidant, aux affaires du dedans, à la diplomatie. Les événements ont fait le reste : quel gouverneur, quel précepteur eût imaginé une rébellion de près de cinq ans, la trahison des parents du roi, de ses cousins, des ducs, du haut clergé parisien, des principaux magistrats, le soulèvement de la moitié des provinces du royaume ? De neuf à quatorze ans, Louis XIV a enregistré dans son étonnante mémoire et soumis à un jugement droit chaque détail d'une révolution, en même temps que le « détail de la France ». Il n'aura presque plus besoin de voyager — en dehors du commandement des armées, de l'inspection de ses forteresses et de l'hommage de Strasbourg — pour connaître les besoins de ses sujets et les comprendre. Ainsi tombe l'accusation injuste du maître de Versailles retranché en son palais, dédaigneux des misères du peuple.

Cette rude formation, plus empirique que scolaire, plus française que latine, plus chrétienne qu'humaniste, a prématurément mûri un prince exceptionnel. On a peine à comprendre comment Spanheim, diplomate prussien un peu lourdaud, et Saint-Simon, dont le témoignage est constamment faussé, firent croire à la lenteur d'esprit et à la semi-médiocrité de Louis XIV. Le trop fameux « Je verrai » n'est aucunement difficulté de comprendre ou impuissance à décider. C'est la réponse traditionnelle des princes prudents, et Gaston d'Orléans en usait sans cesse au temps de la Fronde. Vaut-il pas mieux dire « Je verrai », et choisir le lendemain François Couperin, que trancher au hasard parmi les candidats au poste d'organiste de la Cour (1693) ? Mme de La Fayette, une des femmes les plus étonnantes du siècle, ne reproche à Louis XIV qu'une chose : dissimuler son esprit. C'était de sa part exagération de la réserve qui marque l'honnête homme. C'était, à l'origine, timidité, cette timidité dont témoignera Montesquieu et que nous avons trop oubliée. Ce sera plus tard une de ses « manières à secret » (cette vertu princière que Mazarin développa chez son filleul et qu'il n'est pas de raison d'appeler méchamment dissimulation).

Comment un prince à l'intelligence moyenne eût-il pu écrire — même aidé de Colbert, de Périgny et de Pellisson — les *Mémoires* pour l'instruction du Dauphin ? On ne voit guère que Marc Aurèle ou Frédéric II de Prusse qui aient fait mieux. Comment eût-il prononcé tant de discours miniaturisés, au lever, avant et après sa messe quotidienne, au dîner, au souper ou au coucher, discours simples, sobres, intelligents, où l'on cherche en vain le vocabulaire de l'orgueil ou l'autoritarisme ? Tant de discours frappés comme des médailles (il est vrai que le roi est le plus grand collectionneur de son royaume, et le dauphin le second) ? Tant de paroles liées au quotidien, jamais banales ? Elles ont été pieusement notées par le marquis de Dangeau et par le marquis de Sourches. Voilà les auteurs qu'il faut relire.

Auguste et Mécène

Nouvel Auguste, appuyé sur Jean-Baptiste Colbert, nouveau Mécène (un Mécène quelque peu étatisé), Louis a pensionné quarante-deux hommes de lettres par an, entre 1664 et 1690, même étrangers, même étrangers et protestants. Il a protégé tous les grands poètes de son temps, fait de Racine un courtisan et un ami, admis dans le cercle étroit de Marly. Il a bravé tous les partis dévots en excusant les insolences et les imprudences de Lully, cet homme aux mœurs ultramontaines ; en donnant son amitié à Molière, excommunié de génie, auteur corrosif. Il a montré un goût parfait, comme constructeur (de la colonnade du Louvre à l'hôtel des Invalides, de la Salpêtrière à Versailles, de Clagny à Trianon et de Marly à la place Vendôme), comme collectionneur (sans Louis XIV, que seraient notre Bibliothèque nationale, le Cabinet des médailles, les antiques et les toiles du Louvre ?), comme décorateur (il a volontairement tourné le dos aux italianismes baroques du Bernin, modelé un style français — improprement baptisé classique — régulier sans monotonie, noble sans sécheresse, logique sans abstraction, royal sans inhumanité, humain sans vulgarité). A la fin du règne, défiant toute routine, étranger à toute sclérose, il oriente le goût nouveau, celui des décors de Berain, des meubles incrustés de Boulle ; il préside à la naissance du rocaille, au moment même où il accorde des lettres patentes à dix académies provinciales, déjà porteuses de ce qu'on va bientôt nommer « les Lumières »...

Le souverain qui a choisi, dirigé, encouragé, récompensé Le Vau et Le Nôtre, Bruant et Mansart, Perrault et Cotte, Rigaud et Mignard, Girardon et Coysevox ; l'homme qui a fondé l'Académie des sciences, celle d'architecture et celle des inscriptions, installé l'Académie de France à Rome, fait construire l'Observatoire, donné une réputation mondiale aux Gobelins, transformé le petit jardin royal des plantes rares en Muséum, fut tout sauf un médiocre. Le roi qui préférait Racine à ses lecteurs officiels, consultait Cassini sur les éclipses, entretenait à prix d'or le physicien hollandais Huygens, fut tout sauf un prince à l'intelligence moyenne.

Versailles attire les touristes, sert aux fastes de la République, fait partie *nolens volens* de l'image de la France. Il est devenu difficile de reprocher au Roi-Soleil de l'avoir édifié, palais de prestige et de gloire, de politique, de propagande et de beauté, résidence permettant au roi de surveiller les grands, aux grands de servir le roi, au peuple de venir visiter un château de conte de fées, un parc presque enchanté. Au reste Dangeau, qui a laissé deux récits de la maladie et de la mort de Louis XIV, ne lui fait jamais dire : « J'ai trop aimé les bâtiments. » La phrase est apocryphe, inauthentique, invention du duc de Saint-Simon, fabulateur infatigable.

La guerre

A-t-il vraiment trop aimé la guerre ? Il a hérité l'interminable conflit avec les deux branches de la maison d'Autriche. Il n'a fait que poursuivre la politique de Richelieu et de Mazarin, dans la diplomatie comme par les armes. Avant Clausewitz, il a appris de son parrain que la politique est totale, la stratégie globale, et que les deux sont inséparables. D'ailleurs, sous le manteau de la gloire, Louis cachait à peine un réalisme dont l'unique finalité était la défense de la France. Sous cet angle, tout devient logique et presque légitime. Ces fameuses *réunions* — que nul Strasbourgeois patriote, par exemple, n'a le droit de critiquer — qu'on reproche tant à Louis XIV ne furent ni picrocholines, ni ubuesques, ni même absolument impérialistes. Elles étaient destinées à doubler ici, compléter là ce qu'on nomme la ceinture de fer. La chose est si vraie que Vauban, ce général pacifique et presque pacifiste, a blâmé son roi pour les concessions territoriales du traité de Ryswick (1697).

Dans la guerre, Louis n'est pas le seul à pratiquer les destructions. La bonne reine Anne (et son général Marlborough), Charles XII (et son général Stenbock), Pierre le Grand ont ordonné aussi des dévastations systématiques, Pierre le Grand dépassant tout le monde en dévastant les marches mêmes de son empire, la Lituanie ! L'erreur du roi de France a été de donner des idées à ces trois souverains, en somme de réveiller des démons endormis depuis la fin de la guerre de Trente Ans, depuis 1648. En paix, les procédés qui lui sont reprochés — querelles de préséance, guerres du pavillon — sont au XVIIe siècle monnaie courante. Ajoutons que ni l'empereur Léopold Ier, boutefeu de l'Europe en 1700, ni Guillaume d'Orange qui détrôna son beau-père en 1689, ni Victor-Amédée de Savoie, qui commençait les guerres dans un camp pour les achever dans l'autre, n'étaient des enfants de chœur. Louis XIV fut souvent moins brutal, moins cynique, moins agressif que tous ces princes à qui il s'opposa. Il refusa de laisser assassiner Guillaume d'Orange : il n'est pas sûr que ce dernier, trop persuadé d'être Gédéon ou Judas Maccabée, eût en sens inverse négligé une occasion si tentante.

Le meilleur historien de la politique étrangère de l'Europe au XVIIe siècle, Mrs. Hatton, pense que Louis XIV a cristallisé les critiques pour des raisons artificielles (de caractère, de religion, de nationalisme) et à cause de l'éclat et de la longueur exceptionnelle de son règne. Elle ajoute un élément d'analyse aussi remarquable que trop négligé. Les principes de la diplomatie (et de la guerre) française d'alors sont ceux mêmes de notre droit public. Celui-ci s'appuie sur deux lois fondamentales : la loi de succession et celle qui veut inaliénable le Domaine. De telles maximes obligent le souverain à ne rien céder du territoire dont il a par usufruit la royauté : sur ce point saint Louis fut le contraire d'un prince modèle. Mais « ne rien céder », ce peut être agrandir le royaume, soit à la suite d'une guerre défensive, soit « par la puissance militaire au cas où les négociations n'auraient pas abouti à des concessions de la partie adverse ». Au reste, les lois fondamentales — ou plutôt les serments du sacre — veulent que le roi veille sur ses peuples. Renforcer le système défensif des frontières, en remuant des pions sur l'échiquier diplomatique ou en avançant quelques bataillons, fait partie des stricts devoirs du monarque héréditaire conscient de ses responsabilités. Nous sommes loin de la gloire pour la gloire, cette sorte d'art pour l'art.

L'hostilité au jansénisme, entretenue chez Louis XIV depuis l'enfance par ses confesseurs, n'a un sens politique qu'au second degré (l'utopie chrétienne de Port-Royal interdit tout pragmatisme gouvernemental, et, à la limite, l'harmonieuse administration de la cité). Chez les augustiniens de choc, le roi voit d'abord des manières d'hérétiques. Paradoxalement, influencé par des hommes de la contre-Réforme, et lui-même imprégné de sa théologie, le roi de France perdit son temps à persécuter une des plus brillantes expressions de cette même contre-Réforme. C'est au XVIIIe siècle et avec la Constitution civile du clergé (1790) que le crime louis-quatorzien apparaîtra pour ce qu'il est surtout : une faute.

La Révocation

Aucun historien de bon sens ne reproche plus à Louis XIV et à Bossuet d'avoir étouffé dans l'œuf le quiétisme, cette dangereuse gnose cachée derrière les phrases sucrées de Fénelon. En revanche, la politique antiprotestante reste au cœur de toutes les critiques.

Les accusateurs principaux oublient une dizaine de paramètres essentiels :

1° Au XVIe et au XVIIe siècle régnait l'adage *Cujus regio, ejus religio* (à chaque pays sa religion). Donc le régime pluraliste conçu par l'édit de Nantes ne pouvait être, même dans l'idée d'un Henri IV, une mesure intangible. 2° L'édit de Nantes était si peu perpétuel qu'il ne fut scellé qu'à la cire brune. 3° Les révoltes huguenotes dans le Midi, de 1621 à 1629, auraient dû logiquement faire abolir l'édit de Nantes. Or, Richelieu ayant besoin des luthériens de l'Empire, Louis XIII, en 1629, se contenta d'enlever aux protestants leurs garanties politico-militaires. 4° Du point de vue du roi très-chrétien, les réformés sont hérétiques. L'hérésie n'est pas un délit banal, c'est un « cas royal ». 5° Depuis le XIIIe siècle et la crise albigeoise, l'engagement d'extirper l'hérésie (*Hæreticos exterminare*, dit le latin qui s'exprime concrètement pour conduire à l'idée abstraite) fait partie des serments solennels du sacre. Après Henri IV et Louis XIII, Louis XIV a prononcé ce serment, à Reims, en 1654. 6° Les considérations qui précèdent montrent que la tolérance civile, maintenue par la paix de grâce d'Alès (1629) dans la suite des prescriptions de Nantes, ne cessait de violer les règles de notre droit public, faisant du roi, chemin faisant, une sorte de parjure couronné. 7° Cette tolérance contredisait la théologie régnante. De même que les protestants jugeaient les papistes mûrs pour l'enfer éternel, de même les catholiques ne voyaient pour les « prétendus réformés » que les flammes de l'au-delà. Dès lors, brusquer, violenter, pour épargner aux dissidents une éternité de souffrances, semble pain bénit. Après saint Augustin — en ce siècle où tout le monde est quelque peu augustinien —, il ne semblait pas choquant d'excuser des conversions sollicitées, par le *Compelle intrare* (contrains-les d'entrer) de la parabole des conviés au Banquet. 8° Éduqué par une mère fort pieuse, catéchisé par un jésuite très hostile à la Réforme, confessé, sermonné par des clercs ancrés dans la théologie de reconquête de la contre-Réforme, Louis XIV n'avait qu'à laisser parler sa conscience pour avoir les protestants en horreur. 9° Ses sujets, pour des raisons théologiques (celles d'un Bossuet, d'un Bourdaloue), sociales (marchands catholiques concurrencés par des confrères protestants ; ouvriers catholiques dépendant d'un entrepreneur réformé) et surtout de sensibilité, souhaitent le retour à l'unité religieuse. 10° Louis XIV n'aime pas les formes et inclinations politiques du protestantisme calvinien. Chaque paroisse est une petite république autogérée ; les synodes sont de petits parlements à l'anglaise ; les alliés extérieurs du calvinisme français se complaisent dans la république, qu'il s'agisse de Genève ou des Provinces-Unies.

Alors le roi, par étapes, variant sa tactique, tendra vers cet idéal de l'unité religieuse. Tantôt on applique à la rigueur les clauses cultuelles de l'édit de Nantes, tantôt on favorise, par le livre, par les missions, par les primes aux « nouveaux catholiques », les conversions collectives ou particulières. Après la paix de Nimègue, l'étau se resserre autour des réformés français : une suite d'édits tatillons réglementent et restreignent le nombre des lieux de culte, la liberté des pasteurs, la liste des professions permises aux protestants. Louis a compris ou deviné que le repli actuel du protestantisme pouvait rendre séduisante l'entrée dans une Église catholique en plein rayonnement (la France étant alors le pays modèle de la contre-Réforme). Mais il aurait pu laisser décliner la confession minoritaire. A la trop persécuter, à interdire — par l'édit de Fontainebleau d'octobre 1685 — le culte réformé public, l'émigration des hommes et le départ des capitaux, il prive le royaume de deux cent mille sujets de valeur, il réveille les endormis, redonne conviction et courage à des hommes qui peut-être seraient devenus catholiques, peu à peu, dans la douceur, d'ici à 1750. Tout cela, le roi finit par le comprendre, au moins partiellement, depuis la guerre des Camisards (1702). Mais, de 1685 à 1702, on doit lui imputer le scandale et les sacrilèges de centaines de milliers de communions forcées.

Le bilan

Que la Révocation ait soudé la France catholique, vraiment intégré les provinces conquises, permis à Philippe V de gagner et garder le trône des Espagnes, expliqué le sursaut national de 1709-1712, bref, apporté au roi et au royaume grand nombre d'avantages — notamment la réelle union du trône, de l'autel et des peuples —, ne peut faire oublier les ombres de cette affaire. Certes il n'y eut, contrairement à la légende, que 1 450 galériens protestants ; mais c'est encore 1 450 galériens de trop.

On ne saurait donc faire abstraction des erreurs du règne, mais l'actif l'emporte infiniment sur le passif. Louis XIV laisse en 1715 une monarchie auto-régularisée — donc immunisée contre le despotisme —, la « monarchie administrative ». Un État structuré et fort, mais nullement étatique (90 000 charges vénales font une trame indépendante de service public que n'écrasent pas quelques centaines de fonctionnaires modernes). Des ports enrichis par l'alliance espagnole, la traite et le commerce des mers du Sud. La seconde marine de guerre du monde (la France eut la première entre 1676 et 1705). Une société si diversifiée (le tarif de capitation de 1695 compte 569 rangs sociaux), aux bourgeoisies si nombreuses, qu'on eût pu considérer comme impossible et impensable une quelconque révolution.

La Révolution et l'Empire échangeront, entre 1789 et 1815, au prix d'un million et demi de soldats morts, Philippeville, Mariembourg, Sarrelouis et Landau contre Montbéliard, Mulhouse, Avignon et le Comtat... Louis XIV a établi son « pré carré » à trois fois moins de frais. La carte des acquisitions se présente ainsi : l'Artois, Dunkerque, la Flandre française, Aire et Saint-Omer, le Hainaut français, Thionville, la Lorraine des Évêchés, Sarrelouis, Landau, l'Alsace, la Franche-Comté, la vallée de Barcelonnette, la principauté d'Orange, le Roussillon, la Cerdagne. Outre-mer, nous avons perdu l'Acadie, Terre-Neuve et Saint-Christophe, mais nous avons gagné Saint-Domingue (bientôt premier producteur mondial de sucre de canne), Cayenne et la Guyane, la Louisiane, le Sénégal, Madagascar (du moins ce grand pays, cette « île Dauphine » vide de colons, a-t-il été réuni à la Couronne en 1686), les Mascareignes, Pondichéry et les comptoirs des Indes.

Au regard de cette vitalité, de ces conquêtes, de cette expansion coloniale que le XVIIIe siècle aurait pu et dû consolider, que pèsent les erreurs d'un long règne ? Que pèse la légende noire ?

Le nonce, rendant compte à Rome de la mort du Grand Roi, écrira : « On a vu réunies en lui toutes les vertus royales et chrétiennes, et, à part les légèretés de sa jeunesse... on ne peut rien trouver d'autre à lui reprendre. » Et plus loin : « Le parfait modèle d'un grand roi ». Mais, dira-t-on, ce monsignore Cornelio Bentivoglio salue peut-être le « révocateur » de l'édit de Nantes, l'inspirateur de la bulle *Unigenitus*. Prenons plutôt un témoignage protestant, celui d'un étranger qui a jadis beaucoup misé sur le roi de France et que ce monarque ensuite a beaucoup déçu : Leibniz n'appelle plus Louis XIV *Mars Christianissimus*, il le dit *un des plus grands rois qui furent jamais.*

François BLUCHE.

LA COUR DE FRANCE

La cour de France est une institution brillante, complexe et méconnue. Inventée au XVIe siècle, portée à un point de perfection inégalée par Louis XIV, prestigieuse mais déjà anachronique au siècle des Lumières, elle est, selon le mot de François de La Noue, « à l'image du prince, elle l'imite en tout point ». De la Renaissance à la fin de l'Ancien Régime, les souverains lui ont imposé leur marque. Les Valois puis le Roi-Soleil ont souligné sa finalité politique et développé son rôle civilisateur. Les deux premiers Bourbons n'ont pas su lui conserver grandeur et autorité ; Louis XV et Louis XVI ont quelque peu déréglé sa subtile mécanique. La Cour est cependant restée longtemps un modèle envié, imité et adapté dans l'Europe entière. Reconnaître aujourd'hui son prestige et son utilité impose de se libérer de quelques légendes.

Les paradoxes de la société de cour

La Cour n'a jamais rassemblé toute la noblesse du royaume. Au XVIe siècle, le second ordre conserve des attaches rurales très fortes et se méfie de la Cour. Vivre chez soi, « retiré en sa maison », est un idéal largement partagé. L'attraction de la Cour est sélective et temporaire. Certes, la famille royale, les princes du sang, les ducs et pairs, les grands officiers de la Couronne et les dignitaires de la Maison du roi ne quittent guère le souverain. Cependant, la plupart des fonctions auliques ne sont pas exercées continûment, mais par quartier, c'est-à-dire par trimestre. Ce service partiel permet aux commensaux de retrouver, toutes obligations remplies, une partie de l'année ou un an sur deux, manoir familial et affaires domestiques. Souvent la gêne financière exige de rompre avec le genre de vie dispendieux du courtisan. Même de grands seigneurs — Montmorency, Guise ou Bourbon — aiment à se retirer dans leur province. Ainsi le train de la Cour varie, gonfle ou se contracte au gré des convenances personnelles, des départs pour la guerre ou des rivalités nobiliaires du temps. Si Catherine de Médicis et Henri III sont sensibles à la fréquentation de leurs palais, la présence régulière auprès du roi est un phénomène encore peu répandu. On l'imagine courant au temps de Louis XIV. Le roi, il est vrai, a réussi à faire de l'assiduité à sa cour une obligation et à rendre intolérable d'en être éloigné. Être présent à chaque heure réglée de l'existence royale, participer aux fêtes et aux divertissements, est une condition nécessaire (mais non suffisante) pour obtenir les bienfaits du prince : c'est à son exceptionnelle assiduité que le duc de la Rochefoucauld, grand veneur et grand maître de la garde-robe, doit sa fortune. En revanche, le monarque garde rancune aux gentilshommes trop souvent absents. Le fameux *C'est quelqu'un que je ne vois jamais*, qui accompagne son refus d'accorder une grâce, l'exprime assez. Mais contrairement à une légende tenace, Louis XIV n'a pas déraciné la noblesse. Sa cour, qui accueille — compte tenu du service par quartier — quelque dix mille nobles sur une population d'au moins deux cent mille gentilshommes, n'est fréquentée que par cinq pour cent des membres du second ordre. Cette faiblesse numérique interdit d'imaginer Versailles comme l'arche de Noé de la noblesse. Il est, en revanche, le havre obligé des premiers personnages du royaume.

Après la régence de Philippe d'Orléans qui a abandonné le château de 1715 à 1722 et ruiné la vie aulique, la Cour n'exerce plus la même fascination. La noblesse réside volontiers à Paris ou sur ses terres, accordant seulement à Versailles ce que le respect dû au monarque et la quête des faveurs exigent. « Il y a des gens, écrit le duc de Nivernais, qui, par leur état, sont appelés à vivre à la cour ; mais ce n'est pourtant pas une obligation. C'en est une d'y aller, ce n'en est pas une d'y vivre. » Louis XV donne l'exemple de l'absentéisme, s'échappant de son palais parfois deux jours sur trois. Les princes l'imitent. Si M. le Duc est contraint à l'exil dans son domaine de Chantilly, Orléans ou Conti préfèrent leur résidence parisienne à Versailles. Dauphine, Marie-Antoinette fréquente les bals de la capitale ; reine, elle fuit le château pour son hameau de Trianon. On ne paraît au palais que pour remplir les devoirs de son rang ou les obligations de sa charge. Si les courtisans guignent toujours un des rares et incommodes appartements (ils forment la catégorie enviée des *logeants*), c'est moins pour l'habiter que pour signifier à tous leur crédit. Fréquentée seulement le *week-end* et les jours de grandes fêtes, la Cour est désormais un corps alangui dans un habit coupé par Louis XIV et devenu trop grand. Noblesse *de* cour est ainsi une expression trompeuse. On lui préférera celle, plus vraie, de noblesse *à* la Cour.

Confondre société aulique et second ordre est une autre illusion. La Cour est un fourre-tout. Si elle réserve les grands offices auliques à la haute noblesse, elle fait aussi place à la roture. Celle-ci s'insinue dans les charges moyennes de la Maison du roi, de la reine et des princes. Valets de chambre et de garde-robe, secrétaires et huissiers se recrutent plus parmi les magistrats en mal d'ascension sociale que chez les gentilshommes. La qualification d'*écuyer* attribuée à ces commensaux de deuxième catégorie satisfait bien des vanités bourgeoises ; les privilèges fiscaux attachés à leurs fonctions font le reste. Dès le XVIe siècle, hobereaux comme grands seigneurs ont condamné cette confusion des rangs, dénoncé l'habileté des roturiers à se faufiler par le canal de la commensalité dans le second ordre. Le service du prince est un carrefour : la dignité et le prestige de ses charges en font une passerelle entre les divers états de la société. A M. le duc de Saint-Simon, si chatouilleux sur les rangs, le crédit des conseillers roturiers de Louis XIV est aussi insupportable. Car le palais du prince, résidence de la Cour, est place de gouvernement, fréquentée par les serviteurs de l'État. La cour d'honneur de Versailles n'est-elle pas encadrée par deux ailes parallèles dites des ministres ? Dans les galeries et les antichambres, courtisans, secrétaires d'État et grands administrateurs se côtoient. D'opportunes alliances et une communauté de « manières » scelleront bientôt leur union. Au bas de l'échelle de la commensalité enfin, les petits emplois indispensables au fonctionnement et à l'entretien de la Cour sont occupés par les gens du commun. Avec les marchands, artistes et gens de métier et — au temps des Valois — les très officielles « filles de joie suivant la cour », la société aulique paraît tout en contrastes, offrant un subtil dégradé d'états inauguré par le roi.

La place des courtisans dans la hiérarchie officielle de la Cour ne détermine pas systématiquement l'influence et le crédit de chacun. Certes, l'étiquette, qui fait passer un fils de France avant les personnes titrées et classe les ducs selon l'ancienneté de leur duché, exige le respect des rangs. Le roi l'impose mais n'en est jamais prisonnier. En accordant mille faveurs à ses « mignons » (qui valent mieux que leur légende), Henri III ne s'est pas arrêté — il le confie — « à la bassesse de leur naissance ». Son souci d'élargir le cercle des fidèles et d'échapper aux pressions des grands lignages, comme la maison de Lorraine, motive les promotions exceptionnelles d'un Joyeuse et d'un Épernon. Louis XIV n'est pas davantage obsédé par l'antiquité des familles qui l'entourent. Ministres, commensaux, artistes, gens de lettres sont admis, comme les grands seigneurs, dans ses « privances ». Ainsi Jules Hardouin-Mansart, architecte et roturier, acquiert auprès du maître « une considération qui subjugua, reconnaît Saint-Simon, non seulement les seigneurs et les princes du sang, mais les bâtards [comprenez les princes légitimés] et les ministres qui le ménageoient ». Racine, historiographe et gentilhomme de la Chambre bien que « venu de rien », vit dans la familiarité du monarque et bénéficie d'une faveur comparable. Rang et crédit ne se confondent pas toujours. Aux intimes, aux serviteurs zélés nobles ou roturiers, appartiennent la supériorité de fait, la véritable influence. La société de cour est plus diverse et vivante que ne le suggèrent les protocoles royaux.

La Cour, moyen de gouvernement

A l'exemple des princes italiens, les souverains Valois ont donné à leur cour une finalité politique. Les Bourbons les ont imités. En rassemblant à leurs côtés les principaux seigneurs du royaume, ils ont cherché à gagner leur fidélité, à les détourner de la tentation féodale. Si la noblesse au XVIe siècle fréquente irrégulièrement les châteaux royaux, la Cour, nomade, la visite périodiquement. Ses « grands voyages de France » ajoutent aux avantages administratifs, fiscaux et psychologiques de la pérégrination, l'occasion d'associer le temps d'une étape la gentilhommerie locale à l'entourage du roi. Ainsi n'est-il nul besoin de mobiliser tout le second ordre. Il suffit d'attirer et de retenir quelques puissants lignages pour s'assurer la fidélité des membres de leurs « partis » restés attachés à leurs manoirs. En gagnant les grands seigneurs, le souverain capte le loyalisme des hobereaux. Au contraire toute fuite du Louvre (celle du duc de Guise ou de Henri de Navarre, ou, au temps de Marie de Médicis, de Condé ou Soissons) signifie la reprise d'une agitation nobiliaire.

Louis XIV, qui n'ignore rien des révoltes passées et se rappelle la Fronde, poursuit l'œuvre des Valois en soumettant les grands à l'assiduité. Sa réussite est telle que, sous son règne, bouder la Cour est suspect. La haute noblesse d'ailleurs trouve avantage à résider auprès du maître des faveurs et des grâces. Qui convoite un régiment, un bénéfice ecclésiastique ou un gouvernement doit fréquenter la Cour, se ménager d'utiles appuis, être informé des charges vacantes et prêt à solliciter. Servir le prince dans sa Maison est honneur envié : on se dispute les fonctions qui permettent de l'approcher. Le maréchal de Luxembourg reconnaît qu'il se ruinerait de bon cœur pour être domestique du roi et participer à ses heures réglées comme maître de sa garde-robe. Les libéralités royales ont un sens politique. Le souverain tient les gens de cour par ses « grâces pécuniaires ». Leurs difficultés financières — auxquelles la vie à Versailles n'est pas étrangère — les rendent dépendants de ses faveurs. Il ne déplaît pas au monarque d'être le sauveur de fortunes menacées, le bailleur de fonds d'orgueilleuses maisons.

Les finances publiques ne sont pourtant pas dévorées par les pensions. Le budget de 1683 ne leur attribue que 1,21 % des dépenses : Louis XIV ne peut être accusé de prodigalité envers ses familiers. Le roi gouverne sa noblesse à l'économie, donnant de la valeur à chaque bienfait. Bretteurs et frondeurs de naguère guettent désormais le moindre de ses regards, convoitent le bougeoir au coucher de Sa Majesté, une invitation à Marly, au jeu ou à la promenade. Ces « riens » n'ont pas de prix.

« Véritables » ou « idéales », les grâces ne sanctionnent pas la seule assiduité ; elles récompensent le mérite. Car, contrairement à la légende inspirée par Saint-Simon, lui-même démissionnaire de l'armée et sans fonction à la Cour, Versailles n'est pas le refuge de l'oisiveté. Louis XIV n'a pas métamorphosé la haute noblesse en simple aristocratie de parade, il lui a redonné le sens du service. Ainsi les grands commensaux ne sont pas sans occupation. Leurs départements — Chambre, Bouche, Écurie... — exigent application et sens des responsabilités. La mécanique de la Cour, son ordre, son faste dépendent de leur zèle. Beaucoup exercent parallèlement d'autres fonctions astreignantes, un gouvernement de province ou un commandement dans les armées de Sa Majesté. Les officiers de la maison militaire ne se contentent pas davantage de faire manœuvrer des gardes d'honneur aux chatoyants uniformes : ils assurent la sécurité de la famille royale. Les réductions d'effectifs et la suppression de compagnies réalisées, sous prétexte d'économie, par les ministres de Louis XVI affaibliront dangereusement la protection des souverains et désarmeront la Cour à la veille des événements révolutionnaires. Dans la Maison du roi ou à la tête des troupes réglées, les seigneurs sont invités à servir. Les guerres sont ainsi jalonnées de combats où l'impôt du sang n'est pas un vain mot.

Ne pas fréquenter la Cour et s'abstenir d'aller à la guerre sont, au temps de Louis XIV, jugés comportements indignes. Avec le refus d'obéir aux ministres en place et le goût de l'intrigue, ils conduisent les coupables à la disgrâce, parfois à l'exil. Louis XIV veut des courtisans assidus, disciplinés et zélés. Ses successeurs n'ont pas les mêmes exigences. Beaucoup de familiers de Versailles boudent le service et vivent sans charge à la Cour, en parasites. L'abbé de Vermond prétend que les trois quarts des places, honneurs et pensions sont alors « accordés non aux services, mais à la faveur et au crédit ». Colonels à la bavette et fournées d'officiers généraux bien en cour font, au temps de la guerre de Sept Ans, une armée de courtisans souvent inaptes au commandement. Protection et intrigues suppléent au mérite. La fonction politique de la Cour s'estompe. L'étiquette demeure rigoureuse, mais paraît vidée de sons sens. Les libéralités royales sont d'autant plus détestables qu'elles entretiennent des courtisans absents de Versailles ou désœuvrés. Frémissante naguère de quelques cabales sans conséquence, la Cour est désormais divisée en factions, foyers de sourde ou provocante opposition au roi. Louis XIV avait modelé sa cour en école de discipline et de soumission. Ses successeurs ont laissé le ressort se détendre. Au XVIIIe siècle, la Cour n'est plus moyen de gouvernement, elle est devenue une entrave à l'autorité monarchique.

La Cour, foyer de civilisation

Les usages mondains du duc et de la duchesse de Guermantes étaient, selon Marcel Proust, « un reste hérité de la vie des cours ». N'eût-elle légué qu'un code de politesse (qu'on ne confondra pas avec des manières cérémonieuses), la Cour aurait largement contribué au progrès de la civilisation des mœurs. Elle a créé un style inimitable et constamment copié, et forgé un goût longtemps infaillible.

Celle de François Ier, rude et familière, semble un reflet de la chevalerie : son style reste simple, naturel. Les successeurs du vainqueur de Marignan veillent davantage à la bonne tenue de leur cour et au respect d'un cérémonial. La présence régulière des dames — nouveauté du siècle — contribue à policer les gentilshommes initiés aux belles manières par la lecture du *Courtisan* de Castiglione. L'entourage des Valois est foyer de sociabilité : la table de François Ier est, d'après Brantôme, « une vraie école » où l'on « devise tant de faits d'armes que de sciences » ; la chambre de Catherine de Médicis, « tout le plaisir de la cour ». L'éclat des fêtes, le goût des lettres et des arts renforcent cet art de vivre. Les relations courtoises y gagnent. La Cour s'affine par degrés et diffuse ses manières et sa politesse. Cent ans plus tard, Mme de la Fayette assure, dans *La Princesse de Clèves*, que jamais « la magnificence et la galanterie n'ont [...] paru [...] avec tant d'éclat ».

Les guerres civiles dérèglent une machine qui se perfectionnait. Gagnés par la rude vie des camps, les gens de cour, indisciplinés et querelleurs, boudent les règlements protocolaires de Henri III, se souciant comme d'une guigne de convenances trop récemment apprises. Le Louvre mêle distinction et familiarités, raffinement et mœurs grossières.

Le débraillé gagne encore au temps des deux premiers Bourbons. Roi de France, Henri IV conserve ses manières de roi de Navarre. Ses goûts restent simples comme ceux de son fils Louis XIII qui ne donne guère plus l'exemple de la majesté. Si l'étiquette demeure, elle souffre des manquements. La Cour est capable de cérémonial, mais à certaines occasions seulement ; elle peut être majestueuse, mais par éclipses. Aucun affinement des mœurs ne peut être mis au crédit de l'entourage de Henri IV et de Louis XIII. La reprise de la vie mondaine se produit hors du Louvre. L'hôtel de Rambouillet, les « ruelles » des précieuses sont, en réaction contre le laisser-aller et la rusticité de la Cour, le lieu de rassemblement de la véritable « société polie ».

Au contraire, à Saint-Germain comme à Versailles (où sa cour se fixe en 1682), Louis XIV renoue avec l'esprit des Valois. Après la Fronde, le Louvre était redevenu foyer de mondanité : Louis XIV poursuit l'œuvre d'Anne d'Autriche. En réunissant en bouquet les éléments, existants mais dispersés, d'une vie mondaine brillante, il compose une cour unique au monde. Dès 1661, chacun comprend que les « familiarités des vieux siècles » doivent s'effacer à jamais. Le roi redonne vigueur et prestige aux usages de sa cour. L'existence réglée, qu'il assume sans faillir sa vie durant, discipline ses hôtes et assure le bon ordre du palais. Il crée un style. « Rien n'était pareil à lui aux revues, aux fêtes et partout où un air de galanterie pouvait avoir lieu par la présence des dames », reconnaît Saint-Simon.

Soucieux de plaire au monarque, les courtisans calquent leur attitude sur celle du maître, veillent sans cesse sur eux-mêmes. Politesse et maîtrise de soi donnent à la Cour décence et dignité. Fêtes, cérémonies, promenades, voyages à Marly ou à Trianon, et la brillante institution des *appartements* où le cérémonial fait place à une aimable liberté, font un prestigieux foyer de sociabilité. La Cour est l'arbitre du bon ton. Les contemporains reconnaissent à ses familiers « bel air » ou « air du monde », opposés sans bienveillance à la « morgue » des robins. La Cour est un modèle et fait triompher son goût. Dramaturges et musiciens guettent son verdict, sollicitent ses jugements.

Qu'est-ce qu'un auteur de Paris ? interroge La Fontaine.
Chacun attend la gloire, ainsi que la fortune,
Du suffrage de Saint-Germain.

Paris est alors, La Bruyère le rappelle, « le singe de la cour ». Il va devenir son rival.

Au XVIIIe siècle, la vie à Versailles est rythmée comme au temps de Louis XIV. De grandes fêtes célèbrent les événements heureux de la famille royale. Mme de Pompadour, qui restaure la tradition du mécénat monarchique, préside avec élégance une cour où chacun recherche son appui. Mais le goût de l'intimité transforme le style de Versailles. Louis XV se partage entre l'indispensable cérémonial qui lui pèse et l'existence aimable et raffinée de ses cabinets. Marie-Antoinette bouscule l'étiquette pour se réfugier dans la familiarité de sa petite société. Rien ne paraît distinguer la vie privée des cercles versaillais de celle des salons parisiens. En partageant son style avec celui de la Ville, la Cour perd sa primauté. La vie mondaine se disperse, reflue vers Paris auquel Versailles cède progressivement le pas. Le goût de la Cour n'a plus un égal ascendant sur la Ville. Toutes deux éprouvent, par exemple, même passion pour le théâtre, mais la réussite d'une pièce à Versailles n'est pas gage de succès à Paris. « L'esprit d'opposition qui régnait dans cette ville, écrit Mme Campan, aimait à infirmer les jugements de la cour. » Un auteur soucieux de réussir flatte désormais le public parisien et néglige Versailles. A la veille de la Révolution, la capitale du royaume éclipse la résidence du roi.

Au siècle des Lumières, la Cour demeure prestigieuse mais, après deux siècles de rayonnement, elle paraît moins utile. Les successeurs de Louis XIV ont tenté de rester fidèles à son œuvre. Ce respect a figé l'institution aulique. Son brillant décor, qui éblouit l'Europe, n'est qu'un théâtre d'ombres. Le Roi-Soleil avait présidé, modelé, façonné sa cour à sa mesure. Louis XV et Louis XVI en ont été les prisonniers. Le Grand Roi savait jouer de l'étiquette et dosait ses grâces. En systématisant ses recettes, les souverains du XVIIIe siècle ont quelque peu desséché leur cour. La Ville en a tiré avantage. Longtemps sage disciple, elle est devenue sa rivale puis, après les journées d'octobre 1789, son vainqueur.

Jean-François SOLNON.

LE MÉCÉNAT ROYAL

Le terme de mécénat royal a un effet magique. Dès qu'on le prononce, une foule de souvenirs et d'images viennent à la mémoire. Images de beauté, images de splendeur. On songe aux rois de la Renaissance, à François Iᵉʳ notamment, qui sut attirer en France Benvenuto Cellini, le Primatice, le Rosso et même Léonard de Vinci. On revoit immédiatement les salles de Fontainebleau, le Louvre de Pierre Lescot, Saint-Germain, Chambord, les défuntes Tuileries. Mais bientôt ces visions font place à celles du Luxembourg, puis de la colonnade orientale du Louvre, des Invalides, de la place Vendôme, et surtout de Versailles. Versailles, ce château vaste comme une ville, accompagné d'une ville dont les avenues, symétriques de celles du parc, sont les voies triomphales menant à la place d'Armes. Versailles, le palais par excellence, modèle toujours imité mais jamais égalé de tous les palais à venir. Versailles, hymne à la gloire du Roi-Soleil, où partout se retrouve la symbolique solaire. Versailles, astre au rayonnement incomparable, autour duquel gravitaient de moindres astres ayant pour nom Trianon, Marly, Clagny. Enfin, au XVIIIᵉ siècle, on évoque l'École militaire, le petit Trianon, les façades de la place Louis XV, la Monnaie, le Hameau de Marie-Antoinette.

A ces édifices, dus au mécénat royal, s'associent l'image de leur décor peint, sculpté, celle du parc qui très souvent les entoure, ainsi que la masse des œuvres d'art qui s'y trouvaient assemblées, et qui parfois y sont encore. Des dizaines de noms d'artistes viennent à l'esprit, mêlés à ceux des architectes.

Aussi bien le mécénat royal ne s'est-il pas borné à promouvoir l'architecture, la sculpture, la peinture, la musique, l'art des jardins, l'ébénisterie, l'orfèvrerie, la tapisserie et l'ensemble des métiers d'art. La vie intellectuelle et scientifique a bénéficié, elle aussi, de la sollicitude et de la munificence des rois de France. François Iᵉʳ accorde une pension aux architectes Pierre

Lescot et Philibert Delorme, mais aussi à Pierre de Ronsard, le prince des poètes. Sous Louis XIV, le phénomène prend une ampleur sans précédent. La royauté multiplie alors les « pensionnés de la culture » (F. Bluche). Beaucoup sont des poètes ou des dramaturges ; ainsi Chapelain, Boileau, Benserade, Molière, Corneille, Racine. D'autres, des historiens comme Mézeray ou des érudits comme Du Cange. D'autres encore sont astronomes, physiciens, mathématiciens, tels Huygens, Roberval, Mariotte, Cassini. Il est clair que notre civilisation doit au mécénat royal non seulement une part importante de son patrimoine artistique et littéraire, mais encore bien des assises de son savoir scientifique.

Cependant, par-delà l'évocation des résultats du mécénat royal, il est nécessaire de s'interroger sur le contenu de cette notion. Le terme de mécénat est un néologisme assez ancien[1]. Il fut forgé à partir du nom de *Caius Cilnius Maecenas*, francisé en Mécène. Ce riche chevalier romain, favori d'Auguste, fut le protecteur généreux des principaux poètes et lettrés du temps, dont il fit à la fois ses obligés et ses amis. Parmi eux figurent notamment Properce, Virgile, Horace, Varius. Ils lui dédièrent leurs ouvrages ou chantèrent ses louanges. Mécène a contribué, par sa judicieuse munificence, à l'éclat littéraire du siècle d'Auguste. Et lui-même en a tiré une gloire personnelle, puisque son nom est devenu synonyme de protecteur éclairé des lettres, des sciences et des arts. De là a découlé le terme de mécénat, qui désigne la qualité de mécène, le fait d'encourager et de financer la vie intellectuelle et artistique. C'est à ce titre que les historiens parlent couramment d'un mécénat ecclésiastique, seigneurial, princier, royal, ministériel, provincial, municipal, aristocratique, patricien ou bourgeois[2].

Le mécénat est donc un hommage rendu à la culture par la richesse et la puissance. Il se traduit par une aide matérielle indispensable, en l'absence de laquelle on ne peut parler de mécénat. Elle prend des formes variées. Artistes, écrivains ou savants pourront être logés par leur mécène dans une de

[1] On le trouve chez Littré, *Dictionnaire de la langue française*, t. 3, 1874.

[2] Historiquement parlant, François Bluche a raison d'observer que le mot mécénat convient mieux au ministre qu'au roi, à Colbert qu'à Louis XIV. Pour celui-ci, il préconise le terme d'« augustat ». Ce faisant, il rejoint Boileau qui, de manière très flatteuse pour Colbert, glissait en 1666 dans sa *Satire I* le vers fameux : « Mais sans un Mécénas à quoi sert un Auguste ? » D'ailleurs Voltaire, lui aussi, et de façon moins directement intéressée, qualifie Colbert de « Mécène de tous les arts ».

ses demeures, ainsi qu'en recevoir pensions, gratifications et honneurs. Mais surtout, les commandes des mécènes aux artistes constituent pour ces derniers une manne providentielle.

On ne doit toutefois pas se dissimuler que la notion de mécénat comporte plus d'une ambiguïté, si bien que chacun sera tenté d'en apporter sa propre vision. D'aucuns, par exemple, ne parleront de mécénat qu'à partir de la Renaissance et récuseront ce terme pour le Moyen Age. Ils invoqueront notamment le fait que ce n'est qu'au XVIe siècle que fut mis en circulation le mot *mécénas*. Et ils ajouteront qu'avant le XVIe siècle les poètes, les peintres, les musiciens, les architectes ou les sculpteurs n'étaient pas considérés comme des individualités prestigieuses, comme de grands créateurs, mais simplement comme des gens de métiers. Ils étaient, en quelque sorte, des « artisans ». L'« artiste » et le « grand écrivain », tels que les avait honorés l'Antiquité, n'avaient pas encore opéré leur réapparition. Tout cela est vrai, mais il n'en reste pas moins que les élites médiévales furent animées d'un grand désir de beauté et ont provoqué la réalisation d'œuvres admirables dans tous les domaines de l'art. En outre, elles ont largement favorisé la vie intellectuelle, comme en témoigne, entre tant d'autres, l'exemple fameux de Robert de Sorbon. Dans ces conditions, il paraît difficile de refuser l'idée d'un mécénat antérieur à la Renaissance : « Le mécénat médiéval n'est pas une légende » (M. Mollat). Une des meilleures illustrations en est fournie par Suger consacrant des sommes immenses à la construction de sa magnifique église abbatiale de Saint-Denis, pour la plus grande gloire de Dieu. De la même façon, il a existé au Moyen Age un important mécénat royal, dont le Louvre de Philippe Auguste et de Charles V ou la Sainte-Chapelle édifiée par saint Louis présentent une image prestigieuse.

S'il existe une continuité du mécénat capétien depuis le Moyen Age jusqu'à la Révolution, il n'a, en revanche, jamais été en position de monopole. Même aux époques de son plus grand développement, le mécénat royal ne fut qu'un mécénat parmi d'autres, et son mécanisme était le même que celui des autres. Tous ces mécénats n'ont pu exister que grâce à d'immenses inégalités sociales. Ils en furent indiscutablement le grand aspect positif[1].

Les énormes inégalités du passé ont rendu possible la vie intellectuelle et artistique. Durant les millénaires de la période

---

[1] Voir notre démonstration dans *Essai sur l'inégalité*, P.U.F., 1983.

pré-industrielle, une société égalitaire aurait été condamnée à être culturellement très pauvre. Sans inégalités, pas de riches intellectuels à même de poursuivre, dans un studieux *otium*, affranchi de tout souci matériel, une recherche philosophique, mathématique ou astronomique. Sans inégalités, pas de mécénat permettant aux savants ou écrivains sans fortune, ainsi qu'aux artistes, de vivre et de réaliser leur œuvre. Les inégalités du passé ont donc rendu possible la constitution d'un immense patrimoine culturel. Parallèlement, elles étaient nécessaires à la survie et aux progrès de cette pensée scientifique sans laquelle la prodigieuse croissance économique des deux derniers siècles ne se serait sans doute pas produite.

Dans une société qui, jusqu'à la fin du XVIIIe siècle, reste principalement agraire, les ressources du mécénat proviennent majoritairement d'un prélèvement sur le produit du travail paysan — sans qu'il faille pour autant méconnaître le rôle du négoce et de la banque. Lorsqu'un roi décide la construction d'un palais ou d'un château, un abbé celle d'une église, un grand seigneur ou un riche bourgeois celle d'un hôtel urbain, ils affectent à cette réalisation une fraction des fruits du travail de centaines, voire de milliers de paysans, et cela pour des années ou même des décennies. Ce sont ces paysans qui paient en définitive le mécénat des grands et des riches. Pourtant, en dépit des apparences, cette situation n'a rien de réellement choquant. En effet, ce mécénat fait vivre une foule de travailleurs urbains qui ne trouveraient pas à s'employer dans des campagnes déjà surpeuplées. Les revenus des mécènes ne dorment pas dans leur cassette ; ils se déversent immédiatement sur tous ceux qu'ils protègent et emploient. Le prélèvement effectué sur le peuple des campagnes assure donc la subsistance du peuple de la ville.

Les immenses inégalités sur lesquelles reposait le mécénat d'autrefois n'étaient pas la cause du bas niveau de vie des couches populaires. Celui-ci résultait avant tout de la faible productivité du travail humain, en l'absence d'un progrès technique caractérisé, ainsi que d'un engorgement démographique qui, notamment aux XVIIe et XVIIIe siècles, a considérablement pesé sur les rations alimentaires. Bref, ce n'est pas l'existence des riches qui expliquait la présence des pauvres. Si bien que la disparition des riches eût été impuissante à élever le niveau de vie populaire. Tandis qu'à l'inverse, les inégalités et le mécénat ont permis l'épanouissement d'une civilisation brillante, la formation d'un prodigieux patrimoine culturel, et, à terme, le progrès scientifique et technique dont nous bénéficions.

Le mécénat royal entre tout à fait dans le schéma qui vient d'être tracé. Son originalité par rapport aux autres formes de mécénat tient simplement à ce que le roi, du fait de la progressive mise en place de l'État, tire de l'impôt, et pas seulement de ses revenus domaniaux, des ressources pour son mécénat.

Les mobiles du mécénat royal sont, comme ceux des autres formes de mécénat, nombreux et complexes, et ils ont évolué à travers le temps. Au Moyen Age domine le souci de la gloire de Dieu, source d'un important mécénat royal à but religieux. Il s'y joint la volonté de manifester matériellement et symboliquement la puissance et la richesse du roi par l'importance de ses bâtiments, leur beauté, leurs qualités défensives, et plus généralement par le caractère prestigieux de son cadre de vie. A cela s'est ajouté, surtout à partir du XIVe siècle, un goût très vif pour les collections de manuscrits, d'objets d'art, de curiosités. Puis, à partir de la Renaissance, sans que disparaissent d'ailleurs les préoccupations religieuses, la motivation essentielle du mécénat royal devient la glorification du prince et de sa « maison », ainsi que le renforcement du prestige et de la puissance de son État. Ce mécénat est donc une « technique de gouvernement ». Mais on ne doit pas, pour autant, méconnaître le fait qu'il est encore bien davantage « une magistrature du goût ». Car le mécénat royal, malgré sa spécificité, se rattache au mécénat aristocratique, qui est « d'abord un art, un art du jugement, un art de connaisseur en matière de beaux signes propres à refléter dignement, en toutes circonstances, la qualité du mécène et à la mettre en lumière » (M. Fumaroli).

Le mécénat est un art, et ceci est vrai du mécénat royal. Il a en commun avec le mécénat aristocratique cette irremplaçable qualité qui résulte d'une intervention personnelle du mécène dans la conception de l'œuvre de l'artiste, voire de l'écrivain ou du savant. Il repose sur les choix d'une individualité, et non d'une bureaucratie anonyme. Il comporte, entre le mécène et l'artiste, qui partagent la même mémoire en matière de sujets, de genres, de styles, un véritable dialogue — non pas entre égaux mais entre initiés —, et, plus d'une fois, une réelle amitié en dépit de l'immense écart des conditions. On sait, par exemple, les rapports privilégiés qu'ont entretenus Mansart avec Louis XIV, Ange-Jacques Gabriel avec Louis XV. Ces deux rois ont fait preuve, pour l'architecture comme pour beaucoup d'arts, d'un goût très sûr et d'une réelle compétence. « Faut-il dire ici, demande François Bluche, que Louis XIV a été promoteur, jardinier, paysagiste, architecte, collectionneur, numismate, bibliophile, décorateur ; créateur non d'un style, mais de plusieurs styles successifs, des Tuileries à Versailles, de Versailles à Marly ? Ce souverain [...] fut un des plus étonnants maîtres d'œuvre de l'histoire universelle ; toujours lucide, jamais routinier, s'adaptant sans cesse, composant et modelant le goût de son temps. Sans Louis XIV, ni Lebrun ni Le Nôtre, ni Mansart ni Robert de Cotte, ni Coysevox ni Bérain, ni Vigarani ni André-Charles Boulle ne garderaient la gloire que leur maître leur fit partager. »

Cependant, tout le mécénat royal du règne de Louis XIV n'a pas été le fait personnel de celui-ci. Certains ministres ont joué un grand rôle, et notamment Colbert qui joignait à la fonction de contrôleur général des Finances la surintendance des bâtiments du roi. C'est à ce titre qu'il pensionna les gens de lettres et les savants, créa l'Académie des sciences, ainsi que l'académie « de peinture, sculpture et architecture en la ville de Rome », et fonda l'Observatoire de Paris. Tout cela se faisait au nom du prince et conformément à sa volonté, mais sans qu'il en suivît les détails. Le mécénat louis-quatorzien comportait donc deux parts : l'une était déléguée par le roi à son ministre ; l'autre — l'augustat — relevait directement du monarque.

A d'autres époques, notamment sous Richelieu et Mazarin, l'action ministérielle avait occupé, à l'intérieur du mécénat royal, une place prépondérante. Certes, nombre des entreprises culturelles de Richelieu se firent au nom de Louis XIII, mais « il n'est pas aisé de distinguer quel intérêt personnel celui-ci porta à l'Académie française ou à la nouvelle Sorbonne, à l'Imprimerie royale ou à la *Gazette* » (H. Himelfarb). De même, Mazarin, qui fut durant la minorité puis la jeunesse de Louis XIV le véritable maître du royaume, imprima lui aussi sa marque au mécénat royal. Il fut l'introducteur en France des apports du baroque romain, ainsi que de l'opéra italien. Au surplus, ces ministres, et bien d'autres, outre leur participation au mécénat royal, exercèrent, en qualité de grands personnages, un mécénat privé. Celui-ci combinait l'exaltation du roi, leur maître, avec leur glorification personnelle. Cette dernière pouvait d'ailleurs prendre des proportions excessives aux yeux du prince : on sait que Louis XIV ne pardonna pas à Fouquet le faste de Vaux.

Le règne de Louis XIV correspond à l'apogée du mécénat

royal. C'est alors que le roi abandonna son palais du Louvre aux artistes. Ce fut surtout le temps des immenses investissements architecturaux et artistiques de la royauté. En 1683, alors que la monarchie vient de s'installer à Versailles, qui est encore en cours d'aménagement, les dépenses des bâtiments du roi s'élèvent à plus de 6 % du total des dépenses de l'État.

Par comparaison, le mécénat royal ne va jouer au XVIIIe siècle qu'un rôle limité. Il y eut, il est vrai, d'admirables réalisations et d'heureuses innovations : telle l'habitude, prise par Louis XV sous l'influence de Mme de Pompadour, d'anoblir des artistes. Mais le recul du mécénat royal n'en est pas moins une réalité. « Le petit Trianon est, certes, un joyau ; sur le plan de l'investissement, cela n'a rien de comparable avec Versailles, ni même avec le grand Trianon. La part du mécénat royal dans les dépenses de l'État ne va cesser de décroître, en dépit des "folies", indiquant [...] une tendance conduisant aux 0,5 % de dépenses culturelles des États de nos jour » (J. Meyer).

Or, curieusement, c'est au XVIIIe siècle que va se répandre le mythe selon lequel les bâtiments royaux, et d'une façon plus générale les dépenses artistiques de la royauté, seraient une ruine pour le royaume. Cette critique est inintelligente, dès lors qu'elle néglige la valeur culturelle irremplaçable des œuvres produites par le mécénat. Elle est de plus, économiquement, non fondée, car elle méconnaît la masse des emplois ainsi créés par la demande royale. Il n'empêche que ce préjugé défavorable aux bâtiments royaux a constitué, au XVIIIe siècle, un véritable article de foi pour l'opinion « éclairée ». Ce fut l'un des ponts aux ânes de la critique de la monarchie. Saint-Simon en est très largement responsable, avec sa sévère et injuste dénonciation des dépenses de Louis XIV en matière de bâtiments. Il fut suivi par Voltaire, habituellement plus clairvoyant, qui reprochait à Versailles d'avoir « coûté tant de millions ». Mais il est vrai que Colbert ne pensait pas autrement. Sans contester l'utilité de Versailles comme lieu de prestige et instrument de règne, il aurait souhaité que la construction en fût moins onéreuse.

En tout cas, il est étrange que, dans la seconde moitié du XVIIIe siècle, alors que les dépenses des bâtiments royaux sont tombées à fort peu de chose par rapport à ce qu'elles étaient du temps de Louis XIV, l'opinion continue à vivre sur une idée reçue qui ne correspond plus à la réalité. C'est bien à tort que l'on s'indigne des folles dépenses de la royauté en matière de bâtiments, source de ruine pour la nation. Libelles et pamphlets brodent inlassablement sur ce thème aussi éculé qu'inexact, que l'on mêle d'ailleurs à une dénonciation des « débauches royales » et à la mise en cause, souvent ignoble, des maîtresses de Louis XV ; autre pont aux ânes, où la sottise rivalise avec la bassesse. Aussi bien n'est-ce pas l'exactitude que l'on recherche, mais des armes contre le pouvoir. C'est ainsi que l'on n'hésite pas à reprocher à Marie-Antoinette la construction du petit Trianon, élevé par Louis XV pour la marquise de Pompadour ! « La sordide et stupide critique reprochant à la royauté sa "prodigalité" en matière d'art prend corps dans la sous-littérature politico-érotique du XVIIIe siècle, qui, décidément, a bien été l'une des armes la plus ignoble et la moins vraie, et pourtant l'une des plus efficaces dans la lutte de tous ceux qui ont voulu, à partir de 1750, détruire l'Ancien Régime » (J. Meyer).

Dans la seconde moitié du XVIIIe siècle, le mécénat royal, surtout dans la mesure où il ne prend pas une forme édilitaire, est sans cesse calomnié. Il est victime d'une désinformation générale visant la monarchie et qui a, par une accumulation de contre-vérités, créé un climat propice à l'explosion révolutionnaire.

Jean-Louis HAROUEL.

LES ROIS DE FRANCE ET LA LITTÉRATURE A L'ÉPOQUE CLASSIQUE

Il est admis que l'époque classique [1] est une période de référence, tant de la royauté que des belles lettres, à proportion de ce que réussit la symbiose de l'ordre social avec son expression littéraire réfléchie. En effet, un projet culturel articulé autour du traitement des faits de langue fut l'une des réponses de la royauté à la crise que traversait alors la France.

Mais les Classiques seront pratiqués bien au-delà du temps où Versailles eut un roi ; c'est dire que l'image d'un perfectionnement mutuel de la littérature et de la monarchie se trouble au point de les dissocier. Le manque d'unanimité des contemporains sur l'alliance du classicisme littéraire avec l'absolutisme monarchique ne le préfigure-t-il d'ailleurs pas ? Quand Racine affirme : « La France se souviendra avec plaisir que, sous le règne du plus grand de ses rois, a fleuri le plus grand de ses poètes » [2], Primi Visconti souligne : « On n'estime que les titres de guerre ; ceux des lettres [...] sont méprisés [3]. »

Cette double dissonance nous invite à nous interroger sur la nature des relations de la royauté avec ce qu'elle conçut comme un instrument privilégié pour disposer de la société dont elle avait la charge : la langue et son registre le plus codé, la littérature.

---

[1] Au sens strict ce sont les années 1660-1680, à resituer dans un ensemble plus large de 1635 à 1751. Voir R. Zuber et M. Cuénin, *Le classicisme*, p. 5.

[2] Discours de réception de T. Corneille à l'Académie, 1685 ; R. Picard, *Racine, œuvres complètes*, Paris, 1966, t. II, p. 346.

[3] Cité par R. Picard, *La carrière de Jean Racine*, p. 65 ; cité par Nicole Ferrier-Caverivière, *op.cit.*, p. 94.

A l'orée de l'époque classique

Outre une certaine continuité avec la tradition médiévale, la littérature classique se présente surtout comme un fruit du courant humaniste dont la dynamique peut ainsi se résumer : écrivains et penseurs tendent à ne plus s'exprimer principalement au nom d'une instance supérieure publique (faculté de théologie, ordres monastiques, petites cours aristocratiques) ni au service d'une morale religieuse, le christianisme présenté par l'Église.

Si cette « naissance de l'esprit laïque[1] » qui accompagne le développement de la culture de langue proprement française, se traduit dans un large renouveau des desseins et des genres littéraires, elle conduit parallèlement les héritiers des clercs, confrontés à l'amuïssement de leur double cadre référentiel, à chercher d'autres modes d'identification collective, susceptibles de redéfinir leur statut et leur rôle social. De cette manière prennent corps des groupes non institutionnels de spécialistes libres, dotés d'une dynamique propre, d'une autorité interne spécifique et naturellement consacrés à une réflexion culturelle hors des normes sociales.

Ce mouvement, longtemps peu significatif par son ampleur, s'épanouit au début du XVIIe siècle, encore que de façon informelle, en une véritable « fébrilité académique » qui s'empare des milieux intellectuels et dont les cercles de Marguerite de Valois et de Malherbe peuvent être regardés comme des archétypes.

On s'attendrait à ce que cet essor entraînât un changement dans les sensibilités, jusques à engendrer de véritables altérations des choix politico-idéologiques. Or, respect du pouvoir et conformisme religieux sont généralement de rigueur. L'inertie des mentalités et les nécessités matérielles se conjuguent en effet pour maintenir le besoin et l'idée d'une reconnaissance officielle conforme aux habitudes. De ce fait, ces sociétés libres tendent à réintégrer spontanément les cadres en place, par recours au patronage d'un grand par exemple. Dans le même esprit les nouveaux écrivains, au-delà de quelques hardiesses philosophiques, continuent à se réclamer d'une autorité « morale » supérieure : les Anciens ou la sincérité chrétienne.

Ainsi, avec les années 1600, derrière certaines réformes apportées principalement à l'art poétique et romanesque et à la

---

[1] Georges de Lagarde, *La naissance de l'esprit laïque*, Vienne, éd. Béatrice, 1934, 6 vol.

langue en général, on ne s'étonnera pas plus de la permanence de la louange royale, que de l'exaltation de l'héroïsme et de la divinisation de l'amour, échos dans les cercles précieux des goûts de l'élite courtoise médiévale.

L'apparente réintégration de ce renouveau intellectuel n'efface cependant pas la variété des approches, et moins encore le caractère dangereusement novateur de certaines démarches. Sous l'étiquette d'académie par exemple, on trouve aussi bien des cercles littéraires, dans leur ensemble conformistes sur le plan politique et religieux, telle l'Académie florimontane inspirée par saint François de Sales, que de véritables sociétés de pensée dont le « libertinage érudit[1] » menace à huis clos la pensée dominante, comme au cercle Bourdelot ou à l'Académie Dupuy. Cette dernière, hébergée dans la bibliothèque du président de Thou, illustre bien de surcroît que la subversion décelée dans quelques élites savantes n'épargne pas de plus larges élites nobiliaires.

Or, face à ce danger témoin d'une crise de société, l'État est très largement démuni. Richelieu l'a compris, lui qui attend d'une action culturelle et plus particulièrement littéraire qu'elle l'aide à encadrer l'opinion et à éliminer les éléments subversifs.

Le temps du classicisme

La voie la plus immédiatement efficace étant d'agir sur les corps intellectuels qui se structurent, Richelieu accélère leur réintégration par l'octroi sélectif d'un statut officiel. La fondation en 1635 de l'Académie française sur la base du cercle de spécialistes de la langue et de la littérature formé autour de Chapelain et Conrart en est le catalyseur. On mesure par là la volonté ministérielle d'écarter une réflexion générale trop encyclopédique, donc révolutionnaire en puissance, au profit d'un travail spécifiquement linguistique et littéraire. Enfin, Richelieu prend soin que soit définie comme norme, par l'intermédiaire d'hommes tel le grammairien Vaugelas, non les règles d'un purisme doctoral mais l'usage palatin, de cette façon reconnu pour modèle.

Au second degré, cela permet une stratégie sociale à plus long terme par un jeu sur les modèles culturels. En effet,

[1] R. Pintard, *Le libertinage érudit en France dans la première moitié du XVIIe siècle*, Paris (1re éd. 1943), Slatkine, 1983.

orientée par ce biais, la création littéraire est chargée de récupérer et de remodeler les choix esthétiques d'une noblesse turbulente — « le romanesque de l'aventure et la confiance en l'amour, la passion de se distinguer et le culte du héros » (R. Zuber) — pour la rallier au roi en mettant cet héroïsme au service de l'État. On peut apprécier dans la figure du généreux cornélien le trajet accompli.

Si intellectuellement l'effort de Richelieu porte des fruits, puisque l'effervescence libertine est largement canalisée, dans le domaine politique sa réussite est moindre. La Fronde révèle le caractère encore féodal des élans des généreux, et les mazarinades le goût pour une littérature pamphlétaire. Le projet initial est donc à poursuivre, mais surtout à dépasser ; ce deuxième élan se marque dès 1661 par la prise de pouvoir personnel de Louis XIV qui s'accompagne d'une récupération du divertissement à grand spectacle, tel que Fouquet, à son détriment, en avait montré la portée.

Comme les appels réitérés à la modernisation paraissent imposer au souverain de créer une nouvelle monarchie plutôt que de consolider l'ancienne sur des bases rénovées, son « devoir » n'est plus de rallier une noblesse féodale mais de recomposer un équilibre politique dont les acteurs n'existeraient qu'attachés à la personne royale. Le moyen en est l'ordonnancement d'une « société de cour[1] » animée par un jeu social complexe et nouveau dont la littérature est chargée de définir les règles. Les divertissements royaux de Benserade, de Quinault et de ses successeurs Molière puis Lully[2] entraînent ainsi, des années 1660 aux années 1680, la noblesse dans le ballet sans fin d'un « majestueux rituel[3] » autour d'un roi Soleil, Apollon, Mars ou Neptune.

Cette politique, véhiculée par les comptes rendus des gazetiers, n'est pas circonscrite à la seule élite de cour. Au premier chef elle est proclamée dans la littérature encomiastique, où Louis XIV est désormais seul loué ; de rares prédécesseurs y ont droit de cité, mais seulement par référence à lui et pour autant que l'histoire les a déjà consacrés fondateurs de la monarchie à

---

[1] N. Elias, *La société de cour*, Berlin, 1969, rééd. Paris, Flammarion, coll. « Champs ».

[2] Pour une vue d'ensemble de ces ballets, voir M.-F. Christout, *Le ballet de cour de Louis XIV, 1643-1672, mises en scène*, Paris, éd. J. Picard & Cie, 1967.

[3] L. Hautecœur, *Louis XIV roi soleil*, cité par N. Ferrier-Caverivière, *op. cit.*, p. 75.

un titre quelconque. Elle est surtout relayée par la création de genres nouveaux ou la renaissance de genres anciens, qui démultiplient le message à travers le royaume : le « petit roman » (*La princesse de Clèves*), la fable avec La Fontaine, la satire, toutes les formes de théâtre, ou encore la lettre avec Mme de Sévigné.

Après des textes théoriques comme ceux de Faret (1630), puis de Méré (1669), ils contribuent à définir un nouveau type social de référence en faisant insensiblement glisser l'idéal du généreux vers celui de l'honnête homme, moins soucieux de valeurs guerrières que d'arts d'agrément, dont la norme est la Cour et, au-dessus d'elle, le roi, comme le rappelle Alceste dans *le Misanthrope* (II, 6, 769-771) :

Hors qu'un commandement exprès du Roi me vienne
De trouver bons les vers dont on se met en peine
Je soutiendrai toujours, morbleu ! qu'ils sont mauvais

Les germes d'une instabilité secrète

Le succès stabilisateur fut réel, il est vrai. En témoigne le changement de définition du terme « académie » : encore associé à l'idée de liberté chez d'Aubignac en 1663, il l'est à la notion de professionnalisme chez Richelet en 1680. Mais cette évolution montre également qu'est mise au cœur de la vie culturelle, et partant en celui du royaume, une assemblée doublement en rupture, comme le souligne Marc Fumaroli : « L'Académie qui ne se soucie pas de la vertu de ses membres, qui ne s'intéresse ni à la réforme de l'éducation et des mœurs, ni à la religion, rompt avec la tradition philosophique chrétienne et française. »

A défaut, l'Académie offrait au moins la garantie d'une technicité ordonnée à l'exercice de fonctions linguistiques ; or il lui a été implicitement fixé de déborder de son domaine de compétence appliqué, afin d'agir plus largement sur le corps social. Par voie de conséquence, les académiciens, inconsciemment engagés dans cette finalité socio-politique seconde de l'institution, en ont gauchi l'expression de leur pensée. Bossuet par exemple, dont la valeur littéraire et l'orthodoxie religieuse sont incontestables, pris dans cette dynamique, est conduit dans son *Discours sur l'histoire universelle* (1681) à glisser du religieux au politique et parallèlement du dogme à l'histoire.

Au-delà de ce qui aurait pu rester malgré tout une simple affaire d'hommes et d'institution, la littérature, et le fait est plus grave, se voit reconnaître une puissance exceptionnelle. Elle acquiert d'abord, avec la bénédiction royale, un pouvoir de censure des corps constitués : *Tartuffe* atteint le clergé derrière le parti dévot ? Le roi laisse représenter l'œuvre lors des fêtes des *Plaisirs de l'Ile enchantée* et permet à Molière de la lire au légat du pape alors qu'elle est interdite. *Dom Juan* touche à la noblesse ? Louis prend à son service direct la troupe de Molière. *Les Plaideurs* de Racine stigmatisent la magistrature ? Le roi est charmé...

La littérature en vient même au point de définir les conduites et d'offrir des livres de morale sociale ou civique, presque religieuse, ou plutôt en tenant lieu : relisons les *Maximes* de La Rochefoucauld, les *Caractères* de La Bruyère et même les pièces de Racine pour les demoiselles de Saint-Cyr. Ainsi ces productions littéraires, par essence mondaines, sont investies d'une finalité de « morale » générale, à laquelle elles n'ont pas vocation naturelle au regard des habitudes culturelles. Ce bouleversement s'accomplit avec Nicole par exemple, dont les *Essais de morale* tendent justement à considérer cette morale mondaine véhiculée par la littérature comme un soubassement possible de la morale chrétienne.

Le résultat le plus direct est qu'à côté du précédent, s'insinue sur le mode pratique un autre système de valeurs. Cette tendance prend tout son relief dans ce qui est au cœur de la politique littéraire : le pouvoir royal. La littérature a, en effet, acquis les moyens de redéfinir, comme par anticipation, les éléments constitutifs de la monarchie, de mettre entre parenthèses mystique et sacrifice au profit d'un pragmatisme de gestion de l'ordre social. Plus qu'une recette nouvelle, Louis XIV et ses littérateurs instaurent une autre façon de définir les consensus sociaux.

Une pièce comme l'*Amphitryon* de Molière (1668), en apparence simple divertissement aux relents d'alcôve (Louis XIV et Mme de Montespan), est le lieu d'une reprise bouffonne des éléments de la symbolique royale et singulièrement de ceux du sacre : là, le corps glorieux du roi est incarné par le « souverain des dieux », polisson qui institutionnalise la corruption des mœurs et légitime le péché par son efficacité politique, quand son double mortel l'est par un Amphitryon appelé à tenir son pouvoir de la tromperie dont il est l'objet, avec la complicité active des garants temporels de l'ordre social, les capitaines thébains. Sans doute la leçon d'efficacité empirique est-elle convaincante ; toutefois, ce qui constitue l'essence de la monarchie en est perverti et de l'intérieur et de l'extérieur.

L'extraordinaire est qu'une politique littéraire largement ordonnée à des fins immédiates de gouvernement ait connu une telle résonance dans l'universel, jusqu'à devenir le Classicisme ; cependant, à proportion du caractère prédominant de sa perspective utilitaire, cette vocation est demeurée abstraite, se contraignant à ne pas même pouvoir, à longue échéance, servir ses propres fins : résoudre la crise de société tout en stabilisant la monarchie dans la modernité.

A la mort de Louis XIV, les nobles frondeurs, que la société de cour était destinée à contrôler, sont bien mis au pas. Mais le prix à payer fut doublement lourd : d'une part, la Cour, principal réceptacle de la tradition, entrant dans le mythe par la littérature, est sortie avec élégance de l'histoire ; d'autre part, les tendances au « libertinage érudit » des littérateurs se trouvent renforcées des finalités secondaires du mouvement académique : ainsi Montesquieu pourra bientôt proposer de nouveaux modèles monarchiques, les encyclopédistes et les moralisateurs à la Rousseau d'autres définitions de l'ordre social.

Autrement dit, le Grand Roi fit-il plus que multiplier les victoires ponctuelles, et l'absolutisme n'a-t-il pas transformé, par sa réussite littéraire même, ce qui n'était encore qu'une escarmouche passagère en une menace stratégique ? Était-il raisonnable d'envisager que symbolique royale, modernisation de l'État et culture littéraire de langue française, relevant de temps historiques différents, au-delà de Louis, pussent vivre au même rythme ?

Fanny NEPOTE-DESMARRES.

LA MONARCHIE FRANÇAISE ET L'INSTRUCTION PUBLIQUE

Dans l'ancienne France, l'« instruction publique » n'a pas le sens que nous pouvons lui donner aujourd'hui. Elle désigne seulement les écoles ouvertes à tous les enfants sans distinction d'origine, et n'implique pas l'intervention de l'État.

Car la gestion des écoles n'entre pas dans la sphère des droits du roi. Le prince rend la justice, fait la guerre et la paix, bat monnaie. Il n'est pas dans ses attributions de faire l'école. On ne saurait toutefois lui dénier un droit de regard. N'est-il pas le père de ses sujets, le chef de toutes les familles de son royaume ? Garant suprême de l'institution familiale, comment se désintéresserait-il de l'éducation des enfants ? Il a même deux puissantes raisons d'en prendre soin. La première est sa qualité de roi très-chrétien, de roi obligé par serment de défendre l'Église et par conséquent de faciliter l'instruction religieuse de ses sujets. La deuxième raison est le pouvoir de « police » que la constitution non écrite du royaume lui attribue, pouvoir en vertu duquel il doit diriger les affaires publiques selon le bien commun. L'éducation regardant l'intérêt de la cité, le roi a juridiction sur elle. En somme, le triple intérêt des familles, de la religion et du corps politique suffit à justifier que le roi veille à l'instruction de ses sujets.

Justifie, mais n'oblige pas. Le capitulaire de Charlemagne de 789 avait ordonné « qu'il y ait des écoles pour l'instruction des garçons » et que « dans chaque évêché, dans chaque monastère, on enseigne les psaumes, les notes, le chant, le calcul, la grammaire ». Les Carolingiens avaient une politique scolaire. Les premiers Capétiens n'en ont pas. Il faut attendre le début du XIIIe siècle pour voir s'esquisser un projet.

Les universités

La naissance des universités fournit l'occasion. Durant une longue période, qui va de 1200 environ à 1450 environ, le principe de la politique scolaire royale est la protection paternelle accordée aux universités. Pourtant, le fondateur des premières universités (Paris, Toulouse, Montpellier, Orléans), leur législateur, leur protecteur n'est pas le roi mais le pape. Mais il se trouve que leurs libertés et leurs exemptions sont contestées par les différents pouvoirs locaux, civils ou ecclésiastiques. Le roi a l'habileté d'en prendre la défense. Par exemple, le prévôt de Paris moleste les écoliers, mais Philippe Auguste les délivre et leur concède en 1200 le privilège qui les soustrait à la juridiction laïque. Les universités et les communes sont des institutions analogues. Les universités ont, comme les communes, un sceau, un serment et un droit de coalition. Plus la protection royale. Le roi ne peut concéder les universités, comme il concède les communes, puisque les universités sont de création pontificale, mais il les reconnaît et les dote de « beaux privilèges ». Les Capétiens favorisent le mouvement universitaire, comme ils avaient encouragé le mouvement communal.

Au XIVᵉ siècle, quand le pape crée une université nouvelle, le roi aussitôt étend sa main sur elle, la confirme et la dote. L'université d'Orléans, érigée en 1305 par Clément V, est enrichie en 1309 par Philippe le Bel de nombreux privilèges. Les avantages dont jouissent les membres des universités sont considérables : exemption de taille, de corvée et généralement de tous subsides, de logement des gens de guerre et de garde gardienne, et privilège de « committimus ». Et ces avantages s'appliquent non seulement aux maîtres, mais aussi aux écoliers, aux officiers, aux bedeaux (sorte d'appariteurs) et aux « suppôts », c'est-à-dire à toutes les personnes qui, à un titre ou à un autre, méritent cette qualité de « suppôt » pour quelque service rendu ordinairement à la « communauté de l'étude », par exemple les libraires et les parcheminiers. Car tous ces gens-là, écoliers, officiers, bedeaux et suppôts, sont membres à part entière de l'université. Et tout ce monde des écoles constitue, grâce à la munificence royale, une sorte de « paradis fiscal ».

Venant du pouvoir, nulle faveur n'est gratuite. Toute grâce se paie en soumission. Dès le XIVᵉ siècle, la protection royale se change en tutelle. Remarquons d'abord le nouveau langage : les rois appellent les universités leurs « filles ». Ce transfert de paternité (les vrais pères sont les papes) est une manière d'appropriation. Notons ensuite que les papes continuent à légiférer et à réglementer, mais que les rois interviennent de plus en plus souvent. En premier lieu, à chaque avènement, pour renouveler les privilèges. En second lieu, pour défendre ces mêmes privilèges contre ceux qui les contestent, évêques, bourgeois des villes ou officiers royaux. En 1387, Charles VI ordonne des procédures contre des bourgeois d'Orléans qui ont molesté des écoliers. En 1398, il arbitre un conflit entre le maître-école, chef de l'université d'Angers (dépendant de l'évêque et du chapitre) et les écoliers de cette université. Il tranche en faveur de ces derniers : une commission du parlement de Paris modifie les statuts de l'université et remplace le maître-école par un « recteur » élu. A la même époque, le roi crée dans chaque université un « conservateur des privilèges royaux ».

Au lendemain de la guerre de Cent Ans commence une période faste : pendant plus de deux siècles, de 1450 environ à 1660 environ, le pouvoir royal ne cesse de s'employer à développer l'instruction publique.

Les universités sont maintenant passées complètement sous contrôle royal. Prenons l'exemple de Montpellier. Le pape intervient vingt-sept fois dans la vie de cette université (par bulles ou brefs) entre 1350 et 1400, dix fois entre 1400 et 1450, une fois entre 1450 et 1500. Le nombre des interventions royales augmente en proportion inverse. La trahison de l'université de Paris et les services rendus par les docteurs parisiens au parti bourguignon et aux Anglais (entre autres dans le procès de Jeanne d'Arc) ont fait prendre conscience de l'importance du pouvoir intellectuel. Les rois veulent avoir leurs universités bien à eux, et c'est pourquoi ils en créent de nouvelles : Poitiers en 1431, Valence en 1452, Nantes en 1460, Bourges en 1463, Bordeaux en 1472, Reims en 1548. Ils érigent aussi des chaires de telle ou telle discipline et interviennent de façon directe dans l'enseignement. Par exemple, quatre chaires de médecine sont instituées en 1498 par Charles VIII dans l'université de Montpellier. Qui dit chaires, dit concours de recrutement afin de les pourvoir. Le roi est amené à réglementer les concours. C'est ainsi qu'une ordonnance de Henri III rendue en mai 1579 prévoit pour les concours de chaires de droit, à côté des ordinaires, des leçons continues données un mois durant.

Les écoles

Les universités ne forment plus le seul objet de la sollicitude royale. Au XVIe siècle la monarchie a vraiment une politique scolaire. L'ordonnance d'Orléans de 1561 en marque l'avènement par l'institution de la « prébende préceptoriale » : il est prescrit aux chapitres des églises cathédrales de réserver une part de leurs revenus pour l'entretien d'un régent d'école. Nombre de collèges et de petites écoles bénéficieront désormais d'une ressource stable et sûre.

Il y avait un monopole universitaire. Sans toutefois l'abolir, la monarchie n'en tient plus compte. Elle subventionne les académies protestantes et encourage les collèges catholiques congréganistes, institutions qui, les unes et les autres, sont concurrentes des universités et en infraction avec le monopole. Les académies protestantes reçoivent une part de la subvention accordée aux églises réformées par le brevet annexé à l'édit de Nantes. Quant aux nouveaux collèges catholiques (des jésuites, des oratoriens et des doctrinaires), ils bénéficient d'une protection déclarée. En 1595, malgré les protestations véhémentes de l'université de Paris, les jésuites sont autorisés à enseigner au collège de Clermont. En 1607, Henri IV fonde le collège de La Flèche et dépense trois cent mille livres pour sa construction. Les nouveaux collèges congréganistes de Pau, Montpellier, Nérac, Villefranche-de-Rouergue, Montauban, Orléans et Angers bénéficient de pensions royales. L'édit de fondation du collège de La Flèche développe cette idée que la prospérité du royaume dépend de l'éducation de la jeunesse. Comme la jeunesse, dit le texte royal, « se ressent toujours de la première nourriture et impression », il appartient au roi de favoriser la meilleure « nourriture », grâce à quoi les enfants seront capables de servir au public. C'est de la politique, non de la philanthropie. Quant à la meilleure « nourriture », le choix du prince la désigne clairement ; il s'agit de l'enseignement des collèges, de l'enseignement « à la piété, aux mœurs et aux lettres humaines » selon la formule de l'époque. En ce début du XVIIe siècle, la monarchie française a pris délibérément son parti : elle entend favoriser l'harmonie et la croissance du corps politique par la diffusion de l'humanisme chrétien.

Grand projet, mais qui ne pourra se réaliser entièrement : dès les années 1660, avec le début du gouvernement personnel de Louis XIV, se manifestent de nouvelles intentions. Les vues du pouvoir changent. On ne veut plus favoriser d'une manière égale les différentes écoles. On préfère nettement l'enseignement élémentaire et l'enseignement professionnel. Ainsi commence une troisième période qui va durer jusqu'en 1789.

Une nouvelle politique

Cette nouvelle politique est complexe. Il faut en examiner les divers éléments.

La politique universitaire est à première vue pleine de dynamisme. Louis XIV crée plusieurs chaires nouvelles, dont une chaire de droit français dans chaque faculté de droit (1679). Son édit de 1707 revalorise les études de médecine : nul ne pourra être admis dans les facultés de médecine, s'il ne possède pas la maîtrise ès arts. Louis XIV supprime l'université de Cahors, mais restaure celle de Perpignan et fonde celles de Reims et de Dijon. Ce sont là des signes indiscutables de faveur, mais il faut savoir les interpréter. Les libéralités royales s'adressent à des catégories d'enseignement, à des disciplines, à des sciences, et non à l'institution universitaire elle-même. Les universités sont de moins en moins bien traitées. Elles n'obtiennent plus aussi facilement qu'autrefois le renouvellement de leurs privilèges. Les exemptions fiscales et autres sont réservées aux seuls professeurs. On ne veut plus que les écoliers ni les suppôts en bénéficient. Le règne de Louis XVI marque une aggravation très nette des réticences. Le pouvoir royal fait attendre indéfiniment les lettres patentes de renouvellement. En 1789, l'université d'Angers n'aura toujours pas reçu les siennes.

Les collèges congréganistes sont-ils mieux traités ? A peine. On envisageait depuis longtemps la réduction du nombre — jugé excessif — des petits collèges. En 1667, Colbert ordonne le recensement de tous les collèges et l'examen de leur utilité. Un deuxième comptage aura lieu en 1685 sur l'ordre de Louvois. En fait aucun collège ne sera supprimé (on craint trop les protestations des villes), mais la politique royale est désormais fixée et la doctrine officielle arrêtée : il y a trop de collèges, et si l'on ne peut en supprimer, il faut au moins éviter de les subventionner, et surtout d'en créer de nouveaux. Cela signifie que le personnel politique ne croit plus aux vertus de l'humanisme chrétien. De fait il est imbu d'une philosophie mercantiliste et utilitaire. La multiplication du nombre des sujets instruits lui paraît un danger pour l'économie nationale et lui semble compromettre le recrutement de l'abondante main-d'œuvre manuelle nécessaire à la production. Le gallicanisme entre aussi en ligne de compte. Les juristes gallicans ne sont pas hostiles au principe de la diffusion de l'instruction, mais ils se défient des congrégations enseignantes, coupables à leurs yeux d'augmenter dans une proportion intolérable pour l'État la masse des biens de mainmorte.

Le coup décisif contre le collège est la suppression de la Compagnie de Jésus en 1764. Beaucoup d'établissements ne s'en relèveront pas. Les jésuites s'avéreront irremplaçables. Il ne faut pas oublier non plus les lourdes taxes d'amortissement réclamées aux collèges à plusieurs reprises depuis 1690. On s'interroge souvent sur les causes du déclin des collèges à la fin de l'Ancien Régime, mais la politique royale est déjà un élément important d'explication.

Pour l'université la défaveur, pour le collège la disgrâce. Mais cela ne veut pas dire désaffection pour l'instruction publique. Simplement la monarchie a changé de politique scolaire. Ses libéralités sont désormais réservées à des formes d'enseignement jugées plus utiles à l'État et à la prospérité publique. Et d'abord aux petites écoles.

C'est une innovation. Depuis toujours, le soin de gérer l'enseignement élémentaire était abandonné en toute liberté à l'Église et aux communautés d'habitants. Louis XIV met fin à ce régime. La déclaration royale du 13 décembre 1698 est d'une extrême importance : elle décrète l'instruction pour tous, ordonnant en effet d'établir « autant qu'il sera possible des maîtres et des maîtresses dans toutes les paroisses où il n'y en a point pour instruire tous les enfants ». En outre, les parents sont obligés d'envoyer leurs enfants à l'école jusqu'à l'âge de quatorze ans. Certes, le roi poursuit ici principalement un but religieux. Ce qu'il attend d'abord des petites écoles, c'est qu'elles christianisent le peuple et qu'elles convertissent les enfants des protestants. Elles n'en contribueront pas moins aux progrès de l'alphabétisation. L'instruction obligatoire en France date de Louis XIV et non de Jules Ferry.

Il est vrai qu'en même temps le pouvoir royal refuse l'autorisation à des congrégations de filles séculières enseignantes (par exemple aux filles de la Charité de Sainville en 1712, et aux sœurs de la Providence de Rouen en 1679) et freine de ce fait le développement de l'instruction primaire, qu'il favorise par ailleurs. Le gallicanisme — encore lui — explique cette contradiction. Il ne s'agit pas de s'opposer à l'instruction, mais à l'accroissement de la mainmorte. Le chancelier d'Aguesseau, grand théoricien du gallicanisme, veut bien admettre que les pauvres soient enseignés, mais il ne veut pas autoriser les religieuses, parce qu'« aussitôt autorisées, dit-il, elles ne songent qu'à acquérir et à bâtir ».

Finalement le seul secteur soutenu sans réticence, le seul qui soit largement subventionné est celui du haut enseignement scientifique et des écoles supérieures professionnelles. Les initiatives en ce domaine sont nombreuses et originales : création des grandes académies nationales dont la plupart, et principalement l'Académie des sciences, sont en fait de véritables instituts de recherche ; nomination en 1672 au Jardin du Roi, d'un « démonstrateur royal d'anatomie » ; fondations (en 1744, 1749 et 1783) des trois premières « grandes écoles », Ponts-et-Chaussées, Génie et Mines ; création enfin, en 1776, des douze écoles royales militaires. Le pouvoir royal remédie ainsi à une grave lacune de l'enseignement universitaire français. A la différence des universités anglaises, les françaises ne possédaient que très peu de chaires de sciences exactes et naturelles, en dehors de celles de médecine.

Ces écoles et instituts nouveaux présentent une autre particularité : l'État assure la totalité ou la plus grande partie de leur entretien. Les modes de financement sont divers. Le plus répandu est celui des boursiers royaux. Les programmes d'études sont contrôlés ou imposés. En 1776, Saint-Germain, ministre de la Guerre, rédige le plan détaillé de l'éducation à donner dans les nouvelles écoles militaires. Tout est prévu, depuis les titres des manuels des classes jusqu'au nombre des couvertures. L'instruction d'État a commencé.

Dans le même temps les collèges souffrent d'un contrôle aggravé. Le départ des jésuites a été la fin de leur autonomie. L'édit de 1763 crée des bureaux chargés d'administrer les anciens collèges de la Compagnie. Dans ces bureaux, les représentants des conseils des villes sont en minorité. En outre, les intendants exercent maintenant un contrôle serré de toutes les dépenses des établissements, même les plus minimes. A Avallon, par exemple, en 1761, il faut batailler pour débloquer un crédit de 300 livres destiné à l'achat de livres de prix. Après la suppression des jésuites, le gouvernement a invité les parlements à proposer des plans de réforme pour les collèges de leurs ressorts respectifs.

Ces plans — le plus célèbre est celui de La Chalotais — sont tous en faveur d'une « éducation nationale », c'est-à-dire uniformisée sous le contrôle de l'État. Le mémoire de La Chalotais s'intitule *Essai d'éducation nationale*. L'institution de l'agrégation est née de ce mouvement réformateur. En 1766, par lettres patentes, est créé un concours dit d'agrégation ouvert aux maîtres ès arts de toutes les universités du royaume, afin de pourvoir les places de professeurs dans les collèges de l'université de Paris.

Cette tendance à contrôler tous les ordres d'enseignement n'est d'ailleurs pas le fait de la seule monarchie française. Elle se manifeste chez tous les États du despotisme éclairé, dont elle est même l'une des caractéristiques dominantes. La France n'est d'ailleurs pas le pays le plus « avancé » dans ce domaine. Elle n'a pas comme l'Autriche un vaste réseau d'écoles professionnelles techniques subventionnées par l'État. Elle n'a pas non plus, comme le Portugal, un enseignement primaire d'État.

Serait-il possible, en cette fin de l'Ancien Régime, de dresser un bilan de l'œuvre de la monarchie en faveur de l'instruction publique ? Sans doute, et ce bilan serait positif. La plupart des vingt et une universités françaises de 1789 doivent leur existence au roi. La monarchie a favorisé l'implantation des collèges et contribué à l'extension du réseau des petites écoles. Elle est à l'origine du nouvel enseignement scientifique et professionnel, qui apparaît aux XVIIe et XVIIIe siècles.

Cependant, la politique royale — et c'est là certainement sa caractéristique principale et constante, tout au long de l'histoire — cherche à diversifier plus qu'à développer. En témoigne la faveur systématiquement accordée à toutes les institutions nouvelles et innovatrices (universités, puis collèges, puis écoles scientifiques) au moment où elles apparaissent et dans leurs premiers temps, afin de leur permettre de prendre racine et de réussir, quitte à leur retrancher dans la suite une partie des faveurs accordées. Sauf à la fin du XVIIIe siècle, la monarchie n'a jamais tenu école, mais elle a toujours — n'est-ce pas la meilleure politique scolaire ? — favorisé le renouvellement de l'école.

On ne peut manquer d'observer aussi l'aggravation continue, au cours des siècles, du contrôle exercé. Au début, la monarchie se borne à protéger les écoles, puis elle les contrôle parce qu'elle les protège, enfin elle les gère pour mieux les contrôler. Il y a donc une tendance à l'étatisation. Mais on ne saurait ici faire la part de ce qui revient à une politique délibérée ou à cette volonté de puissance, naturelle à tous les États.

Jean de VIGUERIE.

V

L'ADMINISTRATION ROYALE

DE LA GESTION DU DOMAINE
A L'ADMINISTRATION DU ROYAUME

La décadence des IXe-Xe siècles, ruinant l'autorité centrale carolingienne, a permis la constitution du régime seigneurial. Dans le cadre de la seigneurie banale (du terme « ban » signifiant pouvoir de commandement), ultime étape de la dislocation politique — après celles des duchés, des comtés puis des vicomtés —, les seigneurs, simples châtelains ou grands feudataires, titulaires de prérogatives de puissance publiques, usurpées ou appropriées à l'origine, exercent sur leurs ressortissants l'autorité en leur nom propre. La royauté, pourtant institution d'un autre ordre, ne présente aucune spécificité particulière dans son action pendant près de deux siècles. Mais peu à peu, l'administration royale se singularise en changeant de nature (XIIIe siècle), puis, profitant de l'élan acquis, se mue en une administration déjà moderne, prodrome de celle de l'État monarchique des XVIe-XVIIIe siècles.

La gestion seigneuriale du Domaine

Aux XIe et XIIe siècles, le roi, à l'instar des autres seigneurs, voit ses prérogatives s'arrêter aux frontières de sa propre seigneurie, le domaine royal. Ce domaine, patrimoine du roi, sur lequel son autorité est immédiate, est un ensemble hétéroclite de terres — géographiquement limitées au début entre Oise et Orléanais, ne s'étoffant que lentement — et des droits corporels et incorporels qui y sont assis. Sur ces terres, le roi ne dispose d'aucun pouvoir de nature plus étendue que celle de tout seigneur. Il prend des dispositions réglant les activités de ses sujets, perçoit l'impôt direct (la taille seigneuriale) et indirect, réclame le service militaire, exerce la justice.

Dans l'administration de son domaine, le roi est secondé par des auxiliaires et par ses vassaux. Parmi les premiers, prend place d'abord le personnel de l'Hôtel du roi qui ne diffère pas de l'entourage d'un grand seigneur et dont les fonctions, à la fois domestiques et politiques, sont indifférenciées. Sénéchal, chef de la gestion du Domaine, bouteiller gérant le service de la table, chambrier administrant le service de la chambre royale et du trésor, connétable chargé des écuries et chancelier, ecclésiastique dirigeant la chapelle et dressant les actes royaux sur lesquels il appose le sceau, sont tous des familiers du roi qui participent à ses décisions. Le roi recourt aussi à des serviteurs locaux, les prévôts, à la compétence aussi modeste que l'étendue du Domaine. Les titulaires des prévôtés sont contractuellement recrutés. Soit le roi leur concède en fief ces tâches de gestion, soit il les confie à ferme au plus offrant qui devient adjudicataire de la prévôté (XIIe siècle). Ces procédés offrent l'inconvénient, dans le cas de l'affermage, de favoriser les exactions du fermier qui cherche à rentrer dans sa mise de fonds initiale ; dans le cas de l'inféodation, de transformer le prévôt en vassal dont la charge devient héréditaire. Quoi qu'il en soit, ces représentants du roi sont davantage des agents seigneuriaux que des agents « publics ». Ils lèvent les revenus domaniaux, réunissent le contingent militaire roturier, rendent la justice au nom du roi : à l'image des prévôts seigneuriaux, les prévôts royaux sont un rouage féodal appelé à gérer les droits du roi. Enfin les affaires que le roi ne tranche pas directement sont examinées au sein de la cour du roi (*curia regis*) où sont convoqués les vassaux royaux et le personnel de l'Hôtel. Cette institution féodale typique, sans périodicité régulière ni siège et compétence fixes, est à la fois un conseil qui débat avec le roi des questions qu'il lui soumet (affaires domaniales, politiques et féodales) et une cour de justice féodale.

Au-delà du Domaine cesse l'autorité immédiate du roi, relayée, dans la France mineure, par les liens féodo-vassaliques généralement respectés par les seigneurs, plus difficilement par ceux du reste du royaume (Flandre, Normandie, Aquitaine...) ; les uns et les autres gardant leur autonomie de commandement vis-à-vis de leurs propres sujets, faisant ainsi écran entre ceux-ci et le roi.

Les mutations du XIIIe siècle

La fin du XIIe et le XIIIe siècle marquent une étape importante dans l'apparition d'une administration royale. A partir de Philippe Auguste, le Domaine s'étend dans toutes les directions par le jeu de principes féodaux (mariages, successions, retour d'un fief au roi par commise ou deshérence). Son extension n'est pas sans modifier sa nature. Il n'est plus une seigneurie comme les autres, mais, par l'absorption de diverses principautés (Auvergne, Artois, Vermandois, Languedoc, terres des Plantagenêts...), son accroissement tend géographiquement à le faire coïncider avec le royaume (ce qui sera effectivement réalisé à la fin du XVe siècle). Sur ces possessions élargies et grâce à des concepts nouveaux véhiculés par les juristes (l'essor du droit romain et canonique date du milieu du XIIe siècle), l'autorité royale se dilate. La fonction qu'exerce le roi depuis le jour de son sacre, et qu'explicite sa mission justicière, restait jusque-là assez théorique, en pratique réduite à la gestion de ses droits domaniaux et à la police de ses terres. Elle se charge maintenant d'un contenu en référence constante au « bien commun », au « commun pourfit », expressions forgées sur la notion romaine retrouvée d'« utilité publique ». Pour réaliser le bien public, des dispositions générales plus nombreuses (ordonnances et édits) sont édictées par le roi après conseil pris de sa *curia* ; grand justicier, il cherche à mettre sa justice à la portée de tous, qu'il l'exerce directement (justice retenue) ou qu'il en délègue l'exercice à des cours (justice déléguée), comme à maintenir les sujets dans la paix et la tranquillité. En conséquence, il a davantage souci d'une administration juste et efficace dont il manque encore à l'aube du XIIIe siècle. A la mesure de l'accroissement du Domaine et de sa position éminente dans le royaume, il se dote peu à peu de nouvelles structures dont le personnel maintenant nommé par lui est dans sa main, révocable et mutable à volonté.

C'est ainsi qu'en 1190 Philippe Auguste change en profondeur l'administration du Domaine par l'institution des baillis et sénéchaux (le nom varie selon les régions). Ces officiers (du terme *officium* : fonction) sont chargés de contrôler les prévôts, de surveiller les « affaires du domaine », notamment d'assurer la justice du roi. D'itinérants, ils s'enracinent dans le cadre de bailliages ou sénéchaussées qui se fixent vers 1240. Fréquemment mutés, gagés, rendant des comptes au roi, leur compétence et leurs attributions étendues, judiciaires, financières et militaires, les rendent agents efficaces de la centralisation royale jusqu'à l'apparition des intendants au début du XVIIe siècle. Sous la pression des mêmes nécessités de l'ordre public, l'administration

« centrale » s'étoffe. Parmi les gens de l'Hôtel (les grands officiers de la Couronne), seuls se maintiennent et accroissent leurs attributions — plus tout à fait domestiques et déjà « publiques » — le connétable et le chancelier ; le premier prend rang de chef des armées quand le second dirige les services des écritures ou chancellerie, appose le sceau en faisant d'éventuelles remontrances sur le contenu des ordonnances, préside de droit les cours de justice, est associé à toutes les décisions. En même temps apparaît autour de ce personnage un personnel de notaires-secrétaires dont la tâche est de mettre en forme les ordres du roi ; lui sont attachés aussi des maîtres des requêtes (ainsi appelés au XIVe siècle) qui tranchent les différends portés devant le roi en vertu de sa justice retenue. De son côté, la *curia regis*, de plus en plus encombrée d'affaires judiciaires (par exemple en raison des progrès de l'appel), administratives et comptables (notamment l'examen des comptes des baillis), ne peut plus, dans sa forme originelle, les suivre ni les examiner en raison de leur nombre et de leur complexité. Elle s'adapte dans son personnel et ses structures. En effet, outre ses traditionnels vassaux, le roi y convoque des légistes, des bourgeois des villes ou des clercs, tous techniciens capables de démêler les affaires. Surtout, tout en restant une cour unique, cet organe entame un processus de différenciation qui dégage en son sein des sessions autonomes, les unes spécialisées dans les questions judiciaires — *curia in parlamento* —, les autres dans les questions comptables — *curia in compotis* —, chacune avec un personnel compétent. Autour du roi restent vassaux, grands officiers et légistes qui, dans le cadre de la mission de conseil impartie à la *curia*, donnent leurs avis sur les affaires publiques.

Ainsi s'achemine-t-on vers une administration du royaume, auquel s'assimile de plus en plus le domaine royal. Mais l'autorité du roi rencontre toujours les réalités seigneuriales et féodo-vassaliques. A l'intérieur même du Domaine, comme dans les grandes principautés (Bretagne, Bourgogne), ces réalités freinent l'action royale : au milieu du XIIIe siècle, une ordonnance n'est applicable dans le royaume qu'avec le consentement donné par les grands vassaux ou une majorité d'entre eux. C'est par le biais de la justice que s'impose le roi. Dans le Domaine, des procédures sont ouvertes qui permettent de saisir le juge royal. Celui-ci est compétent lorsque le seigneur refuse de rendre la justice ou lorsque, par le système de la prévention, il se saisit d'office d'une cause que le juge seigneurial a négligé d'examiner avec célérité ou qui regarde la police du royaume. La notion de cas royal lui réserve la connaissance exclusive de certaines causes — par exemple les crimes de lèse-majesté — alors même qu'elles seraient normalement justiciables d'une cour seigneuriale. Enfin le droit d'appeler des décisions d'une telle cour à une cour de justice royale se généralise. Hors du Domaine, même si les justices des grands feudataires se défendent mieux, le droit de ressort ou supériorité judiciaire du roi est affirmé comme une prérogative liée à sa nature de grand justicier. Par ces moyens les justices seigneuriales quelles qu'elles soient, où qu'elles se trouvent, sont présumées tenues en fief et arrière-fief du roi. Le principe hiérarchique féodal lui permet ainsi de faire reconnaître sa suzeraineté sur le monde seigneurial et d'y faire pénétrer son emprise par l'intermédiaire de ses prérogatives justicières et législatives.

L'administration du royaume ou de l'État

L'évolution amorcée s'amplifie à partir du XIVe siècle pour ne plus cesser jusqu'à la Renaissance. Sous la poussée d'une stature nouvelle acquise par le roi devenu souverain, son autorité se déploie dans le cadre d'une administration se muant en celle d'un État.

En effet, dès la fin du XIIIe siècle, les juristes forgent au roi une autre identité se superposant à celle de seigneur suzerain. L'utilisation de concepts romains, déjà appliqués à l'empereur germanique, lui fait revêtir une autorité « pleine et ronde », suprême, qui anime son pouvoir d'une vie propre, ne relevant d'aucune puissance temporelle. Ainsi le roi peut-il revendiquer « la souveraineté et ressort », c'est-à-dire une autorité qui atteint indistinctement l'ensemble des régnicoles. Cette autorité souveraine, indépendante de la personne même de son titulaire, élève le pouvoir royal au monde de l'« État » en l'institutionnalisant au profit de la communauté du royaume. La dépersonnalisation du pouvoir royal provoque inévitablement une transformation du statut du Domaine. Encore agrandi (du Dauphiné en 1349, de la Bourgogne en 1361, de la Guyenne en 1453, du Roussillon en 1463, de l'Anjou en 1481, du Maine et de la Provence en 1483, de la Bretagne enfin en 1532), identifié au royaume, il prend peu à peu nature exceptionnelle. Les juristes sont conduits à penser que le Domaine et ses revenus intéressent le bien commun, qu'ils appartiennent en conséquence à la Couronne, le roi ne pouvant en disposer librement. Certes ce dernier s'en considère jusqu'à la fin du XVe siècle comme propriétaire : les aliénations consenties à titre d'apanages à ses fils puînés en témoignent (par exemple la Bourgogne qui ne fait retour au Domaine qu'en 1477). Pourtant les révocations de libéralités faites aux dépens du Domaine sont nombreuses, étayées par la clause d'inaliénabilité insérée dans l'*ordo* du sacre de 1364. L'ordonnance de Moulins codifie en 1566 ces principes en consacrant l'inaliénabilité du domaine de la Couronne.

Mutation de l'autorité royale et mutation du Domaine s'accompagnent de la mise en place d'institutions gouvernementales et administratives dont l'organisation et la complexité rendent compte des progrès de l'administration. Au sommet, le roi gouverne et légifère entouré de ses auxiliaires et de son Conseil. Le chancelier exerce maintenant un rôle prépondérant, mais à côté de ce grand officier s'imposent au XVIe siècle d'autres personnages. Ainsi ces quatre secrétaires d'État issus de la cohorte des notaires-secrétaires du roi, qui exercent à partir de 1547, dans le cadre de ressorts géographiques propres, de hautes responsabilités administratives et politiques les hissant au rang de « ministres » : dans son ressort, le secrétaire d'État a compétence sur toutes les affaires publiques à l'exception de la justice et des finances. Cette promotion montre à l'évidence la complexité de l'administration du royaume qui sécrète des structures nouvelles. L'apparition, toujours au XVIe siècle, d'un chef des finances, le surintendant, en témoigne encore. Le Conseil du roi est un autre organe essentiel de gouvernement. Peuplé de grands personnages comme de techniciens, il procède de la vieille *curia regis* allégée de ses sections judiciaires et comptables. Réuni autour du roi et du chancelier, il est le véritable moteur de la royauté, délibérant sur les questions administratives, financières, politiques et diplomatiques. Il est aussi le lieu où le roi exerce directement sa justice retenue. L'afflux et la diversité des affaires, notamment judiciaires, conduisent à son sectionnement, dès la fin du XVe siècle. Tout en restant unique dans le principe, il se morcelle en un Conseil des affaires où sont débattues les questions de haute politique et en conseils à vocation judiciaire : Conseil des parties pour le contentieux privé, Conseil d'État et des finances pour le contentieux public, au sein desquels les maîtres des requêtes rapportent les affaires que les conseillers tranchent.

Localement, les progrès de l'administration apportent diversification et hiérarchisation. Diversification en ce que les tâches du bailli ou du sénéchal, devenues complexes, exigent un personnel plus qualifié. Sous la responsabilité du bailli, des agents nommés par le roi remplissent ses attributions : receveurs pour les finances, lieutenants civil et criminel pour assurer la justice locale et une troupe nombreuse de notaires, tabellions, avocats du roi et procureurs. Hiérarchisation aussi : si le bailli coiffe un groupe de prévôtés, lui-même, au milieu du XIVe siècle, est subordonné à un nouvel agent royal créé dans la nécessité d'organiser la défense du royaume à l'échelle régionale pendant la guerre de Cent Ans et de contrôler l'administration bailliagère à cet effet. Ces agents supérieurs, les gouverneurs de province, jouissent de larges prérogatives judiciaires, militaires et administratives, conséquences de leur mission de défense et de maintien de l'ordre, surtout dans les provinces récemment rattachées au Domaine. Les titulaires de ces gouvernorats, hauts personnages et princes du sang, efficaces souvent, ont eu parfois tendance à se comporter avec une dommageable indépendance (ainsi pendant les guerres de Religion) : ce qui conduit le roi à les faire contrôler à leur tour par des commissaires-enquêteurs, amorce des futurs intendants.

Parallèlement, la royauté organise les services des finances et de la justice, tous deux essentiels dans l'administration de l'État et la réalisation du bien commun, devenant par là des services « publics ». Les besoins financiers d'une administration en voie de développement, les nécessités de la guerre de Cent Ans révèlent vite l'insuffisance des traditionnelles ressources féodales et seigneuriales dites « ordinaires ». De nouvelles ressources « extraordinaires » sont trouvées, consenties par des assemblées de clercs, de nobles et de gens des villes, formant les premiers États généraux. Par eux des subsides, provisoires d'abord, se pérennisent comme impôts (gabelle, aides, traites vers 1360 et l'impôt direct de la taille en 1439). Grâce à ces ressources, le roi peut faire face à l'adversaire anglais en lui opposant des troupes de professionnels soldés ; puis, en 1445, assuré de rentrées régulières, il organise une armée permanente autour de forces d'active et de réserve.

Bien faire valoir le Domaine, lever des impôts nouveaux invitent à asseoir une administration spécialisée. A la gestion de l'« ordinaire », assurée par les baillis et receveurs, par des trésoriers de France à l'échelon central (1295), couronnée par une juridiction (la Chambre du trésor, 1389), répond l'administration de l'impôt. Celui-ci, en principe réclamé par le roi souverain, ignore la distinction du domaine et du royaume et exige des circonscriptions propres, les élections (dans le cadre desquelles des élus assoient l'impôt que perçoivent des receveurs), elles-mêmes regroupées à l'échelon central en six ressorts confiés à des généraux de finances (1382) ; enfin une Cour des aides (1389), souveraine en ce qu'elle juge en dernier ressort le contentieux de l'impôt. Ces deux administrations sont placées sous le contrôle suprême de la Chambre des comptes, provenant du démembrement de la *curia regis* et devenue une institution centrale autonome en 1320 : pourvue d'un personnel propre, elle vérifie les comptes des agents publics, les juge éventuellement et surveille la gestion du Domaine. Cette administration bicéphale cesse en 1525 par la fusion des finances, dont la direction relève d'intendants puis du surintendant.

De la même façon, par l'ordonnance de 1345 qui stabilise la *curia in parlamento* en institution autonome elle aussi, se met en place un service de la justice dont la hiérarchisation s'achève dans ce parlement. C'est ainsi qu'attractive et rayonnante, la justice royale s'articule depuis les tribunaux des prévôts, puis des baillis, à compétence d'appel (des prévôts, des justices seigneuriales et municipales) et de première instance (procès des nobles et cas royaux), jusqu'au Parlement, cour souveraine puisque si elle est saisie des appels portés contre les décisions judiciaires des baillis et celles des hauts vassaux, ses propres arrêts ne peuvent être frappés d'appel ; mais au-dessus de sa compétence souveraine plane toujours la justice personnelle du roi — sa justice retenue — par laquelle il peut casser l'arrêt rendu par cette cour de justice « déléguée ». A côté du parlement de Paris, longtemps unique, des parlements provinciaux sont créés à son image par le roi (Toulouse en 1420, puis de 1453 à 1554, Grenoble, Bordeaux, Dijon, Aix, Rouen, Rennes), tous cours souveraines dotées — parce que la conception de la justice déborde le terrain contentieux — d'un pouvoir réglementaire en matière de police et investies par le roi, lors de l'enregistrement qu'elles font des ordonnances royales, du devoir de dresser d'éventuelles remontrances sur leur contenu.

Ces diverses institutions stabilisées, leur personnel forme progressivement un groupe social, celui des serviteurs du roi, passés souvent par l'Université et issus de milieux aisés. Presque tous officiers, ils s'acheminent vers un statut protecteur. Nommés par le roi « tant qu'il lui plaira », révoqués et gagés par lui, ils vont cependant acquérir une stabilité de fait entre 1350 et 1450, mobilité ou révocations trop fréquentes s'opposant à l'intérêt du service ou à l'expérience acquise. L'inamovibilité leur est garantie en 1467, les protégeant de toute destitution arbitraire sauf cas de forfaiture. Cette perpétuité leur confère une certaine indépendance que renforcent au XVIe siècle la vénalité et l'hérédité de leur office, l'une et l'autre admises par le roi moyennant finance. L'une et l'autre, en faisant entrer la charge publique dans le patrimoine de son titulaire, lui confèrent le droit de l'aliéner à un tiers ou de la transmettre à son descendant, étant sauf le droit du roi d'investir le nouvel officier dans sa charge, en raison de sa nature publique et après vérification des compétences du successeur.

Stabilité et perpétuité de l'office le rendent peu maniable. La royauté recourt alors à d'autres agents, sans garantie statutaire, des « commissaires », dont les pouvoirs, limités à leur commission, sont temporaires (inspection ou enquête) ou permanents quand la charge est de haut niveau, comme celle de gouverneur de province, de conseiller du roi ou de secrétaire d'État.

Tels sont les moyens humains et institutionnels qui s'étoffent et se différencient au rythme même de la croissance du pouvoir royal, de ses droits et du Domaine. Ils sont les instruments techniques et impersonnels de la reconstitution du royaume, puis du déploiement de l'État.

Jean BARBEY.

OFFICIERS ET COMMISSAIRES

Au crépuscule du Moyen Age, une nette distinction s'instaure entre deux grandes catégories d'agents royaux : les officiers et les commissaires. Les premiers se voient reconnaître par Louis XI, qui ne fait d'ailleurs que se conformer à une pratique déjà ancienne, un statut d'inamovibilité. Par des lettres patentes de 1467, le roi accorde qu'un officier ne pourra perdre sa charge que dans trois hypothèses : la mort, une condamnation régulière pour forfaiture, ou encore une résignation volontaire (c'est-à-dire une libre démission). Tout au contraire, les commissaires demeurent à la discrétion du roi. Ils sont, à tout moment, révocables *ad nutum*. Même lorsqu'elle n'est plus explicitement employée, ils restent soumis à l'antique formule précisant que les nominations d'agents royaux sont faites *quamdiu nobis placuerit* (tant qu'il nous conviendra). En un mot, les commissaires vont continuer à représenter, jusqu'à la fin de l'Ancien Régime, « le type le plus ancien et le plus pur de la délégation de la fonction publique » (Fr. Olivier-Martin).

Écrivant au début du XVIIe siècle, le grand juriste Loyseau oppose les officiers, qui constituent la « fonction publique ordinaire », et les commissaires, qui se trouvent chargés d'une « fonction publique extraordinaire ». Effectivement, tout les sépare. L'officier est nommé par des lettres de provision d'office, qui ne précisent en rien ses pouvoirs. Ceux-ci, de même que ses droits et obligations, sont prévus par l'édit créateur de l'office. Les différents titulaires qui se succèdent dans cet emploi public permanent sont tous soumis au même statut, fixé par une loi générale. A l'inverse, les lettres de commission, par lesquelles le roi investit le commissaire, précisent dans le plus grand détail la mission qui lui est assignée et constituent la source des pouvoirs qui lui sont confiés. Le commissaire ne tire pas son pouvoir de lois générales, mais de sa commission. Il est un mandataire du roi, et celui-ci peut à tout instant révoquer son mandat. En fait, le roi, généralement satisfait de commissaires choisis avec soin, ne les révoque que rarement. Mais cela ne change rien au principe.

La patrimonialité des offices

Le fossé statutaire qui sépare officiers et commissaires fut approfondi par le développement de la patrimonialité des offices. Celle-ci a une origine ancienne puisque, dès le XIVe siècle, la royauté avait admis, pour récompenser de bons serviteurs, l'utilisation par certains officiers de la procédure de la *resignatio in favorem*, empruntée au droit canonique. Cette démission en faveur d'un parent, voire d'un étranger, n'est soumise qu'à deux conditions : le résignant doit survivre au moins quarante jours à la résignation ; celle-ci ne saurait faire l'objet d'un achat, et on va faire jurer l'officier entrant dans sa charge qu'il n'a rien payé ou donné pour l'obtenir. Cependant, en pratique, ou bien la résignation a lieu entre parents, et elle sera le plus souvent gratuite, ou bien le bénéficiaire est un étranger, et il y aura normalement vente de la charge. La royauté affecte de ne rien voir, mais elle est parfaitement au courant de ce trafic occulte qui prend au XVe siècle une très grande ampleur. Il procure aux anciens officiers du roi des moyens d'existence que celui-ci est bien en peine de leur fournir.

Le XVIe siècle marque le passage de la patrimonialité de fait à la patrimonialité de droit. L'initiative en revient au pouvoir royal, dramatiquement à court d'argent pour financer ses guerres. A partir du règne de Louis XII, la royauté imite ses officiers et se met à vendre pour son propre compte les offices vacants ou ceux qu'elle vient de créer. François Ier, en 1522, institue un organisme spécial, le bureau des parties casuelles, chargé de recueillir le produit des ventes d'offices. Il devenait dès lors impossible de maintenir la fiction séculaire de la gratuité de la *resignatio in favorem*. On ne tarde pas à permettre aux officiers la vente de leurs offices, moyennant le versement aux parties casuelles d'un droit de mutation. Dans la seconde moitié du XVIe siècle, la vénalité des offices est une chose acquise. Mais il n'en est pas de même pour l'hérédité, à laquelle fait obstacle la règle des quarante jours. Si l'officier meurt sans avoir résigné, ou moins de quarante jours après la résignation, l'office revient au roi qui peut le revendre ; si bien que la famille de l'officier défunt se trouve frustrée de sa valeur. Certes, le roi pouvait, par grâce, accorder à un officier, par des lettres de survivance, que son fils lui succéderait dans son office, mais il s'agissait d'une mesure exceptionnelle. Après plusieurs essais infructueux, la royauté finit par trouver un système conciliant ses propres intérêts financiers et le très vif désir des officiers d'obtenir une hérédité statutaire. Il consistait dans le paiement volontaire par les officiers d'une taxe annuelle égale au soixantième de la valeur de leurs charges. Moyennant quoi celles-ci devenaient pleinement héréditaires et se trouvaient rangées parmi les immeubles dans le patrimoine des officiers. Ce droit annuel, aussi appelé la « paulette », du nom du financier Charles Paulet qui en eut l'idée et la proposa à Henri IV, fut institué par un arrêt du Conseil du 7 décembre 1604. Ce système de la paulette n'était accordé aux officiers que pour neuf ans, mais, en dépit de certaines hésitations, la royauté allait le reconduire, de neuf ans en neuf ans, jusqu'à la fin de l'Ancien Régime.

Ainsi, aux XVIIe et XVIIIe siècles, l'immense majorité des agents royaux sont propriétaires, sinon de leur charge elle-même, du moins de sa finance, c'est-à-dire de sa valeur vénale ; ce qui, dans les esprits, revient sensiblement au même. Ces officiers constituent une fonction publique lourde et lente. En effet, elle est soumise, non seulement dans ses missions de justice, mais aussi d'administration, au respect des vieilles formes judiciaires héritées de l'époque médiévale. La compagnie s'assemble sur requête du procureur du roi ; l'avocat du roi présente alors l'affaire ; chaque magistrat expose ensuite son opinion. Puis, s'il n'apparaît pas de consensus, la décision fait l'objet d'un vote. Il en résulte une inévitable lenteur, à laquelle vient s'ajouter l'extrême pesanteur de cette machine administrative et judiciaire. C'est la conséquence d'une multiplication excessive du nombre des officiers. Ce phénomène s'explique à la fois par les insolubles problèmes d'argent de la royauté en période de guerre et par la demande d'offices émanant des couches aisées du tiers état, désireuses d'accéder ainsi à la noblesse. Car les offices, dont les plus importants sont anoblissants, représentent au XVIIe siècle le grand moyen de mobilité sociale ascendante. D'où la montée vertigineuse de leurs prix.

De plus, du fait de la patrimonialité, les officiers manifestent à l'égard du pouvoir royal une indépendance à peu près totale. C'est excellent en matière judiciaire, mais désastreux dans les autres domaines. Ayant le sentiment d'être propriétaires d'une parcelle d'autorité, bien des officiers n'en font qu'à leur tête, et au surplus ne travaillent qu'autant que cela leur convient. Ils entendent à leur manière le service du roi, et celui-ci n'a pratiquement aucun moyen de les contraindre à l'obéissance. De toutes les compagnies d'officiers, ce sont les cours souveraines qui font montre de l'indiscipline la plus caractérisée. Elles développent un esprit d'opposition, voire de rébellion, qui les conduit à bloquer le fonctionnement des institutions, et même parfois à une révolte ouverte. Les seuls officiers qui soient vraiment disposés à obéir au roi sont ceux qui appartiennent à son Conseil (maîtres des requêtes) ou à la haute administration des finances (intendants des finances). Et c'est précisément parmi eux que la monarchie recrutera bon nombre de ses commissaires.

L'essor des commissaires

Il fallait bien qu'il y eût, à côté de la lourde, lente et indépendante fonction publique officière, des agents royaux dévoués et efficaces, décidés à faire appliquer les ordres du gouvernement. Ce sont les commissaires, que le roi choisit sur un double critère de compétence et de fidélité. Leur prépondérance s'affirme à partir des années 1630. Et c'est pratiquement grâce à eux que la France d'Ancien Régime sera gouvernée et administrée. Lorsqu'une tâche paraît fondamentale à la royauté, celle-ci en charge un commissaire. Les secrétaires d'État sont des commissaires, ainsi que les contrôleurs généraux des finances et les gardes des Sceaux. Sont également commissaires les ambassadeurs, les chefs d'armée, les gouverneurs, lieutenants généraux et commandants en chef, de même que les premiers présidents des cours souveraines. Sont eux aussi des commissaires les intendants, administrateurs régionaux par excellence de la monarchie. C'est d'ailleurs pourquoi on les appelle encore commissaires départis pour l'exécution des ordres du roi. Enfin s'esquisse, parmi les commissaires, une nouvelle catégorie d'agents royaux qui préfigurent la fonction publique moderne. Ils ont un statut précisant leurs obligations professionnelles et leurs avantages : traitement, perspectives de carrière, quasi-droit à une pension de retraite... Les ingénieurs des Ponts-et-Chaussées constituent sans doute le meilleur exemple de ces nouveaux agents publics, qui sont déjà des fonctionnaires avant la lettre.

La montée en puissance des commissaires a été très mal ressentie par les officiers. Si bien que, d'une certaine façon, l'histoire politique et institutionnelle de l'Ancien Régime peut être lue comme l'histoire de la querelle des officiers et des commissaires, ces frères ennemis de la fonction publique monarchique. Dans la première moitié du XVIIe siècle, les officiers, en particulier ceux des cours souveraines, s'irritent de la mise en place des intendants. Non sans raison, ils voient en eux de dangereux rivaux qui menacent leur pouvoir et leur prestige. Ce mécontentement culmine avec la Fronde, au cours de laquelle les officiers parisiens révoltés contraignent le pouvoir royal à supprimer les intendants. Cependant, une fois la monarchie victorieuse, les commissaires connaîtront une revanche éclatante. Louis XIV ôte aux cours souveraines les remontrances préalables à l'enregistrement, imposant ainsi silence aux officiers. Et il s'appuie fermement sur ses intendants qui, d'une main parfois lourde, font respecter l'autorité royale. Puis, à partir de 1715, les parlements ayant recouvré leurs anciennes prérogatives, les officiers relèvent la tête. Mais l'institution des intendants est maintenant solide. Elle forme la clé de voûte de l'administration régionale et locale. Les commissaires l'emportent décidément sur les officiers. D'où l'amertume de ces derniers, d'autant qu'au XVIIIe siècle leur situation matérielle et morale se dégrade. Les progrès de la justice administrative, exercée par l'intendant et en appel par le Conseil du roi, provoquent une chute des revenus professionnels des officiers. Cela contribue à une désaffection pour les offices. Par ailleurs, beaucoup de charges anoblissantes étant, à cause de l'hérédité, occupées par des déjà nobles, la promotion sociale par les offices se ralentit. La conséquence est une forte chute des cours, qui affecte douloureusement le patrimoine des officiers. Parallèlement, ceux-ci ont vu leur pouvoir et leur prestige sérieusement amoindris par la prééminence des commissaires, et notamment des intendants. Ces diverses raisons expliquent les déchaînements de fureur des cours souveraines contre les attributions de compétences juridictionnelles faites aux commissaires départis. Ce n'est d'ailleurs qu'un des aspects de la contestation des parlements au cours de la seconde moitié du XVIIIe siècle. Car les officiers, et spécialement les parlementaires, cherchent à regagner leur puissance et leur prestige perdus en menant contre le gouvernement royal une opposition systématique et virulente. Ce faisant, les cours souveraines finiront par provoquer la Révolution, qui apparaît, dans une certaine mesure, comme une conséquence imprévue de la longue haine des officiers envers les commissaires.

Jean-Louis HAROUEL.

VI

POINTS SENSIBLES

LE ROI ET L'ÉGLISE

La royauté capétienne — de son origine à sa disparition — gouverne un État chrétien. Notre esprit moderne, façonné depuis deux siècles maintenant par une laïcisation absolue des affaires publiques, ne comprend pas sans effort l'équilibre subtil qu'a vécu la société d'ancienne France, entre une primauté incontestée de l'autorité spirituelle et une totale indépendance de l'autorité temporelle. L'équilibre pourrait d'ailleurs aussi bien s'appeler modération raisonnable de l'une et de l'autre. Il excluait, en tout cas, une solution politique figée qui serait demeurée inchangée à travers les siècles. L'histoire des relations de l'Église et du roi, depuis Hugues Capet jusqu'à son lointain successeur Louis XVI, témoigne en effet d'une incessante adaptation aux circonstances variables de la vie des deux communautés qui s'interpénétraient dans le royaume, la nationale et l'ecclésiale. Dans la perspective de synthèse qui est celle de notre propos, il ne saurait être question de retracer le détail de cette mouvante évolution, mais bien plutôt d'en donner le sens général et les temps forts.

Le principe religieux du royaume de France

En 987, quand Hugues Capet est proclamé « *rex Francorum* » par l'assemblée des grands réunie à Senlis, les Francs étaient déjà chrétiens depuis cinq siècles. Leur conversion, décidée par le baptême de leur chef Clovis, avait été en son temps un événement considérable. Premier royaume barbare dans l'Europe occidentale à se rallier à la foi romaine, les Francs étaient apparus les acteurs décisifs du triomphe chrétien sur le paganisme et sur l'arianisme : auréole prestigieuse qui, dès la fin du Ve siècle, nimbait le prince franc et devait bientôt le rattacher à une élection divine.

Les écrivains ecclésiastiques, en effet, lecteurs et disciples assidus des textes de l'Ancien Testament, avaient progressivement transporté dans la liturgie chrétienne, au cours des VIIe et VIIIe siècles, les rites d'onction qui servaient à marquer du signe divin les prêtres et les rois d'Israël. De cette onction, Pépin le Bref avait été le premier marqué en novembre 751. C'était ainsi que le sacre était entré dans l'histoire de la monarchie française, conférant au roi une sorte de sacerdoce. « L'homme qui a reçu l'onction n'est plus un laïque », avait écrit Isidore de Séville. La confusion s'était offerte d'elle-même avec le sacrement, d'autant plus aisée que la dogmatique sacramentaire n'était pas encore fixée. Au IXe siècle, l'archevêque de Reims, Hincmar, n'avait pas hésité à proclamer publiquement que « Clovis avait été baptisé, oint et sacré roi avec un chrême venu du ciel, dont nous avons encore ». Il semblait que seul un miracle pouvait expliquer la conversion de Clovis ainsi que celle de ses guerriers, et le signe visible du miracle se concrétisait dans cet envoi d'une huile sainte portée par une colombe. L'huile était destinée à une onction : onction baptismale ou sacrale, la distinction n'offrait plus d'importance. Le *rex Francorum*, par le sacre, avait été marqué de Dieu.

Cette « religion royale », comme la qualifiera un auteur du XIVe siècle, Hugues Capet la connaissait. Depuis que lui-même avait reçu l'onction à Noyon, il s'en savait l'héritier nécessaire. Mais cette confirmation divine de l'élection des grands, plus qu'un point de départ, pouvait lui paraître aussi comme la consécration — presque une récompense — d'une déjà longue alliance que sa famille avait entretenue avec les clercs. Cette alliance remontait à l'origine même du patrimoine de ses ancêtres, les Robertiens, qui s'étaient régulièrement transmis de génération en génération la possession des grands établissements ecclésiastiques dont les uns et les autres avaient été les abbés laïques et les protecteurs : Marmoutiers et Saint-Martin de Tours, puis Saint-Denis de Paris, Saint-Aignan d'Orléans, Saint-Riquier, Corbie et d'autres encore. C'étaient là les points de départ d'appuis économiques et politiques considérables.

Dans cette voie, Hugues avait su même faire plus que ses prédécesseurs : dépassant les seules préoccupations temporelles de son héritage, il avait découvert le problème spirituel qu'il posait. En cette fin du Xe siècle, l'influence réformatrice de Cluny s'annonçait à l'horizon, inquiétant le plus souvent les grands par son austérité. Hugues, au contraire, s'était fait l'ami de son propagateur, l'abbé Mayeul, à qui il confia le soin de remettre en ordre les monastères de Marmoutiers, de Saint-Maur-les-Fossés, de Saint-Denis après qu'il se fut dépouillé de sa charge d'abbé laïque.

« Foi et politique, a-t-on écrit, se mêlaient chez lui. Son choix de Dieu et d'une Église garantie de son autorité le conduisit à servir le dessein de rénovation de celle-ci pour entrer dans la profitable amitié des saints » (Theis). Analyse trop machiavélique du parti auquel il s'était rangé ? En tout cas, il avait attiré dans son camp ce que le milieu monastique comprenait de plus entreprenant. Le milieu épiscopal ne semble pas lui avoir été moins favorable, si l'on se réfère au rôle déterminant que joua l'évêque de Reims, Adalbéron, dans le choix de Senlis.

Ses successeurs, trois siècles durant, tiendront cette union avec l'Église. Son fils Robert, homme affable, vertueux, ami des pauvres, le premier des rois thaumaturges, Louis VI, défenseur victorieux des faibles contre les exactions des châtelains d'Ile-de-France, Louis VII, fidèle sans faille de la papauté contre l'Empereur, disciple déférent envers son conseiller Suger et pieux croisé pour la défense du Saint-Sépulcre, apparaissent effectivement comme des princes selon l'éthique chrétienne. Silhouettes dessinées par des mémorialistes monastiques plus laudatifs qu'objectifs ? Bénéficiaires involontaires d'une conservation d'archives presque uniquement ecclésiastiques qui ne sauraient témoigner que de leur seule charité ?

L'historien, pourtant, est bien contraint de constater que l'Église a apporté à ces rois l'appui de son autorité indiscutée, l'aide presque indéfectible de sa hiérarchie, le secours de ses richesses matérielles et l'éclat incontesté de son enseignement. Certains faits sont à cet égard particulièrement révélateurs : Urbain II prenant l'initiative de marquer le caractère particulier du sacre conféré au roi très-chrétien ; les évêques du Midi se rangeant aux côtés de Louis VII au plus fort de sa lutte contre Henri II ; la constante assiduité des évêques du domaine royal et des territoires environnants aux séances de la *curia regis*; la prise en charge des pauvres et des malades du royaume par les fondations pieuses des évêques ou des monastères ; la formation des intelligences par les écoles épiscopales et monastiques et même les privilèges concédés par la papauté à la jeune université de Paris. Dans ces conditions, on comprend assez la réponse pertinente, ou impertinente, que Joinville prête à Philippe Auguste quand on lui remontrait les empiétements constants des clercs : « S'il considérait les bontés et les courtoisies que

Dieu lui avait faites, alors il aimait mieux perdre son droit qu'avoir débat avec les gens de Sainte Église. »

A la vérité, si le roi trouve bénéfice à sa politique d'accord avec l'Église, celle-ci paraît, en retour, avoir retiré avantage de son entente avec le roi. Durant ces siècles qui suivent le premier millénaire, pour assurée que paraît la puissance morale du monde ecclésial, celui-ci est pourtant la victime quotidienne des structures féodales de la société, de la violence et des exactions ambiantes. Le clerc, suivant le principe canonique, est par essence désarmé.

La hiérarchie ecclésiastique, dont le recrutement repose sur l'élection des fidèles, devient la proie des grandes dynasties seigneuriales qui s'emparent des nominations épiscopales. Le patrimoine de l'Église — celui qui concerne les bénéfices séculiers, comme celui des monastères — dont la finalité est le service du culte et l'entretien de ses ministres ou le secours des pauvres, est pillé par la rapacité des seigneurs du voisinage. Le remède à ces maux, que les clercs croient trouver en d'autres seigneurs qui s'intitulent leur vidame ou leur avoué, se révèle à l'usage pire que les malversations à éviter.

D'ailleurs, à ces voies de fait en principe condamnées, s'ajoutent les abus de droit passés en coutume. Un évêché ou un siège abbatial est-il vacant, le prince temporel fait main basse sur ses revenus, indemnisation censée équitable de la protection qu'il assure à ces intérêts ecclésiastiques momentanément sans défenseur : c'est la régale. Un évêque ou un abbé prennent-ils possession de leur charge, ils sont contraints d'en demander l'investiture au prince temporel du lieu et de lui faire hommage en des formes qui se confondent avec les procédures féodales. Leur situation tend de la sorte à être assimilée à celle d'un vassal.

Bien entendu, cette contamination des structures ecclésiales par les habitudes du siècle a été de plus en plus fortement combattue par le mouvement réformateur venu d'abord de Cluny et relayé bientôt par les efforts du pontife romain, surtout à partir de Grégoire VII. Or, dans sa lutte contre cette lèpre qui la rongeait à l'intérieur comme à l'extérieur, l'Église a presque constamment trouvé le roi de France à ses côtés. Contre la brutalité des seigneurs il a offert le désintéressement — qui ne fut pas toujours qu'une apparence politique — de sa « garde générale ». S'il a entendu maintenir les profits de sa régale, il a admis que ses limites soient régularisées. Plus adroit que l'Empereur, il a su éviter les excès de la querelle des investitures.

Plus souverain que le roi d'Angleterre, si des heurts se sont parfois localement produits entre les agents de sa juridiction et les représentants de la juridiction ecclésiastique, il a réussi à en écarter les développements néfastes, traitant avec Rome pour obtenir l'apaisement.

La réussite de cette politique d'équilibre entre la défense des intérêts temporels et le respect des exigences de la religion a été magnifiquement concrétisée au XIIIe siècle par la personnalité de Louis IX. De la vertu éminemment royale de justice que ce prince a incarnée, l'histoire a retenu les enquêtes qui ont réparé et empêché les excès de l'administration (1247), les réformes procédurales qui ont exigé la suppression du sacrilège jugement de Dieu (1254 et 1258), la paix avec le roi d'Angleterre au traité de Paris (1259) qui fut celle du droit, l'efficace protection des clercs qui assure l'honnête liberté de leurs élections et la correcte gestion de leur patrimoine, l'incomparable prestige qui fit choisir le roi de France pour arbitre par ses pairs et ses adversaires, la lumière du martyre enfin qui auréole ce dernier croisé, en un temps où déjà on ne croyait plus à la vertu de la guerre contre l'Infidèle. Mais a-t-on suffisamment observé que cette longue suite d'attitudes qui ont fait de Louis IX un saint est l'épanouissement final d'une tradition politique d'union entre le royaume de France et l'Église qui, à travers Hugues Capet, remonte aux origines les plus lointaines de la monarchie française.

En tout cas, sur cette sorte d'incarnation par Louis IX du principe essentiel de cette monarchie, l'opinion ne s'est pas trompée qui fit désormais du trône capétien le trône de saint Louis, et de la race royale française, la race de saint Louis.

La naissance du gallicanisme

Tout semble commencer avec le règne de Philippe le Bel. En fait les éléments d'un conflit entre le roi et la papauté se mettent en place dans le courant du XIIIe siècle. Ils tiennent à la progressive constitution, à l'intérieur du royaume, de l'État moderne dont la jeune souveraineté n'admet pas de concurrent dans l'exercice du pouvoir sur son territoire. Les conditions d'un heurt sont d'autant plus accusées que les structures de l'Église sont elles-mêmes devenues plus centralisées autour du pontife romain.

Bien des points de friction étaient sensibles dans cette lutte d'influence à laquelle commençaient à se livrer quotidiennement les tenants des services ecclésiastiques — les officialités surtout — et les agents royaux, baillis et sénéchaux principalement. Mais il était un terrain où se concrétisait de manière particulièrement aiguë la pénétration du pouvoir pontifical : c'était, assez curieusement, l'immunité fiscale dont se réclamaient les clercs. Le problème était ancien. Dès le XIIe siècle on s'était efforcé de le résoudre, admettant qu'une contribution financière pouvait être demandée au clergé au moins pour la défense des intérêts de la religion, telle l'organisation d'une croisade. On s'était arrêté à cette procédure qu'on a qualifiée de décime parce qu'elle représentait un prélèvement d'un dixième sur le revenu bénéficial. La décime avait été parfois remise au roi pour en assurer la gestion. Ainsi, en 1188, Philippe Auguste reçut-il une décime afin de mener le combat contre Saladin. De toute façon les conciles — celui de Latran III en 1179, de Latran IV vers 1215 — proclamaient clairement le double principe qui conditionnait cette participation financière du clergé : d'une part le nécessaire consentement de celui-ci ; d'autre part la nécessaire approbation pontificale. Ces données traditionnelles à la fin du XIIIe siècle s'enveniment brusquement, semble-t-il, sous le choc des deux personnalités de Philippe le Bel et de Boniface VIII.

Il est incontestable que les levées de subsides sur son clergé ordonnées par Philippe le Bel n'étaient pas conformes aux prescriptions conciliaires et il n'est pas étonnant que ces agissements financiers aient provoqué des plaintes portées à Rome. Ces sortes de recours n'étaient pas une nouveauté pour la curie romaine. Pourtant Boniface VIII y réagit violemment par la promulgation d'une bulle « *Clericis laïcos* » (12 février 1296). En substance, d'ailleurs, la décrétale ne faisait que rappeler les principes traditionnels de la procédure des décimes, mais l'autoritarisme du ton la rendait blessante. La réplique royale ne se fit guère attendre : le 17 août une ordonnance interdisait toute sortie d'or du royaume ; c'était une manière déguisée de paralyser le jeu de la fiscalité pontificale sur les bénéfices ecclésiastiques en France. Après quelques hésitations, le pape, par la bulle « *Etsi de statu* » (31 juillet 1297), s'en remit à la conscience du roi pour l'imposition de son clergé. Philippe le Bel avait gain de cause.

Cependant, moins de trois ans plus tard, le conflit se rallumait entre le roi et le pape, autour de procédures menées par des agents royaux à l'encontre de l'évêque de Pamiers. La bulle

« *Ausculta fili* » (décembre 1301) porte, cette fois-ci, immédiatement le débat sur son terrain véritable, celui de la primauté du pouvoir spirituel : c'est au nom de cette primauté que le roi se voyait assigné à comparaître, à Rome, devant un concile, pour y être jugé de ses excès. Bien sûr, Philippe le Bel n'y parut point, mais Boniface VIII y trouva une tribune favorable pour lancer la fameuse bulle « *Unam Sanctam* » (novembre 1302). Dans cette extraordinaire vision théologique du pouvoir, les deux glaives — le spirituel et le temporel — appartiennent à l'Église, les princes ne disposant du temporel que par délégation pontificale, « *ad nutum et patientiam sacerdotis* ». Ce devait être le dernier succès de Boniface VIII.

A Paris, le roi — à la suggestion de son conseiller Guillaume de Nogaret, peut-être aussi mû par sa conviction profonde — explicitait longuement le sens de la lutte qu'il menait contre Boniface VIII. Loin d'être une attaque contre le Saint-Siège, sa politique était en réalité une défense de l'Église contre l'indignité d'un pape illégitime. Le roi jouait ici de certaines rumeurs qui avaient entouré l'élévation au trône pontifical de Benoît Gaëtani. Ruse du prince ou intime persuasion ? L'énigmatique figure du roi a toujours laissé l'historien perplexe. Quoi qu'il en soit, cette présentation des faits retournait la situation : d'accusateur Boniface VIII devenait accusé, invité à son tour à venir s'expliquer devant le concile général. On sait comment la mission de Nogaret de remettre sa citation à l'intéressé se termina tragiquement à Anagni : quelques semaines plus tard, Boniface VIII mourait (11 octobre 1303). Mais sa disparition ne devait pas désarmer son adversaire qui poursuivit la condamnation de sa mémoire. Les successeurs de Boniface VIII s'y refusèrent. Clément V finit cependant par annuler tous les actes qui avaient condamné le roi et même il accorda sa grâce à Guillaume de Nogaret. Devant l'Europe stupéfaite, le roi très-chrétien venait de faire reconnaître par Rome l'indépendance absolue de son royaume au temporel, indépendance contre laquelle venait se briser l'arme toute spirituelle de l'excommunication.

Le triomphe qui demeura désormais indiscuté de la maîtrise totale du roi sur son royaume décida de la place ultérieure faite à l'Église en France. Il détermina les solutions progressivement apportées aux trois problèmes essentiels que posaient, à l'intérieur du royaume, le rôle des juridictions d'Église, la collation des bénéfices et le respect des biens ecclésiastiques.

Sur le plan de la justice, il est bien vrai que les officialités, dont la précoce organisation avait naguère séduit plus d'un plaideur, connaissaient à la fin du XIIIe siècle de beaucoup d'affaires qui ne concernaient guère le spirituel. Les éléments divergents de cette situation en pleine évolution sont particulièrement mis en lumière par les discussions qui partagèrent l'assemblée réunie par Philippe VI à Vincennes en 1329 : d'un côté le canoniste Pierre Bertrand invoquant en faveur du clergé la coutume immémoriale ; en face le premier président du Parlement, le légiste Pierre de Cugnières, dénonçant la violation de la distinction du spirituel et du temporel et clamant l'inaliénable intangibilité des droits du roi. En fait, au milieu de ces écueils le Parlement sut habilement manœuvrer. Dès la fin du XIVe siècle les officialités avaient perdu leur compétence en matière réelle, et leur compétence *ratione personae* était entamée bien avant que l'ordonnance de Villers-Cotterêts ne vînt la supprimer totalement en 1539. Le privilège de clergie lui-même était battu en brèche, au moins en matière criminelle : dès que le comportement du clerc avait troublé l'ordre public, au délit commun connu de l'officialité s'ajoutait le « cas privilégié », sanctionné par le juge laïque. Ces résultats remarquables furent obtenus par le simple jeu des recours en Parlement, lors de conflits entre officialités et juridictions laïques, le principe essentiel de la jurisprudence parlementaire demeurant toujours l'absolue préservation du pouvoir royal en toutes affaires qui touchent au temporel. C'est ainsi que se constitua insensiblement le fameux appel « comme d'abus » : utilisé d'abord contre ce que l'on considérait « entreprises de la Cour de Rome », il fut, à partir du XVIe siècle, également employé, avec le même succès, contre ce que l'on estima « entreprises des officialités ».

Juridiquement, il fut donc assez aisé de présenter la limitation des compétences d'Église en matière de juridiction comme une conséquence naturelle de l'indépendance reconnue du pouvoir royal au temporel. Il était plus subtil d'y rattacher une participation à la collation des bénéfices ecclésiastiques, laquelle n'était que la face seconde du recrutement du clergé. La politique royale, ici, tout en s'appuyant fondamentalement sur la protection qu'elle offrait à toutes les églises du royaume, sut utiliser le jeu des rivalités entre Rome et son clergé, tantôt s'entendant avec le pape pour glisser ses recommandations dans le cadre des réserves apostoliques ou des grâces expectatives, comme ce fut le cas pendant tout le XIVe siècle, tantôt s'accommodant de la règle canonique des élections par les chapitres intéressés pour y présenter des candidatures officielles, comme l'envisageait la Pragmatique Sanction de Bourges (1438) à la suite des décisions du concile de Bâle. Pourtant l'accord avec Rome était de tradition au royaume de France. D'ailleurs les nominations pontificales paraissaient plus rapides et plus efficaces que les intrigues électorales. François Ier venait d'être vainqueur à Marignan et c'est presque naturellement qu'il rencontra à Bologne, au mois de décembre 1515, le nouveau pape Léon X. Les deux souverains s'entendirent rapidement. Le pape souhaitait surtout que la Pragmatique Sanction fût abrogée et, par là même, écarter la thèse de la supériorité du concile, proclamée à Bâle. Le roi voyait sanctionner par un bon traité une pratique de présentations vieille de deux siècles. Pour l'essentiel, en effet, le concordat de 1516 prévoyait qu'en cas de vacance à un bénéfice majeur, le roi « nommait » (*nominat*, disait le texte officiel avec l'ambiguïté du terme latin) un candidat « idoine » et que le pape, après avoir fait examiner son aptitude à exercer la fonction, lui conférait l'investiture canonique : collaboration complexe des deux pouvoirs temporel et spirituel dont la réussite reposait sur l'indéfectible volonté d'accord des deux parties en présence. En fait, c'était mettre à la disposition du roi très-chrétien les quelque 150 évêchés et archevêchés, les quelque 500 abbayes de son royaume. On ne revint jamais sur ces décisions jusqu'à la fin de l'Ancien Régime.

Bien que le roi ait rencontré quelque difficulté à faire admettre le Concordat par le Parlement et même par l'université de Paris, on pouvait estimer qu'il exprimait un équilibre heureux dans cette politique royale d'indépendance vis-à-vis du spirituel, si violemment inaugurée par Philippe le Bel. La réforme protestante allait pourtant mettre une nouvelle fois à l'épreuve les relations du royaume avec le centre romain de la chrétienté. Ce n'est pas notre propos d'envisager le développement du protestantisme ; cependant il faut bien constater le rôle imprévu qu'il joua dans le très vieux problème de la situation à réserver aux biens ecclésiastiques.

Jusqu'au milieu du XVIe siècle, on en était resté au théorique maintien de leur immunité fiscale, pratiquement compensé par les décimes consenties au roi, décimes dont on ne dissimulait plus guère que la finalité était de contribuer aux charges de l'État. Mais les difficultés financières où se débattait le gouvernement de Catherine de Médicis devaient immanquablement cristalliser l'attention sur l'exemple des pays allemands que leur conversion aux doctrines religieuses nouvelles avait conduits à la sécularisation du patrimoine ecclésiastique. Les députés de la noblesse et du Tiers réunis à Pontoise en 1561 pour examiner la situation ne cachent point quel est leur sentiment à ce sujet. C'est sous cette menace implicite que fut passé, le 21 octobre 1561, le contrat de Poissy. Les représentants du clergé s'engageaient à régler les arrérages des rentes constituées par le roi sur l'Hôtel de Ville de Paris, et à progressivement amortir leur capital. En contrepartie le roi promettait de ne point aliéner les biens du clergé.

L'exécution du contrat eut des péripéties multiples d'où il résulte qu'à la fin du XVIe siècle, d'une part le clergé avait mis sur pied toute une organisation administrative pour lever les subsides qui lui permettaient d'honorer ses promesses, et que d'autre part, de cinq ans en cinq ans, le contrat était renouvelé pour accorder au roi un « don gratuit ». Le système se maintint jusqu'à la Révolution. Des trois ordres du royaume, le clergé était le seul à préserver son consentement à l'impôt et même à assurer personnellement la gestion de l'impôt qu'il avait consenti.

Les événements et la volonté du roi avaient ainsi conféré au clergé de France une allure originale. L'observation ne signifie pas que l'Église de France ait été constituée en une entité juridique distincte dans l'ensemble de l'Église catholique. C'est seulement la réflexion doctrinale de quelques-uns, interprétant les faits historiques, qui forgea ce concept d'une *Ecclesia Gallicana* à laquelle auraient été conférées des « libertés particulières » au sein de l'Église universelle. Ce mouvement de pensée remonte assez loin puisque Pierre de Cugnières, à l'assemblée de Vincennes, priait le roi de maintenir l'Église de France en « ses franchises, libertés et coutumes ». Une dizaine d'années plus tard, la Pragmatique Sanction s'y réfère. Mais il faut attendre la fin du XVIe siècle pour que ces idées revêtent l'allure d'un véritable corps de maximes auquel le Traité de Pierre Pithou donna, en 1584, la forme d'un code.

L'ensemble met en avant trois thèmes essentiels. La structure première en est évidemment l'indépendance absolue du roi de France au temporel proclamée lors du différend de Philippe le Bel et de Boniface VIII : « Les papes ne peuvent rien commander ny ordonner soit en général soit en particulier de ce qui concerne les choses temporelles es pays et terres en l'obeissance et souveraineté du Roy Tres Chrétien et s'ils y commandent et statuent quelque chose, les sujets du Roy, encore qu'ils fussent clers, ne sont tenus à lui obéir pour ce regard. » On en déduisait notamment, peut-être se souvenant de la grâce accordée à Guillaume de Nogaret, l'interdiction d'excommunier les officiers royaux dans l'exercice de leurs fonctions. « Es choses spirituelles », en revanche, le pape était reconnu « pour suzerain », mais encore fallait-il remarquer que cette suzeraineté spirituelle se bornait aux règles des anciens conciles « acceptés en ce royaume », l'exemple du concile de Trente, qu'on n'avait point reçu en France, paraissant une bonne illustration de ces limites apportées à l'autorité pontificale. Enfin déjà s'esquissaient les conséquences de cette protection générale des églises du royaume à laquelle s'engageait le roi par le serment du sacre et qui fondait, pour Pithou, son droit de présentation aux bénéfices ecclésiastiques.

Telle apparaissait l'Église de France... aux yeux des gallicans à l'orée du XVIIe siècle. Il faut cependant observer que ce gallicanisme ne reflétait pas seulement l'opinion de quelques juristes et de quelques théologiens de l'Université : à quelques nuances près c'était aussi ce que pensaient les magistrats du Parlement et les évêques du royaume. Surtout, sous l'influence de quelques esprits audacieux, tel ce syndic de la faculté de théologie, Edmond Richer, les « libertés gallicanes » se chargeaient d'éléments plus ou moins empruntés aux doctrines protestantes. Dans cette lumière nouvelle, le gouvernement monarchique de l'Église, serrée autour du Siège romain, s'estompait, tendant vers une aristocratie élargie où le pouvoir épiscopal serait lui-même contrebalancé par l'action des curés ou des simples prêtres, ceux qu'on commençait à appeler « les clercs du second ordre », précisément pour les opposer à la hiérarchie ecclésiale traditionnelle.

Le vêtement du gallicanisme recouvrait bien des aspirations et des mouvements divers...

Le roi, universel patron et protecteur de l'Église dans son royaume

L'Église, sous l'impulsion du concile de Trente, avait recouvré, dans la contre-Réforme, la vitalité d'une nouvelle jeunesse. Les esprits demeuraient pourtant bouleversés par la déchirure protestante. L'âme chrétienne était atteinte dans la certitude de sa foi et le magistère romain paraît impuissant à maîtriser ce désarroi : crise d'autorité ? crise de confiance ? A la vérité, la philosophie n'est déjà plus chrétienne depuis Descartes. L'apologétique classique est dépassée et celle du XVIIIe siècle s'épuisera sans comprendre qu'à laisser poser les problèmes par ses adversaires, elle est vaincue d'avance. Cette défaillance de la théologie explique-t-elle les difficultés croissantes qui assaillent le corps ecclésial en cette fin de la monarchie capétienne ?

En tout cas, pour le roi, le gallicanisme n'aura plus guère le sens que lui prêtaient ses premiers doctrinaires. Le temps est passé où il s'agissait d'affirmer la spécificité du pouvoir temporel face au spirituel prééminent. Au XVIIe siècle déjà le jeu gallican commence à se distribuer tout autrement, et l'évolution se précipitera au XVIIIe siècle devant les défaillances soudaines d'une hiérarchie ecclésiale discutée et les acerbes critiques de la société des Lumières qui ne comprend plus le privilège du clerc. Dans ce climat nouveau, le roi se montra-t-il le moins gallican des gallicans de son royaume, comme semblent parfois l'en avoir accusé les parlementaires ? Les faits sont très complexes.

Pendant un premier moment, il paraît que Louis XIV s'illusionne encore sur la puissance des « libertés gallicanes ». De la régale que le Concordat lui laissait exercer lors de la vacance des sièges épiscopaux ou abbatiaux et qui permettait à l'administration royale de percevoir temporairement les revenus de l'évêché ou de l'abbaye, il pense pouvoir déduire qu'il est maître aussi, comme l'évêque ou l'abbé, de nommer pendant le même temps aux bénéfices mineurs. Comme le pape proteste vivement contre cette décision aussi unilatérale qu'insolite, le roi croit devoir lui faire répondre par l'assemblée du clergé de France elle-même. C'est ainsi que fut publiée, sous la direction de Bossuet, la fameuse *Déclaration sur le pouvoir ecclésiastique et la puissance temporelle* (1682) qui résumait en quatre articles la charte gallicane, ou tout au moins celle de l'épiscopat : indépendance absolue du pouvoir temporel, autorité singulière des anciens canons, supériorité du concile universel, nécessité de l'assentiment de l'Église pour sanctionner l'infaillibilité des décisions pontificales. Ce coup direct porté au pouvoir du pape, venant de la hiérarchie épiscopale, fut durement ressenti à Rome. Il en résulta, pendant dix ans et plus, une sorte de blocage des nominations épiscopales en France, le pape se refusant à conférer l'investiture canonique à tout candidat signataire de la Déclaration. Louis XIV mit brusquement fin au différend, s'engageant à n'imposer ni profession ni enseignement des « quatre articles », obligeant même les évêques à envoyer leur rétractation à Rome. Ce devait être la dernière brouille importante entre le Saint-Siège et le roi. Ce qui se passait à l'intérieur de l'Église de France allait en effet conduire le gallicanisme du roi à prendre un autre visage.

L'histoire semble s'articuler autour d'une querelle dogmatique, le jansénisme. Ce débat sur la grâce, lancé par l'évêque d'Ypres lors de la publication en 1640 de son livre, l'*Augustinus*, et soutenu par l'ascétisme de quelques grands esprits groupés autour du monastère de Port-Royal, souleva très vite l'attention hostile du roi. Le conflit, un moment apaisé par la sagesse du pape Clément IX, se ralluma aux alentours de 1680 avec le succès de diffusion des *Réflexions morales* du Père Quesnel. Apparemment, l'ouvrage s'inscrit dans le sillage du jansénisme ; en fait les conseils moraux de Quesnel n'ont guère de lien avec la doctrine augustinienne et suggèrent davantage un ralliement fuyant aux thèses richéristes[1], lesquelles semblent soudain progresser. Or le roi s'estime traditionnellement le protecteur des églises du royaume, de leur bel équilibre moral et spirituel, ce qui comprend, dans l'interprétation gallicane, en même temps qu'une obligation, les moyens pour la remplir. Autrement dit, Louis XIV entend que soit respectée la hiérarchie classique de l'Église. Sur le plan du dogme, il n'aura de cesse d'obtenir à Rome la condamnation des *Réflexions morales*. Sur le plan immédiat de la juridiction ecclésiale, l'édit de 1695 — considéré jusqu'à la fin de l'Ancien Régime comme la charte concédée par l'État à l'Église — pose le principe essentiel du maintien des structures traditionnelles du clergé, réservant à la hiérarchie épiscopale le contrôle de la prédication et de l'administration des sacrements. Le Saint-Siège, instruit du climat ambigu où se déroule l'affaire quesnellienne, sera plus long à intervenir : ce n'est qu'en 1713 que la bulle *Unigenitus* condamne définitivement les *Réflexions morales*.

Était-il déjà trop tard ? La bulle, âprement sollicitée par le roi, est loin de rencontrer en France une adhésion unanime. Bientôt même le conflit se dessine entre acceptants — en majorité les membres de la hiérarchie — et opposants — surtout des curés ou de simples clercs —, le peuple des fidèles se partageant entre les uns et les autres. Le Parlement, dès la première lecture du texte pontifical, a pris parti pour les opposants : les règles gallicanes n'exigent-elles pas que les canons romains soient explicitement acceptés par l'ensemble du clergé de France pour être reçus comme lois du royaume ? L'attitude du Parlement aura pour conséquence très grave de faire passer

[1] Richérisme : position doctrinale soutenue par Edmond Richer, syndic à l'université de Paris, tendant à mettre en question le pouvoir de la hiérarchie ecclésiastique, point de vue théologique condamné en 1612 par l'Assemblée générale du clergé.

sous son contrôle, par le biais d'un appel comme d'abus élargi, toute décision de la hiérarchie touchant à la bulle *Unigenitus*. Bien mieux, pendant que s'amplifie et se prolonge le conflit janséniste, au cours de la première moitié du XVIIIe siècle, à travers la bulle *Unigenitus*, le Parlement s'arroge compétence pour connaître de tout acte de la juridiction ecclésiastique, fût-il contentieux ou administratif, eût-il pour objet le temporel ou le spirituel, tel le refus de sacrement. Au nom de ses « libertés » spécifiques, l'Église gallicane se trouvait entièrement soumise aux décisions souveraines de la cour laïque du Parlement : situation inextricable où le Conseil du roi doit intervenir presque quotidiennement pour remettre les choses dans l'ordre prescrit par l'édit de 1695.

Le mérite de Louis XIV fut en effet d'avoir, dès le début de ce qu'il est convenu d'appeler la crise janséniste, décelé le germe de perversion d'un gallicanisme manié par les forces centrifuges du richérisme ou de la rébellion parlementaire. Cette perception aiguë du sens de l'ordre, si souvent reprochée au plus absolu de nos princes, conduisit au rapprochement, qu'on aurait trouvé singulier un siècle plus tôt, du roi, de l'épiscopat et du pape. La même politique, en définitive continuée par le Régent, le cardinal de Fleury et Louis XV, permit l'assouplissement des retombées les plus aiguës du jansénisme. Quoi qu'il en soit, un temps précieux avait été perdu par l'Église en ces conflits internes alors que l'irréligion gagnait l'*intelligentsia*.

Il n'est guère possible de s'abuser sur le caractère profondément irréligieux des Lumières. Un d'Alembert, dans le discours préliminaire de l'*Encyclopédie*, a parfaitement souligné que l'« éblouissement » de ses contemporains tient au fait que la raison est débarrassée des entraves du dogme. Dès les années 1750, cette mutation des mentalités est d'ailleurs perçue par les clercs les plus avisés, et c'est aussi le moment où les conséquences s'en développent quant à la situation de l'Église à l'intérieur du royaume. Un contrôleur général des Finances, par exemple, n'hésite pas à encourager secrètement les campagnes grivoises d'un gazetier contre les clercs réguliers et leur inutilité sociale. De façon plus sérieuse, dans les milieux financiers et économiques, on critique ouvertement aussi bien la maladroite répartition du patrimoine ecclésiastique entre séculiers et réguliers, que l'immense immobilité des richesses foncières de l'Église, emprisonnées dans l'inaliénabilité de la mainmorte. Les analyses nouvelles des physiocrates exigent la liberté des échanges et, paradoxalement, incitent à la limitation autoritaire des biens ecclésiastiques. Au demeurant, on n'est plus guère disposé à soutenir le bien-fondé de leur exemption fiscale à l'intérieur d'un État qui déjà commence à prendre en charge le service de l'enseignement et celui de l'assistance. Les rentiers de l'Hôtel de Ville mis à part, qui a présent à l'esprit les sommes considérables versées périodiquement par le clergé de France au roi, sous le titre discret de don gratuit ?

Ces tendances de l'opinion générale expliquent les dispositions de l'édit d'août 1749 qui soumet à l'autorisation royale toute acquisition immobilière des établissements religieux. Faut-il ajouter qu'après la suppression des jésuites (1762), la malencontreuse initiative royale de la création d'une Commission des réguliers, chargée de la réforme des monastères d'hommes, achève de définir le sens exact des « libertés gallicanes ».

En un mot, par la « protection » qu'il étend à toutes les églises du royaume, le roi a réussi à préserver l'essentiel de la juridiction ecclésiastique contre le gallicanisme janséniste et parlementaire, de même que, contre l'irréligion des Lumières, il a maintenu le clergé à la place de premier ordre de l'État et qu'il continue à appeler les cardinaux ses cousins. Cependant, l'intervention personnelle du roi repose elle-même sur le principe gallican. Rien n'est avancé d'ailleurs pour dissimuler que le « patronat » du roi en fait le maître incontesté de la discipline du clergé de France, ce qui justifie les mesures qu'il prend pour contrôler l'accroissement du patrimoine ecclésiastique et pour redresser la règle de vie des couvents. Dans la réalité quotidienne, la modération, le caractère foncièrement chrétien du prince sont les seuls garants des vraies libertés de l'Église de France et de sa soumission spirituelle au Siège de saint Pierre, la seule barrière au schisme de la France ; mais la barrière était suffisante. Cette situation ne faisait qu'exprimer la structure constitutionnelle de l'État : dans cette monarchie où un seul décide, celui-là assume aussi la responsabilité pour tous. Aux yeux de ses sujets chrétiens, le roi, touché par l'onction du Saint Chrême, apparaît toujours comme vêtu d'une sorte de sacerdoce ; à Rome, le roi demeure le signe tangible du rattachement de la nation française à l'autorité pontificale. « Évêque du dehors », avaient dit les gallicans : l'image est sans doute trop accusée. Il semble pourtant que ce fut l'erreur essentielle de l'Assemblée constituante de ne l'avoir pas compris. Louis XVI, en revanche, quelque nourri de libéralisme qu'il fût, avait hautement conscience que les engagements pris pour lui et pour son peuple le jour de son sacre étaient le sceau chrétien de l'État dont il avait la charge. Dans cette perspective, le refus final qu'il opposa à la Constitution civile du clergé n'est que l'expression dernière et suprême de la fidélité à l'Église du roi très-chrétien.

Marguerite BOULET-SAUTEL.

LE ROI ET LES PARLEMENTS

Au siècle de saint Louis, qui se voulait avant tout un justicier, la royauté impose sa compétence judiciaire au détriment des justices seigneuriales et municipales. Dans un domaine royal désormais très vaste, le roi a mis en place, au-dessus des prévôts, de nouveaux juges — les baillis et les sénéchaux — dont les décisions sont soumises à appel devant sa cour (*Curia regis*). Parallèlement, hors du Domaine, le pouvoir royal étend cet appel hiérarchique devant la *Curia* aux jugements rendus par les juridictions des grands vassaux du roi. Si bien qu'à partir du milieu du XIIIe siècle, la cour du roi reçoit un afflux massif de procédures judiciaires, ce qui provoque la formation en son sein d'une structure spécialisée dans leur traitement. C'est le *parlamentum*, qui siège avec régularité, possède son personnel propre et se trouve installé à demeure, avec ses archives, dans le palais du roi. En quelques décennies, cette section de la *Curia regis* va se détacher tout naturellement de celle-ci et devenir un organisme bien distinct. C'est chose faite à la fin du XIIIe siècle. Le Parlement est né.

L'essor des parlements

Jusqu'au milieu du XVe siècle, il n'exista dans le royaume qu'un seul parlement, qui siégeait à Paris. Mais, devant la masse des affaires qu'il devait traiter et l'extension constante du territoire, la royauté créa, au cours des XVe et XVIe siècles, plusieurs parlements provinciaux : Toulouse, Grenoble, Bordeaux, Dijon, Aix, Rouen, Rennes. Puis, aux XVIIe et XVIIIe siècles, au fur et à mesure que se poursuivait l'œuvre d'agrandissement du royaume, sont venus se joindre aux précédents les parlements de Pau, Metz, Besançon, Douai et Nancy. S'y ajoutent enfin les conseils souverains d'Artois, du Roussillon, d'Alsace et de Corse, juridictions analogues mais moins prestigieuses.

Les divers parlements exercent les mêmes attributions. Ce sont avant tout des cours de justice qui, parfois en première instance mais le plus souvent en appel, connaissent en dernier ressort de toutes les affaires civiles et criminelles. Les arrêts des parlements sont insusceptibles d'appel ; d'où le titre de cours souveraines dont ils s'enorgueillissent. Cependant, le roi s'est réservé, au titre de sa justice retenue, un pouvoir de cassation des arrêts des parlements. Il en confie généralement l'exercice à son Conseil, qui a remplacé l'ancienne *Curia*. Par ailleurs, les compétences des parlements ne sont pas exclusivement judiciaires. Par délégation tacite du souverain, ils exercent, au moyen de leurs arrêts de règlement, un véritable pouvoir réglementaire. De plus, ils se trouvent associés à la procédure législative, par le biais de l'enregistrement des lettres patentes. Et cette attribution leur permettra de s'arroger un rôle politique de premier plan, qui prendra la forme d'une opposition à l'autorité royale, dont la monarchie finira par mourir.

Il était logique que le Parlement tînt registre des lois qu'il avait pour mission d'appliquer. Si bien que, dans la première moitié du XIVe siècle, se forma la coutume d'une publication et d'un enregistrement des lettres patentes par le Parlement. Elles y étaient lues en audience publique, puis transcrites par le greffier sur un registre spécial (*i.e.* enregistrées). Et il entra de même en coutume que les lois n'étaient exécutoires qu'après enregistrement. A l'occasion de cette formalité, le Parlement prit l'habitude, lorsqu'une disposition heurtait sa conception du bien commun et des intérêts de la Couronne, de surseoir à l'enregistrement et de présenter au roi des remontrances, respectueusement et dans le plus grand secret.

Cette pratique tout à fait conforme à l'esprit médiéval — il ne s'agit que d'une application du devoir de conseil féodal — fut volontiers admise par la royauté. Car le roi se faisait gloire de gouverner et légiférer par grand conseil. Mais, pour autant, le droit de remontrances reconnu au parlement de Paris, puis, lors de leur création, à ceux de province, ne limitait en rien la plénitude du pouvoir législatif du roi. Si les remontrances lui paraissent mal fondées, le souverain passe outre. Par des lettres de jussion, il ordonne l'enregistrement de son texte. Normalement, le parlement doit obtempérer. Mais il lui arrive de résister et d'adresser d'itératives remontrances au roi. Celui-ci y répliquera par de nouvelles lettres de jussion. Et il sera parfois obligé de multiplier les jussions pour vaincre l'obstination d'une cour souveraine. Aussi bien peut-il également envoyer au parlement concerné un grand seigneur, porteur de ses ordres, avec mission de faire procéder en sa présence à l'enregistrement. Enfin, il reste au roi la solution suprême du lit de justice, qu'il emploie principalement à l'égard du parlement de Paris. Le roi siège alors au milieu de sa cour, sur un trône ayant la forme d'un divan surmonté d'un dais fleurdelisé. Sa présence suspendant la délégation de pouvoir faite à ses officiers de justice, le souverain ordonne lui-même au greffier de procéder à l'enregistrement du texte.

Durant le XIVe siècle, le Parlement exerça sans en trahir l'esprit les fonctions de conseil que lui avait reconnues la royauté. Mais, dès le XVe siècle, il tenta de faire prévaloir sa volonté sur celle du pouvoir royal, dont la politique religieuse lui semblait insuffisamment gallicane. En 1417, un sérieux conflit donne lieu à un lit de justice. Puis, au XVIe siècle, il y eut plusieurs graves affrontements entre les parlements et la royauté. D'esprit farouchement gallican, le parlement de Paris se dressa contre le concordat de Bologne (1516). Le roi dut dépêcher un porteur de ses ordres pour en imposer l'enregistrement. Malgré celui-ci, le Parlement se refusa à appliquer le texte. Si bien que le roi fut contraint de confier au Grand conseil le contentieux relatif aux bénéfices majeurs. D'autres conflits avec les parlements intervinrent à propos des édits de pacification, y compris celui de Nantes, auxquels ils firent mauvais accueil en raison de leur hostilité envers les protestants. Enfin, les édits fiscaux du début du règne de Henri IV soulevèrent une vive opposition des cours souveraines.

Ce durcissement de l'attitude des parlements s'explique dans une large mesure par le progrès, au cours du XVIe siècle, de la patrimonialité des offices. Leur vénalité a été reconnue la première et sera bientôt suivie de l'hérédité, pleinement acquise à partir de 1604, avec la création de la « paulette ».

Une opposition politique

A partir du début du XVIIe siècle, les parlementaires, qui sont désormais propriétaires de leur charge et peuvent la transmettre à leurs descendants, éprouvent face à la royauté un sentiment d'indépendance et de sécurité. Cela les incite à donner libre cours à leurs prétentions politiques.

Dans la première moitié du XVIIe siècle, les parlements affirment avec force la revendication, née au siècle précédent, d'une libre vérification des édits et ordonnances. Selon eux, les enregistrements d'autorité, et particulièrement en lit de justice, ne seraient pas valables. Les cours souveraines auraient le droit de refuser l'enregistrement d'un texte, c'est-à-dire d'accepter ou de rejeter les lois. Le pouvoir législatif du roi serait donc incomplet, soumis à la sanction des parlements. D'aucuns font de cette libre vérification des lettres patentes l'une des lois fondamentales de la monarchie. D'autres fondent cette prétention sur les arguments pseudo-historiques fournis, au temps des guerres de Religion, par Hotman et d'autres théoriciens monarchomaques : les parlements seraient, *via* la *Curia regis*, les héritiers des plaids généraux de l'époque franque, abusivement présentés par ces auteurs comme des assemblées nationales et législatives. D'autres encore, conscients que les États généraux ressemblent plus à de telles instances que les parlements, affirment que ceux-ci remplacent les États dans les périodes où ils ne sont pas réunis. Et, comme la royauté ne fait plus appel à eux à partir de 1615, ni aux Assemblées de notables après 1627, les parlements se considèrent plus que jamais comme les représentants de la nation.

D'ailleurs il est vrai que le parlement de Paris, sorti de l'ancienne *Curia*, reste un organe de conseil pour la monarchie, qui le sollicite en cas de difficulté. Ainsi, à la mort de Henri IV, Marie de Médicis lui demande la régence. Faute politique qui permettra à cette cour, dans des remontrances de 1615, de déclarer qu'elle est l'organe le plus apte à conseiller le roi.

Durant le règne de Louis XIII, la tension va croissant entre la royauté et les parlements dont l'indocilité se fait de plus en plus caractérisée. D'autant qu'ils sont irrités par la menace périodique d'un non-renouvellement du système de la paulette, voire d'une abolition de la vénalité des offices. De plus, ils acceptent mal la multiplication des évocations par le Conseil du roi, ainsi que celle des jugements par commissaires, notamment en cas de conspiration. Enfin, les cours souveraines voient d'un très mauvais œil l'envoi dans les provinces d'intendants, dont l'action amoindrit leur rôle et menace leur prestige. Tout cela contribue à exciter l'opposition parlementaire. Refus d'enregistrement et remontrances se multiplient. Les lits de justice mêmes ne viennent pas à bout de l'obstination des cours. Sitôt le roi parti, après l'enregistrement, le Parlement reprend sa résistance, persiste dans son refus d'appliquer le texte et adresse de nouvelles remontrances au roi. Bref, c'est une profonde dénaturation du système de l'enregistrement et des remontrances, un total détournement de la fonction de conseil des parlements, transformée par eux en une machine de guerre contre l'autorité du roi. Louis XIII, lassé de ce harcèlement, finit par réagir. Par un édit de 1641, enregistré d'autorité, il rappelle aux parlements leur nature de simples cours de justice et ordonne que les lettres patentes concernant le gouvernement et l'administration de l'État soient enregistrées de manière immédiate et automatique, sans pouvoir faire l'objet de la moindre remontrance.

Cependant, à la mort de Louis XIII, en 1643, la régente Anne d'Autriche demande au parlement de Paris de casser certaines dispositions du testament de son mari, qui restreignent ses pouvoirs. Il s'y prête volontiers, mais en profite pour regagner le terrain perdu. L'avocat général Omer Talon développe une thèse selon laquelle les cours souveraines exerceraient une « puissance seconde », modératrice de la puissance du roi et consistant en un droit de refuser ou d'accepter l'enregistrement des lettres patentes. Sans reconnaître la validité de ces prétentions, la royauté n'ose les combattre vraiment. Et le parlement de Paris s'en autorise, face aux édits fiscaux de Mazarin, conséquence des très lourdes charges de la guerre de Trente Ans, pour multiplier les refus d'enregistrement. D'ailleurs, sa position est plus forte qu'elle n'a jamais été. Il vient d'obtenir en 1644 la noblesse au premier degré. Présidents et conseillers au parlement de Paris bénéficient immédiatement d'une noblesse entière, transmissible à leurs descendants. Et ils en sont tout gonflés d'orgueil. « Le Parlement n'en revenait pas de sa noblesse au premier degré », et cela explique sa « vaniteuse révolte de 1648 » (F. Bluche).

La Fronde est partie d'une mesure parafiscale de Mazarin, qui ne reconduit la paulette que moyennant la retenue de quatre ans de gages pour les officiers des cours souveraines parisiennes autres que le Parlement : Grand conseil, Chambre des comptes, Cour des aides. Bien qu'épargné, il se solidarise avec elles. Par son arrêt d'Union de mai 1648, il crée l'assemblée de la chambre Saint-Louis, composée de délégués de toutes les cours souveraines de la capitale. Cette assemblée interdite par le roi va siéger pendant plus d'un mois, bouleversant la constitution et l'administration du royaume. Le roi se voit arracher une partie de son pouvoir législatif au profit des cours souveraines. On décide que leur accord sera nécessaire pour les édits fiscaux et ceux créant des offices. De plus, ces officiers révoltés prononcent l'interdiction des évocations et la suppression des commissions données par le roi, ce qui vise en premier lieu les intendants. Enfin, ils proclament le principe de la réduction des impôts, sans tenir compte du poids de la guerre, qui en a nécessité la hausse. Cette démagogie explique l'extrême popularité du parlement de Paris. La capitale entre en insurrection et dresse des barricades pour le soutenir. C'est le départ d'une guerre civile qui va durer cinq ans. Au cours de cette période, de nombreux parlements provinciaux rejoindront celui de Paris dans sa révolte contre le roi. Ils fondent leur solidarité avec le parlement de Paris sur la théorie de l'union des « classes », selon laquelle tous les parlements du royaume ne seraient que les classes, les sections réparties entre les diverses provinces, d'une même et unique institution : le Parlement de France.

La Fronde se termine par le triomphe complet de la royauté (1653). Très marqué par la guerre civile qu'avait déclenchée la révolte des parlements, Louis XIV veut mettre ceux-ci hors d'état de nuire. Pour commencer, il leur retire le titre de cours souveraines et ne leur reconnaît que celui de cours supérieures. Puis, en 1667, il n'autorise de remontrances que dans un délai très bref, et une seule fois. Enfin, en 1673, il impose aux parlements un enregistrement immédiat et automatique des lettres patentes, les remontrances n'étant possibles qu'après, ce qui leur enlevait toute efficacité. Les parlements le comprirent, et, tant que régna Louis XIV, les remontrances furent comme abolies.

Mais en 1715 le Régent eut besoin du parlement de Paris. Il s'agissait pour lui de se voir reconnaître la plénitude de pouvoir dont son oncle, par testament, avait voulu le priver. En récompense de ce service, il permit à nouveau aux cours souveraines les remontrances préalables à l'enregistrement. Cette grave imprudence allait replonger la monarchie dans la véritable maladie institutionnelle dont Louis XIV l'avait guérie. Les parlements reprennent leur opposition systématique, encore plus dangereuse pour la royauté que par le passé. En effet, au XVIe siècle et même dans la première moité du XVIIe siècle, les parlementaires étaient pour l'essentiel des bourgeois. Le fait qu'ils fussent souvent en marche vers la noblesse, voire pour certains déjà nobles, n'empêchait pas l'appartenance majoritaire des cours souveraines au tiers-état. Or celui-ci était le partisan déclaré de la monarchie absolue, l'ardent défenseur d'un pouvoir royal que la noblesse ne rêvait, à l'inverse, que d'abaisser et de dominer. Au XVIIIe siècle, au contraire, les familles qui, grâce à l'hérédité des offices, siègent depuis des générations dans les parlements sont désormais nobles, et d'une noblesse parfois ancienne. Bien qu'avec des variantes selon les lieux, les cours souveraines relèvent majoritairement de la noblesse. Et comme celle-ci n'a pas renoncé à son hostilité envers la monarchie absolue, les parlements vont combiner leurs traditionnelles ambitions institutionnelles avec une idéologie aristocratique proclamant le droit historique de la noblesse à jouer un rôle politique de premier plan. Si bien que l'opposition parlementaire devient une des formes, et la plus importante, de l'opposition de la noblesse à l'Ancien Régime. Le rétablissement des remontrances préalables à l'enregistrement revenait à installer la critique nobiliaire de la monarchie administrative au cœur même des institutions, avec la possibilité de les bloquer à volonté.

Dans la première moitié du XVIIIe siècle, les conflits interviennent principalement en matière religieuse. Le gallicanisme outrancier des parlements et leurs sympathies jansénistes les conduisent à contrer systématiquement la politique religieuse du gouvernement. Puis, à partir de la création par Machault, en 1749, de l'impôt du vingtième sur tous les revenus, le combat aura lieu sur le terrain fiscal. Les parlementaires sont farouchement hostiles à l'égalité fiscale qui blesse leur orgueil nobiliaire et lèse leurs intérêts matériels. Ils s'opposent autant qu'ils le peuvent aux édits fiscaux, créant de multiples affrontements. De plus, les parlements, lorsqu'ils se voient contraints d'enregistrer un édit fiscal, ne le font que pour une courte période, ce qui obligera la royauté, le délai expiré, à faire enregistrer un nouvel édit, qui sera à son tour violemment combattu. Et — plus grave encore — les cours souveraines assortissent leurs enregistrements de conditions, telle la non-révision des rôles existants, qui amoindrissent le produit de l'impôt et gauchissent le principe d'égalité fiscale voulu par la royauté.

Les conflits entre les parlements et la royauté se déroulent selon un scénario désormais classique : pluie de remontrances et refus obstiné d'enregistrer, malgré les jussions réitérées du roi ; envoi fréquent par celui-ci d'un porteur d'ordres qui fait enregistrer le texte par le greffier ; ou bien, en ce qui concerne le parlement de Paris, lit de justice ; délibération immédiate de la cour sur le texte enregistré d'autorité, refus de l'appliquer et nouvelles remontrances ; parfois, pour faire pression sur le roi, suspension du service de la justice et même démission collective ;

exil par le roi dans leurs terres des parlementaires les plus excités, parfois emprisonnement de quelques meneurs, voire exil de l'ensemble du Parlement dans une ville du ressort ; et puis, pour finir, négociations discrètes, pardon du roi et rappel de la cour, qui effectue souvent une rentrée triomphale.

Maupeou : l'occasion manquée

L'opposition parlementaire sera particulièrement virulente dans les années 1764-1770. A la suite d'un conflit entre le parlement de Bretagne et le duc d'Aiguillon, commandant en chef dans cette province, l'ensemble des parlements se dresse contre la royauté. Pour justifier cette solidarité, on invoque la vieille théorie des classes. Le grand Parlement de France, héritier des plaids généraux des rois francs, remplace les États généraux tombés en désuétude. Il est dépositaire, face au roi, des droits de la « nation ». D'où sa prérogative de libre vérification des édits, qui résulte d'une règle constitutionnelle, d'une loi fondamentale, et qui équivaut au vote des lois par le Parlement anglais. Bref, les vieilles théories du temps de la Fronde étaient de retour. Il s'agissait de transformer la monarchie en une oligarchie nobiliaire, au bénéfice des officiers des cours souveraines.

Cependant, la royauté, qui avait montré jusqu'alors beaucoup de patience et même de timidité, se décida à rappeler à l'ordre les magistrats contestataires. Le 3 mars 1766, c'est la séance de la Flagellation. Louis XV se rend au parlement de Paris et y prononce un discours très sévère. Il rappelle aux parlementaires qu'ils ne sont que de simples officiers chargés par lui de rendre la justice en son nom. Le pouvoir législatif lui appartient « sans dépendance et sans partage », et lui seul a la charge des intérêts de la nation. Cette solennelle mise en garde ne fut pas entendue, non plus que celles qui suivirent. Si bien qu'en janvier 1771, le parlement de Paris ayant une fois encore suspendu ses audiences, Louis XV décide la mise en œuvre d'une réforme radicale préparée par son chancelier, Maupeou.

Partout dans le royaume, les magistrats rebelles sont démis de leurs charges. On procède au démantèlement de l'immense ressort du parlement de Paris, ramené à des proportions raisonnables. Mais surtout, la vénalité des offices, largement responsable de l'opposition insensée des parlements, est abolie pour la haute magistrature. La réforme de Maupeou fut un succès. Libérant le pouvoir royal de la tyrannie capricieuse et malfaisante des anciens parlements, elle lui donnait les moyens d'entreprendre les réformes nécessaires en cette fin du XVIIIe siècle. Si la réforme de Maupeou avait été maintenue, sans doute la France eût-elle fait l'économie de la Révolution.

Hélas, la mort de Louis XV en mai 1774 remet tout en question. Plein de bonnes intentions, mais faible et mal conseillé, son successeur pense obtenir l'amour de ses sujets en rappelant les anciens magistrats et en anéantissant la réforme de Maupeou. Ainsi Louis XVI recrée la tyrannie dont Louis XV avait affranchi la royauté. C'est une immense faute politique. Elle lui coûtera la perte de son royaume et le fera monter sur l'échafaud.

A partir de ce moment, la monarchie est sur une pente fatale. Les ministres réformateurs, et particulièrement Turgot, se heurtent à l'hostilité des parlements restaurés qui refusent toute modernisation du royaume et, surtout, empêchent le gouvernement de réaliser cette augmentation de la pression fiscale que les dettes contractées pendant la guerre d'Amérique rendent indispensable pour l'assainissement des finances publiques. Tant Calonne que Brienne seront victimes de l'irréductible opposition des parlements au nouvel impôt dont ils ont projeté la création. Et c'est en vain que le garde des Sceaux Lamoignon tente, en 1788, de réaliser une réforme conçue dans le même esprit que celle de Maupeou. Il retire aux parlements l'enregistrement des lois applicables dans tout le royaume pour le confier à un organisme spécialement institué pour cette tâche : la cour plénière. Mais celle-ci ne se réunira jamais, car les parlementaires lèvent l'étendard de la révolte. Bien souvent soutenus par l'ensemble de la noblesse, ils provoquent des émeutes dans plusieurs grandes villes de province. C'est une vaste révolte aristocratique, qui a de plus les sympathies du clergé. Elle se termine par la victoire des cours souveraines et la décision du roi de convoquer les États généraux pour 1789. Partout, les parlements se réinstallent en triomphateurs. Mais, à peine rappelé, le parlement de Paris va perdre sa spectaculaire et fragile popularité en se prononçant, contre les vœux des novateurs du Tiers, pour une élection et une réunion des États généraux dans les mêmes formes qu'en 1614. De ce moment, les parlementaires sont désignés comme les ennemis de la « nation ». Le mouvement de contestation politique qu'ils avaient tant contribué à mettre en route leur échappe brusquement et se retourne contre eux. Incarnation des privilèges et fer de lance de la revendication nobiliaire, les parlements seront les premières victimes d'une Révolution dirigée avant tout contre la noblesse et les privilèges.

Le roi de France n'eut sans doute pas, aux XVIIe et XVIIIe siècles, d'ennemi plus redoutable que les parlements. Ils sont très largement responsables de la chute de la monarchie, mais ils étaient destinés à périr avec elle.

Jean-Louis HAROUEL.

LES BOURBONS ET LA NOBLESSE

En 1596, à l'ouverture des États généraux, Henri IV déclarait que la qualité de gentilhomme était le plus beau titre qu'il possédât. A l'extrême fin de l'Ancien Régime, Louis XVI reconnaissait qu'il ne pouvait pas se résoudre à abandonner « sa noblesse ».

La noblesse est restée jusqu'à la fin de l'Ancien Régime le modèle du corps social, l'élite dont le goût faisait école, l'exemple attirant comme un aimant les groupes les plus proches dont l'ambition suprême était de vivre un jour noblement. Le « bourgeois-gentilhomme » n'est pas un phénomène limité au monde de Louis XIV.

Pourtant, la noblesse commença à partir du XVIIe siècle à être l'objet de réserves ou de critiques. Différents courants de pensée incitaient à ces attaques ; Bossuet lui-même se laissa aller à des mots sévères : « La noblesse n'est souvent qu'une pauvreté vaine, ignorante et grossière, oisive, qui se pique de mépriser tout ce qui lui manque ; est-ce là de quoi avoir le cœur si enflé ? » Au cours du XVIIIe siècle, l'ordre fut attaqué dans son essence même et les outrages culminèrent, sous les quolibets de Figaro, au seuil de la Révolution. Au dire de Montesquieu, la noblesse constituait les degrés du trône qui, sans elle, s'écroulerait : la monarchie a-t-elle été aussi efficace dans la défense de l'élite nobiliaire qu'elle s'était avérée prodigue, à son profit, de pensions, de grandeur et de récompenses ?

Tocqueville a cru discerner, comme cause profonde de la Révolution, un décalage grandissant dans les deux derniers siècles de la monarchie entre une conception sociale hiérarchisée en ordres, et inégalitaire, et la politique centralisatrice, unificatrice, voire uniformisatrice, des rois.

Un regard porté sur la noblesse et sur son évolution sous les règnes des Bourbons découvre une action vigoureuse des rois pour changer le rôle du second ordre dans l'État et dans la société, et même pour en modifier la composition. L'effort entrepris dans la seconde moitié du XVIIIe siècle pour « restaurer » la noblesse ancienne ou pour la secourir ne fut pas, semble-t-il, un retour aux principes mais plutôt la consécration d'une évolution égalitaire.

Le rôle du second ordre

Au XVIe siècle, la noblesse était dévouée au roi qui pouvait compter sur son loyalisme mais, surtout, elle restait fidèle à son image ancienne. Certains traits soulignaient la permanence de ses caractères fondamentaux. Enracinée dans le sol natal, la noblesse y puisait sa vitalité. Elle constituait, presque à elle seule, l'armée dont les cadres un peu flottants lui laissaient d'ailleurs liberté et indépendance. Le gentilhomme conservait en temps de paix le devoir et la possibilité de guider et de protéger les sujets du roi, et il manifestait dans l'accomplissement de cette tâche son aptitude naturelle au commandement. Il assurait l'ordre public, distribuait la justice, faisait exécuter la loi, menait les affaires de la paroisse, mettant au service du pays, avec tout autant de dévouement et de liberté, son épée et l'influence locale que lui valait son rang. Le noble était « attaché aux biens que Dieu lui avait donnés par ses antécesseurs ». Il résidait dans la province, faisait valoir lui-même sa terre, mais, en dépit de cette simplicité, il exerçait une influence considérable. Il était seul à porter les armes, il se battait pour les autres et en retirait respect et reconnaissance. Cet esprit de sacrifice, ordonné au bien, demeurait encore la composante essentielle de cet « honneur » qui caractérisait la noblesse. Pour les auteurs contemporains, la conception chrétienne classique de la société demeurait vivante, les uns, comme Loÿs Le Caron, estimant que la vraie noblesse résidait dans la vertu, les autres, comme Rivaud de Flurance, insistant sur la nécessité de l'esprit ascétique.

Le roi accordait sa confiance au second ordre qui peuplait son Conseil. Le Conseil secret de Henri II, par exemple, se composait essentiellement du connétable de Montmorency, du duc de Guise et du duc de Vendôme. Dans la première moitié du XVIe siècle, les membres du Conseil appartenaient soit au groupe des princes du sang et des pairs de France, soit à celui des grands officiers de la Couronne, soit à des titulaires d'offices importants.

Les principales familles du royaume y avaient leur place : les Bourbons, les Guise, les du Bellay, etc.

Au cours des deux siècles pendant lesquels les Bourbons régnèrent sur la France, la situation de la noblesse paraît s'être transformée. Il est évident, tout d'abord, qu'elle siège beaucoup moins dans les Conseils ; d'autre part son rôle dans le royaume s'amenuise tandis que sa position dans l'armée devient difficile.

Alors que sous Charles IX le Conseil des affaires était encore dominé par des princes d'Église et les princes du sang, sa composition évolua sous le règne de Henri III, pendant les troubles civils. Dès ce règne, Cheverny, qui appartenait à une famille de financiers, bénéficia de la faveur royale au point de devenir chancelier en 1581. L'accession au pouvoir de Henri IV constitua cependant l'étape décisive : toutes les affaires d'importance furent décidées par un conseil composé de Sillery, de Villeroy et de Maximilien de Béthune. Le pouvoir politique des princes du sang s'était évanoui.

Sous le règne de Louis XIV, la noblesse d'épée n'eut pas accès au gouvernement : le duc de Beauvilliers lui-même ne descendait pas de la plus ancienne noblesse. Quant au Conseil privé, il était composé pour sa plus grande partie de maîtres des requêtes, fils d'officiers des cours souveraines ou de conseillers d'État. Cette situation résultait sans doute de la dislocation de la puissance publique, lors des troubles de la fin du XVIe siècle, qui avaient conduit les Bourbons à une reprise en main du pouvoir et à une rationalisation du gouvernement dont les nécessités de la guerre de Trente Ans avaient encore accru l'urgence. La noblesse ne s'y était pas trompée et elle avait manifesté son irritation lors de la régence de Marie de Médicis, dans les cahiers de doléances des États de 1614, puis dans ceux qu'elle avait préparés en 1649 pour des États généraux qui ne furent pas réunis. Elle avait alors réclamé des charges, des postes de responsabilité, tant dans le gouvernement que dans la distribution de la justice. Les Bourbons fournirent à ces demandes insistantes des réponses dilatoires et, dans la pratique, ils se contentèrent d'assigner à la noblesse ancienne des charges honorifiques dépourvues de pouvoir réel.

Sous le règne des successeurs de Henri IV, l'activité militaire, où la noblesse s'était épanouie, se transforma. Si Montaigne avait remarqué que la vocation militaire était le propre de la noblesse, il fut évident dès Henri IV que les convocations du ban et de l'arrière-ban étaient inutiles. Richelieu préféra les remplacer par une taxe. La contribution de la noblesse à la vie militaire du royaume fut bouleversée par les réformes qu'imposèrent et des confrontations d'une ampleur inconnue jusqu'au XVIIe siècle, et la volonté du prince, et le système de la vénalité des charges militaires. Le service aux armées perdit pour les gentilshommes son caractère ancien d'assistance momentanée et *quasi* saisonnière que l'on accordait au roi, pour devenir un office régulier soumettant son titulaire au sacrifice de son indépendance. Les réformes de Louvois furent déterminantes. Le gentilhomme qui voulait être officier dans les armées royales devait d'abord subir deux ans de noviciat dans les gardes du corps ou les mousquetaires ; il pouvait ensuite obtenir un grade ou acheter une compagnie ; il prenait place alors dans une hiérarchie où sa progression était réglée, sauf exception, par l'ordre du tableau. La profession militaire prit l'allure d'une carrière à laquelle il fallait se consacrer entièrement. Cette réglementation nouvelle a largement contribué à transformer la fonction sociale de la noblesse. En effet, servir sous les armes était pour la noblesse un devoir que lui imposait son passé et une condition d'existence et de durée.

Les gentilshommes étaient restés profondément attachés à la fonction militaire ; or, si l'organisation de l'époque précédente avait permis aux nobles de rester fidèles à leurs traditions guerrières tout en demeurant à l'intérieur du royaume les détenteurs de l'autorité, à partir de la fin du XVIe siècle ils furent bien souvent placés devant ce choix : ou bien l'attachement à leur domaine, comportant la renonciation à la vocation militaire qui ne souffrait plus aucun partage, ou bien la fidélité aux armes entraînant l'abandon des responsabilités locales. Boulainvilliers ne manqua pas d'insister sur les conséquences sociales « des changements dans la manière de faire la guerre ». Les gentilshommes qui s'éloignaient pour de longues périodes de leurs domaines perdaient de vue le pays natal où ils ne revenaient de façon durable qu'« après avoir servi », vingt-cinq ou trente ans plus tard.

La noblesse de France était guerrière par son origine et sa nature. L'armée devait être son cadre. « Si la véritable noblesse vient des armes, écrit le marquis de Franclieu, c'est par les armes qu'elle doit se soutenir, nous devons pour cela sacrifier nos vies comme nos biens. » Lorsqu'elle était dans l'armée, la noblesse, sous les Bourbons, n'occupait plus la place qui avait été la sienne. Il est certain que dès le milieu du XVIe siècle le monopole militaire des nobles s'était amenuisé. En 1588, les roturiers dominaient, par exemple, la gendarmerie, et cette introduction dans l'armée de conditions sociales subalternes suscita les plaintes des gentilshommes du Beauvaisis : « On remplit les compagnies d'ordonnance de fermiers et de gens de petite qualité. » A partir du XVIIe siècle, les nobles servirent plutôt comme officiers. Lors du ministériat de Richelieu apparut, d'autre part, le système des milices recrutées et payées par les paroisses ; puis, en 1688, Louvois en organisa le recrutement direct par l'État ; enfin, en 1726, on établit le principe de la conscription de tous les hommes valides de seize à quarante ans. L'effet moral de telles décisions fut considérable : le seigneur n'apparaissait plus dans son village comme le seul responsable de la défense et de la protection. Les immunités, qui s'expliquaient lorsque le noble était seul à supporter les charges militaires, parurent moins fondées à partir du moment où chacun pouvait être éventuellement appelé au service du roi. Les mesures prises aboutissaient ainsi à un affaiblissement de l'influence de la noblesse.

La vénalité des charges militaires qui se développa sous les Bourbons contribua dans une large mesure à entraver les carrières militaires des gentilshommes. Saint-Simon considérait cette institution comme une gangrène qui privait le roi d'excellents soldats. Cette opinion était partagée par le marquis de Crénolle et le chevalier de Quincy, entre autres. Les carrières des nobles pauvres s'arrêtaient très vite, alors que la vénalité profitait à la bourgeoisie d'affaires et à la noblesse de cour.

C'est encore sous les Bourbons que les fonctions d'autorité exercées jusque-là par les nobles dans la vie civile se réduisirent. Le pouvoir et le prestige des gentilshommes ruraux furent ruinés dans les provinces par l'action des intendants, agents efficaces de la nouvelle administration du royaume. Au cours du XVIIe siècle, ils attirèrent à eux toutes les affaires. Des taxes nouvelles furent établies et levées sous leur contrôle. Des arrêts de 1707 et 1715 permirent aux intendants de faire confectionner les rôles des impôts par des personnes qu'ils désignaient. Les anciens collecteurs-asséeurs, qui autrefois remplissaient leur fonction en prenant conseil du seigneur, n'eurent plus le droit de se réunir chez lui pour délibérer ; ils continuèrent bien à opérer les recouvrements, mais sous l'autorité de l'intendant. C'est encore l'intendant qui concentra entre ses mains les pouvoirs de police.

Désormais, les cavaliers de la maréchaussée, répartis en petites brigades sur tout le territoire, eurent la responsabilité du maintien de l'ordre sous la direction des intendants. Les seigneurs perdirent aussi, avec leurs anciens pouvoirs, l'obligation de secourir les indigents à l'intérieur de leur domaine. La décision du 7 juin 1659 proclamant la tutelle administrative des communautés lésa directement l'autorité de la noblesse rurale sur les paroisses en confiant aux intendants le soin de tout régler dans les moindres villages. Sous l'action persévérante de la monarchie, le rôle tutélaire du seigneur à l'égard des communautés s'affaiblit constamment : pour s'assembler, par exemple, les habitants des paroisses rurales avaient autrefois besoin de son autorisation ou de celle du juge local ; sous Louis XIV, une pareille exigence ne fut plus qu'exceptionnelle et, au début du XVIIIe siècle, les assemblées d'habitants étaient présidées par le syndic de la paroisse. En 1702, le roi créa des offices municipaux vénaux. Le seigneur n'intervenait même plus dans la nomination des syndics.

Ainsi, alors que la monarchie des Bourbons mettait tout en œuvre pour attirer à la Cour la noblesse, elle modifiait profondément ses fonctions traditionnelles. L'habitude héréditaire du commandement que les gentilshommes exerçaient aussi bien sur leurs terres que dans l'armée perdit le cadre habituel de son épanouissement. En revanche, dès le règne de Henri IV, la monarchie parut proposer au second ordre l'exercice d'activités économiques qui jusqu'alors lui étaient étrangères.

En principe, les activités mercantiles étaient interdites aux membres de la noblesse. L'édit d'Aumale, en 1540, puis la déclaration de 1546 avaient rappelé cette règle et prévu que les nobles se livrant au trafic des marchandises seraient soumis à la taille. La recherche du profit matériel particulier était contraire à l'idéal de détachement propre à la noblesse. En outre, le roi ne voulait pas multiplier les exemptions d'impôt et il cherchait à protéger le privilège économique du tiers-état. Sous l'influence de Sully et de Laffemas, Henri IV se montra enclin à permettre, sous certaines conditions, le commerce à la noblesse. Richelieu, qui à bien des égards poursuivit les desseins de Henri IV, autorisa les gentilshommes à participer aux compagnies commerciales créées en 1615, 1626 et 1635. Colbert permit à tous les sujets, sans distinction, de prendre des parts dans les compagnies des Indes Orientales et Occidentales. Le 30 décembre 1701, enfin, un édit donnait aux nobles la possibilité de faire librement tout commerce de gros tant au-dedans qu'au-dehors du royaume sans s'exposer à la dérogeance. Des édits de juin 1716, janvier 1724, avril 1727 vinrent confirmer les précédentes mesures. La fréquence de ces décisions révèle la modestie de leurs résultats. Il est vrai, cependant, que la noblesse de cour s'est intéressée au commerce et à l'industrie dès le règne de Louis XIV. L'expérience de Law lui donna le goût de la spéculation facile mais, au-delà de cette aventure, une fraction de la haute noblesse, ouverte aux idées anglaises, se sentit attirée par les affaires. Le duc d'Antin fit fortune en accaparant les étoffes et, en 1721, le duc de la Force établit sous un prête-nom des magasins d'épicerie, chandelles, savons, opération qui lui valut d'être traduit devant le Parlement. Le développement des sociétés par actions permit à la noblesse d'investir des capitaux sans figurer nommément sur les registres. Le duc de Nivernais, la comtesse de Rochefort, le comte de Caraman possédaient des actions dans les mines de plomb. En 1741, les ducs d'Humières et d'Aumont obtinrent un privilège d'exploitation pour les mines du Boulonnais. Toutefois, cette tendance n'eut pas dans la noblesse l'influence que l'on aurait pu imaginer. Le fait de détenir des actions n'entraînait pas la pratique quotidienne d'actes de commerce dont la répétition aurait été susceptible de modifier le comportement et d'écarter d'une conduite nécessairement détachée des biens matériels.

On a remarqué, en outre, que, même dans les places les plus commerçantes du royaume, la proportion de nobles se livrant au commerce dans les conditions légales de non-dérogeance était demeurée faible. A Nantes, il n'y avait parmi les armateurs que trois familles de noblesse ancienne. A Toulouse, pour treize commerçants nobles, deux seulement appartenaient à la vieille noblesse. Malgré les efforts de la monarchie, la réticence de la noblesse à l'égard du commerce resta vive. La noblesse s'est cabrée devant des activités qu'elle jugeait incompatibles avec le principe même de son ordre et, du marquis de Lassay à Alès de Corbet, elle n'a cessé d'exprimer les raisons morales de sa répugnance.

L'attitude des Bourbons, au contraire, consistait à refuser à la noblesse tout caractère d'organisme politique, à regarder le second ordre comme un groupe social tout autant soumis que les autres au gouvernement, et finalement à le « banaliser » dans ses activités mêmes en lui ouvrant largement les portes de la vie économique. La tentative de la monarchie en faveur d'une noblesse commerçante demeura un échec[1].

Toutefois, les rois Bourbons, pour mener à bien leur projet d'attirer la noblesse à l'activité commerciale, cherchèrent à

---

[1] Cf. Guy Richard, *La noblesse d'affaires au XVIIIe siècle*, Paris, 1974, pp. 33 et 265.

attribuer des marques de prestige au négoce. Ainsi, après avoir modifié les fonctions reconnues traditionnellement à la noblesse, la royauté a changé la composition de l'ordre lui-même.

La composition de la noblesse

La monarchie avait depuis Philippe III l'habitude de procéder à des anoblissements. L'extinction des races anciennes et le souci de mettre en harmonie le statut social de certains sujets avec les vertus dont ils avaient fait preuve avaient fait naître chez les rois l'idée de créer de nouveaux nobles. Les préoccupations financières y furent de moins en moins étrangères. Une lettre de 1374, par exemple, reconnaissait, contre le versement d'une somme, la noblesse contestée d'un individu. La Roque évoque le cas d'un marchand du pays d'Auge obligé, en 1577, de solliciter son accès à la noblesse contre le versement de mille écus. Au rythme des nécessités du Trésor, les anoblissements moyennant finances se multiplièrent sous le règne de Louis XIV. Guyot remarquait, dans son *Répertoire de jurisprudence* : « En faveur de la paix conclue le 7 novembre 1659, il créa, par un édit du mois de janvier 1660, deux nobles dans chaque généralité moyennant finances. Par un édit du mois de mai 1696, il créa cinq cents nobles dans le royaume à la charge qu'ils paieraient chacun deux mille écus. Il créa pareillement deux cents nobles par un édit de décembre 1711. » Louis XIV prit des ordonnances pour démasquer les faux nobles : le 8 février 1661, une déclaration royale ordonna la recherche des usurpateurs de titres nobiliaires et l'édit de septembre 1664 eut le même objectif, mais ces décisions étaient surtout inspirées par des préoccupations fiscales et les usurpateurs qui avaient de la fortune obtinrent sans difficulté des lettres de confirmation ou de réhabilitation, grâce à des accommodements financiers conclus au profit du Trésor[1]. En revanche, un nombre appréciable de familles exclues de la noblesse à la suite de ces recherches étaient authentiquement nobles mais n'étaient pas en mesure de fournir leurs preuves ou se trouvaient réduites à la misère. Ainsi, dans la mesure où le roi maintenait des usurpateurs dans le second ordre à condition de verser une somme d'argent, il accordait la noblesse à la fortune au détriment des critères traditionnels présidant à la composition du second ordre. Cette assimilation

---

[1] Cf. E. Esnonin, *La taille en Normandie au temps de Colbert*, Paris, 1913.

de la détention de biens matériels à la vertu de détachement et à l'aptitude au commandement inhérents à la noblesse impliquait une transformation du principe de la société tout entière.

La multiplication des offices anoblissants[1] acquis par le jeu de la vénalité eut aussi sous les Bourbons des conséquences sur l'ordre de la noblesse. Dès avant le règne de Henri IV, la plupart des fonctions publiques étaient devenues des offices. En 1604, la création du droit annuel facilita la transmission héréditaire des charges et installa dans l'administration et les corps judiciaires du royaume des dynasties d'officiers qui s'empressaient de payer la « paulette ». Ce phénomène affecta de différentes façons les gentilshommes. D'une part, ils se trouvèrent éloignés des charges par les prix qu'elles atteignirent : le prince de Condé, dans un manifeste publié en 1614, se fit le porte-parole des craintes de la noblesse à cet égard. D'autre part, dans la mesure où la monarchie, à partir de la seconde moitié du XVIIe siècle, fut amenée, en raison de l'accroissement des charges de l'État, à multiplier les ventes de pareils offices, elle modifia notablement, à plus ou moins long terme, la composition du groupe social de la noblesse. Ce phénomène s'amplifia au XVIIe et au XVIIIe siècle et il contribua, de façon décisive, à l'hétérogénéité de la noblesse. Sous le règne de Louis XIV, les parlementaires, même condamnés au silence politique, continuèrent à s'élever dans la hiérarchie sociale. L'ordonnance de 1704 étendit à tous les parlements et à toutes les cours supérieures les privilèges de la noblesse héréditaire jusqu'alors accordés aux seuls membres du parlement et de la cour des aides de Paris. La suprématie de « l'épée » avait alors vécu.

Le règne de Louis XIV a vu le roi octroyer le rang et les privilèges des grands seigneurs à ceux qui exerçaient les principales fonctions de gouvernement. En 1697, le juriste Domat considérait même que la distinction traditionnelle en trois ordres était caduque parce qu'elle risquait de laisser dans le tiers-état des magistrats ou des officiers importants. En face de la noblesse d'épée se développe une noblesse qui comprend non seulement la noblesse de robe au sens strict, c'est-à-dire la magistrature anoblie, mais aussi la noblesse de service et le groupe des financiers acquéreurs de charges anoblissantes. Cette élite couronnait la hiérarchie sociale de Louis XIV, mais les familles les plus

[1] Cf. R. Mousnier, *La vénalité des offices sous Henri IV et Louis XIII*, Rouen, 1946.

anciennes continuaient à considérer les Le Tellier, les Arnault ou les Lionne comme des bourgeois.

Au XVIIIe siècle, la situation évolua : la robe mit à profit l'essor qu'elle avait connu sous Louis XIV malgré le mutisme imposé par ce monarque. Trente-neuf familles parlementaires de Paris eurent les honneurs de la Cour [1] et, comme le remarque François Bluche, aux États généraux de 1789, les magistrats parisiens votèrent « avec la noblesse sans difficultés théoriques ou pratiques » [2]. Cependant, l'appartenance de la noblesse de robe au second ordre n'était pas unanimement acceptée, même dans la deuxième moitié du XVIIIe siècle : le chevalier d'Arcq remarquait par exemple : « Ces deux espèces de noblesse coulèrent ensemble comme deux fleuves dans le même lit dont les eaux ne se mêlent point. » Quant au marquis de Mirabeau, il soulignait fortement les distinctions essentielles entre noblesse et magistrature : « Dans un État constitué comme la France, il faut que la noblesse soit fière, brave, pauvre, et s'en pique, que la magistrature soit grave, juste, austère, économe, et s'en pique. » Vitrolles considérait quant à lui que les membres du parlement de Paris étaient presque tous sortis de familles de province et du haut commerce de la rue Saint-Denis. Au même siècle, le nombre des anoblis par charge dépasse cinq mille, selon Chaussinand-Nogaret [3], et l'infiltration du second ordre s'opéra par des promotions spectaculaires et rapides : les Bourgeois de Boynes, par exemple, anoblis comme secrétaires du roi en 1719, admis aux honneurs de la Cour au milieu du siècle, les Peyrenc de Moras, les Laurent de Villedeuil constituent, parmi bien d'autres, des illustrations de ce phénomène. Le changement du principe de la société est d'autant plus frappant que le roi anoblit alors des négociants tout en les laissant poursuivre leur activité commerciale.

La fin du XVIIIe siècle

Les modifications subies par la structure même du second ordre tendaient à reléguer la petite noblesse militaire de province. Louis XIII et Richelieu, puis Louis XIV et ses ministres avaient lutté contre les aspirations de la noblesse à jouer un rôle

---

[1] F. Bluche, *Les honneurs de la Cour*, Paris, 1957, 2 vol.
[2] F. Bluche, *Les magistrats du parlement de Paris au XVIIIe siècle*, Paris, 1960, p. 373.
[3] Guy Chaussinand-Nogaret, *La noblesse au XVIIIe siècle*, Paris, 1984, p. 46.

politique. Louis XV et Louis XVI se trouvèrent dégagés de cette préoccupation et furent sensibles à l'inquiétude de cette noblesse militaire écartée des hauts grades, supplantée par cette grande Robe avec laquelle la monarchie avait maille à partir, et continuant à revendiquer malgré tout l'honneur de servir et de se sacrifier.

Louis XV avait déjà peuplé l'épiscopat de cadets de la noblesse pauvre de province. En novembre 1750, il décida, pour restituer aux armes la place qui leur revenait dans la société, la création d'une noblesse militaire : noblesse au profit des officiers chevaliers de Saint-Louis remplissant certaines conditions de service. En janvier 1751, Louis XV créait l'École royale militaire de Paris ouverte à tous les jeunes nobles nécessiteux qui pouvaient prouver quatre degrés de noblesse. Cette école n'a pas donné les résultats que l'on espérait, en particulier parce qu'il était difficile aux gentilshommes de province d'apporter la preuve de ces quatre degrés ; l'école a alors accueilli les fils de la noblesse présentée et même des fils de financiers qui ont introduit leur mode de vie dans ce milieu ; or la fondation de cette institution avait eu précisément pour but d'éviter une telle contamination. En 1776, le comte de Saint-Germain supprima l'école et fonda en province douze collèges militaires pour les gentilshommes pauvres. Il entreprit de supprimer la vénalité des charges militaires. Le 22 mai 1781, un règlement disposa que tous ceux qui seraient proposés pour le grade de sous-lieutenant devraient faire la preuve de quatre degrés de noblesse : la finalité de cette mesure était de mettre un terme au rôle prépondérant de la finance et de permettre à la noblesse pauvre d'accéder au grade malgré son dénuement. En 1788, de nouvelles réformes furent opérées par le comte de Guibert. Des ordonnances protégeaient le privilège de la noblesse présentée de parvenir rapidement aux grades supérieurs, mais, en même temps, les carrières de la noblesse ordinaire étaient organisées.

Les résultats de ces dispositions ont été militairement excellents, mais ces succès techniques ne se sont pas accompagnés de la réforme sociale et morale que l'on avait pu espérer en 1750. On avait alors souhaité régénérer la noblesse par les armes et la société par la noblesse. On avait voulu permettre à tout noble de faire carrière dans l'armée et, d'autre part, anoblir tout roturier qui aurait révélé dans le service militaire des qualités nobles. Pourtant, la réforme a profondément mécontenté les gentilshommes : en maintenant le privilège de la noblesse présentée, on avait conservé la distinction entre les nobles pauvres dont la carrière, quelle que soit leur ancienneté, serait courte, et les « présentés » qui monopolisaient les hauts grades et avaient seuls des carrières intéressantes ; or cette aristocratie était très souvent mêlée à la finance. A la veille de la Révolution, le malaise de la gentilhommerie provinciale servant dans l'armée était grave. On ne manquait jamais d'y railler les « présentés » traités de « freluquets ». En fait, les réformes avaient permis de former dans les collèges militaires des techniciens qui furent dotés d'une carrière et investis d'une autorité liée à leur compétence dans un domaine précis. Il ne s'agissait en aucun cas de rendre à un groupe héréditaire, constitué par la nature et imprégné de traditions, une autorité effective sur le corps social.

L'élévation des Bourbons au trône de France a coïncidé avec la naissance de l'État moderne. L'existence d'une noblesse indépendante exerçant héréditairement dans le royaume une autorité qu'elle ne devait à personne était difficilement compatible avec le développement d'une administration centralisée et rationalisée. « Il n'y a point de prince, écrivait Richelieu, qui prenne plaisir de voir dans son État une grande puissance qu'il pense n'avoir pas élevée, et qu'il croit être indépendante de la sienne. »

Henri IV avait gouverné avec des gentilshommes. Parvenu au pouvoir à la tête d'un parti, il sut ménager les grands seigneurs : ainsi, peu de temps avant sa mort, il recommanda à la reine de s'efforcer « de contenter les grands de peur que quand ils verraient qu'il n'y aurait rien à espérer pour eux, il n'y eût beaucoup à craindre pour l'État ». Louis XIII et Richelieu purent les abattre par différents procédés. La Fronde souleva, avec les adversaires d'une transformation des modes de gouvernement, une partie des gentilshommes, et son échec accéléra l'évolution de la noblesse. Même si Louis XIV souhaita un moment, avec Colbert, réduire le nombre des offices, il préféra encore choisir ses agents parmi des maîtres des requêtes propriétaires de charges, pour écarter la noblesse ancienne des responsabilités politiques, tandis qu'il la soumettait à Versailles à sa surveillance vigilante. En même temps, le roi laissait pénétrer la noblesse par des éléments hétérogènes : ce choix ne lui était pas seulement dicté par des exigences financières, mais aussi par la certitude que, en restant homogène, la noblesse demeurerait un corps de commandement. Ce mouvement se poursuivit au XVIIIe siècle, mais à cette époque la monarchie n'avait plus rien à craindre de la noblesse ancienne où elle put de nouveau choisir des auxiliaires : c'était les ambitions politiques de la noblesse de robe que le roi devait alors combattre.

En fait, les Bourbons, malgré un penchant véritable, proclamé à plusieurs reprises, pour les gentilshommes, ont eu une vision moderne de la société et de l'État, conception née des circonstances, puis étayée par le cartésianisme et infléchie par les Lumières. La ligne dominante de leur comportement fut une volonté de composer eux-mêmes la noblesse et de lui assigner ses fonctions. Le juriste Guyot exprime la même pensée en 1788 : la noblesse est pour lui « une qualité que la puissance souveraine imprime à des particuliers pour les placer, eux et leurs descendants, au-dessus des autres citoyens... » Paul Ardascheff, traitant du règne de Louis XVI, évoquait la nouvelle élite suscitée par l'autorité politique : « La nouvelle noblesse, celle d'État, est née des conditions nouvelles de l'État moderne [1] ». Cette attitude représentait au sens propre une révolution : en instituant des gentilshommes, l'État se faisait créateur, le roi modifiait l'organisation sociale telle qu'elle avait été voulue par la nature et par Dieu. Comme le remarque Jean Meyer [2], les Bourbons d'Espagne eurent un comportement identique, mais ils s'opposaient par là aux doctrines espagnoles classiques de la noblesse : « L'essence et la propriété de la noblesse, écrivait Otalora, ne peuvent être en aucune manière concédées par le prince. [...] Il est impossible que le prince me change le sang et la condition et me fasse noble... » Et Vargas d'ajouter : « Le sang seul suffit pour être noble quel que soit l'avis du prince. » Faire des nobles, c'était pour le roi admettre implicitement l'égalité entre les hommes, non seulement en fait, mais en droit.

Jean-Pierre BRANCOURT.

---

[1] P. Ardascheff, *Les intendants de province sous Louis XVI*, Paris, 1909, p. 3.

[2] Jean Meyer, *Noblesses et pouvoirs dans l'Europe d'Ancien Régime*, Paris, 1973, pp. 166-167.

LA QUESTION FINANCIÈRE A L'ÉPOQUE MODERNE

L'Ancien Régime est mort de ses finances. Il a été jugé et condamné sur ses déficits chroniques. Pourquoi la France, à la différence de l'Angleterre, n'a-t-elle pas réussi une « révolution financière » ?

Guerre et puissance financière

« Parmi les nations de l'Europe, la guerre, au bout de quelques années, rend le vainqueur presque aussi malheureux que le vaincu. C'est un gouffre où tous les canaux de l'abondance s'engloutissent. L'argent comptant, ce principe de tous les biens et de tous les maux, levé avec tant de peine dans les provinces, se rend dans les coffres de cent entrepreneurs, dans ceux de quarante partisans qui avancent les fonds et qui achètent, par ces avances, le droit de dépouiller la nation au nom du souverain. Les particuliers, alors, regardent le gouvernement comme leur ennemi, enfouissent leur argent ; et le défaut de circulation fait languir le royaume » (Voltaire, *Le siècle de Louis XIV*).

Voltaire sait de quoi il parle. Fils de notaire parisien, homme d'affaires, il laisse à sa mort plus de 350 000 livres de rente (environ sept millions de capital). En ce court passage se trouvent réunis les préjugés d'une époque et la clairvoyance d'un excellent connaisseur de l'Europe. La première partie de l'analyse va au fond des choses : la question financière est, pour l'essentiel, conséquence de la guerre ; peu de gens, à l'époque, le disaient avec cette netteté. De même, Voltaire insiste avec raison sur l'importance qu'attribue l'opinion à l'argent comptant. Manquent cependant deux clefs : les emprunts (introduits par le biais de boucs émissaires, les munitionnaires et « partisans ») et la vénalité des offices.

Voltaire donne à la question sa dimension européenne. A l'École des diplomates de Strasbourg, à la veille de la Révolution, le professeur Koch divisait les États européens en trois catégories : 1° les pays pouvant soutenir une guerre prolongée ou une guerre maritime (Angleterre, France) ; 2° les royaumes pouvant mener une guerre courte mais ayant besoin de subsides extérieurs pour soutenir un conflit long (Autriche, Russie, Prusse) ; 3° les petits États pouvant servir d'appoint, incapables d'affronter un pays des catégories précédentes (Koch aurait pu ajouter que les très petits États ne comptaient plus). Analyse prophétique : la capacité financière y a une part majeure.

La géographie de la puissance financière a beaucoup évolué à l'époque moderne. Machiavel soulignait l'avance de la France. Ne comptaient, vers 1505, que deux autres États fiscaux importants, les Pays-Bas et Venise ; mais il était d'autres facteurs de puissance, telle la redoutable armée suisse. Cette analyse n'est pas restée longtemps exacte. Après la conquête de l'Amérique andine, le pillage des Antilles et celui des trésors aztèque et inca, les mines du Pérou et du Mexique ont assuré à Charles Quint l'immense manne de l'argent américain, sur laquelle l'Espagne fonde sa puissance durant trois siècles. Ce qui permet — avec l'aide d'un sentiment national allemand naissant — l'appui des grandes banques sud-allemandes des Fugger et des Welser. Dès lors s'engage entre la France — virtuellement maîtresse de l'Europe occidentale — et la confédération Habsbourg désormais centrée sur la Castille une épuisante course de vitesse financière par armées interposées. *Volens nolens*, le contribuable français a réussi à équilibrer, pendant un siècle et demi d'affrontement épuisant, l'afflux du métal américain. Les traités de Westphalie (1648) et des Pyrénées (1659) consacrent la victoire française, une victoire fiscale, chèrement payée.

Entre-temps, le recentrage économique s'était effectué au profit de la Hollande et de sa rivale — puis alliée — l'Angleterre. Les longues guerres de la fin du règne de Louis XIV eurent deux conséquences majeures. 1° Quoique la Hollande soit demeurée un grand carrefour du crédit international, l'État hollandais est obéré par une dette écrasante et détient de loin le record de la pression fiscale. 2° Avec une population croissant plus rapidement que celle de la France, mais toujours très inférieure, l'Angleterre entreprend contre la France une course folle de rattrapage en capacité fiscale. L'égalisation se fera, avec une population trois fois moindre, sous le Directoire (en 1815, la puissance financière anglaise sera plus que deux fois supérieure à celle de la France).

C'est la guerre qui est la cause profonde de cette course à la pression fiscale, la guerre qui nous a faits ce que nous sommes en faisant éclater le « pentagone » médiéval (limité par l'Escaut, la Meuse, la Saône et le Rhône) pour en faire l'Hexagone. Cela supposait en temps de paix des armées permanentes, entretenues tant bien que mal, et des marines « en état d'abandon organisé », plus ou moins prêtes à être « armées ». Que survienne la guerre, les budgets ne suffisent plus et il faut recourir aux expédients. Les traités conclus, il s'agit d'amortir — au moins partiellement — la dette. Et le cycle peut alors reprendre.

On considère souvent que certaines guerres, comme les guerres d'Italie au XVIe siècle, étaient évitables. Illusion ? Peu importe ici la réponse. Le fait est qu'aux XVIe et XVIIe siècles les années sans guerre sont rares — la guerre intérieure prenant le relais de l'extérieure, comme si le trop-plein d'énergie humaine avait besoin de cet exutoire —, entretenant en permanence la course à la puissance financière. L'argent, nerf de la guerre...

Le XVIIIe siècle ne doit pas faire illusion, qui a comporté pour la France, entre 1714 et 1740, une période de quasi-paix enserrée entre les guerres de la Ligue d'Augsbourg (1688-1698) et de Succession d'Espagne (1702-1713/1714) et celles du reste du siècle. Ces dernières ménagent des trêves plus longues : 1748-1755, 1763-1777, 1783-1792. Des deux côtés, désormais, il faut au moins cinq ans pour se refaire tandis que la guerre ne peut plus dépasser sept ans, et ce pour des raisons presque exclusivement financières.

Financer la guerre

Les moyens de financer une guerre longue ne sont pas très nombreux. En dehors des impôts et des revenus du domaine royal, on n'en compte que trois importants : le maniement des monnaies, la vénalité des offices et, surtout, l'emprunt. Leur importance respective a varié au cours de l'époque moderne.

De tradition médiévale, le maniement des monnaies, c'est-à-dire le changement du rapport entre la monnaie de compte et la monnaie réelle (en circulation), peut être relayé par la fausse monnaie officielle (abaissement de la quantité de métal précieux contenue dans les pièces mises en circulation). L'importance du bénéfice est fonction dans le premier cas de la date choisie (date de remboursement ou date des rentrées d'impôts), dans le second de l'importance de la quantité de métal précieux revenant à l'État.

Cette méthode double, qui repose sur le monopole étatique de frapper la monnaie, avait été encore largement utilisée sous Louis XIV et la Régence, mais elle est remise en cause par les grandes décisions de 1726 stabilisant la monnaie. La France entre alors dans une longue phase de stabilité monétaire qui durera — sauf la parenthèse de la Révolution, avec les assignats et leurs successeurs — jusqu'en 1914. Pour le plus grand bien de l'économie française et au détriment de l'État. Car le maniement des monnaies a une autre « vertu » : il engendre l'inflation, avantageuse à long terme pour l'État puisqu'elle diminue le poids de son endettement. Événement capital, la décision de 1726 marque une coupure essentielle dans l'histoire française. Elle aurait pu constituer le premier stade d'une révolution fiscale. Telle quelle, elle démontre que l'Ancien Régime était plus apte qu'on ne le pense à se réformer en profondeur.

Le deuxième procédé de financement est la vente des postes de commandement liés à l'État. On la trouve un peu partout en Europe, mais l'originalité de la France consiste dans l'extension du phénomène, combinée avec l'hérédité reconnue et garantie par l'État. Ce dernier y trouve son compte dans un premier temps. La rentrée d'argent est immédiate, et l'encadrement hiérarchisé de la société peu coûteux : les gages ne dépassent pas, au milieu du XVIIe siècle, 2 % de la valeur du capital engagé. Mais si la vénalité des offices a permis de financer une bonne partie des guerres jusqu'à celle de Trente Ans, le rendement, sous Mazarin, est devenu insuffisant. La crise de la Fronde marque le passage au financement de la guerre par les emprunts. Cela dit, la vénalité des offices réapparaîtra, après 1648, lors de toutes les guerres, occasionnant le doublement ou le triplement des mêmes offices et la création d'offices nouveaux. L'esprit d'invention des traitants auxquels étaient confiées ces affaires n'avait pas de limite. Vanité ou désir d'être exempté de la taille : toutes les charges trouvaient acquéreurs, y compris celles de conseillers du roi contrôleurs aux empilements de bois ou de contrôleurs visiteurs de beurre frais. « Ces extravagances font rire aujourd'hui, écrivait Voltaire, mais alors elles faisaient pleurer. » En effet, aux phases de création succédaient celles de suppression ou de confirmation. Face aux coûts croissants des guerres, la vénalité devenait inopérante. N'en subsistèrent que les inconvénients : le blocage par les parlements des tentatives de réforme judiciaire, leurs refus d'imposition en pleine guerre de Sept Ans, autant de coups portés à la monarchie et au pays tout entier.

D'où l'importance croissante des emprunts. Cette vieille pratique peut prendre diverses formes. L'État peut emprunter indirectement, par exemple par l'intermédiaire de certains États provinciaux (Bretagne, Languedoc) ou de l'Hôtel de Ville (de Paris), institutions disposant de plus de crédit que l'État lui-même, mettant leur point d'honneur à régler avec exactitude les intérêts et le remboursement du capital. Ces procédés devinrent vite insuffisants. L'État dut s'adresser à des « traitants » (ainsi nommés parce qu'ils avaient passé un « traité » avec l'État), qui se chargeaient, moyennant d'importants intérêts, de réunir les fonds demandés. Là résidait la difficulté. Le prêt à intérêt était toléré par l'Église, mais ni la loi ni le public n'admettaient les taux usuraires. Les compagnies financières tournèrent la difficulté. Beaucoup d'emprunts furent accompagnés d'emprunts fictifs ne fournissant aucun capital à l'État mais dont ce dernier devait payer les intérêts. Cette pratique abusive s'explique, pour l'État, par la nécessité de parer au plus pressé, et, pour les traitants, par la crainte légitime de n'être payés que très tard... et fort mal. On savait surtout qu'une fois la paix rétablie, l'État 1° réunirait une chambre de justice qui satisferait l'opinion en condamnant les partisans les plus en vue, 2° ferait une demi-banqueroute permettant de ramener les intérêts à un taux normal. Chaque début de règne, jusqu'à la Régence incluse, fut ainsi marqué par une chambre de justice destinée à « faire rendre gorge » et par des règlements de comptes entre clans de traitants (ainsi la « réforme » de Colbert et le procès de Fouquet). La dernière demi-banqueroute sera celle de l'abbé Terray, contrôleur général des Finances, en 1771, qui permettra à l'Ancien Régime de survivre vingt ans.

Le but de ces chambres de justice n'était pas de faire rentrer beaucoup d'argent, mais, en faisant peur, de supprimer une partie importante des billets à ordre et autres papiers qui étaient la conséquence des émissions d'emprunts. Car en période de guerre l'argent comptant est rare. Il en est de même du stock de métal précieux : un demi-milliard de livres sans doute sous Colbert. Ce stock s'est accru pendant le XVIIIe siècle. Selon Gaudin, ministre des Finances de Napoléon, il a été frappé en

France, entre 1660 et 1789, près de quatre milliards de livres. Reste que l'insuffisance monétaire et plus encore les rentrées fiscales étaient cruciales en temps de guerre. Les emprunts étant gagés sur les rentrées et celles-ci n'étant pas extensibles à l'infini, il fallut recourir aux promesses de paiement écrites et aux anticipations sur recettes à venir. En Europe ces promesses de paiement se transformèrent en moyens de paiement. Mais la France ne réussit pas ou ne voulut pas se doter d'une banque centrale capable d'organiser le système. On sait le sort de la banque de Law en 1720 et l'échec du « Système ». Colbert tenta de lancer une caisse d'amortissement des emprunts : elle échoua, comme les tentatives ultérieures.

Les rentiers

Ainsi se pose la question fondamentale des prêteurs ou « rentiers ». On connaît encore mal l'origine des prêts de l'État, et moins encore leur évolution.

Les officiers de finances, élément essentiel des rouages de l'État, disposaient, en vertu de la vénalité et de l'hérédité des offices, de leurs propres caisses. L'Ancien Régime n'a jamais disposé d'une trésorerie générale, instrument indispensable créé trop tard et aux avatars divers. Outre les difficultés techniques de ce système, qui rend la connaissance des dépenses et recettes à la fois lente et imprécise, les officiers de finances gagnaient beaucoup sur les impôts royaux en les plaçant aussi longtemps que possible et en prélevant sur eux une portion — inconnue — de profits. Ce sont donc les propres agents de l'État qui lui prêtent ; abus qui, du moins, les liait au sort de l'État.

De son côté, la noblesse, surtout la parisienne, a énormément prêté à l'État, à commencer par les très grandes familles de l'entourage royal, comme les Condé. La Fronde des Princes paraît avoir eu pour origine, entre autres, la diminution des intérêts imposée par Mazarin en 1648. A cette date il semble que l'essentiel des prêts consentis à la monarchie provenait de la noblesse. Sa part demeure importante au XVIIIe siècle ; ainsi les emprunts des États de Bretagne proviennent pour plus des trois quarts de la noblesse, le reste étant souscrit par la bourgeoisie parisienne. La noblesse disposait là d'un moyen de pression dont on ignore l'efficacité (il faudrait connaître le pourcentage des prêts nobiliaires). Nul doute, en tout cas, que la haute noblesse a bénéficié du complexe fiscal français.

L'étranger, quant à lui, a été rapidement attiré par les emprunts français. Sa part est allée croissant au XVIIIe siècle, sans que l'on puisse la chiffrer. La noblesse génoise est restée prêteuse jusqu'à la Révolution. Le rôle de Genève fut plus considérable, et à double titre. D'une part, les grandes familles genevoises ont placé de plus en plus d'argent en France, au fur et à mesure de leur enrichissement. D'autre part, Genève a servi de lieu de transit pour les capitaux allemands et surtout hollandais, voire, dans une certaine mesure, anglais. Ainsi la cité de Calvin a été de plus en plus liée politiquement à la monarchie française et dominée par elle. Ce phénomène se transforme en système au XVIIIe siècle. Liée à la banque hollandaise, la banque genevoise est partie prenante dans la seconde moitié du siècle. Necker et la banque Necker-Thélusson sont les symboles de cette évolution. A l'époque, certains (comme l'intendant Sénac de Meilhan) accusent la banque, en particulier genevoise, d'avoir remplacé les milieux traditionnels des financiers et d'avoir ainsi favorisé le déclenchement de la Révolution.

Reste l'apport de la bourgeoisie française. Les dossiers notariaux confirment les attaques lancées contre les partisans par Lesage avec l'appui du Dauphin (*Turcaret*, 1709). La petite bourgeoisie souscrit une multitude de prêts à faible intérêt auprès des notaires, souvent sous forme de constitutions de rentes, et plus encore auprès des partisans. Compagnies de partisans et fermiers généraux placent cet argent dans les emprunts d'État qui offrent des intérêts plus élevés. Il semble que la part de la bourgeoisie, haute et moyenne notamment et surtout parisienne, soit allée croissant au XVIIIe siècle, réduisant celle de la noblesse.

Tout ce système repose sur le crédit, c'est-à-dire la confiance. La question financière est aussi affaire de psychologie collective, de confiance dans la monarchie, de sentiment national enfin. Tout emprunt est un pari sur l'avenir. Le coût élevé d'une guerre ne peut être soutenu par une génération : celle-ci reporte une partie de ce poids sur les années, voire les générations à venir. Le mercantilisme prévoit d'ailleurs le renforcement de l'État par la conquête qui, d'une certaine manière, paie les frais de la guerre. Attitude justifiée : croissance démographique et enrichissement économique aidant, le poids fiscal sur chacun a crû beaucoup plus lentement que le volume global du prélèvement fiscal. Le système était donc parfaitement viable. Il comportait cependant plusieurs possibilités d'échec.

Les défauts du système

Les bénéfices tangibles des guerres sous forme d'annexion ont diminué au XVIIIe siècle. Le rattachement de la Lorraine était, au fond, confirmatif d'un fait acquis ; quant à la Corse, son intérêt économique était limité. En outre, ces gains sont compensés par les pertes coloniales.

Mais il y a plus grave. Pour fonctionner, ce système exige des périodes de rémission assez longues pour dégager des excédents budgétaires rétablissant la confiance. Le dernier en date, celui des années 1730 sous le contrôleur général Orry, n'a pas eu de lendemain. On est entré dans un cercle vicieux. On a d'abord emprunté pour payer les intérêts des emprunts précédents (sans parler des amortissements de dettes des capitaux venus à échéance). Puis, le budget s'accroissant, la part des revenus de l'État consacrée à la consolidation de ces prêts est allée s'aggravant ; autant de perdu pour les autres dépenses, celles de la guerre en particulier... A terme, le budget s'est trouvé en déficit chronique, phénomène psychologiquement très grave face au montant de la dette accumulée. Turgot aurait dit à Louis XVI à propos de la possible guerre d'Indépendance américaine : « Sire, le premier coup de canon signifie la Révolution. » Historique ou controuvé, le mot est juste. Les ambassadeurs vénitiens déploraient la politique pro-américaine de la France pour des raisons idéologiques — un roi ne soutient pas des rebelles contre leur maître — et financières : une guerre maritime coûte beaucoup plus cher qu'une guerre terrestre.

Un autre phénomène psychologique s'ajoute aux précédents. Non seulement le contrôleur général ne connaît pas le montant exact des recettes et des dépenses ou les connaît trop tard, mais les chiffres sont secrets d'État. Le public n'en prendra connaissance que par le *Compte rendu des Finances* truqué par Necker qui a gonflé les recettes en diminuant le déficit, de sorte que l'opinion croit la situation plus favorable qu'elle ne l'était : d'où les énormes erreurs financières des révolutionnaires. Le secret a un autre inconvénient : il prête le flanc à toutes les dénonciations des « abus », des dépenses inutiles. Ainsi les fêtes royales font l'objet, sous Louis XV et Louis XVI, d'attaques virulentes : gabegie, gaspillages sont dénoncés à longueur de pamphlets. La comparaison des budgets démontre que la part des fêtes dans le budget général est allée décroissant et qu'elle est inférieure au pourcentage que Louis XIV y avait consacré. Mieux, alors qu'au XVIIe siècle le décor était voué à la destruction, le XVIIIe, en multipliant les réserves de vêtements et d'accessoires, diminue le coût unitaire de la fête. Mais la légende perdure, en partie parce que la fête royale est devenue moins populaire, plus privée, en partie parce qu'un clan de la Cour, à l'origine de la campagne de rabaissement des deux derniers rois, a permis à toute une propagande érotico-politique de prospérer.

Quant aux abus des pensions royales, ils sont manifestes. Mais une généralisation ferait oublier que les pensions recouvrent souvent des services bien réels et font partie de l'édifice des retraites que la royauté, lentement, en fonction de ses possibilités, était en train de construire.

Budget et poids fiscal

A la mort de Louis XV (1774), la répartition des dépenses de l'État est la suivante : paiement des intérêts, 30 % ; armée de terre et marine, 33 % (dont 10 % pour la marine et les colonies) ; dépenses de la Maison du roi, de la Cour, etc., 10 % ; pensions, 6 % ; divers, 21 % (dont une part croissante d'intervention de l'État dans l'économie, les transports, etc.).

Quant aux recettes, elles se décomposent comme suit : impôts directs, 28 % du volume des dépenses (dont 12,5 % pour la taille) ; moins de 9 % pour les revenus du domaine royal ; impôts indirects, 55 % (dont 15 % pour la gabelle et 12,5 % pour les aides). Soit un déficit de 5 % qui, pour un homme du XXe siècle, n'a rien d'affolant. D'après M. Morineau, le service de la dette représentait 33,5 % des dépenses en 1726, 28 % en 1751, 38 % en 1778, 41 % en 1788. Simples ordres de grandeur : on peut d'ailleurs discuter la distinction entre impôts directs et indirects (la gabelle s'apparente, dans le Bassin parisien, à un impôt direct).

Les données sont plus précises en 1759, lorsque le Contrôle général a effectué une enquête sur les systèmes fiscaux européens. Les revenus sont estimés à 285 millions de livres pour 26 millions d'habitants, contre 229 à l'Angleterre pour 11 millions d'habitants. La pression fiscale française n'est pas excessive en 1758 : 9 livres 1/2 par habitant, contre 22 livres 1/3 en Angleterre. Même en tenant compte de fortes inégalités fiscales et d'une répartition différente des impôts en Angleterre où — paradoxe pour un État « libéral » — les douanes ont la plus forte part, le contribuable roturier français n'est pas le plus malheureux de l'Europe. La charge fiscale moyenne est de 20 %

supérieure pour le contribuable anglais ; sans parler de la Hollande où la pression fiscale bat tous les records.

La réussite britannique

L'Angleterre a consenti, pour maintenir sa puissance, un effort fiscal continu beaucoup plus fort que celui de la France. Elle a connu, de 1650 à 1720, une « révolution financière », commencée sous Cromwell, développée sous la Restauration — époque où l'Angleterre a pris une avance décisive dans bien des domaines —, systématisée pendant les guerres contre Louis XIV — les années 1694-1696 sont capitales, avec, entre autres, la création de la Banque d'Angleterre —, parfaite ensuite. Le contrôle du budget par le Parlement donne une publicité aux dépenses et permet aux fournisseurs des emprunts de doser l'effort fiscal en fonction des nécessités. La méfiance envers une armée terrestre permanente trop importante — susceptible de servir l'absolutisme — constitue un avantage financier en temps de paix (et une faiblesse en temps de guerre). Le développement du grand commerce maritime a fourni, comme la croissance de l'économie interne, des moyens financiers qui ont fait très vite de l'Angleterre la rivale de la Hollande.

En matière de crédit, la règle de base a consisté à n'émettre d'emprunt qu'accompagné de la création de ressources fiscales destinées à payer les intérêts. Ensuite, la dette est gérée par un système complexe d'amortissement au cœur duquel se trouvent la Compagnie des Indes anglaise et la Banque d'Angleterre. Le patriotisme et l'intérêt des couches sociales dirigeantes aidant, le crédit de l'État est plus solide qu'en France. En dépit des crises liées aux guerres, le complexe anglais a fonctionné sans à-coups majeurs ni demi-banqueroutes à la française. Quelques bons esprits comme Voltaire ont deviné la relation entre la puissance fiscale de l'Angleterre, son énorme capacité d'emprunt, et son développement économique. Cependant, au cours de la deuxième moitié du XVIIIe siècle, généralisant une méfiance typiquement française envers les papiers d'État, on en déduisit — révolutionnaires et Napoléon compris — une fragilité chronique de la puissance financière anglaise. Ce qui explique bien des erreurs politiques.

Obnubilés par l'échec final des politiques financières de la France, les historiens sous-estiment les résultats obtenus par elle, tout comme la capacité d'emprunt anglaise. Il suffit pourtant de suivre Voltaire : « les revenus du roi se sont accrus et l'intelligence des finances s'est perfectionnée au point que, dans la ruineuse guerre de 1741, il n'y a pas eu un moment de discrédit. » Celui-ci intervient tard, après la plus ruineuse des guerres : celle de l'Indépendance américaine.

Le système fiscal français présentait des défauts majeurs. Les uns relèvent de la géographie. Les diversités locales, surtout celles des impôts indirects, sont de plus en plus mal supportées. Les frontières internes constituent une grave gêne pour l'économie. Cette mosaïque incompréhensible et irrationnelle rend l'ensemble du système difficilement défendable. A cela s'ajoutent les privilèges, personnels, de corps ou d'ordres, cible principale des revendications pré-révolutionnaires. Si ces disparités avaient pu être supprimées, la capacité fiscale française aurait été considérablement augmentée. Resterait à savoir si les privilèges provinciaux et urbains étaient plus importants que ceux de la noblesse et du clergé, ce qu'aucune étude ne permet encore d'affirmer ; les cas diffèrent d'ailleurs selon l'impôt considéré. Si l'égalité fiscale n'est pas assurée, on s'en approche beaucoup avec l'impôt du vingtième des années 1750-1790, une des raisons de l'agressivité nobiliaire et parlementaire de la deuxième moitié du XVIIIe siècle.

Par ailleurs, la technique administrative et financière laissait beaucoup à désirer. L'une des grandes idées de Necker a été de centraliser recettes et dépenses dans une trésorerie générale ; solution logique que l'Ancien Régime eut le tort de retarder trop longtemps. En outre, il nous manque certains éléments majeurs de compréhension : rôle et personnalité des premiers commis et des intendants de finances, connaissance des éléments sociaux qui constituaient la majorité des souscripteurs, etc. L'histoire financière de l'Ancien Régime souffre d'un retard considérable, surtout face à l'historiographie financière britannique. Par ailleurs, les abus attribués au système français sont l'objet de multiples préjugés. Il serait urgent d'opposer la propagande et la perception de la mentalité collective à la « réalité vraie ». Il sera difficile de porter un jugement global tant que la courbe d'évolution des hommes et des choses ne sera pas mieux connue.

En tout cas, il est établi que le système financier français, s'il est inférieur à l'anglais, soutient avantageusement la comparaison avec le reste de l'Europe. Ce n'est pas sans raisons que Frédéric le Grand a tenté d'introduire en Prusse une administration imitée de la Ferme générale. Répétons-le, le Français, même roturier, n'est pas le contribuable le plus malheureux de l'Europe. Mais l'avance prise par l'Angleterre en matière fiscale et financière a largement contribué à ses victoires sur la France, puis sur la France révolutionnaire et impériale qui avait conservé beaucoup d'éléments et d'hommes de l'Ancien Régime. A certains égards, la rupture n'interviendra que sous... la Restauration.

Jean MEYER.

LES BOURBONS ET L'ÉCONOMIE

C'est à l'aube du XVIIe siècle, au moment où la maison de Bourbon vient d'accéder au trône de France, que l'« économique », c'est-à-dire au sens premier la gestion de la « maison » seigneuriale, devient « politique », par transposition du domestique au national. Opposés et contradictoires jusque-là, les deux termes sont alors réunis pour surprendre et appeler l'attention du lecteur : en effet le premier *Traité de l'économie politique* a été publié en 1615 par Antoine de Montchrestien. L'apparition de l'économie politique en tant que système de connaissances relatives à la production des richesses et à la distribution des revenus coïncide donc historiquement avec le début de l'ère bourbonienne. Or, pendant un siècle et demi cette discipline nouvelle a donné lieu, jusqu'au milieu du XVIIIe siècle, à la formulation de tout un ensemble d'idées, baptisé plus tard du nom de « mercantilisme » par ceux — les libéraux — qui rejetaient désormais les affirmations de leurs précurseurs. Le mercantilisme désigne d'une manière générale les conceptions économiques de l'époque moderne, qui s'étend des grandes découvertes de la fin du XVe siècle à la révolution industrielle du milieu du XVIIIe siècle.

En réalité il s'agit plus de politique économique que d'économie politique. Les premiers économistes ont en effet essayé de préciser comment les monarques, à l'instar des particuliers, devaient gérer leurs affaires en vue de s'enrichir, et de disposer par conséquent des moyens d'augmenter leur puissance. Richesse et puissance sont les deux maîtres mots de leur raisonnement, d'où la formule condensée d'André Piettre définissant le mercantilisme : « l'économie exaltée au service du Prince. » Frappés par la puissance que ses richesses lui avaient procurée, les hommes de la modernité ont été obsédés par le souvenir de Charles Quint. Dans un raccourci remarquable, Montchrestien met bien en lumière le lien étroit qui unit la puissance du prince à la richesse de ses sujets : « Il est impossible de faire la guerre sans hommes, d'entretenir des hommes sans solde, de fournir à leur solde sans tributs (= impôts), de lever des tributs sans commerce. » La conclusion va de soi : pour accroître la puissance du roi, il est nécessaire de développer le commerce, et donc l'industrie. Pour collecter les moyens financiers dont il a besoin, le roi, indépendamment des revenus de son domaine, peut utiliser les trois moyens de l'impôt, de l'office et de l'emprunt, mais dans les trois cas il faut trouver des sujets du roi qui soient assez riches pour pouvoir payer l'impôt, acquérir l'office ou souscrire l'emprunt. La puissance du roi dépend ainsi étroitement des facultés contributives de ses sujets : c'est pourquoi les rois Bourbons n'envisagent l'économique que du point de vue de la fiscalité de l'État. La politique économique est la servante de la politique financière, et toutes les deux sont au service de la politique générale du roi, qui est essentiellement diplomatique et militaire.

Sans entreprendre ici toute l'histoire économique de la France aux XVIIe et XVIIIe siècles, on se demandera comment les rois de la maison de Bourbon, de Henri IV à Louis XVI, ont abordé l'examen des questions économiques : avec quelle mentalité ? quelles idées générales ?

Par leur naissance, par leur éducation, par leurs relations, les Bourbons sont et restent des gentilshommes, de grands seigneurs, riches propriétaires fonciers, ayant pour vocation essentielle de faire la guerre, rendre la justice, tenir leur cour avec éclat et se divertir fastueusement. Pour gérer leur fortune, ils s'en remettent selon l'usage à leurs « fermiers » et à leurs « intendants », comme n'importe quel seigneur, grand ou petit. Par l'intermédiaire indispensable de ces gestionnaires domestiques (ainsi Colbert, cumulant les fonctions de contrôleur général des Finances, de secrétaire d'État de la Marine et de la Maison du roi, de surintendant des Bâtiments, n'en reste pas moins un factotum chargé de s'occuper des bâtards royaux, ce qui le plonge dans les plus petits détails du choix des nourrices, de la composition de la layette, du soin des maladies...), le monarque prend connaissance et traite des questions relatives à la condition matérielle de ses sujets, essentiellement considérés comme des contribuables qui doivent procurer les moyens financiers nécessaires à l'entretien de la Cour, de l'armée et de l'administration. Même devenue « politique », l'« économie » reste encore largement pour les Bourbons une façon domestique de gérer un grand patrimoine chargé de soutenir l'éclat de la maison royale.

Parmi toutes les personnes qui approchent le roi et lui parlent, le nombre de celles avec lesquelles il a l'occasion de s'entretenir des affaires économiques est très restreint : ainsi, derrière chaque roi, se profile dans ce rôle l'ombre de son « ministre des Finances », plus rarement d'un secrétaire d'État, exceptionnellement d'un conseiller consulté particulièrement sur ces questions. Par exemple Henri IV, qui avait des idées personnelles bien arrêtées en matière économique, n'était pas toujours d'accord avec son surintendant des Finances, l'agrarien Sully, et il s'inspirait plus volontiers des idées de l'industrialiste Barthélemy de Laffemas, qui était un de ses valets de chambre (accès direct à la personne du roi) et dont il fit en 1602 un contrôleur du commerce. Louis XIII s'en remit à son principal ministre, le cardinal de Richelieu, qu'il créa grand maître et surintendant de la Marine en 1626. Louis XIV eut pour conseiller Colbert, qui transforma le contrôle général des Finances, à partir de 1665, en un tentaculaire ministère des Finances, de l'Intérieur et de l'Économie. Après Colbert, mort en 1683, et jusqu'au renvoi de Machault d'Arnouville en 1754, les contrôleurs généraux des Finances restèrent longtemps en fonctions, plus de dix ans en moyenne, et furent les principaux inspirateurs de la politique économique royale.

Après 1754, Louis XV usa prématurément un grand nombre de contrôleurs généraux, dont un certain nombre acquis aux idées nouvelles, comme Bertin : cette valse des ministres, qui trahissait les hésitations du roi, parut si choquante au public que le nom de l'un de ces éphémères contrôleurs généraux, Silhouette, devint un nom commun pour désigner une ombre qui passe si vite que l'on ne peut en fixer les traits ! Quant à Louis XVI, il a tour à tour placé sa confiance en Turgot, puis Necker, puis Calonne, sans trouver, dans ce domaine comme ailleurs, un homme auquel il ait accordé un crédit durable. Malgré les progrès de l'information (Colbert, convaincu que le renseignement précis conditionnait le succès de toute politique, a organisé les premières enquêtes statistiques en économie et il a de la sorte fondé la politique économique moderne), malgré le développement d'une administration spécialisée (intendants du commerce, qui jouent auprès du contrôleur général des Finances depuis 1665 le rôle de modernes directeurs de ministère ; Conseil du commerce, créé en 1700 et devenu en 1722 Bureau du commerce, où siègent à côté de hauts fonctionnaires douze députés élus des grandes places du commerce, et qui joue le rôle de commission technique de préparation des dossiers et des décisions auprès du contrôleur général ; chambres de commerce locales élues par les aristocraties marchandes des grandes villes), le roi n'estime pas utile d'élever les affaires économiques à la même dignité que les affaires financières : celles-ci sont traitées au Conseil royal des finances, « Sa Majesté y étant », tandis que le Conseil royal de commerce, créé en 1730, n'est jamais parvenu à fonctionner, pour la bonne raison que ni Louis XV ni Louis XVI n'ont jugé nécessaire de se déranger pour venir le présider. Ainsi le duc de Luynes note dans ses *Mémoires*, le 11 mai 1747 : « Avant-hier mardi il y a eu un conseil de commerce ; il y avait quatre ou cinq ans que le roi n'en avait tenu. » Manifestement le roi considère que seules les affaires économiques qui sont en relation avec ses affaires financières sont dignes d'être délibérées en sa présence. Quant à l'administration économique, qui n'a pas d'incidence financière, elle n'est pour lui que détail subalterne, de la compétence de ses ministres. Ce n'est qu'en 1787 que Louis XVI décida de réunir ce fantomatique Conseil royal de commerce au Conseil royal des finances.

Le roi ne traite donc jamais directement des affaires économiques en tant que telles ; il n'y est amené qu'indirectement parce que l'exercice de ses fonctions royales l'y conduit de diverses façons. Ces fonctions sont parfaitement symbolisées et résumées par les insignes qui lui sont imposés lors de la cérémonie du sacre : sceptre et couronne, main de justice, épée. Souverain, justicier, guerrier : telle est la triade essentielle du pouvoir royal, étranger aux considérations économiques. Cependant, par le biais des actes qu'il accomplit dans l'exercice de son pouvoir, le roi intervient dans la vie économique, mais toujours dans le même esprit, afin de s'assurer les moyens de financer sa politique générale.

Le roi souverain

La puissance du roi souverain, symbolisée par le sceptre et la couronne, s'exprime de deux manières : d'une part à travers les *regalia*, c'est-à-dire cet ensemble disparate de biens soustraits à l'appropriation privée pour être laissés à la disposition du public suivant les règles de bonne police fixées par le roi ; d'autre part à travers les *mirabilia*, ces hauts faits et grandes réalisations, ces « gestes » de conquêtes militaires et de constructions civiles destinées à glorifier sa figure et sa mémoire.

Le célèbre regret qu'aurait manifesté Louis XIV sur son lit de mort à propos de son goût excessif pour la guerre et pour les bâtiments n'était-il pas implicitement la proclamation suprême de son caractère par excellence royal ? Dans les deux cas, par la maîtrise des régales et dans l'accomplissement des merveilles, le motif profond de l'action royale était dénué de sens économique, et même, en jouant sur les mots, on pourrait dire qu'elle n'était pas économique la plupart du temps. Souvent, le roi a engagé des dépenses de prestige, décidées par des considérations de « gloire » ou d'« honneur », sans se soucier très précisément des moyens de les financer. Pour le souverain, l'intendance doit suivre, et non précéder : un gentilhomme (économie de dépense) est essentiellement différent d'un bourgeois (économie d'épargne). L'exploitation fiscale des régales et l'accomplissement des merveilles forment les deux aspects d'une même réalité : l'exercice de la souveraineté doit procurer au roi les moyens de « tenir son rang royal ».

Sans insister davantage ici sur les incidences économiques de la politique de conquêtes militaires, sur les conséquences économiques de la politique de constructions civiles (qui préfigurent les politiques de grands travaux des XIXe et XXe siècles), sur les implications de sa politique de consommation et de dépense (qui fait obligation au roi de « paraître » par le faste de son habillement, de son ameublement et de son train de maison, le tout servant de modèle à l'aristocratie et l'incitant également à la dépense), considérons brièvement les régales.

La liste des régales a été fixée par l'empereur germanique à la diète de Roncaglia en 1158, lorsqu'il luttait contre la décomposition de la souveraineté minée par la féodalisation : outre les compétences juridiques qu'elle réserve au souverain, la liste mentionne tout un ensemble de biens parmi lesquels la monnaie, les grands chemins, les mines, les eaux et forêts, le rivage de la mer, les biens sans maître, etc. Sur tous ces biens, le roi de France dans son royaume est empereur : il en est le souverain maître et il fixe à ses sujets une police d'exploitation, qui prend la forme d'une intervention économique inspirée par ses besoins fiscaux. Dans la conception héritée du Moyen Age, c'est de son « domaine » que le roi doit tirer les ressources nécessaires au financement de ses dépenses. Pour le roi ces biens en régale font partie de son « domaine », ce qui explique qu'il en dispose — en particulier de la monnaie par le jeu des mutations — sans trop de scrupules de conscience. Il n'a pas le sentiment ici de s'approprier la chose d'autrui, mais au contraire de disposer de son bien. Il le fait soit directement par l'exploitation des régales à son propre profit, soit indirectement en en laissant l'exploitation à ses sujets, mais en vue de les enrichir et donc d'augmenter leurs facultés contributives, car c'est principalement l'augmentation de ses revenus que le roi recherche.

Le roi justicier

La bienfaisance du roi justicier, symbolisée par la main de justice, dépasse la notion stricte d'administration de la justice distributive, celle qui récompense le bien et punit le mal. Garant de l'ordre public, le roi doit aussi procurer la prospérité à ses sujets, mais tout en veillant au respect de cet équilibre délicat des ordres et des corps. Dans cette société compliquée, fondée sur le principe du privilège, c'est-à-dire le statut particulier propre à chaque ordre et à chaque corps, c'est au roi qu'il appartient de maintenir chacun à sa place, ce qui est une manière de « *suum cuique tribuere* ».

Cette intervention royale a naguère prêté à confusion, puisqu'on a parlé de « socialisme d'État » à propos de l'œuvre économique de Louis XIV inspirée par Colbert... En réalité, les rois Bourbons, avec les idées de leur temps et de leur milieu, qui étaient rien moins que « socialistes », n'étant nullement égalitaristes, sont intervenus dans la vie économique sans esprit de système, mais avec cette conviction qu'ils devaient pourvoir au bien-être de leurs sujets ; d'où ce paradoxal mélange qui allie souvent des réglementations minutieuses à l'invocation du principe de liberté. Car l'Ancien Régime invoquait la liberté plus qu'on ne le croit, mais lui donnait un sens et un contenu différents de ceux que lui donnèrent les hommes des Lumières du XVIIIe siècle.

Dans la mentalité traditionnelle, imprégnée des conceptions religieuses, la liberté ne consistait pas à « laisser faire, laisser passer » dans une liberté individuelle sans frein ni barrière, elle résidait dans la soumission raisonnée à la volonté du roi, qui indiquait la voie tracée pour parvenir à la prospérité, tout comme la liberté du croyant consistait dans la soumission raisonnée à la volonté de Dieu, qui indiquait la voie à suivre pour parvenir au salut. Il n'y a donc rien de surprenant dans l'attitude d'un Colbert, unanimement considéré comme un « interventionniste », un « étatiste », un maniaque des réglementations tatillonnes, et qui pourtant posait comme postulat que « la liberté est l'âme du commerce ». Jusqu'à la fin du XVIIe siècle, réglementation et liberté ne parurent pas forcément incompatibles. Ensuite se produisit la dissociation, dans l'ordre profane comme dans l'ordre spirituel : après 1750 le roi, inspiré maintenant par le désir d'élargir le champ des libertés individuelles, est encore intervenu, mais pour lever maintenant les contraintes et abolir les réglementations.

Que l'intervention de Louis XIV ait été « réglementaire » ou que l'intervention de Louis XV après 1750 et de Louis XVI ait été plus ou moins « libérale »[1], les rois Bourbons ont toujours été mus par la volonté de procurer à leurs sujets une prospérité qui, par les voies diverses ou opposées de la réglementation et de la liberté, serait l'expression de sa « justice », c'est-à-dire l'équilibre des intérêts particuliers.

Quelle qu'en ait été l'inspiration profane, « réglementaire » ou « libérale », l'intervention du roi en matière économique a toujours été marquée d'une même coloration religieuse, qui a entraîné plusieurs conséquences concrètes. Le roi doit veiller à ce que ses sujets puissent gagner leur vie honnêtement, en travaillant, car l'oisiveté est toujours considérée comme la mère de tous les vices. Le couple oisiveté-vice était la formulation d'Ancien Régime de ce qui est devenu de nos jours le couple chômage-délinquance. Une longue expérience historique a appris au roi que le manque de travail, et donc de revenus, conduit les « désoccupés » affamés à l'agitation et à la révolte. La tranquillité des villes, où refluent les hordes de mendiants chassés des campagnes par la faim, est un souci constant des autorités, et plus particulièrement à Paris, cette ville énorme et grouillante où le roi réside jusqu'en 1682 (de 1682 à 1789, il n'en sera éloigné que d'une journée d'émeute, comme le montrera celle du 5 octobre 1789). Un grand nombre de mesures prises aux XVIIe et XVIIIe siècles à propos de Paris l'ont été pour répondre à ce désir obsédant d'assurer le travail et le pain aux habitants de ce monstre inquiétant aux colères redoutables. De plus, si le chômeur risque de damner son âme et de troubler la paix publique, il est de surcroît un contribuable nul : or, du nombre et de l'aisance de ses sujets dépend la puissance du roi. Dès 1599, dans son premier édit sur le dessèchement des marais, Henri IV énonce : « La force et la richesse des rois et princes souverains consiste en l'opulence et nombre de leurs sujets. » Les rois Bourbons, convaincus comme leurs contemporains qu'il

---

[1] S. Kaplan, *Le pain, le peuple et le roi, la bataille du libéralisme sous Louis XV*, préface d'E. Le Roy Ladurie, Librairie académique Perrin.

n'y avait de véritables richesses que d'hommes, ont multiplié les encouragements natalistes, en harmonie également avec leurs conceptions religieuses. Ainsi Louis XIV, jugeant que « les mariages étaient les sources fécondes d'où dérivaient la force et la grandeur des États » et regrettant que « par la licence des temps, [...] la dignité des mariages [fût] déprimée », accorda en novembre 1666 l'exemption de la taille pendant cinq ans à ceux de ses sujets qui se marieraient avant vingt et un ans, trois ans à ceux qui se marieraient avant vingt-deux ans, et définitivement aux pères de famille de douze enfants vivants.

Cependant, si la politique royale recherche le plein-emploi afin que les sujets du roi parviennent au salut éternel, ne provoquent pas de troubles et paient régulièrement leurs impôts, les salaires doivent rester aussi bas que possible, et cela pour deux raisons. Tout d'abord, les artisans, manufacturiers et marchands disposeront de la sorte d'une abondante main-d'œuvre à bon marché, ce qui leur permettra d'abaisser leurs coûts de production et d'augmenter leur compétitivité, en particulier à l'exportation. Ensuite les bas salaires contraindront à un travail perpétuel, alors que les hauts salaires seraient un encouragement à la paresse et à l'oisiveté, donc au vice. Si un ouvrier est trop payé, c'est-à-dire au-delà du strict nécessaire pour sa subsistance, il risque de moins travailler, ne travaillant qu'autant qu'il faut pour assurer sa subsistance, et laissant ensuite libre cours à sa paresse. La mentalité dominante — et qui le restera jusqu'au XXe siècle — est donc aux antipodes de celle d'une « civilisation des loisirs » : non seulement les sujets du roi doivent pouvoir trouver du travail, mais encore il faut les y attacher par nécessité aussi longtemps que possible. Plus la journée de travail sera longue, moins l'ouvrier aura l'occasion de s'abandonner à la paresse et de perdre son âme ! D'où cette abondante et célèbre législation des Bourbons interdisant le vagabondage et la mendicité des pauvres valides (les invalides étant autorisés à mendier ou recueillis dans des institutions charitables), puis ordonnant l'internement et le travail forcé des mendiants valides : en 1656 Louis XIV ordonna le « renfermement » de tous les indigents du royaume dans des « hôpitaux généraux » municipaux, où ils seraient utilisés soit dans des ateliers, soit pour les travaux de la voirie. Imposé par ce curieux mélange de considérations religieuses, politiques et économiques, ce renfermement fut la solution peu efficace et mal appliquée du problème du chômage : pour éviter d'avoir à recourir à cette méthode impopulaire, les fonctionnaires d'autorité comme les intendants des généralités ont préféré s'attacher à favoriser les créations d'emploi dans les entreprises. La correspondance des intendants et du contrôleur général des Finances fourmille de ce type d'affaires dans lesquelles l'intendant soutient les requêtes de ces bienfaisants chefs d'entreprises « qui donnent de l'ouvrage aux ouvriers ».

En 1767 Louis XV inaugure une nouvelle politique de l'anoblissement en décidant d'anoblir tous les ans deux négociants distingués : l'observation des lettres d'anoblissement qui ont été accordées en application de cette décision met en évidence l'importance que le roi attachait à ce rôle de distributeur d'emplois des chefs d'entreprises. Parmi tant d'autres, citons l'anoblissement de Papion (1771), manufacturier fabricant de damas à Tours, qui a sextuplé la capacité de production de son entreprise « et fournit dans la ville de Tours du travail à plus de huit cents familles » ; celui de Delauney de Fresney (1785), qui a introduit la fabrication des toiles à voile pour la marine à Laval, ce qui a été utile aux manufactures de la ville qui « procurent du travail et assurent la subsistance aux habitants de plus de soixante paroisses dans les environs » ; ou encore l'exemple de Thomassin (1783), propriétaire d'une grande manufacture de draps de laine à Troyes, qui employait entre six et sept cents ouvriers : or, d'après ses lettres d'anoblissement, « les pauvres des campagnes manquaient d'ouvrage, il s'agissait d'aller à leur secours en établissant des manufactures de laine, le sieur Thomassin se chargea d'en faire les avances, envoya des matières, fournit des métiers, distribua les meilleurs ouvriers dans les villages pour instruire les fileuses », de telle sorte que le nombre de ses ouvriers s'est élevé à « plus de mille cinq cents » et qu'il « offre si les circonstances l'exigent d'en occuper une fois autant pour faire subsister ceux qui dans les régions défavorisées se trouvent sans pain et sans travail ».

Le roi guerrier

Reste, parmi les fonctions du roi, à évoquer la geste du guerrier, qui illustre le caractère le plus ancien du roi, antérieur historiquement à sa consécration royale. Chef militaire, cavalier guerroyant à la tête de ses hommes, le roi est avant tout le premier gentilhomme de son royaume, et qui par naissance, atavisme, éducation et mentalité, reste un militaire soucieux d'occuper « sa » noblesse en lui procurant un emploi conforme à sa vocation. Or la bataille est cette vocation. Jusqu'à Louis XV, les Bourbons ont maintenu la tradition. Henri IV et Louis XIII ont passé une grande partie de leur règne l'épée à la main, le cul en selle, à la tête de leurs hommes, courant sus aux rebelles et aux ennemis. Louis XIV a dirigé en personne des sièges aux Pays-Bas. Louis XV a encore paru à la tête de son armée de 1744 à 1747. De Henri IV au dauphin Louis, fils de Louis XV, tous les Bourbons, de père en fils, se sont fait peindre en portrait revêtus d'une armure ou portant une tenue militaire. Louis XVI constitue l'exception, le contresens, l'erreur fatale : il n'a reçu ni éducation, ni formation, ni expérience militaire. Dauphin, il a été peint en portrait poussant une charrue ! Ses ancêtres, eux, maniaient l'épée, et non le soc. Louis XVI était incapable de passer des troupes en revue, de mener des hommes au combat, de commander en militaire, bref, d'être un roi de France digne d'une tradition plus que millénaire et qui était de l'essence même de la monarchie. Plus encore que des idées libérales du siècle des Lumières, plus encore que des déficiences de son caractère, Louis XVI a été victime d'une éducation déplorable : Louis XV n'a pas su ou n'a pas voulu lui forger un tempérament de chef.

Or le roi-gentilhomme, chef naturel de la noblesse du royaume, comptait parmi ses devoirs celui d'occuper cette noblesse. Dans son fameux *Traité de l'économie politique*, Montchrestien souligne fort à propos que la guerre menée contre les ennemis extérieurs est une bonne chose car elle assure la paix à l'intérieur du royaume (et donc sa prospérité), tout en canalisant l'instinct belliqueux de la nation : « Il faut songer, écrit-il au roi, à lui donner quelque bon et honnête exercice, [...] car de la laisser croupir en un languide repos ce serait son mal. [...] Il faut bien s'empêcher de laisser éteindre cette générosité naturelle à vos peuples. » D'ailleurs si le roi se doit d'occuper sa noblesse à la guerre, il doit veiller à ce que dans le royaume les hommes de guerre ne mettent pas le pays à sac, car s'il les laisse ruiner celui-ci, ses sujets ne pourront plus payer l'impôt. La guerre est donc nécessairement un bien d'exportation. On saisit ici toute la difficulté de l'exercice du pouvoir royal, soumis à des obligations contradictoires et chargé de réaliser un équilibre entre des intérêts exclusifs.

Citant une lettre de Louis XIV au marquis de Villars de 1688 (*« S'agrandir est la plus digne et la plus agréable occupation des souverains »*), Hubert Méthivier souligne que Louis XIV a toujours regardé la guerre comme la vocation naturelle d'un grand roi, et son armée comme l'instrument de gloire et de puissance auquel il a subordonné totalement les finances et l'économie nationales. Dans l'Europe d'Ancien Régime, toute la société est tributaire de cet esprit guerrier : le roi est le justicier suprême, qui doit à ses peuples la paix et la sécurité, mais il est aussi et avant tout un chef de guerre qui leur doit la gloire militaire. Louis XIV lui-même a reconnu qu'il n'avait pas toujours évité la guerre, en raison de cette nécessité où il se trouvait d'employer sa noblesse. Or, quelles furent les conséquences de ces guerres périodiquement renouvelées sur l'économie du royaume ? Elles ont été tout à la fois un frein et un moteur du développement économique.

D'un côté, les besoins de l'armée et de la guerre ont sensiblement accru les besoins de l'État, donc la ponction fiscale. François Ier guerroyait en Italie avec quelques milliers d'hommes, tout au plus quelques dizaines de milliers ; à la fin du siècle, Henri IV a mis fin aux troubles civils et à l'occupation étrangère avec une armée permanente de dix mille hommes. Le XVIIe siècle a été celui de la mutation : à la mort de Richelieu (1642) l'armée de Louis XIII compte plus de cent mille hommes ; celle de Louis XIV est encore de cet ordre de grandeur au début de la guerre de Hollande (1672), puis elle atteint trois cent mille hommes au début de la guerre de la Ligue d'Augsbourg (1689) et près de quatre cent mille au début de la guerre de Succession d'Espagne (1702).

Ce sont alors des effectifs énormes pour l'époque, et une mutation considérable puisqu'en cent ans l'armée française est passée de dix mille à quatre cent mille hommes. Elle s'est maintenue à peu près à ce niveau pendant le XVIIIe siècle. On imagine aisément l'effort financier, et donc économique, qu'il a fallu réaliser pour constituer, équiper et entretenir des armées aux effectifs si rapidement croissants. Comme le disait avec une pointe de mauvais esprit un historien sévère pour Louis XIV, le Grand Siècle fut grand surtout par les efforts que l'on demanda aux peuples...

Quant à la marine de guerre, elle fut véritablement créée par Colbert, malgré le peu de goût que Louis XIV lui témoignait, à la différence de Henri IV ou de Louis XVI : en 1661 la marine de guerre du roi ne comptait que 18 bâtiments, la plupart anciens et en mauvais état. En 1675 elle alignait 120 vaisseaux de haut bord, dont 72 de 50 canons et au-dessus. Or, en même temps, Colbert a doté cette puissante marine d'une infrastructure portuaire et industrielle (arsenaux) remarquable, et ces résultats extraordinaires ont été obtenus relativement à peu de frais. Les dépenses de la marine de guerre au temps de Colbert n'absorbaient que 9,5 % du budget du royaume, alors que l'armée de terre en dévorait 47 %.

Tout le renforcement de la bureaucratie étatique et toute la recherche du développement économique au XVIIe siècle ne peuvent se comprendre qu'à la lumière de ces faits : le mercantilisme a été la manifestation économique de cette politique militaire de puissance. A partir de là, on a pu critiquer une politique qui a engendré une néfaste concurrence faite par l'investissement dans les « affaires du roi » à l'investissement dans les affaires privées industrielles ou commerciales. De ce point de vue, l'effort militaire démesuré aurait stérilisé l'économie, en drainant dans les coffres du roi les ressources monétaires métalliques, par l'intermédiaire de ces « sangsues de l'État » qu'étaient les financiers. Tout cela a été clairement résumé par Daniel Dessert : « Par un paradoxe qui n'est qu'apparent, la richesse en or et en argent de la France, mais également son insuffisance, au regard des besoins de ses peuples et de son souverain, confronté à l'expérience de la guerre, se manifeste au niveau de la vie économique, dont elle affecte l'éclosion. La majeure partie de la masse métallique qui pourrait animer les affaires industrielles ou marchandes reste largement concentrée dans les entreprises financières liées au service de l'État. [...] Si le royaume, par rapport à d'autres concurrents comme les Provinces-Unies ou l'Angleterre, s'est tourné avec moins de vigueur et avec retard vers des entreprises industrielles ou marchandes d'avenir, en particulier la conquête maritime et coloniale, c'est que l'exploitation du capital politique [...] a primé sur tout autre domaine. [...] Le caractère guerrier accusé de la monarchie française conforte cette attitude : les jeux de Mars, qui engendrent et nourrissent les activités financières, sont concentrés sur des affrontements continentaux. » La guerre a donc neutralisé des capitaux qui n'ont pas été investis dans les secteurs économiques clés du développement.

Cependant, le même auteur observe ensuite que « la guerre n'est pas une activité stérile, tant s'en faut » et qu'« au contraire elle suscite des besoins de toute nature qui se traduisent par des retombées économiques positives ». Dans un tableau saisissant, il montre comment les financiers, détenteurs des capitaux fiscaux, ont diversifié leurs opérations en devenant les entrepreneurs, fournisseurs et munitionnaires de la puissance militaire, et finalement les « catalyseurs industriels » du développement économique. C'est dans le monde des financiers que se recrutent les gros entrepreneurs agricoles pour assurer le ravitaillement (prenant à ferme l'exploitation des grandes fortunes foncières, tant nobles qu'ecclésiastiques), les fournisseurs de chevaux pour la cavalerie et l'artillerie, et les entrepreneurs de manufactures sidérurgiques (fonderies de canons, fabriques de fusils) ou textiles (tenues militaires). A partir de ces secteurs étroitement liés à la guerre, leur activité omniprésente s'infiltre dans tous les autres secteurs industriels ou commerciaux : mines, canaux, compagnies maritimes et coloniales, armements maritimes, raffineries de sucre, etc. Et si Daniel Dessert conclut, de manière pessimiste, en soutenant que la place prépondérante prise par le capital financier en France au XVIIe siècle a nui, dans une certaine mesure et de façon un peu paradoxale, à la réussite des secteurs dans lesquels il s'est investi, parce que ces placements étaient secondaires aux yeux des financiers et que leur succès dépendait trop de celui de leurs activités principales, il n'en reste pas moins que la demande et la technologie militaires ont été à l'origine de transformations économiques qui ont ouvert la voie en France à la révolution industrielle. Bornons-nous à citer deux faits remarquables : le fusil, apparu vers 1630, n'a été imposé à l'infanterie qu'en 1703 par Vauban ; à partir de là a été défini le premier modèle unique en 1717, fabriqué dans les différentes manufactures royales d'armes, qui a préparé la voie au fusil Gribeauval de 1777 et au bel essor de l'industrie d'armement, traditionnelle en France. De même, c'est pour satisfaire à la pressante demande de canons pour la marine que Louis XVI et son gouvernement encouragèrent les entreprises des frères Périer (ingénieurs mécaniciens), de Wendel (maître de forges), de Wilkinson (ingénieur sidérurgiste), de Mégret de Sérilly (financier, trésorier général de la Guerre) et Baudart de Saint-James (financier, trésorier général de la Marine), qui aboutirent par leur association en 1782 à la création du Creusot, première entreprise sidérurgique fabriquant de la fonte au coke en France.

L'ère bourbonienne, de 1589 à 1789, aurait-elle été une longue « ère Meiji » française ? De Henri IV à Louis XVI, les Bourbons ont réalisé une œuvre d'industrialisation qui a fait de leur royaume, quoique faiblement industrialisé, la première puissance industrielle du monde en 1789 : en valeur absolue, la production française surclasse alors encore dans son ensemble la production anglaise. Si l'Angleterre produit plus de charbon et de coton, la France produit plus de fonte et de drap. Cependant, par rapport au nombre d'habitants, la production française est inférieure à sa rivale, et techniquement elle est plus archaïque. Tout s'est joué entre les deux pays entre 1780 et 1800, et les interprétations que les historiens donnent de nos jours de cette évolution divergente (l'envol rapide de l'Angleterre et le retard relatif de la France) se rattachent à deux explications opposées.

Pour les uns, la France de Louis XVI s'est laissé distancer par l'Angleterre pour des raisons externes et accidentelles. La Révolution a plongé la France dans un désordre extrême, provoqué la faillite financière et la fuite des capitaux, un recul général de la production ; la guerre a fait perdre les riches domaines coloniaux. Bref, la Révolution a brisé le bel élan que la France avait pris au milieu du XVIIIe siècle. Alors que la France avait parcouru le siècle au coude à coude avec l'Angleterre, cet accident catastrophique est survenu à l'instant où l'Angleterre se lançait dans le sprint décisif. Le retard français du XIXe siècle serait donc imputable à ces « petits hommes » qui, au dire de Pierre Chaunu, auraient fait « dégringoler la France de la ligne de crête » à partir de la Révolution, et stupidement gâché les belles chances que les Bourbons avaient données à la France. On imagine aisément les clameurs indignées qu'une telle affirmation a déchaînées parmi ceux pour lesquels la Révolution ne saurait être qu'une aurore messianique et à tous points de vue bénéfique.

Pour les autres, la France de Louis XVI s'est laissé distancer pour des raisons internes et essentielles. La croissance française du XVIIIe siècle aurait porté en elle-même les freins qui l'ont empêchée de suivre l'Angleterre au même train. Les Bourbons, et Louis XVI en particulier, porteraient la responsabilité de n'avoir pas levé les premiers freins, qui étaient d'ordre institutionnel, tandis que les autres, qui étaient d'ordre technique et démographique, échappaient à leur action.

Freins institutionnels : Par l'idée qu'il se faisait de son rôle protecteur de la propriété privée, sur le fondement du serment du sacre, Louis XVI s'est obstiné à défendre inutilement les institutions qui perpétuaient l'archaïsme économique, social et politique : le fief, l'office, la maîtrise. En abrogeant la réforme de Maupeou dès 1774 (parce que les officiers de judicature étaient *propriétaires* de leur charge et que le roi ne pouvait les en spolier), en rétablissant en 1776 les jurandes qu'il venait d'abolir (parce que les maîtres étaient *propriétaires* de leur métier et que le roi ne pouvait les en spolier), en refusant d'abolir la féodalité tant en 1776 qu'en 1789 (parce que les seigneurs étaient *propriétaires* de leurs droits et que le roi ne pouvait les en spolier), Louis XVI a transformé la royauté en une force réactionnaire qui a, pour son malheur et celui de sa dynastie, lié son sort à la défense d'intérêts particuliers condamnés par l'évolution historique. Le fief, l'office et la maîtrise symbolisaient les institutions anciennes qui assuraient des protections et des rentes de situation artificielles à des catégories privilégiées, menacées par les transformations économiques, sociales et politiques.

Freins techniques : La révolution industrielle de l'Angleterre a été la conséquence des solutions données à un certain nombre de problèmes posés par la formation de goulots d'étranglement dans le processus de production : ceux-ci empêchaient la poursuite de la croissance dans le cadre des techniques existantes. Les Anglais ont réussi à remplacer des ressources devenues rares et chères (bois, laines, main-d'œuvre) par des ressources abondantes et peu coûteuses (houille, coton, machines). En France, des conditions différentes ont produit une évolution ralentie, bien que les gouvernements de Louis XV et de Louis XVI aient constamment exercé une surveillance attentive sur les progrès réalisés en Angleterre, afin d'en encourager la diffusion en France, en particulier dans le textile et la sidérurgie. En France, le bois était plus abondant et la houille plus rare : par conséquent, si le prix du bois a fortement augmenté au XVIIIe siècle, la houille est restée encore plus chère ; d'où le butoir des ressources énergétiques. D'autre part, la main-d'œuvre a toujours été abondante dans ce pays relativement surpeuplé qu'était la France, ce qui rendait moins urgente la mécanisation.

Freins démographiques : Dans la révolution démographique du XVIIIe siècle, l'Angleterre a bénéficié d'un décalage d'une génération environ entre le début de la croissance agricole et le début de la croissance démographique. Ce phénomène aurait procuré toute une série de conséquences bénéfiques : la raréfaction relative des hommes a entraîné une hausse des salaires réels et donc une hausse générale du niveau de vie, laquelle à son tour a développé la consommation, provoquant une action sur la demande, une incitation à produire plus et mieux. Inversement le renchérissement de la main-d'œuvre a amené les chefs d'entreprises à faire des économies sur les charges salariales, par la mécanisation et le progrès technique. Or, en France, la pression démographique est restée constamment forte et les progrès agricoles du XVIIIe siècle n'ont que partiellement accompagné cette croissance. La belle prospérité de Louis XV, mise en lumière par Pierre Gaxotte, portait en elle-même ses propres limites, atteintes sous Louis XVI, ce roi malchanceux de l'intercycle de baisse.

C'est en cela que le Meiji des Bourbons a été un échec : l'industrialisation, le développement du capitalisme bancaire et boursier, la prospérité coloniale offraient en 1789 de belles réussites et de belles promesses, mais les pesanteurs féodales, officières et corporatives exerçaient toujours leur force inhibitrice. Les Bourbons ont voulu projeter la France dans l'ère industrielle tout en conservant ses archaïsmes médiévaux. Ce contresens, qui n'était pas exclusivement de nature économique, les a conduits à leur perte.

Guy ANTONETTI.

VII

LE CRÉPUSCULE

LOUIS XVI
OU
LA FIN DU MIRACLE

Les historiens contemporains minimisent souvent le rôle des individus comme acteurs de l'histoire, en particulier pendant la Révolution française. Contestable en soi, une telle méthode devient inacceptable dans le cas de Louis XVI. Il n'y a là nul paradoxe. Si Louis XVI fut le contraire d'un « grand homme » au sens courant du terme, il demeure « l'un des personnages les plus importants de l'histoire. Non par ce qu'il a fait, mais par ce qu'il a laissé faire » (J. de Viguerie). On pourrait ajouter : par ce qu'on lui a fait subir.

La déformation d'un dauphin de France

Petit-fils de Louis XV, le roi guillotiné à Paris le 21 janvier 1793 n'avait pas été élevé dans les purs principes de la monarchie absolue. Contrairement à certaines idées (encore) reçues, Louis XVI fut à bien des égards un homme de son siècle, même s'il n'en épousa ni toutes les modes ni toutes les « lumières ».

Né le 23 août 1754, le duc de Berry vécut ses premières années dans l'ombre de son frère le duc de Bourgogne, son aîné de trois ans, un enfant plus brillant que lui, dont il fut quelque temps le souffre-douleur. La mort prématurée du duc de Bourgogne plaça Berry en seconde position dans l'ordre de succession au trône, après son père le dauphin Louis-Ferdinand. A la mort de ce dernier en 1765, le duc de Berry devient à l'âge de onze ans dauphin de France, successeur désigné de son grand-père Louis XV.

Cette charge virtuelle pèsera lourd sur les épaules de ce grand garçon timide, moins vif et surtout plus mal aimé que ses frères cadets le comte de Provence (futur Louis XVIII) et le comte d'Artois (futur Charles X). Orphelin de père à onze ans, de mère à douze ans (en 1767), marié à quinze ans à l'archiduchesse d'Autriche Marie-Antoinette de Habsbourg-Lorraine (16 mai 1770), Louis n'a sans doute pas reçu la formation adéquate pour gouverner un grand pays tel que la France.

Lecteur un peu naïf de Fénelon et de théoriciens jansénistes (Domat, d'Aguesseau), le futur Louis XVI a été converti très tôt à l'idée d'une représentation de la nation et à celle de l'égalité de nature, une égalité tempérée par les seuls décrets de la Providence divine. Un rôle décisif et fatal a été joué dans cette (dé)formation intellectuelle par le duc de La Vauguyon, médiocre gouverneur du dauphin, qui a inculqué à l'adolescent, mêlée à un traditionalisme mal compris, « une philosophie politique fénelonienne, humanitaire, sentimentale, vaguement égalitaire », une « philosophie » à peine améliorée par le talentueux historien Jacob-Nicolas Moreau. A ces influences intellectuelles s'ajoutera plus tard celle du ministre Malesherbes, l'ami et le protecteur des philosophes.

Aucune de ces influences ne pouvait donner au jeune et timide Louis XVI, prince d'une grande bonté et d'une honnête intelligence (sans plus), le goût du pouvoir, le plaisir de gouverner, ni surtout le sens — inné chez son ancêtre Louis XIV et même chez son aïeul Louis XV — de l'autorité, cette autorité sans laquelle, au siècle des Lumières et du « despotisme éclairé », il ne pouvait y avoir de monarque absolu.

Le despotisme de la faiblesse

Rien ni personne n'avait préparé le dauphin à affronter les orages politiques de la fin du XVIIIᵉ siècle. Monté beaucoup trop jeune — à dix-neuf ans — sur le trône de France à la mort de Louis XV en mai 1774, Louis XVI sera constamment ballotté entre ses quelques idées, généreuses et trop peu construites, et la conscience, incontestable mais intermittente, de sa dignité ancestrale de Capétien : c'est, par exemple, le jeune roi lui-même qui a tenu, contre l'avis de son ministre Turgot, contrôleur général des Finances, homme des Lumières et ami des physiocrates, à se faire sacrer à Reims le 11 juin 1775 selon le rite traditionnel.

Profondément soucieux du bonheur de son peuple et désireux, dans l'ensemble, de mener à bien certaines réformes, ce prince velléitaire n'en prendra jamais les moyens. De 1774 à 1789, il hésitera sans cesse entre le sursaut (souvent tardif, toujours maladroit) d'autorité et le renoncement, l'abandon, le laisser-aller, le maintien frileux (voire le renforcement) des situations acquises, attitudes constitutives de ce qu'on a pu appeler un « despotisme de la faiblesse » (François Bluche).

Ayant inauguré son règne par un pas de clerc hautement symbolique — la mise à bas de la remarquable réforme du chancelier Maupeou et la réinstallation, politiquement désastreuse, des parlements en novembre 1774 —, Louis XVI soutiendra parfois ses ministres réformateurs avec toutes les apparences de l'énergie bourbonienne... jusqu'au moment où, soudain, le plus souvent sous la pression multiforme de la Cour, il les abandonnera à leur sort. Entre autres disgrâces, celle de Turgot (1776) et celle de Calonne (1787) procèdent du même schéma politique, suicidaire à terme pour la monarchie française.

Traîtrise ou sainteté ?

Si la première partie du règne, de 1774 à 1789, fut sans véritable mystère, sinon sans équivoques ni malentendus, l'attitude de Louis XVI durant la Révolution a fait l'objet d'interprétations pour le moins contradictoires.

Les historiens jacobins et leurs successeurs marxistes ou marxisants ont fait du Louis XVI des années 1789-1792 un « traître à la nation », traître plus ou moins borné qu'à longueur de livres et d'articles on a continué, un siècle, un siècle et demi, et maintenant deux siècles après l'événement, de guillotiner « dans la dignité » pour l'exemple et l'édification de maintes générations d'écoliers et d'étudiants. Les historiens contre-révolutionnaires, pour leur part, prisonniers des contradictions du personnage, étaient souvent contraints de choisir entre la thèse moralement gênante du double jeu de Louis XVI et celles, complémentaires et aussi peu satisfaisantes pour l'esprit, de la faiblesse du monarque et de ses limites intellectuelles ; seule, au fond, la « sainteté » du roi-martyr permettait de ne pas l'accabler. Dans une retentissante *Enquête sur le procès du roi Louis XVI* (1982), Paul et Pierrette Girault de Coursac ont choisi la troisième voie : celle de l'absolue sincérité politique de Louis XVI, vrai roi constitutionnel.

Aucune de ces trois thèses prise isolément — et surtout pas la troisième — ne rend compte de l'extrême complexité du dossier.

Les serments

Louis XVI a prêté serment à la « nation », puis à la constitution de 1791. Le roi semble donc avoir librement accepté de voir son rôle réduit à celui d'un « représentant de la nation », représentant de rang secondaire, titulaire d'un simple « pouvoir exécutif » conçu par l'Assemblée constituante de manière résolument restrictive, dans un esprit de subordination plus que de véritable équilibre des pouvoirs.

Les décrets constitutionnels votés dès septembre 1789 — et repris dans la constitution de 1791 — ramenaient, pour l'essentiel, le pouvoir naguère absolu et souverain du roi à la seule et stricte exécution de la loi, une loi à l'élaboration de laquelle le monarque ne participait plus, n'ayant désormais que le pouvoir de refuser provisoirement, par un veto suspensif, de lui accorder sa sanction. Dès 1789, le pouvoir exécutif n'a plus qu'une marge très réduite d'initiative gouvernementale : l'essentiel du pouvoir est annexé par l'Assemblée qui seule — en réalité — représente la nation et se fait, en votant la loi, l'interprète de la fameuse « volonté générale ».

Admettre que Louis XVI ait pu prêter serment à cette constitution sans aucune arrière-pensée, admettre que le roi se considérait comme moralement et politiquement lié par cet engagement, une telle analyse est aussi contestable que la thèse de la « trahison ». Elle équivaut à plaquer un schéma quasi républicain sur les réalités politiques de la Révolution commençante.

C'est faire fi un peu trop vite de la dignité royale de Louis XVI. C'est oublier que le roi avait insisté pour se faire sacrer à Reims et que par conséquent il avait prêté en toute liberté et conscience, le 11 juin 1775, les fameux serments du sacre. Malgré son éducation imprégnée de l'esprit du siècle, malgré son adhésion au concept encore imprécis de nation, malgré d'évidentes compromissions (expresses ou tacites selon les cas) avec l'ordre constitutionnel nouveau, on ne peut supposer que le roi très-chrétien avait tout oublié des serments de son sacre ou — pis — qu'il les considérait comme inférieurs en signification et valeur à ses serments révolutionnaires, ces derniers extorqués non point tant par la force des hommes que par celle des événements, des événements auxquels rien ne l'avait préparé.

Il est vraisemblable, au contraire, que Louis XVI était, au moins par intermittence, conscient du caractère secondaire, fugace, superficiel, conjoncturel en un mot, de ses serments à la « nation » et à la constitution. Si le roi n'était pas hostile à certaines réformes, y compris même des réformes constitutionnelles — mais à condition d'avoir son mot à dire lors de leur élaboration, ce qui ne fut jamais le cas, le « veto » ne jouant que pour les lois ordinaires —, même si Louis XVI a pensé à plusieurs reprises et de bonne foi qu'il pouvait et devait, afin de sauver l'essentiel, jouer honnêtement le jeu constitutionnel, l'oint du Seigneur n'avait certainement pas oublié tous ses engagements de Reims, prononcés devant Dieu et devant les hommes. Louis XVI n'avait sans doute pas oublié non plus ce cri du cœur, politiquement maladroit mais inattaquable en droit, qui lui avait échappé devant le parlement de Paris en novembre 1787, lors d'un mémorable lit de justice : « *C'est légal parce que je le veux !* »

Dans ces conditions, la fuite de Louis XVI et de sa famille le 20 juin 1791, interrompue à Varennes, ressemble plus au sursaut tardif d'une dignité royale bafouée qu'à la simple protestation d'un roi constitutionnel contre une Révolution acharnée à lui contester l'exercice de ses maigres prérogatives.

Méconnaissance du droit royal

Quel pouvait donc être le sentiment profond de Louis XVI à l'égard de sa royauté devenue constitutionnelle et ainsi vidée de toute sa substance ? Il est probable que le roi s'est cru autorisé à associer, en une improvisation douteuse, deux conceptions inconciliables de la souveraineté : une part prépondérante de souveraineté royale traditionnelle et une part limitée de souveraineté nationale (principe diamétralement opposé, adopté dès 1789 par l'Assemblée constituante).

Il était impossible de mêler ainsi l'eau et le feu. Dans cette volonté incohérente de synthèse entraient beaucoup de naïveté, un faible sens de l'opportunité politique — Louis XVI ne fut jamais un vrai opportuniste — et une évidente méconnaissance par le roi des règles essentielles du droit public de son royaume. Louis XVI, en effet, violait par la pensée — mais peut-être sans le savoir — la loi fondamentale d'indisponibilité de la Couronne qui lui faisait une obligation imprescriptible de transmettre intactes à son successeur toutes ses prérogatives de souveraineté.

L'erreur du roi, quelle que fût sa gravité, avait sa cohérence ; et l'on retrouve ici le poids de son éducation. Influencé par la vulgate anti-louis-quatorzienne du XVIIIe siècle — l'opinion d'un

Voltaire était aussi isolée qu'elle l'est aujourd'hui —, Louis XVI a peut-être cru renouer avec ce qu'il supposait être la « vraie » tradition nationale, celle de la royauté franque et du plaid carolingien. Imprégné d'une sensibilité fénelonienne et humanitaire, le roi espérait sans doute concilier l'image paternelle traditionnelle du monarque avec le droit des Français, ses enfants, à la parole. En d'autres termes, la méconnaissance du droit royal se doublait, chez Louis XVI, d'une généreuse erreur psychologique.

La sanction — terriblement disproportionnée — de cette double erreur d'appréciation sera le régicide du 21 janvier 1793, horreur délibérée, acte fondateur de la République. Non point un régicide spontané ou accidentel, mais un régicide froid, raisonné, lucide, institutionnel.

Une solution extrême

La Révolution n'a pas seulement détruit l'Ancien Régime de fond en comble, tâche préliminaire accomplie par l'Assemblée nationale constituante. L'idéologie ambiante de la table rase pouvait avoir à terme d'autres applications — complémentaires — radicalisant encore la rupture avec l'ordre ancien.

Le meurtre du roi, ce crime de lèse-majesté humaine au premier chef, n'était pas chose nouvelle dans la France moderne, même si le mot « régicide » n'a commencé à s'imposer qu'au XVIIIe siècle au détriment du mot « parricide », usuel depuis 1610. La plupart des tentatives contre les Valois et les Bourbons avaient échoué, mais l'assassinat de Henri III par Jacques Clément (1589), celui de Henri IV par Ravaillac (1610) et, plus récemment, la tentative de Damiens contre Louis XV (1757) avaient démontré que la personne sacrée du roi de France n'était pas à l'abri du couteau d'un fanatique isolé ou manipulé.

Cependant, l'idée de s'attaquer physiquement à Louis XVI ne serait venue en 1789 à l'esprit d'aucun « patriote raisonnable ». Non point en raison du caractère sacré de la personne du roi, qui sera rappelé de façon purement formelle dans la constitution de 1791, mais parce que la plupart des révolutionnaires continuaient alors de penser le politique dans un cadre monarchique. Au demeurant, la popularité de Louis XVI était encore grande, même à Paris, même après les « journées » des 5 et 6 octobre 1789 au cours desquelles avait été exercée contre lui la première violence physique.

Faisant preuve sur ce point d'une véritable prescience, les contre-révolutionnaires ont lancé l'accusation de régicide avant que l'idée et le projet ne prennent corps chez leurs adversaires jacobins. C'est ainsi, par exemple, que les royalistes et leur presse, dès 1790, écorchaient à dessein le nom de Robespierre, l'appelant « Robertspierre » ou « Roberspierre » pour en faire le neveu de Robert Damiens, donc un régicide en puissance. Cette idée n'était pas neuve : on avait imaginé autrefois un lien de parenté entre ce même Damiens et Ravaillac.

Devenu suspect aux yeux des « patriotes » — il avait pourtant donné des gages substantiels à la Révolution, par exemple en acceptant la Constitution civile du clergé —, Louis XVI a paru jeter bas le masque en prenant la fuite dans la nuit du 20 juin 1791. Arrêté à Varennes, suspendu de ses fonctions puis réhabilité de justesse par la Constituante, le roi était définitivement discrédité aux yeux des révolutionnaires prononcés. Son attitude maladroite et ambiguë dans la question de la guerre contre l'Autriche (déclarée le 20 avril 1792) renforcera la thèse d'un complot multiforme, royaliste, aristocratique et contre-révolutionnaire. Le *Manifeste* de Brunswick, divulgué le 1er août 1792, servira de détonateur. Louis XVI sera suspendu par l'Assemblée législative au soir de l'émeute du 10 Août et incarcéré au Temple en attendant que la Convention abolisse la royauté (21 septembre) et proclame la République (22 septembre).

Changer aussi brutalement de régime politique, c'était poser la question du sort à réserver au monarque déchu. Or, des voix de plus en plus nombreuses au sein du personnel révolutionnaire exigeaient la mort du roi.

Un procès ?

L'idée de soumettre Louis XVI à un procès ne s'est pas imposée d'un seul mouvement, mais il est probable qu'elle était déjà acquise à l'époque des massacres de Septembre (2-6 septembre 1792) au cours desquels la tour du Temple fut curieusement épargnée par les sans-culottes qui vidaient les prisons parisiennes.

Pour des raisons confuses et contradictoires, les Girondins ont tardé à organiser le procès du roi devant la Convention : le Comité de législation n'est saisi que le 16 octobre 1792, le procès ouvert le 11 décembre, cinq jours après la nomination de la commission chargée de dresser « l'acte énonciatif des crimes de Louis Capet ». A l'inverse, faisant preuve, comme toujours, de plus de rigueur intellectuelle que leurs adversaires, les Montagnards ont posé la question en termes clairs : « Cet homme doit régner ou mourir. [...] On ne peut régner innocemment. [...] Tout roi est un rebelle et un usurpateur », déclare Saint-Just le 13 novembre. Robespierre lui fait écho le 3 décembre : « Le roi n'est point un accusé, vous n'êtes point des juges. [...] Proposer de faire le procès de Louis XVI de quelque manière que ce puisse être, c'est rétrograder vers le despotisme royal et constitutionnel ; c'est une idée contre-révolutionnaire, car c'est mettre la Révolution elle-même en litige. » Autant dire que la découverte, le 20 novembre, de la fameuse « armoire de fer », censée prouver la complicité active de Louis XVI avec les ennemis de la nation française, n'a pas modifié le discours des chefs jacobins. Dès l'origine, il s'agissait de tuer le roi, non de le juger. Le procès n'était destiné qu'à satisfaire le formalisme pseudo-juridique de la majorité de la Convention.

Ce procès est-il unique en son genre ? Il y avait eu un précédent, présent dans toutes les mémoires révolutionnaires : celui de Charles Ier Stuart, décapité à Londres en 1649. Il est certain qu'en 1792-1793 les souvenirs de l'histoire de France ont moins influé sur l'esprit des conventionnels que celui de la décollation de Charles Ier. A la différence des rois d'Angleterre exécutés ou assassinés avant lui, Charles Ier avait été mis à mort à la suite d'un simulacre de procès devant une haute cour réunie par la minorité (bientôt appelée « croupion ») du Parlement britannique.

Moment privilégié de la logique révolutionnaire, le procès truqué de Louis XVI en constitue sans doute le point de non-retour. Il est permis de disserter sur le « meurtre du père » et sur les aspects psychologiques — voire névrotiques — que revêtent le procès et l'exécution. Il est possible de s'indigner en constatant qu'à aucun moment le roi ne s'est vu accorder les moyens de sa défense. Mais la signification concrète de l'événement l'emporte sur de telles considérations. Les Montagnards seront très attentifs au détail des votes de leurs collègues lors des quatre appels nominaux de la mi-janvier 1793 : sur la culpabilité (acquise à l'unanimité moins quelques abstentions), sur l'appel au peuple, sur la peine — la mort, acquise par 387 voix contre 334, soit 53 voix de majorité (et non une seule, comme on le répète parfois) — et sur un éventuel sursis. Ces scrutins successifs étaient autant d'occasions de faire publiquement montre de républicanisme.

Les députés « indulgents » sont tous des suspects car le régicide, pour les Montagnards comme pour l'Histoire, est, après le 10 Août, après le 22 septembre, et en attendant l'élimination de tous les ennemis du peuple, un *acte fondateur* — le plus important sans doute, à court et à long terme — de la République. Il fallait tuer Louis XVI pour légitimer l'action des insurgés du 10 Août, celle des massacreurs de Septembre, celle des conventionnels eux-mêmes qui avaient proclamé la République, en un mot pour que fût accomplie toute la Révolution.

L'attitude révolutionnaire des conventionnels qui ont voté la mort du roi s'insérait aussi, de façon négative et inconsciente, dans la tradition. Dans l'ancienne France, le régicide était perçu moins comme un acte politique que comme une atteinte à la lignée royale. Même Diderot faisait place à cette distinction lorsqu'il écrivait dans l'*Encyclopédie* : « La mort violente des tyrans ébranle toujours l'État, et n'éteint presque jamais la tyrannie. » Actes politiques, destinés à tuer la monarchie française, le procès et l'exécution de Louis XVI le furent à l'évidence ; mais ils étaient aussi destinés à frapper la *race capétienne* (le nom grotesque de Louis Capet, retenu lors du procès, n'a pas été choisi au hasard). La destruction intellectuelle du dauphin à la prison du Temple procédait de la même volonté.

C'est en fils de la Révolution que Bonaparte, le 21 mars 1804, cimentera les bases du futur édifice impérial dans le sang d'un autre Bourbon : le duc d'Enghien. Mais de même que l'assassinat des fossés de Vincennes n'est qu'une caricature du 21 janvier 1793, de même la Restauration, contrairement à ce qu'annonçait le préambule de la charte de 1814, ne parviendra pas à « renouer la chaîne des temps ». Après Louis XVI lui-même, fossoyeur et martyr de la monarchie française, les Jacobins ont bien mis fin, en 1793, au miracle capétien.

Frédéric BLUCHE.

NAPOLÉON ET LES BOURBONS

« La IVe dynastie », c'est ainsi que Napoléon définit sa famille et la nature de son pouvoir au moment où lui naît un fils, le roi de Rome, en 1811. Il affirme de la sorte la continuité de la tradition monarchique française : aux Mérovingiens, Carolingiens et Capétiens succèdent les Bonaparte. À quel titre ? Celui du droit des armes assurément. Hugues Capet ne fut-il pas, avant Napoléon Bonaparte, un « soldat heureux » ? Mais Napoléon peut invoquer deux autres légitimités.

La première est celle du suffrage universel : le temps n'est plus où une assemblée de grands féodaux proclamait roi, au milieu du fracas des armes et des hennissements des chevaux, le plus valeureux des guerriers ainsi réunis. Les « Lumières » et la Révolution de 1789 ont changé ces procédures sommaires. L'Assemblée constituante a affirmé la souveraineté de la nation. C'est d'elle qu'il faut désormais tenir le pouvoir. Bonaparte, s'il ne l'invente pas, utilise du moins de façon systématique le référendum comme source de légitimité de son pouvoir. Cette consultation, qui avait servi en 1793 et 1795 pour l'approbation des constitutions élaborées par la Convention, se voit transformée par ses soins en un plébiscite sur un homme.

1800 : la constitution qui fonde le Consulat est soumise pour ratification au peuple. Des registres sont ouverts dans chaque commune où tout citoyen peut inscrire, à la suite de son nom, approbation ou désapprobation, qu'il a d'ailleurs le droit de justifier. Aucun secret, ce qui explique en partie la faiblesse des votes négatifs. Après un vigoureux truquage des chiffres, il y a 3 011 007 voix en faveur de la constitution ; 1 562 suffrages seulement la condamnent.

Bonaparte n'était premier consul que pour dix ans. En 1802, nouvelle constitution pour faire de lui un consul à vie : 3 600 000 *oui* environ contre 8 374 *non*. Le Sénat, gardien de la constitution, doit proclamer Napoléon Bonaparte, et du coup les deux autres consuls, consuls à vie. Restait à assurer l'hérédité de ce pouvoir. C'est chose faite avec un troisième plébiscite en 1804 : 3 572 329 *oui* contre 2 569 *non*. Des réjouissances ont lieu un peu partout tandis que les apprentis poètes se déchaînent :

« Régnez nouveau César sur la nouvelle Rome
Et n'oubliez jamais qu'un Empereur est un homme. »

Titre choisi en effet par le nouveau souverain : empereur. Pour assurer, affirmera-t-on, un parallèle avec l'empereur François II, qui règne sur le Saint-Empire romain germanique, et avec le tsar Alexandre Ier. C'est plutôt pour la raison que le dernier roi, Louis XVI, a été guillotiné et que, ses juges et bourreaux siégeant encore dans les assemblées, il importe de ménager leurs susceptibilités. Se proclamer empereur, c'est faire référence à Charlemagne, souverain fort éloigné dans le temps et dont le prestige passé ne porte ombrage à aucun des contemporains du nouveau monarque.

Mais la légitimité du suffrage populaire, bien que digne des « Lumières », n'en est pas moins d'une invention trop récente et ne donne pas au nouveau chef de l'État l'éclat indispensable. De là la recherche d'une seconde légitimité.

Un souverain doit être couronné. Il importe de renouer avec la vieille tradition du sacre. Reims ? Aix-la-Chapelle ? Dans la discussion qui s'ouvre au Conseil d'État, Portalis et Régnaud font pencher la balance en faveur de Paris. L'Empereur envisageait le Champ-de-Mars. Si Régnaud jugeait que ce lieu « assurait à la cérémonie le caractère purement politique et civil qui lui est nécessaire », Miot fit remarquer que c'était se mettre sous la dépendance du temps. Et de rappeler la cérémonie du 14 juillet 1790 noyée sous la pluie. De là un revirement de Napoléon : « Si l'on plaçait l'autel au Champ-de-Mars, ce serait une cérémonie populacière. Ce serait se soumettre aux brouhahas de la population. Cela n'est bon qu'au commencement d'une révolution. » Nous voilà déjà loin de la quête des suffrages.

Deuxième point de discussion : la dimension religieuse de ce couronnement. Il fallait un endroit fermé pour éviter l'intervention du peuple. Une cathédrale, Notre-Dame, s'imposait. Mais fallait-il faire venir le pape ? « Cette intervention, plaidait Portalis, a toujours produit un grand effet tant au-dedans qu'au-dehors. Les abus qui étaient à craindre au XIIIe siècle ne le sont plus aujourd'hui. » Mais Treilhard, ancien conventionnel régicide et membre du Directoire, ne l'entendait pas ainsi : « Je sais bien que Charlemagne ne craignit point l'influence du pape, puisque celui-ci tenait tout de lui, mais les suites en furent funestes et irréparables. Ce ne fut jamais sans de grands inconvénients qu'on joignit la religion à la politique. » Napoléon trancha : « Ce n'est plus le siècle où l'on peut craindre l'influence du clergé. » En revanche, une telle démarche pouvait assurer à l'Empire le soutien des pays annexés, de tradition catholique, comme le Piémont et la Belgique ; elle achevait la pacification de la Vendée et, de façon générale, apaisait les esprits. « Tous les troubles cesseront quand le pape viendra. Personne n'aura plus rien à dire quand on dira : j'ai vu le pape. » De surcroît, le Bourbon légitime, Louis XVIII, n'avait pu, étant en exil, se faire sacrer à Reims comme ses prédécesseurs ; il n'en serait pas de même pour Napoléon, couronné à Paris et en présence du souverain pontife. L'avantage allait ainsi à l'empereur sur le roi.

Certes Cambacérès fit remarquer qu'il ne pouvait être question pour le pape de couronner l'empereur mais seulement de le bénir. Il réduisait ainsi la cérémonie à un grand spectacle destiné à frapper l'imagination des foules, mais l'effet psychologique n'en était pas moins atteint.

Le sacre eut deux parties : dans la première l'empereur reçut la couronne, l'épée, la main de justice, le sceptre, le manteau, l'anneau, le collier et le globe qui avaient été bénis par le pape qui dit la messe. Pie VII parti, on passa à la deuxième étape, celle du serment. L'empereur assis, la couronne sur la tête et la main levée sur l'Évangile, a prononcé le serment en ces termes, nous dit le procès-verbal de la cérémonie : « Je jure de maintenir l'intégrité du territoire de la République ; de respecter et de faire respecter les lois du concordat et la liberté des cultes ; de respecter et faire respecter l'égalité des droits, la liberté politique et civile, l'irrévocabilité des ventes des biens nationaux ; de ne lever aucun impôt, de n'établir aucune taxe qu'en vertu de la loi ; de maintenir l'institution de la Légion d'honneur, de gouverner dans la seule vue de l'intérêt, du bonheur et de la gloire du peuple français. »

Le sacre réunit les deux légitimités du nouveau régime. Par la cérémonie religieuse, Napoléon renoue avec la tradition monarchique ancienne. Il se veut l'héritier de Louis XVI ; il l'est même plus que Louis XVIII coupé désormais de l'Église en raison de l'attitude du pape assistant au couronnement de Napoléon. Mais ce Napoléon est aussi l'héritier et le bouclier de la Révolution. Par son serment, il s'engage à respecter et à défendre les « conquêtes » de cette Révolution : l'égalité des droits, la vente des biens nationaux et les frontières naturelles. Pour en arriver là, n'a-t-il pas donné un gage précieux aux révolutionnaires, en faisant lui aussi couler le sang d'un Bourbon, enlevé au mépris du droit international et fusillé à Vincennes ? « Bonaparte s'est fait de la Convention », affirmait un ancien membre de cette assemblée en apprenant l'exécution du duc d'Enghien en 1804.

L'équilibre était difficile à maintenir entre ces deux légitimités. Napoléon y parvient jusqu'en 1808. Puis se produit une rupture. L'affaire d'Espagne (Napoléon proposant le trône de Madrid à son frère aîné Joseph) renvoie au précédent de Louis XIV. Une nouvelle fois, il n'y a plus de Pyrénées. Un Bonaparte a succédé à un Bourbon à Naples ; il en va de même à Madrid. C'est le moment où les régicides qui forment l'entourage de Napoléon commencent à s'inquiéter. La disgrâce de Fouché viendra souligner leur effacement. En 1810, le mariage de l'empereur avec Marie-Louise permet à Napoléon d'entrer dans la famille des Habsbourg. Il devient le neveu par alliance de Louis XVI qu'il appelle « son pauvre oncle » après avoir employé un mot plus vigoureux, dit-on, lors de la journée du 10 août 1792.

La naissance d'un fils en 1811 achève de transformer Napoléon. Il se considère désormais comme le successeur des rois de France et l'héritier de Charlemagne. Comment pourrait-il en être autrement, quand toutes les cours de l'Europe, à l'exception de l'Angleterre et de la Sicile, semblent reconnaître sa légitimité ? Dans les lycées du Grand Empire, les élèves sont invités à disserter sur les mérites de la IVe dynastie. Depuis longtemps les emblèmes républicains ont fait place aux abeilles que l'on dit inspirées des Mérovingiens. Et l'empereur fait restaurer Saint-Denis. Exilé à Hartwell, Louis XVIII, le Bourbon, ne compte plus, apparemment ignoré de tous.

L'affaire Malet révèle pourtant les limites du pouvoir napoléonien. L'annonce de la prétendue mort de l'empereur devant Moscou par un groupe de conspirateurs ne provoque nulle part le cri traditionnel : « Le roi est mort ! Vive le roi ! » Personne ne songe au fils de Napoléon. Le titre impérial n'est pas ressenti comme héréditaire. Il n'y a pas de IVe dynastie. Napoléon n'est en fait qu'un dictateur, comme l'antique République romaine en sécrétait lors des périodes de crise. Alors Rome abandonnait tous les pouvoirs à un sauveur jusqu'au succès final. Ce succès acquis, le héros regagnait modestement sa charrue, reprenant son rang parmi les autres citoyens. Telle était la nature du pouvoir napoléonien. Derrière le titre pompeux d'empereur se cachait un dictateur de salut public. Ce qui comptait dans la cérémonie du sacre, ce n'était pas la messe dite par le pape mais le serment final par lequel Napoléon s'engageait à défendre, face aux périls intérieurs et extérieurs, les conquêtes de la Révolution.

Dégrisé, Napoléon découvre, de retour de Russie, la vraie nature de sa monarchie. On a trop commenté les propos rapportés par Las Cases dans le *Mémorial de Sainte-Hélène* et pas assez ceux que tient le vaincu de Russie devant Caulaincourt dans le traîneau qui les ramène en France. « Je n'ai jamais voulu être l'homme d'aucun, pas même chercher un appui dans une opinion, ni dans des hommes. Je me suis appuyé sur moi, sur ce que j'ai successivement créé dans l'intérêt de la France, sur mes institutions, sur la morale d'un gouvernement indépendant des opinions. Premier consul, empereur, j'ai été le roi du peuple ; j'ai gouverné pour lui, dans son intérêt, sans me laisser détourner par les clameurs ou les intérêts de certaines gens. » C'est une autre légitimité qu'invoque désormais Napoléon : celle de ses institutions, de ses « masses de granit », de ses codes. Despote, si l'on assimile la fermeté au despotisme, dit-il, mais despote éclairé qui n'a eu d'autre vue que le bonheur du peuple.

Soldat heureux ? dictateur de salut public ? fondateur d'une IVe dynastie ? despote éclairé ? A la recherche d'une légitimité, Napoléon prend ainsi plusieurs visages.

La défaite condamne le soldat heureux. Dès qu'il cesse d'être le rempart des conquêtes révolutionnaires (et de leurs profits), les sénateurs, gardiens de l'orthodoxie de 89, l'abandonnent. Metternich se refuse à faire un Napoléon II et enferme par la suite l'Aiglon dans la cage dorée du palais de Schönbrunn. Reste le despote éclairé.

Fort de la légitimité qu'il tire de sa naissance, Louis XVIII retrouve son trône et peut dater avec raison ses premiers actes sur le sol français de la dix-huitième année de son règne. Napoléon n'a été, comme chef d'État, qu'un intermède. Mais ce que Louis XVIII ne peut rayer d'un trait de plume, c'est l'œuvre accomplie entre 1799 et 1814 : le Conseil d'État et les préfets, la Banque de France et le franc-germinal, les codes et les victoires. L'homme disparaît mais l'œuvre reste. Si Napoléon n'a pu, de son vivant, fonder une dynastie, il a donné naissance à ce que Taine appelait le régime moderne.

Jean TULARD.

ÉPILOGUE
L'HÉRITAGE CAPÉTIEN

Trente-six rois capétiens en huit siècles et demi ; quarante-sept de plus de Clovis à Hugues Capet ; quatre encore, si l'on remonte au mythique Pharamond... Au regard de la continuité profonde des trois races royales françaises, ce n'est pas des « quarante rois qui en mille ans firent la France » qu'il faudrait parler, mais des quatre-vingt-dix rois qui en quinze siècles ont, sinon fait la France au pied de la lettre, du moins façonné étroitement notre pays dans sa géographie, sa langue, sa religion, ses arts, ses mœurs, sa politique. Le « miracle capétien » appartient ainsi, de manière indivise, à tous les Français. Pourtant, depuis la Révolution, une période étincelante quoique dénigrée — la Restauration — et une famille — les Bourbons de la branche aînée, puis les Bourbons-Anjou, nouveaux aînés à la mort du comte de Chambord (1883) — ont pu revendiquer plus complètement son héritage.

1814 : l'Ancien Régime ininterrompu

Le processus de désincarnation du pouvoir — ce processus dont le droit royal historique, en dépit de puissants mécanismes compensateurs, était d'une certaine manière l'expression — devait déboucher sur le terme tragique de l'élimination du corps physique du roi avec l'exécution de Louis XVI. De Chateaubriand à Villiers de l'Isle-Adam, nombre de littérateurs du XIXe *siècle, « royalistes du désespoir », s'accorderont pour juger irrémédiable l'acte du 21 janvier 1793, à la fois décollation d'un homme et brisure du temps.*

Pourtant la Restauration s'opère sur le fondement de la continuité de principes dont Louis XVIII, pour avoir assoupli certaines de ses positions, refusa toujours l'édulcoration. Le roi rejette en 1814 le pacte *que lui propose l'ingrat Sénat napoléonien, soucieux d'abord de conserver ses privilèges. Puis, débarrassé de la « Constitution sénatoriale », il* octroie *une charte. La valeur de ce texte est infraconstitutionnelle puisque les lois fondamentales du royaume sont maintenues au titre de constitution suprême régissant exclusivement la dévolution de la Couronne. C'est des lois fondamentales, en effet, que le roi prétend tirer légitimité et compétence pour édicter une charte qui n'est autre chose, en termes modernes, qu'une ordonnance organique d'une particulière solennité. Son préambule est d'ailleurs clair à cet égard ; il exalte « l'autorité suprême » du roi, loue la « divine Providence » qui a rappelé Louis en France et multiplie les invocations au droit historique de la maison de Bourbon. L'octroi est fondé sur une puissance antérieure à la charte. Il n'abolit pas le passé : le pourrait-il sans nier sa validité en tant qu'octroi ? Il s'appuie sur la fiction juridique nécessaire d'un Ancien Régime ininterrompu. La datation du règne est la manifestation la plus éclatante de ce parti. Louis XVIII, qui s'était considéré comme roi au jour même de la mort de son neveu Louis XVII, clôt la charte par la formule : « Donné à Paris, l'an de grâce 1814, et de notre règne le dix-neuvième. »*

L'échec définitif de la troisième restauration en 1873 a fait perdre à la question l'essentiel de son intérêt pratique. Pourtant, à la veille des manifestations commémorant le millénaire capétien, les responsables officiels du protocole butent sur deux « prétentions » inconciliables. Le duc d'Anjou et de Cadix et le comte de Paris s'estiment l'un et l'autre investis de l'héritage capétien. Or, si le second a souvent les faveurs des milieux politiques et médiatiques, le premier bénéficie de l'appui — platonique et d'abord scientifique — des maîtres des facultés de droit.

L'héritier

A la mort du comte de Chambord (Henri V pour ses fidèles) le 24 août 1883, le gros de ceux des royalistes « légitimistes » qui souhaitaient poursuivre un combat politique monarchiste procéda à la « fusion ». Il s'agissait, après la disparition du dernier rejeton de la branche aînée, d'admettre que la branche d'Orléans était immédiatement successible et de rallier son chef, le premier comte de Paris, petit-fils de Louis-Philippe.

Compromis dynastique, puisqu'elle faisait fi de la nouvelle aînesse des Bourbons-Anjou (v. tableau), cette démarche revêtait aussi des allures de « compromis historique ». Bien que les positions du nouveau « Philippe VII » n'aient pas été toujours très claires — il oscillait entre l'adhésion au régime représentatif et les séductions des techniques plébiscitaires —, il ne faisait pas de doute que l'acceptation par des monarchistes intransigeants du drapeau tricolore était lourde de portée : la symbolique n'est jamais gratuite.

Il n'y eut qu'une étroite phalange de légitimistes pour adopter en 1883 la solution qu'imposait le « droit royal historique », quel que fût le caractère impolitique d'un tel choix, en reportant leur fidélité sur les Bourbons-Anjou. Ils n'y furent guère encouragés par les princes « carlistes » : ceux-ci, peu capables ou sollicités surtout par leurs tragiques luttes espagnoles, se bornèrent à rappeler régulièrement leurs « droits imprescriptibles ».

Pourtant, depuis quelques années, pour nombre de raisons dont la moindre n'est pas l'attitude parfois déconcertante du comte de Paris, la controverse dynastique agite à nouveau le « microcosme » royaliste. Du point de vue strictement juridique, la question n'est pas obscure : le « roi de droit », saisi par la coutume, est l'aîné des Bourbons, Alphonse, duc d'Anjou et de Cadix. Une telle désignation, platonique il est vrai, n'est nullement entravée par trois objections parfois soulevées mais dépourvues de valeur en droit royal français : les renonciations d'Utrecht, le « vice de pérégrinité » et la modification de la coutume.

Il est vrai que la guerre de Succession d'Espagne avait contraint le duc d'Anjou, devenu roi d'Espagne sous le nom de Philippe V, à renoncer pour lui et pour ses descendants à tous droits sur la couronne de France, cependant que son grand-père Louis XIV, affaibli par les défaites, agissait dans le même sens afin de permettre que la paix fût signée à Utrecht en 1713. Louis et Philippe firent toutefois observer à l'Angleterre, qui tenait beaucoup à se prémunir contre la réunion des deux couronnes, qu'une telle renonciation était dépourvue de valeur ; non tant que la violence ait vicié les consentements, mais parce que Philippe V n'avait pas plus la possibilité de renoncer à la Couronne que Louis XIV celle d'en exclure sa postérité. La Couronne, on l'a vu, est indisponible[1]*, et il est exclu qu'un* traité *— un traité dont presque toutes les dispositions ont*

[1] Voir *supra*, « La dévolution de la Couronne », p. 87.

BOURBONS-ANJOU ET ORLÉANS
Généalogie simplifiée

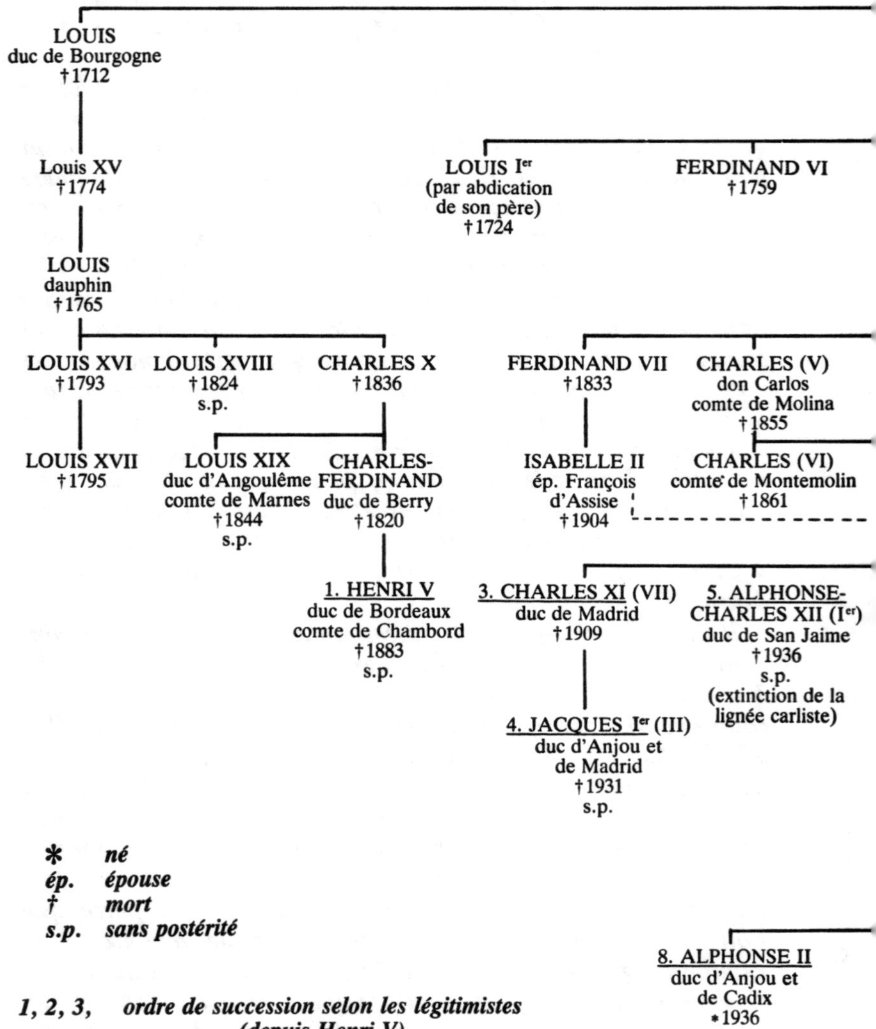

1, 2, 3, *ordre de succession selon les légitimistes (depuis Henri V)*

1 bis, 2 bis, 3 bis, *ordre de succession selon les orléanistes-fusionnistes*

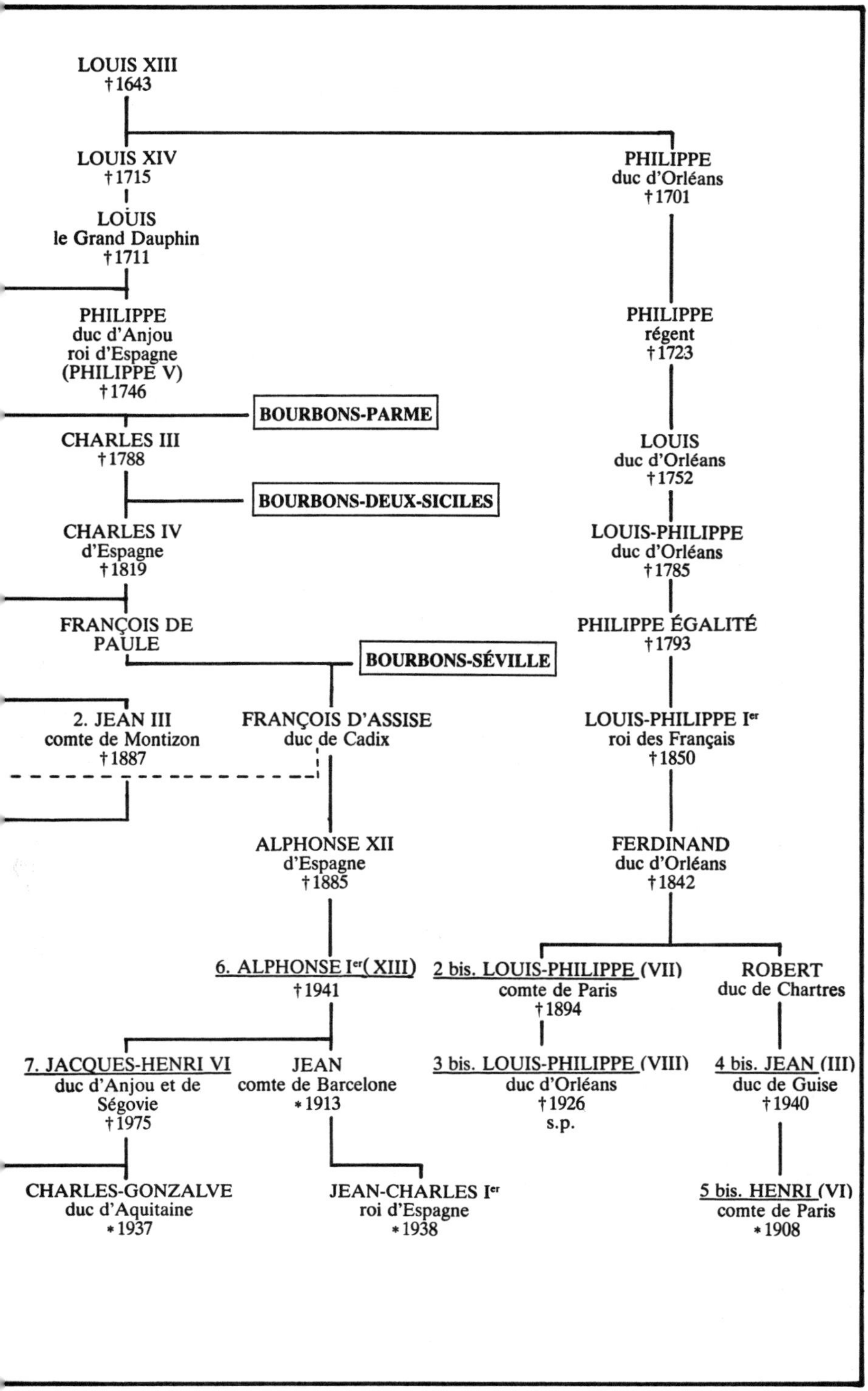
LOUIS XIII
†1643
LOUIS XIV
†1715
LOUIS
le Grand Dauphin
†1711
PHILIPPE
duc d'Anjou
roi d'Espagne
(PHILIPPE V)
†1746
BOURBONS-PARME
CHARLES III
†1788
BOURBONS-DEUX-SICILES
CHARLES IV
d'Espagne
†1819
FRANÇOIS DE PAULE
BOURBONS-SÉVILLE
2. JEAN III
comte de Montizon
†1887
FRANÇOIS D'ASSISE
duc de Cadix
ALPHONSE XII
d'Espagne
†1885
6. ALPHONSE Ier (XIII)
†1941
7. JACQUES-HENRI VI
duc d'Anjou et de Ségovie
†1975
JEAN
comte de Barcelone
*1913
CHARLES-GONZALVE
duc d'Aquitaine
*1937
JEAN-CHARLES Ier
roi d'Espagne
*1938
PHILIPPE
duc d'Orléans
†1701
PHILIPPE
régent
†1723
LOUIS
duc d'Orléans
†1752
LOUIS-PHILIPPE
duc d'Orléans
†1785
PHILIPPE ÉGALITÉ
†1793
LOUIS-PHILIPPE Ier
roi des Français
†1850
FERDINAND
duc d'Orléans
†1842
2 bis. LOUIS-PHILIPPE (VII)
comte de Paris
†1894
ROBERT
duc de Chartres
3 bis. LOUIS-PHILIPPE (VIII)
duc d'Orléans
†1926
s.p.
4 bis. JEAN (III)
duc de Guise
†1940
5 bis. HENRI (VI)
comte de Paris
*1908

d'ailleurs été violées — ait pu emporter modification de l'antique constitution *du royaume.*

Aussi les fidèles des Orléans invoquent-ils plus volontiers le « vice de pérégrinité » : le caractère « espagnol » des Anjou les exclurait de la succession de France. Pourtant, l'ancien droit ignorait une telle « règle de nationalité », manifestement post-révolutionnaire ; il n'admettait qu'une « règle de sanguinité », ainsi que l'attestent les précédents de François II (roi d'Écosse), Henri III (roi de Pologne) et surtout Henri IV (roi de Navarre à la seconde génération). Au demeurant, les renonciations d'Utrecht, même mal fondées, démontrent à elles seules qu'on ne croyait pas, dans l'Europe pré-nationalitaire du XVIIIe *siècle, au « vice de pérégrinité ». A maintes reprises les derniers rois de France ont manifesté leur sentiment en la matière, attribuant automatiquement l'ordre du Saint-Esprit aux infants d'Espagne ou affirmant, par le Pacte de Famille de 1761, l'unité de l'« auguste Maison de France » à travers toutes ses branches. Au couchant de l'Ancien Régime, en 1789, Louis XVI se confie encore à son cousin Charles IV d'Espagne « comme chef de la seconde branche », et la monarchie restaurée volera victorieusement en 1823 au secours d'un Ferdinand VII ébranlé par la subversion. L'attitude du comte de Chambord, pour avoir été prudente — réconciliation formelle avec les Orléans obligeait —, n'a pas marqué d'inflexion par rapport à celle de ses prédécesseurs ; une inflexion n'eût d'ailleurs rien changé à l'affaire, toujours en raison de l'indisponibilité de la Couronne.*

La vraie question est ailleurs. Peut-on envisager une désuétude du droit royal historique ? Bien évidemment, et tel est sans doute le sentiment de la plupart des Français. Mais en ce cas, il n'y a plus de successible légitime, ni Anjou ni Orléans. En revanche, il est impossible d'admettre une modification coutumière du droit royal en République. Aucune exigence de l'esprit moderne — l'obsession nationalitaire par exemple — ne peut être invoquée pour « enrichir » les lois fondamentales puisque cet esprit moderne s'est affirmé en s'opposant à la coutume dont il a balayé l'édifice séculaire.

Mais la question du protocole dans les cérémonies du millénaire n'est pas celle de la Restauration. Si la science juridique la mieux assurée indique que l'héritier « moral » de l'Ancien Régime capétien est le duc d'Anjou, il n'en demeure pas moins que le comte de Paris incarne la seconde dynastie capétienne à avoir régné sur la France, celle fondée en 1830 par Louis-Philippe Ier, roi des Français. Une République n'a pas à choisir son prétendant ; il devrait lui suffire, lorsqu'elle entend assumer l'histoire nationale dans sa continuité, de constater qu'aujourd'hui deux princes incarnent deux traditions distinctes et de rendre à chacun ce qui lui revient.

Le miracle en partage

La Restauration appartient au passé. La querelle dynastique relève de l'anecdote pour la plupart de ceux des Français, peu nombreux, qui en ont une connaissance plus ou moins vague : ils se trompent, car la question touche en vérité aux cimes de la métapolitique, mais il n'appartient pas aux historiens, s'interrogeant sur les sensibilités politiques du temps présent, de jouer les éducateurs du peuple sur un tel chapitre.

Les historiens peuvent en revanche — un Pierre Chaunu montre l'exemple — déployer, sur le fondement de leurs travaux, une réflexion susceptible d'assister une mémoire et des représentations collectives dont le trouble est de plus en plus visible. Les Français de la fin du Moyen Age se croyaient, à l'instar des Romains, descendants des Troyens. Nos contemporains, même si, à tant d'égards, leur pensée est tout aussi mythologique, ne sauraient plus souscrire à d'aussi beaux mythes fondateurs. Au moins est-il urgent, sauf à se dissoudre et à disparaître — hypothèse qui n'a rien d'absurde au regard de plusieurs indices, notamment démographiques —, qu'ils prennent une vraie conscience de ce qu'ils sont dans la longue durée, et qu'ils partagent en commun le miracle singulier de leur histoire nationale. Sans le sentiment aigu d'un passé commun, les Français risquent fort de manquer leur avenir.

Stéphane RIALS.

ANNEXES

Annexe I

LES ROIS DE FRANCE DE HUGUES CAPET A CHARLES X

1. *LES CAPÉTIENS DIRECTS*

1. HUGUES CAPET (987-996).
Duc de France, fils de Hugues le Grand, petit-fils du roi Robert Ier (922-923), petit-neveu du roi Eudes (888-898), arrière-petit-fils de Robert le Fort, Hugues Capet est élu roi en 987 et l'emporte sur son rival Charles de Basse-Lorraine.
2. ROBERT II le Pieux (996-1031).
Fils du précédent, associé à la Couronne dès 987.
3. HENRI Ier (1031-1060).
Fils du précédent, associé dès 1017.
4. PHILIPPE Ier (1060-1108).
Fils du précédent, associé en 1059.
5. LOUIS VI le Gros (1108-1137).
Fils du précédent, associé en 1100.
6. LOUIS VII (1137-1180).
Fils du précédent, associé en 1131.
7. PHILIPPE II Auguste (1180-1223).
Fils du précédent, associé en 1179.
8. LOUIS VIII (1223-1226).
Fils du précédent. Premier roi de France à ne pas avoir été associé du vivant de son prédécesseur.
9. Saint LOUIS IX (1226-1270).
Fils du précédent.
10. PHILIPPE III le Hardi (1270-1285).
Fils du précédent.
11. PHILIPPE IV le Bel (1285-1314).
Fils du précédent.
12. LOUIS X le Hutin (1314-1316).
Fils du précédent.

13. JEAN Ier (1316-1316).
Fils posthume du précédent.
14. PHILIPPE V le Long (1316-1322).
Frère cadet de Louis X et oncle de Jean Ier.
15. CHARLES IV le Bel (1322-1328).
Frère cadet du précédent. Dernier Capétien direct.

2. *LES VALOIS*

Ligne directe

16. PHILIPPE VI de Valois (1328-1350).
Fils de Charles de Valois (fils cadet de Philippe III le Hardi).
17. JEAN II le Bon (1350-1364).
Fils du précédent.
18. CHARLES V le Sage (1364-1380).
Fils du précédent.
19. CHARLES VI (1380-1422).
Fils du précédent.
20. CHARLES VII (1422-1461).
Fils du précédent.
21. LOUIS XI (1461-1483).
Fils du précédent.
22. CHARLES VIII (1483-1498).
Fils du précédent.

Valois-Orléans

23. LOUIS XII (1498-1515).
Petit-fils de Louis d'Orléans (fils cadet de Charles V).

Valois-Angoulême

24. FRANÇOIS Ier (1515-1547).
Petit-fils de Jean d'Angoulême (fils cadet de Louis d'Orléans).
25. HENRI II (1547-1559).
Fils du précédent.
26. FRANÇOIS II (1559-1560).
Fils du précédent.
27. CHARLES IX (1560-1574).
Frère cadet du précédent.
28. HENRI III (1574-1589).
Frère cadet du précédent.

3. LES BOURBONS

29. HENRI IV (1589-1610).
Descendant de Robert de Clermont (fils cadet de saint Louis).

30. LOUIS XIII (1610-1643).
Fils du précédent.

31. LOUIS XIV (1643-1715).
Fils du précédent.

32. LOUIS XV (1715-1774).
Arrière-petit-fils du précédent.

33. LOUIS XVI (1774-1793).
Petit-fils du précédent. Roi de France, puis « roi des Français » (1789-1792), suspendu le 10 août 1792, détrôné le 21 septembre, décapité le 21 janvier 1793.

34. LOUIS XVII (1793-1795).
Fils du précédent. Roi de droit à la mort de son père. Mort à la prison du Temple.

35. LOUIS XVIII (1795-1814-1824).
Frère cadet de Louis XVI et oncle de Louis XVII. Roi de droit à la mort de ce dernier (1795). Restauré en 1814.

36. CHARLES X (1824-1830-1836).
Frère cadet du précédent. Détrôné par Louis-Philippe, duc d'Orléans, en 1830 ; mort en 1836.

LES CAPETIENS

I. DE HUGUES CAPET A PHILIPPE VI DE VALOIS

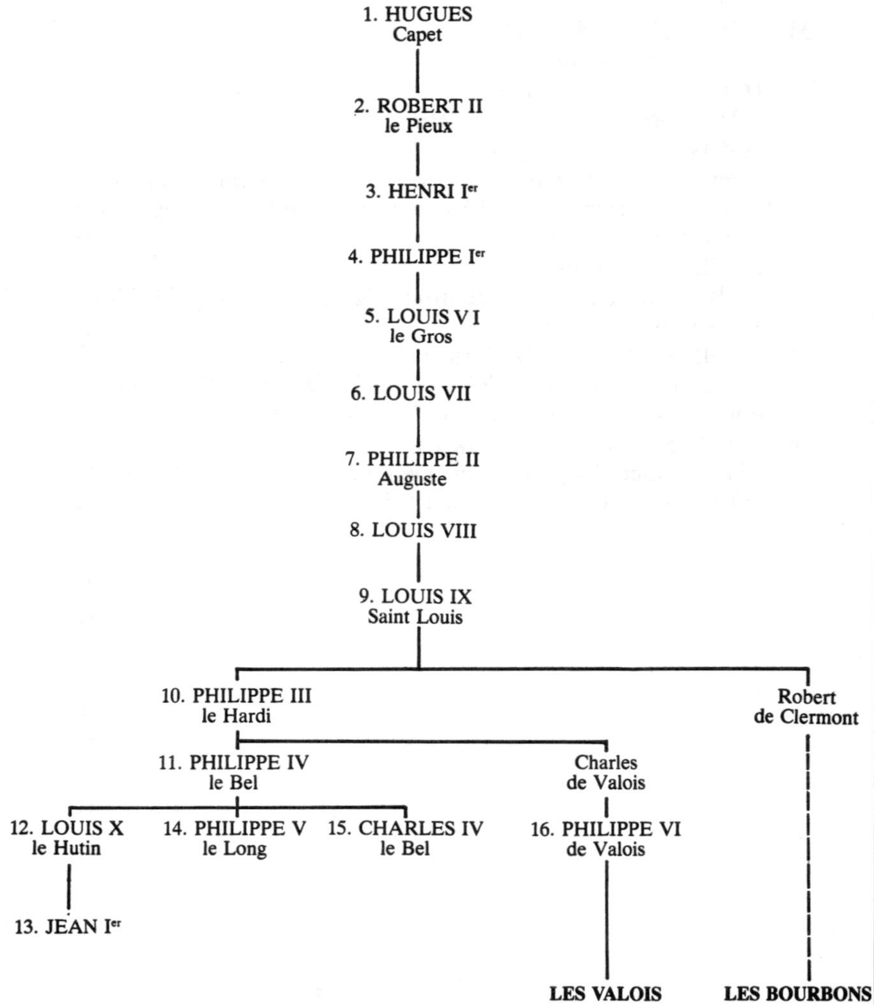

1, 2, 3, ***ordre de la succession depuis Hugues Capet***

II. DE PHILIPPE VI A HENRI IV

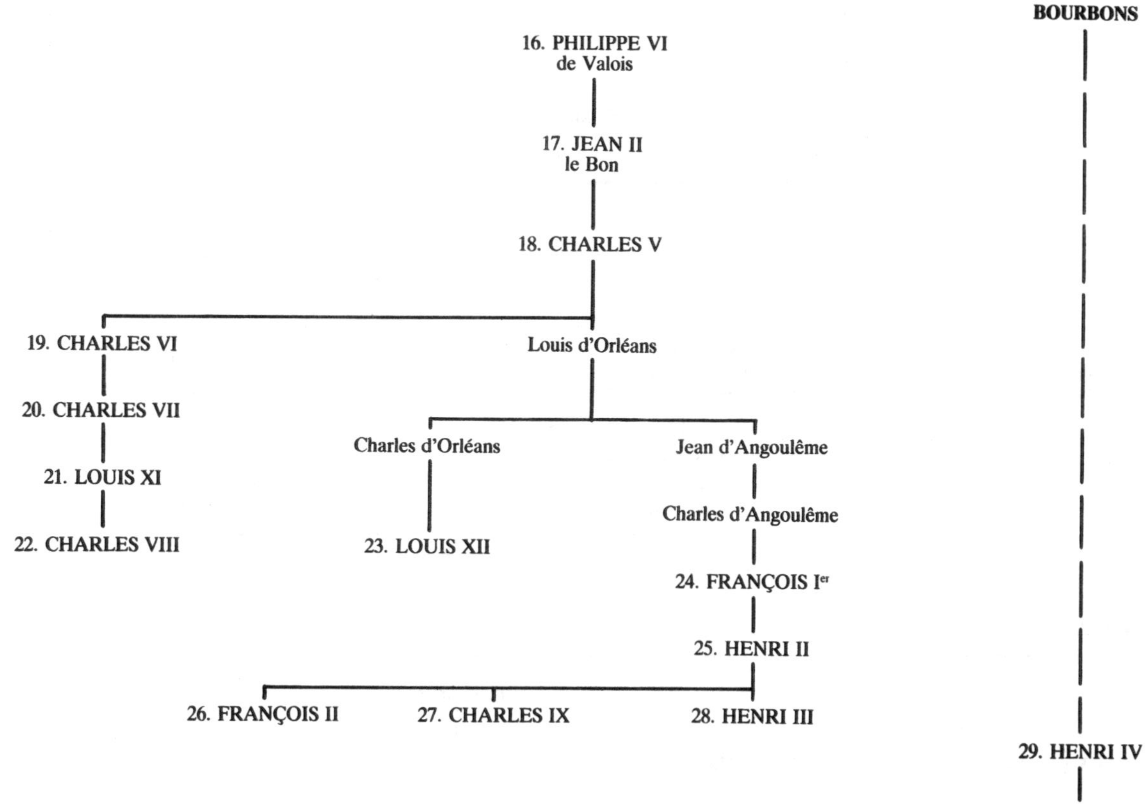

III. DE HENRI IV AU COMTE DE CHAMBORD

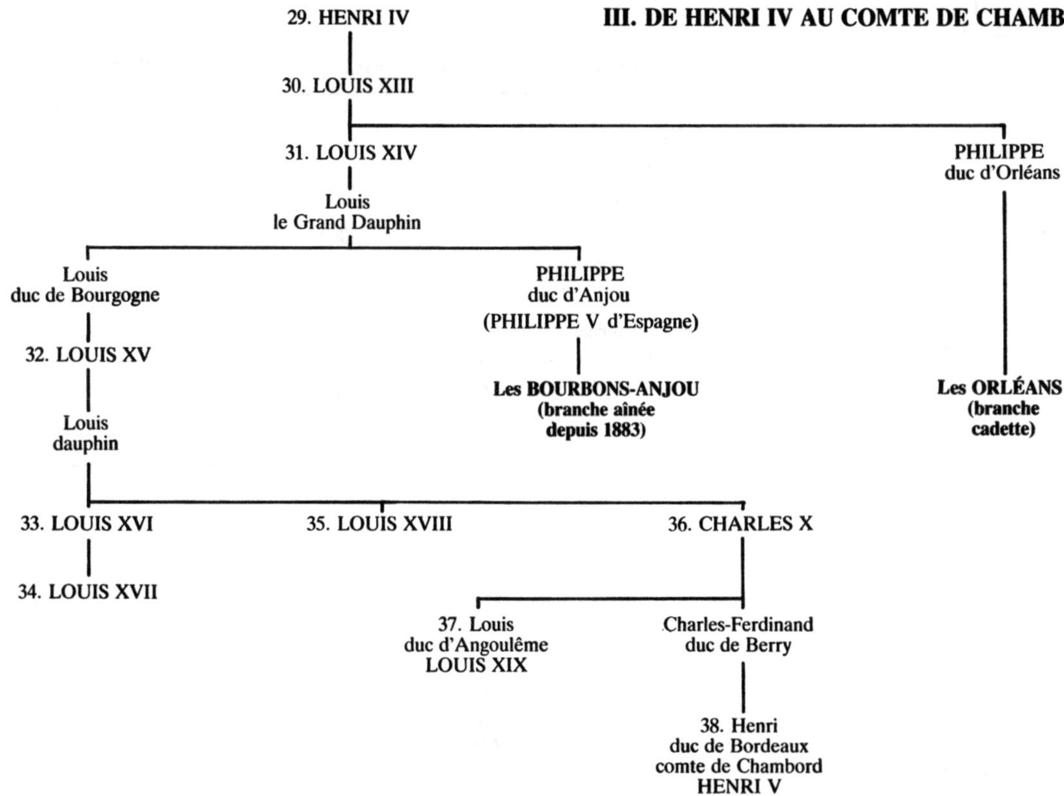

Annexe III
ARMES DE FRANCE ET SYMBOLES CAPÉTIENS

A l'aube de l'histoire des Capétiens, nul ne peut dire si nos rois ont une symbolique bien différente de celle des Carolingiens dont ils ont été en toutes choses les continuateurs. Le peu d'existence de l'État ne pouvait guère favoriser la construction rapide d'une nouvelle symbolique. Ce sont la guerre contre l'étranger et contre l'Infidèle, les tournois, les sacres et les cours couronnées, le renforcement de l'importance des lignées — familles fondées sur la continuité des mâles à travers le temps — qui ont entraîné la naissance, aux alentours du XIIe siècle, puis la codification d'un système symbolique que l'on nomme, depuis le XIXe siècle, l'héraldique.

Le premier emblème dont le souvenir soit parvenu jusqu'à nous de façon précise est le gonfanon rouge à queues frangées ou houppées de l'abbaye de Saint-Denis. On le nommait oriflamme ou Montjoie et l'on criait son nom dans la bataille, uni à celui du saint protecteur de ce monastère : « Montjoie saint Denis ! » Le roi, son avoué, arbore l'oriflamme dès 1124 contre les Allemands. Nul ne sait si sa couleur rouge évoquait le sang des martyrs Denis, Rustique et Éleuthère ou s'il avait une signification véritablement impériale. Dès la fin du XIIe siècle, l'oriflamme Montjoie est réputé venir de Charlemagne. La légende s'en empare, auréolant « l'enseigne de Saint-Denis » d'une origine surnaturelle. Signe de combat sans merci, cet emblème est arboré pour la dernière fois à la bataille d'Azincourt (1415).

Les armes de France

L'origine des armes de France est, elle aussi, enrobée de

merveilleux. On en avait l'habitude depuis que Hincmar, archevêque de Reims, avait mis au point sous Charles II le Chauve l'histoire de la colombe apportant la Sainte-Ampoule destinée à oindre Clovis et ses successeurs.

En France, tout était réputé venir du ciel et de Dieu. C'est pourquoi notre symbolique a sa source dans des hauteurs mystiques. Ainsi naissent, sous Louis VII, probablement entre 1137 et 1147, les armes de France. Leur composition, *d'azur semé de fleurs de lis d'or*, était cosmique et spirituelle. Sous l'influence des commentaires de saint Bernard, les vêtements royaux passent de la représentation de l'univers matériel à celle de l'univers spirituel. Les astres deviennent des lis, le Christ étant lui-même un lis, ainsi que les saints ; vêtements et armes représentent le ciel des élus. D'où la création d'une symbolique florale, paradoxale dans le milieu féodal et militaire : ces fleurs célestes sont victorieuses des bêtes féroces qui décorent, par exemple, les écus de l'Empereur et du roi d'Angleterre.

Plus personne, vers 1300, ne connaissait la véritable origine des fleurs de lis royales. Après une première méditation sur leur structure trinitaire — en relation avec *foi, sapience* et *chevalerie* (Guillaume de Nangis, fin du XIIIe siècle) —, on en vint à dire que les armes avaient été envoyées par Dieu à Clovis pour qu'il pût vaincre les Alamans à Tolbiac (ce qui avait entraîné la conversion du roi franc). Dès le XIIIe siècle, les princes du sang, à leur tour, assument la symbolique « liliacée », brisant les armes du roi [1] ; c'est ainsi qu'on en vient à les dire princes des fleurs de lis ou même, au XIVe siècle, fleurs de lis tout court. A l'image du roi, les princes du sang finissent par réduire à trois le nombre des fleurs de lis dans l'écu. En effet, une évolution liée à l'usage de petites représentations de l'écu royal (sceaux, objets d'orfèvrerie) avait opéré cette réduction devenue courante sous Charles V (1364-1380) et définitive sous Charles VI (1380-1422). La théorie mise au point par les intellectuels qui entouraient Charles V affirmait que les fleurs de lis étaient trois en l'honneur de la Sainte Trinité.

La plupart des souverains de race capétienne ont conservé les lis [2]. L'héraldique est d'ailleurs un langage qui permet d'exprimer

[1] La brisure est une pièce ajoutée qui modifie l'écu pour distinguer une branche cadette ou bâtarde de la branche aînée.

[2] Issus de la première maison de Bourgogne et partis de France avant l'adoption du semé de fleurs de lis, les rois de Portugal n'avaient pas ce signe royal, mais il semble bien que les couleurs d'origine de ces souverains — argent et azur — étaient relatives à la Maison de France. De nos jours, en revanche, le grand-

l'indicible. Privés du trône par une nation révoltée, les chefs de la Maison arborent l'écu aux trois fleurs de lis, sans brisure, timbré de la couronne fermée, muette protestation contre le nouvel ordre des choses. Les descendants de Philippe V d'Espagne ont conservé les armes de France à la bordure de gueules[1] pour montrer qu'ils étaient toujours princes des fleurs de lis. Devenus, à la mort du comte de Chambord (Henri V), aînés des Bourbons, chefs de Maison et chefs des armes de France, ils ont enlevé cette bordure de gueules.

Les insignes royaux

Le Français moyen n'avait pas la possibilité de contempler son souverain vêtu royalement ; tenue rare au demeurant. Ce sont l'imagerie et la statuaire qui fixent cet aspect du monarque coiffé de la couronne. La tenue de sacre, imaginée sous les Carolingiens et modifiée dans les divers royaumes qui ont copié cet exemple prestigieux, dérivait de l'Ancien Testament et des coutumes de l'Église.

Le port de deux sceptres de hauteur inégale soulignait que le souverain était à l'image des rois de Juda. Le peuple franc, et donc la France, était le peuple élu, instrument préféré de Dieu pour accomplir ses desseins ; la France — les papes l'ont dit — était la tribu de Juda du nouvel Israël qu'était l'Église. Le roi de France était ainsi le nouveau David, et son court sceptre d'une coudée (mesure biblique), sommé d'une main d'ivoire, soulignait qu'il était le continuateur des rois de l'Écriture. En effet, selon saint Jérôme et saint Isidore de Séville, David voulait dire main forte ; fausse étymologie, utilisée par nos anciens symbolistes pour ce qui fut appelé « main de justice » dans la seconde moitié du XVe siècle. Quant au haut sceptre, placé dans la main droite, il mesurait environ six pieds ; symbole du pasteur, du conducteur du peuple, il était l'axe du royaume et le canal des grâces célestes.

La couronne de lis vient des Carolingiens, lecteurs de la Bible (le lis était un motif employé dans la décoration du Temple). Cette couronne était réputée avoir été apportée par les anges. Elle était en tout cas le signe de l'élection par Dieu, l'image de

---

duc de Luxembourg, quoique Bourbon-Parme, a choisi de ne garder que les armes de Nassau, celles de sa mère.

[1] Rouge.

la couronne glorieuse que le roi obtiendrait au ciel s'il avait bien régné. Le Capétien comblait cette couronne d'or d'une tiare emperlée, étoilée (donc céleste), montrant qu'il n'était pas un pur laïc (cette tiare sera remplacée sous Henri II par un simple bonnet). Le roi de France copiait à sa manière le grand prêtre d'Israël ; il évoquait le mystérieux Melchisédech de la Bible, roi et prêtre, préfiguration du Christ. C'est d'ailleurs une méditation sur la symbolique de ce grand prêtre qui avait conduit Charles le Chauve à étoiler sa tunique royale, et les Othons de Saxe à mettre tout l'univers sur leur manteau de sacre [1]. Le Capétien avait, lui aussi, de tels vêtements, bien que Louis VII — on l'a vu plus haut — ait changé d'univers. Le manteau royal de Charles X (1825), de coupe archaïque, venait tout droit du monde franc ; le roi de France était le seul souverain à l'avoir gardé tel, ses « frères » préférant en général la chape. Manteau, dalmatique et tunique soulignaient l'aspect ecclésiastique du monarque, tandis que les bottines, également fleurdelisées, évoquaient sa chevalerie.

Le roi de France prit aussi, dès le début de la Renaissance (vers 1500), une couronne fermée par des arceaux. Dessinée au-dessus de l'écu royal, elle fut réalisée en orfèvrerie pour coiffer le roi sortant de la cathédrale de Reims et se rendant dans la salle du festin. Considéré depuis longtemps comme « empereur en son royaume », le roi de France imitait ainsi l'empereur des Romains. Les Français finirent par perdre le souvenir de la couronne à tiare pour ne connaître que cette couronne fermée qui était seule et partout représentée.

Un à un, les insignes du roi furent placés sous le patronage de saint Charlemagne ; l'épée dès 1179-1270, en 1364 (?) le sceptre sommé de la statuette de l'empereur, la couronne en 1451, etc., l'ensemble étant dit « de Charlemagne » au XVIIe siècle. Certains rois ont en outre utilisé une couronne reliquaire renfermant une épine de la couronne de Jésus-Christ : c'était la sainte couronne du Seigneur (XIIe siècle), dite plus tard couronne de saint Louis. Cet insigne sacré était déposé à Saint-Denis près de l'autel des martyrs.

---

[1] Les travaux d'un Percy-Ernst Schramm et le manteau cosmique de saint Henri II déposé dans le trésor diocésain de Bamberg en disent long sur ces conceptions.

Étendards, pavillons et drapeaux

Parmi les nombreux « drapeaux » qui flottaient au vent des batailles, des tournois et des mers, il faut signaler la bannière d'azur semé de fleurs de lis d'or. Elle indiquait l'emplacement du roi dans le dispositif de l'armée en marche ou rangée en bataille (sans doute dès le XIIe siècle), la nationalité de l'armée lorsque les armes du roi devinrent les armes de France (XIVe siècle), ou encore celle des navires du roi (XIIIe siècle). L'oriflamme, quant à lui, a été abandonné à Saint-Denis après Azincourt (1415). Placé près de l'autel des martyrs avec le saint clou et la sainte couronne, ce ne sera plus au XVIIe siècle qu'une relique en ruine. Seule sa couleur — rouge — perdurera dans les étendards des gendarmes du roi (dès 1450) et dans des drapeaux d'infanterie (Ier régiment dit de Picardie, fin du XVIe siècle).

Le rouge est aussi la principale couleur de la pavillonnerie des galères du roi jusqu'au XVIIIe siècle, mais c'est la couleur blanche qui règne en maître durant des siècles. Dès le XIVe, le blanc symbolise la France et les Français ; d'abord pour les écharpes des combattants, ensuite pour les croix dont ils ornaient leurs vêtements et leurs « drapeaux ». L'étendard de Jeanne d'Arc (1429), blanc et semé de fleurs de lis d'or, était pour la sainte nationale celui même de Jésus, roi du ciel et vrai roi de France (le Capétien n'en étant que le lieutenant), ce qui renforçait les liens de cette couleur avec le monde surnaturel : à la fin du XVe siècle, on habillait la personnification de la France d'une robe blanche fleurdelisée d'or.

La multiplication des bannières de France conduisit le roi à signaler sa présence à l'armée par un penon fleurdelisé. A la fin du XVe siècle, probablement dès la bataille de Fornoue (1495), cet emblème fut remplacé par un petit « drapeau » qu'on nomma « cornette blanche », signe d'autorité que l'on donna aux lieutenants du roi. Cette cornette est à l'origine des drapeaux colonels de l'infanterie et — surtout — du pavillon blanc de la marine royale lorsque celle-ci, après la suppression de l'amirauté de France (1627), passa directement sous l'autorité du souverain. Les autres pays capétiens (Espagne, Deux-Siciles, Portugal) prirent longtemps un pavillon blanc, plus ou moins orné de leurs propres insignes.

Les trois couleurs

Certains rois Valois puis tous les rois Bourbons ont utilisé une livrée tricolore, mêlant le bleu des armes de France, le rouge — très présent dans les armes capétiennes : brisures des cadets, champ des armes de Navarre, souvenir plus que probable de l'oriflamme — et le blanc ou l'argent. Jusqu'en 1830, et même chez Henri V en exil, la livrée royale était à ces trois couleurs, le rouge étant parfois baptisé incarnat.

Le 13 juillet 1789, la milice parisienne arbore la cocarde aux anciennes couleurs de la ville de Paris (bleu et rouge). Lorsque cette milice se transforme en garde nationale, La Fayette royalise et nationalise la cocarde en y ajoutant le blanc (27-31 juillet). Cet emblème révolutionnaire aux « couleurs nationales » ou « de la liberté » sera perçu et présenté comme l'antithèse de la « couleur de la contre-révolution ». A l'inverse, dans l'Ouest et en émigration, le blanc règne en maître ; et Louis XVIII reprend le pavillon blanc et la cocarde blanche.

Ironie de l'histoire : les trois couleurs, issues de la symbolique des rois très-chrétiens, sont devenues le symbole des principes révolutionnaires de 1789.

Devises, ordres et cérémonies

La symbolique des Capétiens ne se borne pas aux armoiries, aux tenues de sacre et aux drapeaux. Il faut aussi évoquer les devises, les ordres de chevalerie et les cérémonies.

Les devises forment un ensemble complexe de corps et d'esprits utilisés depuis la fin du XIVe siècle. On se souvient généralement de la salamandre de François Ier. On se rappelle aussi le soleil d'Apollon de Louis XIV ; le texte latin qui l'accompagnait, et qui fut la dernière devise royale, était d'ailleurs équivoque : *Nec pluribus impar* pouvait avoir plusieurs traductions et interprétations. Le soleil demeura sur le revers des étendards de la cavalerie d'Ancien Régime, et même sous la Restauration.

Les ordres de chevalerie capétiens eurent une influence mondiale. C'est en France que naquirent les premiers colliers (Toison d'or des ducs de Bourgogne, ordre de Saint-Michel, ordre du Saint-Esprit), que fut créée la première plaque, tout d'abord en étoffe pailletée (Saint-Esprit), que l'on arbora le premier grand cordon (*id.*), que des statuts fixèrent la couleur d'un ruban (*id.*). L'ordre du Saint-Esprit fut copié dans son dessin à Naples (Saint-Janvier) et à Madrid (Charles III), et par d'autres ordres étrangers qui adoptèrent parfois la couleur bleu céleste du cordon français. Les manteaux de Saint-Michel et du Saint-Esprit étaient aux couleurs de la livrée de leurs fondateurs, Louis XI et Henri III ; de coupe archaïque, ils étaient des copies du manteau du sacre. Les cérémonies de ces « aimables compagnies » répétaient chaque année des rites immuables autour du chef et souverain grand maître, rites qui rehaussaient le quotidien d'une monarchie plus que millénaire.

D'autres cérémonies avaient des effets comparables. Les cours couronnées avaient disparu dans la seconde partie du règne de Louis VII. Restaient les entrées royales, qui atteignirent la perfection à la fin du Moyen Age et sous la Renaissance, les baptêmes, les mariages, les obsèques, les réceptions d'ambassadeurs, les lits de justice, etc. Le territoire français était ponctué d'espaces clos, souvent sacrés, où s'accomplissaient ce que l'on peut appeler les mystères de la royauté : Notre-Dame de Reims, où étaient sacrés les rois ; Saint-Remi de la même ville, où reposait la Sainte-Ampoule ; Saint-Denis, où étaient sacrées les reines et où l'on déposait les insignes et les corps des membres de la famille royale ; la Sainte-Chapelle du Palais, à Paris, avec ses prestigieuses reliques venues de Byzance et d'ailleurs ; la grande salle du Palais, où se déroulaient les festins et les grandes assemblées politiques ou festives ; la grand-chambre réservée aux séances royales, aux lits de justice et autres assemblées parlementaires ; les Grands-Augustins de Paris pour l'ordre du Saint-Esprit, les Cordeliers pour Saint-Michel, sans oublier les autres couvents qui servaient de nécropoles aux Capétiens. Sans oublier non plus Versailles, avec sa liturgie royale qui auréolait Louis XIV et sa descendance d'un éclat solaire... C'est d'ailleurs, entre autres, par la vie de cour — Versailles étant un modèle insurpassable — que les Capétiens établis à l'étranger ont imité la France.

Après la tourmente révolutionnaire, Louis XVIII et Charles X ont pu continuer la royauté et ses fastes les plus symboliques. Sacré et couronné à Reims en 1825, Charles X entendit ce jour-là des prières venues des Carolingiens. A la différence de beaucoup de ses contemporains qui ne les appréciaient guère, le dernier roi croyait aux rites et aux symboles venus du fond des âges.

Il ne reste que des souvenirs, souvent ténus, de ce monde évanoui. Les fleurs de lis se trouvent encore dans des armoiries de villes, de départements et de régions. Les armes de France figurent dans un quartier des armes du Canada : le symbole de l'ancien Canada français se traduit par une pittoresque survie de l'usurpation de nos armes par le roi d'Angleterre au début de la guerre de Cent Ans... La « Belle Province » de Québec, pour sa part, arbore un drapeau à croix cantonnée de quatre fleurs de lis ; cette composition de bleu et de blanc, elle, est toute française.

Quant au voile de la Vierge de Czestochowa, il est semé de fleurs de lis d'or en l'honneur de « sainte » Hedwige de Hongrie (ou d'Anjou), reine de Pologne, l'une des plus attachantes figures féminines de la race capétienne.

Hervé PINOTEAU.

Annexe IV
LE PALMARÈS DES CAPÉTIENS

Les titres et couronnes portés, les fonctions exercées par les Capétiens sont innombrables. La liste qui suit n'est donc en rien exhaustive. On a renoncé à inventorier, par exemple, les vicaires de l'Empire, les régents de divers royaumes (comme Chypre), les ministres, grands officiers de la Couronne, cardinaux, légats, archevêques, abbés et abbesses. On a ignoré de même les titres dépendant des couronnes, c'est-à-dire tous les fiefs français (Bourgogne, Normandie, Bretagne, Toulouse, Guyenne, et des milliers d'autres) ou devenus français (les rois de France ne sont pas ici comptés comme ducs de Lorraine, Bar, comtes de Bourgogne, etc. à partir de l'union ou incorporation), ainsi que ceux des autres royaumes comme la Sicile, l'Espagne ou le Portugal.

On notera que si le roi de France était le successeur de Clovis et de Charlemagne, si l'empereur de Romanie s'inscrivait dans la lignée de Constantin et même d'Auguste, si le Bourbon d'Espagne était proclamé à Lima empereur du Pérou et successeur des Incas, il ne s'est trouvé, parmi les milliers de personnes qui ont formé la Maison de France, aucun successeur de saint Pierre à Rome.

Hervé Pinoteau.

I. Saints

Louis IX de France.
Louis de Sicile, dit de Toulouse ou de Marseille.
Jeanne de France, fille de Louis XI, femme de Louis XII.

II. Bienheureux

Isabelle de France, sœur de saint Louis.

Cinq Capétiens portugais : les infantes Thérèse, Mathilde et Sancie, filles du roi Sanche Ier, l'infant Ferdinand, fils du roi Jean Ier, et l'infante Jeanne, fille du roi Alphonse V.

III. Vénérables

Louise de France, fille de Louis XV.

Clotilde de France, reine de Sardaigne, sœur de Louis XVI.

On pourrait ajouter Élisabeth de France, également sœur de Louis XVI, et quatre autres Capétiennes, dont Hedwige de Hongrie, reine de Pologne, souvent dite sainte.

IV. Rois de France régnant effectivement

Trente-neuf rois, depuis Eudes (888) jusqu'à Charles X (1830), y compris les deux rois morts avant leurs pères mais associés aux actes du roi (Hugues, fils de Robert II ; Philippe, fils de Louis VI) et Jean Ier (qui fut bien considéré comme roi, sa sœur le nommant tel dans une lettre).

V. Rois de France empêchés

Louis XVII, qui eut des armées en France et à l'étranger.

a) *Pour les légitimistes :*
Louis XIX.
Henri V.
Jean III.
Charles XI.
Jacques Ier.
Alphonse Charles XII.
Alphonse Ier (Alphonse XIII en Espagne).
Jacques Henri VI.
Alphonse II (actuel duc d'Anjou et de Cadix).

b) *Selon les orléanistes-fusionnistes :*
Louis XIX (?).
Henri V.
Philippe VII.
Philippe VIII.
Jean III.
Henri VI (actuel comte de Paris).

VI. Rois des Français

Louis XVI, roi de France légitime, devenu roi des Français mais se disant roi de France en prison.
Louis-Philippe Ier, de la branche d'Orléans.

VII. Rois de Navarre

a) *Rois régnant sur toute la Navarre :*
Louis Ier (Louis X de France).
Jean Ier de France.
Philippe Ier (Philippe V de France).
Charles Ier (Charles IV de France).
Jeanne II de France, fille de Louis X le Hutin.
Charles II.
Charles III.
Blanche II, épouse de Jean II d'Aragon.

b) *Rois de France régnant sur la partie septentrionale de la Navarre :*
Henri IV (Henri III de Navarre).
Louis XIII (Louis II de Navarre).
Louis XIV (Louis III de Navarre).
Louis XV (Louis IV de Navarre).
Louis XVI (Louis V de Navarre), la Navarre s'unissant à la France en 1789.
Louis XVIII (Louis VII de Navarre).
Charles X (Charles IV de Navarre).

Il faut ajouter un roi titulaire en prison :
Louis XVII (Louis VI de Navarre).

Il faut également ajouter neuf (ou six) rois titulaires :
De Louis XIX à Alphonse II (pour les légitimistes).
De Louis XIX à Henri VI (selon les orléanistes-fusionnistes).

c) *Rois de Navarre associés :*
Philippe IV le Bel, mari de Jeanne Ire de Navarre-Champagne.
Philippe III d'Évreux, mari de Jeanne II.
Antoine de Bourbon, mari de Jeanne d'Albret.

VIII. Rois titulaires de Castille et Léon

Ferdinand de Portugal.
Alphonse V de Portugal.

IX. Rois d'Aragon et Valence

Charles de France, comte de Valois.
Pierre de Portugal, duc de Coïmbre.
René d'Anjou, roi de Sicile.

X. Roi de Majorque

Pierre de Portugal, fils de Sanche Ier.

XI. Souverains du principat de Catalogne, avec le titre de comte de Barcelone, Roussillon et Cerdagne

Louis XIII.
Louis XIV

XII. Coseigneurs des vallées d'Andorre

Huit rois de France, de Henri IV à Charles X.
Neuf (pour les légitimistes) ou six (pour les orléanistes-fusionnistes) coseigneurs ou princes titulaires depuis Louis XIX.

XIII. Rois d'Espagne

a) *Rois d'Espagne et des Indes :*
Six rois de Philippe V à Ferdinand VII (qui régnaient sur une bonne partie des deux Amériques, les Philippines, etc.).
b) *Rois d'Espagne traditionalistes (prétendants) :*
Charles V.
Charles VI.
Jean III.
Charles VII.
Jacques III.
Alphonse Charles Ier, mort en 1936.
c) *Rois constitutionnels d'Espagne :*
Isabelle II.
Alphonse XII.
Alphonse XIII (devient roi de droit en exil, 1936).
Jean-Charles Ier.

d) *Roi d'Espagne consort :*
François d'Assise, ex-duc de Cadix, époux d'Isabelle II.

XIV. Rois de Portugal

Un comte et vingt-sept rois de Portugal de 1139 à 1580 et de 1640 à 1853, compte tenu de Pierre IV, de Michel Ier et de Marie II, épouse de Ferdinand de Saxe-Cobourg-Gotha.

Un roi associé :
Pierre III, époux de Marie Ire.

Rois de droit, titrés ducs de Bragance :
Michel II.
Édouard II.
Édouard III.

XV. Brésil

Jean VI de Portugal, roi puis empereur titulaire du Brésil.
Pierre Ier, empereur et défenseur perpétuel du Brésil.
Pierre II, empereur et défenseur perpétuel du Brésil.

Empereurs de droit :
Isabelle, fille de Pierre II.
Pierre-Henri (prince d'Orléans et Bragance).
Louis (prince d'Orléans et Bragance).

XVI. Rois de Sicile (de l'île pour Charles Ier, puis de la simple terre ferme, du détroit de Messine aux États pontificaux) et de Jérusalem (en droit)

Charles Ier.
Charles II.
Robert.
Jeanne Ire.
Charles III.
Ladislas.
Jeanne II.

Les Angevins de Naples ont rayonné sur toute l'Italie, comme vicaires impériaux dans le nord, sénateurs de Rome, podestats et seigneurs de Florence et de nombreuses villes. Ils furent aussi ducs de Duras (Durazzo, Durrës en Albanie).

Rois consorts avec les mêmes titres :
Louis de Tarente.
Jacques de Bourbon, comte de la Marche.

Rois de Sicile, éphémères en terre ferme ou simplement titulaires, ainsi que de Jérusalem (en droit) :
Louis Ier d'Anjou.
Louis II d'Anjou.
Louis III d'Anjou.
René d'Anjou.
Charles IV d'Anjou.
Charles VIII de France.
Louis XII de France.

Rois des Deux-Siciles et de Jérusalem, titulaires pour ce dernier royaume :
Philippe V.
Le futur Charles III d'Espagne.
Quatre rois de Ferdinand Ier à François II, portant le titre de roi du royaume des Deux-Siciles.

Idem en droit :
Alphonse Ier.
Ferdinand II.
Alphonse II.
Charles Ier, duc de Calabre.

XVII. Comtes de Provence avant l'union à la France

Charles Ier d'Anjou, roi de Sicile.
Charles II.
Robert.
Jeanne Ire.
Louis Ier.
Louis II, duc d'Anjou.
Louis III.
René.
Charles IV.

XVIII. Parme et Plaisance

a) *Possesseur :*
François Ier.

b) *Ducs :*
Le futur Charles III d'Espagne.
Philippe.
Ferdinand.
Charles II, ex-duc de Lucques.
Charles III.
Robert.

c) *Ducs de droit :*
Henri.
Joseph.
Elie.
Robert II.
François-Xavier.
Charles-Hugues.

XIX. Ducs de Guastalla

Philippe.
Ferdinand.

XX. Rois d'Étrurie

Louis Ier.
Louis II.

XXI. Ducs de Lucques

Marie-Louise, veuve de Louis Ier d'Étrurie.
Charles-Louis, ex-roi Louis II d'Étrurie.

XXII. Ducs de Milan

a) *Effectifs :*
Louis XII.
François Ier.

b) *Titulaires :*
Charles, duc d'Orléans (le poète).
Charles de France, duc d'Orléans, fils de François Ier.

Les rois de France jusqu'à Louis XIV se disent ducs de Milan dans certains traités avec les Suisses.

XXIII. Seigneurs de Gênes, effectifs ou en prétention

Robert de Sicile.
Charles VI.
Charles VII.
Louis XI, comme suzerain.
Louis XII.
François Ier.
Les rois de France jusqu'à Louis XIV se disaient encore seigneurs de Gênes dans certains traités avec les Suisses.

XXIV. Comtes de Viennois, dits dauphins

a) *Dans la première branche de Bourgogne :*
Guigues VI André.
Guigues VII.
Jean.
Anne, épouse d'un La Tour du Pin.

b) *Fils aînés de rois de France, dauphins de Viennois avec administration du fief :*
Le futur Charles V.
Le futur Louis XI.

c) *Rois de France :*
De Charles V à Louis XVI.

XXV. Roi d'Écosse, d'Angleterre et d'Irlande

François II, par sa femme Marie Stuart, roi associé d'Écosse et — de droit — d'Angleterre et d'Irlande.
Louis (VIII) de France avait envahi le sud de l'Angleterre et avait été maître éphémère de Londres, mais sans porter le titre de roi d'Angleterre.

XXVI. Rois de Hongrie

a) *Effectifs :*
Charles Robert de Sicile.
Louis le Grand.
Marie.
Charles II (III à Naples).

b) *Titulaires ou portant seulement les armes :*
Charles Martel de Sicile.
Ladislas.
Jeanne II.
Jacques de Bourbon, comte de la Marche.
René.
Charles IV.

XXVII. Rois de Pologne

a) *Effectifs :*
Louis le Grand.
Hedwige de Hongrie.
Henri III de France.

b) *Élu et non régnant :*
Charles Paris d'Orléans, duc de Longueville.

XXVIII. Protecteur des libertés germaniques

Henri II.

XXIX. Roi des Belges élu

Louis d'Orléans, duc de Nemours.

XXX. Souverain de tous les Pays-Bas

François de France, duc d'Anjou, frère de Henri III.

XXXI. Ducs de Brabant, Lothier, Limbourg, marquis du Saint-Empire (c'est-à-dire Anvers)

Antoine.
Jean.
Philippe de Bourgogne.
Philippe le Bon.
Charles le Téméraire.
Marie de Bourgogne.

XXXII. Comtes de Hainaut

Philippe le Bon.
Charles le Téméraire.
Marie de Bourgogne.

XXXIII. Ducs de Luxembourg

Philippe le Bon.
Charles le Téméraire.
Marie de Bourgogne.
Philippe V d'Espagne.

XXXIV. Grand-Duc de Luxembourg

Duc titulaire de Nassau, l'actuel grand-duc de Luxembourg Jean est, avec le roi d'Espagne Jean-Charles Ier, le seul Capétien sur le trône.

XXXV. Comtes de Hollande et Zélande

Philippe le Bon.
Charles le Téméraire.
Marie de Bourgogne.

XXXVI. Comtes de Namur

Pierre de Courtenay, empereur de Romanie, comme mari de Yolande de Hainaut.
Philippe, leur fils.
Henri, son frère.
Marguerite, comtesse de Vianden, sa sœur.
Baudouin de Courtenay, empereur, son frère.
Philippe le Bon.
Charles le Téméraire.
Marie de Bourgogne.

XXXVII. Évêque de Liège, duc de Bouillon, prince du Saint-Empire

Louis de Bourbon, ancêtre des Bourbons-Busset (illégitimes).

XXXVIII. Comtes de Bourgogne (Franche-Comté)

Philippe V de France, comme époux de Jeanne de Bourgogne.
Jeanne, leur fille.
Eudes IV, duc de Bourgogne, son mari.
Philippe de Rouvre, duc de Bourgogne, leur petit-fils.
Marguerite, sœur de Jeanne et comtesse de Flandre.
Philippe le Hardi, comme époux de la petite-fille de Marguerite.
Jean sans Peur.
Philippe le Bon.
Charles le Téméraire.
Marie de Bourgogne.

XXXIX. Comtes et princes souverains de Neuchâtel

Louis d'Orléans Longueville, comme époux de Jeanne de Hochberg et à la mort de celle-ci.
François.
Léonor.
Henri Ier.
Henri II.
Jean Louis Charles.
Charles Paris.
Marie, duchesse de Nemours.

XL. Ducs de Lorraine

René d'Anjou.
Jean.
Nicolas.
Yolande, épouse d'un Lorrain.

XLI. Ducs de Savoie par conquête

François Ier.
Louis XIII.

XLII. Comte de Nice par conquête

Louis XIV.

XLIII. Comtes de Piémont

Charles Ier de Sicile, seigneur de la majorité des villes.
Charles II, premier comte.
Raymond Béranger.
Robert.
Jeanne Ire de Sicile.

XLIV. Comtes d'Asti

Le décompte est malaisé (Sicile, Orléans, rois de France).

XLV. Patriciens de Venise et de Saint-Marin

La famille royale est patricienne depuis l'inscription de Henri IV. Louis XVIII demanda sa radiation lorsqu'il fut chassé de Vérone. Pour Saint-Marin, il s'agit d'Orléans maintenant éteints.

XLVI. Comtes de Richmond en Angleterre

Les comtes puis ducs de Bretagne avaient parfois ce fief auquel ils prétendirent jusqu'à la duchesse Anne (épouse de Charles VIII puis de Louis XII).

XLVII. Empereurs de Romanie (Constantinople)

Pierre de Courtenay.
Robert, son fils.
Baudouin II, son second fils.

Titulaires :
Philippe de Courtenay.
Catherine, sa fille.
Charles de France, comte de Valois, mari de cette dernière.
Catherine II de Valois.
Philippe II (I comme prince de Tarente), son mari.

Robert.
Philippe III (II).

Sans porter le titre :
Louis Ier et Louis II d'Anjou.

XLVIII. Rois titulaires de Thessalonique

Hugues IV, duc de Bourgogne.
Robert II, duc de Bourgogne.
Hugues V, duc de Bourgogne.
Louis de Bourgogne.
Eudes IV, duc de Bourgogne.

XLIX. Princes d'Achaïe (Morée)

Charles Ier.
Charles II de Sicile.
Philippe Ier de Tarente.
Louis de Bourgogne.
Jean de Gravina.
Robert de Tarente.
Philippe II de Tarente.
Marie de Bourbon, en compétition.
Jeanne de Naples.
Marie de Bretagne.

L. Rois d'Albanie

Charles Ier d'Anjou.
Charles II.
Philippe de Tarente.
Jean de Gravina.

LI. Maître de l'hôpital de Saint-Jean de Jérusalem (futur ordre de Malte)

Alphonse de Portugal en 1203-1206.

Annexe V
LES CAPÉTIENS A L'ÉTRANGER

Le Capétien est-il « exportable » ? Question apparemment déplacée, à laquelle, vers 1300, on semblait pouvoir répondre par la négative. Dans son *De abreviatione*, Pierre du Bois, juriste normand connu de Philippe IV le Bel, assurait que seule la France, pays situé sous un ciel de constellations propices, offrait tous les éléments nécessaires à la bonne éducation des princes. Mais il fallait exporter ces princes, afin que le roi pût étendre son influence en Europe, voire dans le monde entier. Or, selon Du Bois, qui devait raisonner à partir des exemples de familles établies en Terre sainte, les Français partis à l'étranger perdaient leurs qualités en trois ou quatre générations. D'où un projet de faire revenir ces princes sur le sol natal de la dynastie pour les éduquer correctement.

La question de la domination capétienne à l'étranger est trop vaste pour être étudiée ici de façon exhaustive. Il ne s'agira donc que d'un survol. On ne s'étendra pas non plus sur les nombreux voyages qui mirent en relations suivies les derniers Carolingiens, les Robertiens venus de Francie de l'Est (proche famille de Hugues Capet jusqu'à son bisaïeul Robert le Fort) et les souverains saxons de cette même Francie, devenus empereurs des Romains ; il s'agissait là de rencontres nécessaires entre proches parents. Lorsqu'il était duc de France, Hugues Capet alla jusqu'à Rome ; mais, devenu roi (987), il ne répondit pas à la demande d'aide, pourtant pressante, que lui adressa le comte de Barcelone. Occupé par sa lutte contre Charles de Lorraine, dernier Carolingien légitime, Hugues resta chez lui. Il faudra attendre 1147 pour voir un roi de France, Louis VII, partir en croisade.

De la croisade au Brésil

C'est également l'Islam, plaie ouverte au flanc de la Chrétienté, qui avait conduit au Proche-Orient Hugues le Grand, comte de Vermandois, frère de Philippe Ier (1096). Ayant eu plusieurs fois l'occasion de passer par Constantinople, Hugues le Grand laissa de mauvais souvenirs à la princesse byzantine Anne Comnène, alimentant la rancœur et le mépris de celle-ci pour les « Francs » ; mais Hugues était un brave, qui mourut de ses blessures à Tarse en 1102.

Les Français ne se contentaient pas, à cette époque, de former le gros des troupes croisées. Ils se distinguaient dans une autre lutte contre l'islam : la reconquête de la péninsule ibérique. Les exploits de notre chevalerie sur ce terrain firent dire à Ordéric Vital que les « Français [étaient] gens de ressources dans les circonstances difficiles ». Henri, un Capétien cadet de la maison de Bourgogne, arrière-petit-fils de Robert le Pieux, épousa la « reine » Thérèse, fille d'Alphonse VI de Castille et de Léon. Henri en reçut le comté de Portugal (1094-1097) et mourut en 1112. Le fils né de cette union, Alphonse Ier, devint le premier roi de Portugal (1139-1140). Si les Capétiens ont fait la France, ils ont aussi fait ce royaume ibérique auquel ils ont donné une belle lignée de rois et d'infants (parmi lesquels Henri le Navigateur, duc de Viseu, mort en 1460), lignée qui s'éteint avec le cardinal roi Henri en 1580.

Après l'intermède autrichien des rois d'Espagne — issus des rois de Portugal par les femmes —, un cadet capétien monte sur le trône sans l'avoir voulu : c'est le duc de Bragance, lui aussi issu des anciens rois par les femmes et descendant par les mâles d'un bâtard du roi Jean Ier. Les Portugais en révolte contre les Espagnols le portent au pouvoir sous le nom de Jean IV (1640). Sa postérité règne jusqu'à Michel Ier (chassé en 1834) et sa nièce Marie II († 1853). De cette dernière sont issus les Saxe-Cobourg-Gotha, parmi lesquels Emmanuel II, chassé en 1910 et mort en 1932 sans postérité. A cette date, les royalistes portugais reconnaissent le duc de Bragance, petit-fils de Michel Ier. Ni l'actuel duc, son fils, ni les frères de ce dernier n'étant mariés, la maison de Bragance est aujourd'hui menacée d'extinction. Ajoutons qu'il existe encore au Portugal onze autres familles qui remontent à Hugues Capet à travers plusieurs bâtardises.

Du Portugal découle l'empire du Brésil. Cette colonie, devenue royaume en 1815, accède à l'indépendance et devient empire en 1822. Deux empereurs sacrés et couronnés assurent au Brésil stabilité et prestige dans cette Amérique latine du XIXe siècle, déchirée par les séquelles de l'indépendance. En 1889, l'empereur Pierre II est chassé et la république proclamée. Pierre II meurt en exil à Paris (1891). Sa fille Isabelle devient alors impératrice de droit. Elle avait épousé un maréchal du Brésil, le comte d'Eu, petit-fils du roi des Français Louis-Philippe Ier. C'est ainsi qu'existe aujourd'hui la famille impériale d'Orléans et Bragance.

Constantinople

La deuxième implantation capétienne est la conséquence de la prise de Constantinople par les hommes de la quatrième croisade (1204). Les deux premiers empereurs de Romanie (nom habituel de l'Empire latin) furent de la maison des comtes de Flandre. Leur sœur Yolande apporta en 1216 la couronne impériale à son époux Pierre II de Courtenay, comte d'Auxerre, petit-fils du roi de France Louis VI le Gros. Le règne de Pierre fut des plus brefs : élu empereur, sacré à Rome, il fut fait prisonnier par un Comnène avant même d'atteindre Constantinople. On ignore la date exacte de sa mort (1218 ?).

Yolande prit en main le gouvernement et mourut en 1219. Son fils Robert — un incapable — recueillit l'Empire et mourut en 1228. Après l'intermède de Jean de Brienne, Baudouin II de Courtenay, dernier fils de Yolande, fut sacré et couronné à Constantinople (1240) et perdit l'Empire en 1261 sous les coups de Michel VIII Paléologue qui régnait à Nicée. Il n'y eut plus ensuite que des empereurs titulaires, les Courtenay s'éteignant dans les Valois puis chez les princes de Tarente, cadets des Angevins de Naples. Le dernier Tarente mourut en 1373 en arborant encore les armes de Romanie. A vrai dire, la seule possession encore possible était la principauté de Morée (Péloponnèse), qui eut un destin mouvementé et dont des Capétiens se rendirent parfois maîtres. Mentionnons également le royaume de Thessalonique qui fut à des ducs de Bourgogne de 1266 à 1316.

De la Sicile à la Hongrie

La domination capétienne prit un tour très dynamique avec le frère de saint Louis, Charles, comte d'Anjou, du Maine et de Provence. En 1265, pour éliminer les derniers Staufen et leur influence germanique, le pape Clément IV investit Charles Ier de son royaume de Sicile (vassal du pape). Ce royaume comprenait l'île de Sicile ainsi que la terre ferme, du détroit de Messine aux États pontificaux.

L'énergique Capétien fut par deux fois vainqueur des Staufen (1266 et 1268), mais l'île se souleva contre lui en 1282 et passa sous la coupe de Pierre III, roi d'Aragon, époux de la fille du bâtard de l'empereur Frédéric II, roi de Sicile, le vaincu de 1266. Charles Ier conserva cependant le titre de roi de Sicile. Ayant acquis en 1277 les droits sur Jérusalem, il devint, avec la bénédiction du pape, roi de Jérusalem et fut reconnu tel à Saint-Jean-d'Acre jusqu'en 1286. Établie à Naples (capitale depuis 1282), la descendance de Charles Ier conserva le titre de roi de Jérusalem et de

Sicile. On imagine mal l'influence considérable qu'auront en Italie les Angevins de Naples, non seulement sur la terre ferme mais encore sur d'autres parties de la péninsule : les rois « de Sicile » seront parfois, à divers titres, maîtres de villes comme Florence ou Rome. Les arts et la littérature italienne, entre autres, seront marqués de leur empreinte.

On vit les Capétiens s'établir en Albanie et en Grèce où les branches cadettes firent parler d'elles. Celle de Tarente prétendait sur Constantinople et donc sur la Morée. Celle de Duras (Durazzo ou Durrës, en Albanie) parvint à la couronne de Naples. La branche aînée finit par s'établir en Hongrie où elle joua un grand rôle. Héritiers des Arpad, Charles Robert († 1342) et son fils Louis le Grand († 1382) régnaient sur la Croatie, la Dalmatie et d'immenses territoires. Louis le Grand fut le père de Marie, « roi » de Hongrie, et d'Hedwige, reine de Pologne, qui apporta son royaume à Jagellon. Charles III de Duras, après s'être rendu maître de Naples et de la reine Jeanne Ire qu'il fit périr (1381), mit la main sur la Hongrie en 1385 ; mais il fut assassiné à son tour, à l'instigation de la veuve de Louis le Grand. Il laissa des prétentions sur la Hongrie à ses enfants Ladislas († 1414) et Jeanne II († 1435).

Jeanne Ire et Jeanne II ne purent assurer une transmission paisible du royaume de Naples à Louis Ier et Louis II, ducs d'Anjou issus des Valois. Les Aragonais continuaient le combat sur la terre ferme. Le roi René abandonna la lutte en 1442 ; ses prétentions sur la Sicile et Jérusalem passèrent à un neveu († 1481), puis à Charles VIII de France, petit-fils de la sœur de René. Charles VIII entra à Naples (1495), mais Louis XII ne put se maintenir et la terre ferme tomba définitivement aux mains des Aragonais (1504).

Échec comparable pour le duché de Milan. Louis d'Orléans, frère de Charles VI, avait épousé Valentine Visconti en 1389. Le duché de Milan fut revendiqué avec plus ou moins de bonheur par le poète Charles d'Orléans, par Louis XII et par François Ier.

Aragon et Navarre

De l'autre côté de la Méditerranée, il faut noter plusieurs implantations en Espagne, qui viennent s'ajouter à celle, plus ancienne, des rois de Portugal.

L'aventure de Charles de France, futur comte de Valois, fils cadet de Philippe III le Hardi, investi du royaume d'Aragon par Martin IV, fut éphémère (1283-1284). Mais la Catalogne, à plusieurs reprises, se donnera à des Capétiens. Pierre de Portugal sera élu roi d'Aragon (1463-1466), ainsi que René d'Anjou, roi de Sicile, comme fils de Yolande d'Aragon (1466-1472). Quant à Louis XIII et Louis XIV, ils seront comtes de Barcelone.

La Navarre, quant à elle, passée par mariage dans la maison des comtes de Champagne (1234), échut à Jeanne Ire, épouse en 1284 du futur Philippe IV le Bel. C'est pourquoi les derniers Capétiens directs furent rois de France et de Navarre jusqu'à Charles IV. A la mort de ce dernier (1328), la Navarre passa à Jeanne II, fille de Louis X et femme de Philippe comte d'Évreux (petit-fils du roi de France Philippe III). La Navarre demeura capétienne avec Charles II (« le Mauvais ») et Charles III. La fille de ce dernier, Blanche († 1441), apporta le royaume au roi d'Aragon. La Navarre passa ensuite aux Foix et aux Albret, ce qui permit son retour dans le domaine capétien en 1555, par le mariage de Jeanne III avec Antoine de Bourbon, duc de Vendôme, père du futur Henri IV (roi de France en 1589). Louis XIII réunit définitivement la couronne de Navarre — qui échappait à la loi salique — à celle de France (1620). Il s'agissait d'une Navarre territorialement réduite : dès 1512, les Espagnols avaient conquis toute la partie méridionale du royaume avec la capitale, Pampelune. Malgré les protestations des États de Béarn et du parlement de Pau, la Navarre sera fondue dans la nation française en 1789. Jeanne d'Albret avait également transmis à Henri IV la cosouveraineté sur l'Andorre, héritage des comtes de Foix, assumée de nos jours par le président de la République française.

Un essaimage européen

Le Dauphiné de Viennois, théoriquement terre d'Empire jusqu'en 1789, fut capétien de 1184 à 1282-1298 avec des Bourgogne, puis à partir de 1349 lors du « transport » au roi de France. L'évolution est comparable pour le comté de Provence : dans le domaine capétien depuis 1246 par mariage de l'héritière avec Charles Ier d'Anjou, futur roi de Sicile, le comté fut légué au roi de France par Charles IV de Sicile (Charles III de Provence) et rattaché en 1481. Quant au comté de Bourgogne — ou Franche-Comté —, il fut capétien à des titres divers de 1294 à 1382, le demeura depuis 1384 avec les ducs Valois de Bourgogne jusqu'en 1477, puis passa aux Habsbourg à la mort de Marie de Bourgogne (1482) avant d'être conquis en 1668 (définitivement en 1674).

Le duché de Lorraine, lui aussi fief d'Empire, apporté au roi René par son mariage avec l'héritière (1431), passa ensuite à sa postérité mâle, puis à sa fille Yolande († 1484), épouse d'un Lorraine. Louis XV annexa le duché. Le Luxembourg fut engagé aux ducs d'Orléans et de Bourgogne au XVe siècle, puis conquis par Louis XIV (1684-1698) et reçu par Philippe V d'Espagne (1700-1711/1713).

A des titres divers, presque tous les Pays-Bas furent capétiens à un moment ou à un autre de leur histoire : la Flandre impériale avec les ducs de Bourgogne, le Hainaut, le Brabant, le Lothier, le

Limbourg, la Hollande, la Zélande, etc. avec les ducs de Bourgogne et certains de leurs cadets (jusqu'à la mort de Charles le Téméraire en 1477 et celle de sa fille Marie en 1482), enfin lors de la tentative de François de France, duc d'Anjou, frère de Henri III (1578-1583). Namur, enfin, avait appartenu aux Courtenay au XIIIe siècle.

Les Capétiens ont également joué un rôle outre-Manche. En 1216-1217, le futur Louis VIII fut maître d'une partie de l'Angleterre, sans toutefois prendre le titre de roi. En 1558, Marie Stuart, reine d'Écosse, épousait le dauphin, futur François II (1559-1560). Élisabeth Ire étant bâtarde aux yeux de l'Église, Marie prétendait à l'Angleterre et à l'Irlande. Elle mourra sur l'échafaud en 1587 sans avoir oublié qu'elle était douairière de France.

Henri III, lorsqu'il n'était encore que duc d'Anjou, fut roi de Pologne et grand-duc de Lithuanie (1573-1574). Cette royauté s'inscrivait dans les vastes desseins de Catherine de Médicis contre l'Empire.

Philippe V et sa postérité

En 1700, la mort de Charles II d'Autriche, roi d'Espagne, modifia radicalement l'équilibre européen. Charles avait testé en faveur de Philippe de France, duc d'Anjou, qui monta sur le trône sous le nom de Philippe V.

Sa postérité conserva la couronne d'Espagne jusqu'en 1808. A cette date, le roi Charles IV fut contraint de donner ses États à Napoléon Ier. Les Bourbons revinrent en 1814 et régnèrent jusqu'en 1868, puis de 1873 à 1931. Depuis 1833 le détenteur de la couronne était illégitime : Ferdinand VII avait aboli la Pragmatique Sanction de 1713 — loi successorale établie avec les Cortès — afin de faire monter sur le trône sa fille Isabelle. Malgré plusieurs guerres civiles, la branche carliste et traditionaliste ne put faire valoir ses droits. Elle s'éteignit en exil (1936). Le général Franco a rétabli la monarchie en 1947. Après sa mort (1975), le prince d'Espagne choisi par lui est devenu Jean-Charles Ier (Juan-Carlos). Pour capétienne qu'elle soit, cette nouvelle royauté laïque n'a plus grand-chose de commun avec celle des anciens rois catholiques.

L'immense empire de Charles Quint était passé presque entièrement à Philippe V d'Espagne. Cet ensemble prestigieux sera anéanti au XIXe siècle. Au XVIIIe, le roi Bourbon régnait aux Philippines, dans la majeure partie de l'Amérique latine et jusqu'en Amérique du Nord. Au Pérou, le roi catholique était considéré comme le continuateur des Incas ! A l'époque du Pacte de famille (1761) qui unissait Louis XV de France et Charles III d'Espagne, les deux empires bourboniens additionnés s'étendaient sur une énorme superficie.

La descendance de Philippe V s'était établie dans les Deux-Siciles

— île et terre ferme — dès 1734, avec l'investiture du pape en 1738 (celle-ci incluant Jérusalem *in partibus infidelium*). La Révolution et l'Empire contraignirent les Bourbons à se réfugier dans l'île de Sicile (en particulier de 1806 à 1815). Au XIXe siècle, le royaume fut en butte aux attaques révolutionnaires et libérales. Abandonné ou trahi par les siens, le roi François II s'enferma dans Gaète pour résister aux troupes du roi de Sardaigne et aux bandes de Garibaldi. Vaincu en 1861, il vécut et mourut en exil.

L'un des fils de Philippe V, Philippe, devint duc de Parme, Plaisance et Guastalla, les deux premiers duchés lui venant de sa mère Isabelle Farnèse (1748). Son mariage avec Louise-Élisabeth, fille de Louis XV, fit prédominer à Parme l'influence française. Ferdinand, leur fils, vit arriver les révolutionnaires français. Le fils de Ferdinand, Louis Ier, fut fait roi d'Étrurie — c'est-à-dire de Toscane — par Bonaparte (1801). Il laissa un Louis II que Napoléon chassa en 1807 et que le traité de Vienne fit prince de Lucques, sa mère Marie-Louise d'Espagne étant duchesse (1815-1824). L'ex-roi devint ensuite duc de Lucques, puis, à la mort de l'archiduchesse Marie-Louise (ex-impératrice des Français), un éphémère duc de Parme. Son fils, aussi original que son père mais plus énergique, fut assassiné en 1854. Le duc Robert, fils de ce dernier et de la sœur du comte de Chambord, sera chassé par la révolution savoyarde en 1859. Un fils cadet de Robert († 1907), le prince Félix, épousera la grande-duchesse Charlotte de Luxembourg. Leur fils, le grand-duc Jean, est sur le trône de Luxembourg depuis 1964.

Les dynastes capétiens établis à l'étranger n'ont pas toujours été à la hauteur de leurs parents régnant en France, lesquels, pour la plupart, furent d'excellents monarques. Mais si l'on oublie les légendes noires, trop souvent injustes, et si l'on met à part quelques cas de mollesse ou de médiocrité — par exemple celui de Charles IV d'Espagne —, le bilan d'ensemble est plus qu'honorable. En tout cas, il n'y eut aucun Capétien véritablement dangereux pour la civilisation...

Ces Capétiens avaient-ils le sentiment de former un seul corps ? Sur la longue durée, malgré la conclusion de plusieurs pactes de famille, la réponse à cette question ne saurait être catégorique. On a vu au XVe siècle les ducs Valois de Bourgogne — Jean sans Peur, Philippe le Bon et Charles le Téméraire — combattre leur cousin le roi de France. On a vu de même s'entre-déchirer les Angevins de Naples ou les Bourbons d'Espagne. Pourtant, c'est peut-être chez les Angevins de Naples qu'a été conservé pour la première fois à l'étranger le terme de « maison de France », même par des descendants de femmes.

Les Portugais ont sans doute été les plus étrangers à cette conscience d'appartenir à l'auguste Maison, mais ils s'en étaient détachés depuis si longtemps qu'ils avaient perdu le souvenir de leur lointaine parenté. Au XVIe siècle encore, sur le tombeau qu'ils édifièrent à Braga au comte Henri, fondateur de leur dynastie, les Portugais inscrivirent qu'il était fils... du roi de Hongrie.

Hervé PINOTEAU.

Annexe VI
LA PROCHE ASCENDANCE DES ROIS CAPÉTIENS

Malgré le renouveau et l'intérêt que suscitent les études généalogiques, il peut sembler futile d'étudier la composition de la proche ascendance des rois de France capétiens, et pourtant de nombreuses raisons justifient une telle entreprise dans ce recueil jubilaire.

Tout d'abord les tableaux d'ascendants des rois de France sont rares : au XVIIe siècle, le Père Menestrier a publié les seize quartiers des rois de France depuis saint Louis (*Tableaux généalogiques*, 1683), et de nos jours le comte de Joannis a publié un monumental recueil de ce type pour tous les Capétiens (*Les seize quartiers généalogiques des Capétiens*, 4 vol., 1958-1965, dont le 4e comporte les additions et corrections de l'éminent généalogiste contemporain, le comte de Vajay). Malgré leur grande valeur, ces ouvrages présentent divers inconvénients : ils sont difficilement accessibles, ils ne mettent pas en évidence l'importance majorée des ascendants dont l'intéressé descendait plusieurs fois par diverses lignes, et enfin ils n'étudient pas la composition généalogique de la proche ascendance de chaque roi. Rares sont donc ceux qui seraient capables de retrouver rapidement les quatre aïeuls, les huit bisaïeuls et les seize trisaïeuls de chaque roi de France, et qui, à l'occasion, désireraient pouvoir le faire. Or il s'agit souvent de personnages qui ont joué un rôle historique important, ou qui établissent des liens de parenté inattendus ou curieux : quel était par exemple le roi de France qui était tout à la fois l'arrière-petit-fils d'Aliénor d'Aquitaine, l'arrière-petit-fils de Louis VII, premier mari d'Aliénor, et l'arrière-petit-fils de Henri II Plantagenêt, second mari d'Aliénor ?... Ou encore, comment Louis XV était-il tout à la fois l'arrière-petit-fils de Louis XIV et l'arrière-petit-fils de Monsieur, duc d'Orléans, frère de Louis XIV ?... Ou encore quel fut l'arrière-grand-père de François Ier qui, battu et capturé par les Mamelouks d'Égypte, fut emmené au Caire, où il fut traîné misérablement à travers les rues de la ville, au milieu d'une foule en délire qui acclamait les vainqueurs ?... Ou encore comment Louis-Philippe Ier était-il tout à la fois l'arrière-petit-neveu du cardinal de Richelieu, du cardinal Mazarin et de leur contemporain le pape Urbain VIII, dont le pontificat fut marqué par la condamnation de Galilée (1633) et de Jansénius (1642) ?... On pourrait aussi demander lequel des rois de France avait pour arrière-grand-mère Béatrice de Clisson, fille du connétable ; ou bien lequel avait pour arrière-grand-mère une Turco-Mongole païenne, baptisée sous le nom d'Élisabeth ?... Autant de petites curiosités anecdotiques qui ne sont pas toujours aussi futiles qu'on pourrait le croire.

D'autre part, si de nos jours la proche ascendance des rois de France, surtout en ligne féminine, est généralement méconnue, en revanche les contemporains de ces rois la connaissaient fort bien, et dans une société dominée par les conceptions sociales de l'aristocratie, ils appréciaient la « race » du roi, comme on disait, c'est-à-dire la qualité de sa naissance, non seulement en fonction de son père, mais aussi de sa mère, et de tous ses proches ascendants, tant en ligne masculine que féminine. Si dans le droit monarchique relatif à la dévolution de la Couronne, seule la parenté masculine a été retenue, cela ne signifie pas pour autant que les ascendances féminines n'avaient aucune importance. Politiquement et socialement elles n'étaient pas négligées, loin de là. Même si, conformément aux croyances anciennes, le père était le seul auteur des enfants (la mère n'étant en quelque sorte que la nourrice de ceux-ci), il n'en reste pas moins qu'il n'a jamais été concevable qu'une épouse de roi, destinée à être mère de roi, pût être d'une naissance trop inégale à celle de son époux.

Les événements de 987, qui ont amené Hugues Capet sur le trône de France, ont justement souligné, à la naissance même de la dynastie, l'importance que l'on attachait à la qualité de la naissance de celle qui était appelée à devenir reine. En effet, en 986, le roi carolingien Lothaire est mort ; puis, en mai 987, son jeune fils et successeur Louis V s'est tué accidentellement, sans avoir été marié. Son plus proche agnat, qui aurait dû normalement lui succéder, était son oncle Charles de Lorraine, frère de Lothaire. Or, dans les intrigues qui amenèrent les grands à refuser de reconnaître Charles pour roi et à donner la couronne à Hugues Capet, ceux-ci invoquèrent, entre autres, non seulement les brouilles de Charles avec son frère, qui l'avaient conduit à entrer dans la vassalité de l'empereur germanique, mais encore son mariage inégal avec la fille d'un simple chevalier : les grands ne voulaient pas d'un roi qui eût été vassal de l'Empereur, ni d'une reine qui eût été de naissance inférieure. En revanche, Hugues Capet était, par son père, le petit-fils du roi de France Robert Ier, et par sa mère le petit-fils du roi de Germanie Henri l'Oiseleur ; quant à sa femme, elle était la fille d'un des principaux grands du royaume, Guillaume Tête d'Étoupe, comte de Poitiers, duc d'Aquitaine. Cet épisode, capital dans l'histoire de la dynastie puisqu'il est à l'origine de son élévation, prouve que les grands, vers l'an mille, refusaient de reconnaître pour reine une femme qui par sa naissance n'appartenait pas au monde des grands.

Tous les travaux récents d'histoire et de sociologie du haut Moyen Age ont confirmé l'importance qu'attachaient à l'égalité sociale dans le mariage les milieux de la haute aristocratie germanique à laquelle appartenaient les grandes familles franques. Lors donc que le roi de France décidait de prendre femme ou de donner femme à ses fils, les candidates éligibles étaient soigneusement appréciées tant du point de vue politique des avantages que procurerait leur élection, que du point de vue social de leur naissance : par leur « gloire » et leur « honneur » les maisons dont elles étaient issues devaient être dignes de l'honneur insigne entre tous d'une alliance avec la Maison de France. En près d'un millénaire, le roi de France ne s'est mésallié qu'avec trois familles seulement, les Visconti au XIVe siècle, les Médicis au XVIe siècle et les Leszczynski au XVIIIe siècle : ces trois exceptions s'expliquent pas des événements accidentels, et de toute manière ces trois familles, quoique de médiocre origine, étaient ou avaient été souveraines, à Milan, à Florence ou à Varsovie.

Ces considérations sur l'importance et la permanence des notions de « race », de « gloire », d'« honneur » dans l'appréciation de la qualité des rois justifient une étude comparée de l'ensemble des tableaux d'ascendants des rois capétiens : celle-ci permet de dégager des conclusions nouvelles sur le rôle particulier de certains rois dont l'importance généalogique a été majorée par l'endogamie et qui sont devenus des « ascendants prépondérants » ; sur l'évolution de la qualité plus ou moins fortement capétienne de la proche ascendance des rois ; sur l'importance respective des maisons qui apparaissent le plus fréquemment dans la proche ascendance des rois de France ; et enfin sur la portée du phénomène de concentration monarchique dans la composition de ces ascendances.

I. *Les ascendants prépondérants*

Dans la progression géométrique normale d'un tableau d'ascendants strictement exogamique, tous les ascendants sont différents les uns des autres : deux parents, quatre aïeuls, huit bisaïeuls, seize trisaïeuls, etc. Au contraire, en cas d'endogamie rapprochée, la régularité est rompue : un même ancêtre peut occuper simultanément plusieurs places sur un même tableau. Un ancêtre de ce type pose au généalogiste un double problème. Tout d'abord, en ce qui concerne la présentation matérielle du tableau d'ascendants, la plupart des généalogistes se bornent à mentionner ce même ancêtre à chacune des différentes places qu'il occupe dans le tableau : telle est la présentation de Menestrier et celle de Joannis. Elle présente un inconvénient : elle ne matérialise pas visuellement l'importance majorée de cet ancêtre. Il paraît donc préférable de ne le mentionner qu'une seule fois sur chaque tableau, avec un fléchage approprié qui matérialise et mette en évidence les diverses descendances issues de lui. D'autre part, en ce qui concerne la désignation d'un tel personnage, il fallait trouver un qualificatif qui exprimât le rôle majoré de cet ascendant. Il valait mieux éviter le terme « dominant » en raison de son sens précis en génétique. C'est pourquoi « prépondérant », dans son sens courant (supérieur en influence), est préférable. Il est évident que la pratique des mariages consanguins a certainement favorisé la transmission héréditaire de certains caractères physiques et moraux. Sans tomber dans une conception trop étroite de l'hérédité et prétendre tout expliquer par elle, on ne peut manquer de faire certains rapprochements : le caractère de Louis XIV est-il sans relation avec celui de ses ascendants prépondérants, les deux empereurs frères, Charles Quint et Ferdinand Ier ? La solide santé physique de Louis XV est-elle sans relation avec celle de son ascendant prépondérant, Henri IV ? Le caractère de Louis-Philippe est-il sans relation avec celui de son ascendant prépondérant, Louis XIV ? Il devient alors intéressant de rechercher quels ont été le degré et la nature de la prépondérance subie par chaque roi, et inversement quels furent les rois de France qui exercèrent une influence prépondérante sur leurs successeurs.

1. Pour qu'un roi ait subi l'influence prépondérante d'un ou de plusieurs ascendants proches, il faut qu'il ait été le produit d'un mariage endogamique, son père et sa mère ayant été proches cousins. Étudier la prépondérance des ascendants revient donc à poser le problème de l'endogamie. En effet celle-ci était condamnée au cours des premiers siècles du Moyen Age : elle ne s'est répandue qu'au XIIe siècle, et n'a été officiellement reconnue qu'au début du XIIIe siècle.

Le droit canonique en matière d'empêchement au mariage est devenu excessivement exogamique après les invasions barbares : le mariage a été prohibé entre parents jusqu'au septième degré canonique, c'est-à-dire jusqu'aux arrière-arrière-petits-enfants de cousins issus de germains ! De plus le baptême créait une parenté spirituelle, qui fit d'abord obstacle au mariage de l'enfant avec son parrain ou sa marraine, puis au mariage du parrain et de la marraine, et enfin au mariage du parrain ou de la marraine avec les parents de l'enfant... Dans ces conditions, il devint difficile du IXe au XIIe siècle de se marier sans courir le risque d'enfreindre les interdits religieux. Cette extrême sévérité a entraîné une double conséquence : la fréquence des divorces camouflés en annulation pour cause de parenté, et la recherche d'un conjoint originaire d'un pays très éloigné.

En ce qui concerne les divorces, toute l'histoire des Xe, XIe et XIIe siècles est remplie des désordres pittoresques et tumultueux de ces nombreuses infidélités conjugales aristocratiques, qui se terminaient par une opportune annulation de mariage pour cause de parenté. Ce qui revient à dire que le divorce, prohibé en droit, était largement pratiqué en fait, à la faveur d'une réglementation des conditions du mariage qui laissait la plupart du temps la possibilité de prouver que l'une des conditions n'avait pas été respectée. Pour ne s'en tenir qu'à eux (et ils ne constituaient nullement une exception dans la société de leur temps, mais en étaient au contraire tout à fait représentatifs), presque tous les Capétiens jusqu'à Philippe II ont répudié une ou plusieurs femmes « pour cause de parenté ». Rappelons brièvement les épisodes les plus célèbres de cette histoire. A la fin du XIe siècle, Philippe Ier, devenu l'amant de Bertrade de Montfort, femme du comte d'Anjou (double adultère !), décide de l'épouser, au prix d'un double divorce, le sien et celui de Bertrade. Pour répudier sa femme légitime, Berthe de Hollande, Philippe invoqua la parenté. Cette affaire, où la plupart des évêques furent complices du roi, entraîna une longue brouille avec le pape. De même, au milieu du XIIe siècle, Louis VII, après de longues années de mariage heureux avec Aliénor d'Aquitaine, qui lui avait donné deux filles, résolut de s'en séparer à la suite de ses écarts de conduite trop voyants, en particulier lors de la troisième croisade, où Aliénor avait suivi son époux, et où elle s'était affichée d'une manière qui fit scandale et ridiculisa le roi. Louis VII craignait donc que la reine ne vînt à accoucher d'un fils, dont la légitimité pourrait être contestée : le concile de Beaugency prononça l'annulation du mariage en 1152, « pour cause de parenté ».

En ce qui concerne le choix d'un conjoint exotique, ce genre de mariage présentait un double avantage : si le mariage était heureux, il n'y avait pas lieu de craindre les foudres de l'Église, et si le mariage était malheureux, la parenté de l'épouse maltraitée vivait trop loin pour pouvoir venir prendre sa défense, et imposer réparation au mari ! L'histoire de Henri Ier est l'illustration de ce genre de choix matrimonial. En effet, sa première femme Mathilde, morte en 1044, ne lui avait pas donné d'enfant, et Henri Ier était persuadé que cette stérilité ne pouvait qu'être une punition du Ciel, et que cette punition était motivée par une parenté inconnue, mais qui devait certainement exister entre Mathilde et lui-même. C'est pourquoi, après son veuvage, et pour ne pas s'exposer à encourir une seconde fois la colère divine, il envoya chercher femme à l'autre extrémité de l'Europe : en épousant Anne de Kiev, il espérait ne pas courir le risque de s'unir à une parente à un degré prohibé.

Or, dans le courant du XIIe siècle s'opère un changement complet d'attitude. Dès le début de ce siècle, le mariage de Louis VI et d'Adélaïde de Savoie (vers 1115) annonce cette transformation : en effet, les deux conjoints étaient parents au sixième degré canonique, étant l'un et l'autre descendants de Rollon, duc de Normandie. Certes, leurs deux bisaïeuls qui étaient cousins (Robert II, roi de France, et Judith de Normandie) n'étaient eux-mêmes parents que d'une manière relativement éloignée : le roi Robert II était le cousin issu de germain du père de Judith, le duc de Normandie, Richard II. Jusqu'au milieu du XIIe siècle, la proche ascendance des conjoints ne compte pas de bisaïeuls frères ou sœurs. C'est peut-être avec le mariage de Louis VII et d'Adèle de Champagne (1160), d'où est issu Philippe II Auguste, que l'on trouverait pour la première fois des bisaïeules des conjoints qui étaient sœurs : il en serait ainsi si l'on acceptait l'identification de Wegener, qui donne Hedwige de Saxe, fille de Bernard II, duc de Saxe, pour femme d'Engilbert de Spanheim, alors que Joannis, Vajay, et Saillot mentionnent à cette place Hedwige d'Eppenstein, fille de Markwart II, comte d'Eppenstein. Dans ce cas, Adèle serait l'arrière-petite-fille d'Hedwige de Saxe, sœur de Gertrude, laquelle était bien l'arrière-grand-mère de Louis VII. Quoi qu'il en soit, les bisaïeuls frères ou sœurs apparaissent sans aucun doute dans le mariage de Philippe II Auguste et d'Isabelle de Hainaut (1180). La proche parenté des conjoints, apparue au niveau des arrière-grands-parents au XIIe siècle, est descendue au niveau des grands-parents au XIIIe siècle (mariage du futur Philippe III et d'Isabelle d'Aragon en 1262, dans lequel un bisaïeul de Philippe, Alphonse comte de Provence, était le frère de Pierre II, roi d'Aragon, aïeul d'Isabelle), pour atteindre même finalement le niveau des parents au XIVe siècle (mariage du futur Philippe VI et de Jeanne de Bourgogne en 1313, dans lequel un grand-père de Philippe, le roi de France Philippe III, était le frère d'Agnès de France, mère de Jeanne de Bourgogne).

La recherche attentive de l'exogamie disparut donc dans le courant du XIIe siècle. Les raisons de ce profond changement dans les mœurs restent assez mystérieuses. On en a proposé de nombreuses explications : conséquence de la forte croissance démographique qui a affecté l'Europe depuis le milieu du XIe siècle, ce qui a rendu moins fréquents les risques de mariage consanguin ; résurgence, malgré le christianisme, d'une conception païenne de la supériorité raciale du « sang des rois » ; influence indirecte des croisades qui mirent en contact avec les sociétés byzantines et arabes, qui étaient endogamiques ; relâchement des liens de solidarité lignagère à la fin du XIIe siècle, compensé par l'endogamie ; renaissance du droit romain depuis la fin du XIe siècle, qui admettait le mariage entre cousins germains.

Quelles qu'en aient été les raisons, le mariage endogamique s'est imposé, et l'Église a préféré finalement adopter une endogamie relative, plutôt que de maintenir une exogamie à l'abri de laquelle fonctionnait en réalité un divorce par répudiation. Au IVe concile du Latran (1215), l'Église ramena donc l'empêchement au mariage au quatrième degré canonique et organisa un système de dispenses, réservées au pape, pour les degrés inférieurs. En matière de mariage, cette réforme de 1215 fut un des prolongements logiques de la réforme grégorienne, entreprise par la papauté au milieu du XIe siècle et qui se proposait de régénérer l'Église en réformant les mœurs, tant celles des clercs que celles des laïcs : or, s'il fallait d'un côté empêcher le mariage des clercs, il fallait symétriquement empêcher le divorce des laïcs. Pour les Grégoriens du XIIe siècle, comme pour le pape Jean-Paul II au XXe, le célibat sacerdotal et la prohibition du divorce étaient les conséquences différentes d'un même principe, celui de l'inviolabilité de l'engagement librement contracté par le fidèle et marqué du sceau indélébile d'un sacrement.

2. Inversement, ceux des personnages qui ont joué le rôle d'ascendants prépondérants sur leurs descendants n'ont pu le faire que parce qu'ils ont eu un nombre élevé d'enfants mariés, auteurs eux-mêmes d'une nombreuse descendance mariée. Or, les rois de France de ce type sont très peu nombreux, ce qui ressort de la lecture du tableau qui comptabilise ci-dessous les éléments suivants :

Colonne 1 : Nombre de fils légitimes ou légitimés, autres que le successeur, ayant laissé une descendance masculine ou féminine de plusieurs générations.
Colonne 2 : Identité des maisons cadettes que ces fils ont fondées.
Colonne 3 : Nombre de filles légitimes ou légitimées ayant laissé une descendance masculine ou féminine de plusieurs générations.
Colonne 4 : Identité des maisons où ces filles ont laissé une descendance.
Colonne 5 : Nombre total des enfants ayant laissé une descendance de plusieurs générations.

	1	2	3	4	5
Hugues Capet	0		2	Hainaut, Ponthieu	3
Robert II	1	Bourgogne	1	Flandre	3
Henri Ier	1	Vermandois	0		2
Philippe Ier	0		1	Antioche	2
Louis VI	2	Dreux, Courtenay	1	Toulouse	4
Louis VII	0		3	Champagne, Blois, Ponthieu	4
Philippe II	0		1	Brabant	2
Louis VIII	2	Artois, Anjou	0		3
Louis IX	1	Bourbon	2	Castille, Bourgogne	4

	1	2	3	4	5
Philippe III	2	Valois, Evreux	1	Plantagenêt	4
Philippe IV	0		1	Plantagenêt	3
Louis X	0		1	Evreux	1
Jean Ier	0		0		0
Philippe V	0		1	Flandre	1
Charles IV	0		0		0
Philippe VI	0		0		1
Jean II	3	Anjou, Berry, Bourgogne	3	Bar, Evreux, Visconti	7
Charles V	1	Orléans	0		2
Charles VI	0		1	Tudor	2
Charles VII	0		2	Savoie, Foix	3
Louis XI	0		0		0
Charles VIII	0		0		0
Louis XII	0		2	Angoulême, Este	2
François Ier	0		2	Stuart, Savoie	3
Henri II	0		2	Habsbourg, Lorraine	2
François II	0		0		0
Charles IX	0		0		0
Henri III	0		0		0
Henri IV	1	Vendôme	4	Habsbourg, Savoie, Stuart, Elbeuf	6
Louis XIII	1	Orléans	0		2
Louis XIV	1	Toulouse	2	Orléans, Condé	4
Louis XV	0		1	Parme	2
Louis XVI	0		0		0
Louis XVIII	0		0		0
Charles X	1	Berry	0		1
Louis-Philippe Ier	3	Nemours, Joinville, Montpensier	3	Belgique, Wurtemberg, Saxe	7

Sur un total de 36 rois, les deux tiers d'entre eux (24/36) n'ont pas engendré de descendance masculine cadette de plusieurs générations ; les deux cinquièmes (15/36) n'ont pas engendré de descendance féminine de plusieurs générations. Quelques rois même ont exercé une influence nulle sur leurs successeurs, dans l'ascendance desquels ils ne figurent pas. Tels sont Jean Ier, Charles IV, Louis XI (qui n'apparaît que dans l'ascendance de son fils Charles VIII), Charles VIII, François II, Charles IX, Henri III, Louis XVI et Louis XVIII. Charles X constitue un cas particulier :

sans descendance masculine au-delà de ses deux fils et de son petit-fils, il a une nombreuse descendance en ligne féminine par sa petite-fille, la duchesse de Parme.

Jusqu'en 1316, tous les rois capétiens ont été fils de leur prédécesseur. Philippe V († 1322) et Charles IV († 1328), frères de Louis X et oncles de Jean Ier, étaient fils de Philippe IV. De Philippe VI à Louis XI († 1483), tous les Valois, qui se sont succédé de père en fils, descendaient de tous les rois de France de Hugues Capet à Philippe III.

Philippe IV et Philippe V n'apparaissent dans l'ascendance des rois de France qu'à partir de Charles VIII : en effet, Marguerite de France, fille de Philippe V, a épousé en 1330 le comte Louis de Flandre, et leur petite-fille, Marguerite de Flandre, a épousé Philippe le Hardi, duc de Bourgogne. Or, des enfants de Philippe le Hardi et de Marguerite de Flandre figurent parmi les ascendants de Charles VIII, de Louis XII, de François Ier et de Henri IV.

Quant à Louis X, il n'apparaît dans l'ascendance des rois de France qu'à partir de François Ier : la fille de Louis X, Jeanne, reine de Navarre, a épousé son cousin Philippe de Valois, comte d'Évreux ; leur petite-fille, Jeanne d'Évreux-Navarre, a épousé le duc de Bretagne, Jean IV le Conquéreur ; leur fille, Marguerite de Bretagne, fut une des bisaïeules de François Ier. En ce qui concerne Henri IV et les Bourbons, ils descendaient aussi de Louis X, puisque d'une part ils étaient issus par les femmes de Charles III le Noble, roi de Navarre, petit-fils de la reine Jeanne, fille de Louis X, et que d'autre part ils descendaient de la sœur de François Ier, Marguerite de Valois, grand-mère maternelle de Henri IV.

A partir de 1589, les trois premiers rois Bourbons (Henri IV, Louis XIII, Louis XIV) descendaient de tous leurs prédécesseurs capétiens jusqu'à Charles VII compris (à l'exception de Jean Ier et de Charles IV), mais non des rois qui s'étaient succédé de 1461 à 1589. Il faudra attendre Louis XV pour qu'apparaissent dans l'ascendance du roi ses prédécesseurs Louis XII (par ses deux filles, Claude, reine de France, et Renée, duchesse de Ferrare), François Ier (par sa fille Marguerite de France, duchesse de Savoie), et Henri II (par sa fille Élisabeth de France, reine d'Espagne). Les trois derniers rois de la dynastie, Louis XVI, Louis XVIII, et Charles X descendaient donc de tous les rois de France capétiens, à l'exception des sept de leurs prédécesseurs qui n'ont pas laissé de descendance (Jean Ier, Charles IV, Louis XI, Charles VIII, François II, Charles IX et Henri III).

Trois rois seulement ont exercé une très forte influence généalogique sur leur descendance : Jean II le Bon et Louis-Philippe Ier, qui totalisent l'un et l'autre sept enfants ayant eu une descendance de plusieurs générations, et Henri IV, qui en totalise six. L'influence de Henri IV n'a pu naturellement se manifester qu'à partir du XVIIIe siècle, dans la personne de Louis XV, qui descendait de

Henri IV par sept lignes différentes, à la 5ᵉ et à la 6ᵉ génération. Quant à Louis-Philippe Iᵉʳ, son influence se manifeste au XXᵉ siècle, et intéresse les princes actuels de l'Europe catholique. En revanche, situé au XIVᵉ siècle, Jean II le Bon a pu exercer à partir de la fin du Moyen Age une très forte influence généalogique, qui lui vaut incontestablement dans ce domaine le record parmi tous les rois de France capétiens. Comme sept de ses enfants ont eu une descendance nombreuse, l'endogamie a grandement accentué le rôle prépondérant du second Valois. Le futur Jean II a épousé Bonne de Luxembourg en 1332, mais il n'avait alors que treize ans ; le mariage n'a dû être consommé que plus tard. Entre 1337 et 1348, le couple a eu neuf enfants en onze ans : Charles V (1337-1380) a vécu quarante-trois ans, Louis duc d'Anjou (1339-1384) quarante-cinq ans, Jean duc de Berry (1340-1416) soixante-seize ans, Philippe duc de Bourgogne (1342-1404) soixante-deux ans, Jeanne reine de Navarre (1343-1373) trente ans, Marie duchesse de Bar (1344-1404) soixante ans, Agnès (1345-1349) quatre ans, Marguerite (1347-1356) neuf ans, Isabelle comtesse de Vertus (1348-1372) vingt-quatre ans. Cette production a été d'une remarquable qualité, si on la compare à celle des autres rois du XIVᵉ et du XVᵉ siècle (Charles V a eu neuf enfants, dont sept sont morts jeunes ; Charles VI a eu douze enfants, dont six sont morts jeunes ; Charles VII a eu treize enfants, dont huit sont morts jeunes...) : sur les neuf enfants de Jean II et de Bonne de Luxembourg, il n'y a eu que deux décès en bas âge, et les sept survivants ont réalisé une moyenne de vie de quarante-huit ans et demi, ce qui, pour l'époque, est certainement une très belle moyenne. Les enfants de ce couple étaient-ils particulièrement robustes ? Certainement pas Charles V, qui a été le premier roi de France malingre, incapable de tenir personnellement son rôle militaire... Furent-ils particulièrement bien soignés ? Par leur mère ? Par leurs nourrices ? Ou bien encore est-ce tout simplement le résultat du hasard ? Toujours est-il que, si le mystère reste entier, le fait demeure : cette belle lignée a prospéré à merveille.

Louis XV et Marie Leszczynska ont presque égalé le record de Jean II et de Bonne de Luxembourg : sept enfants élevés sur dix, mais sur ces sept enfants, cinq sont restés célibataires, et les sept survivants n'ont réalisé qu'une moyenne de vie de quarante-six ans. De même, si sept des dix enfants de Henri II et de Catherine de Médicis ont atteint l'âge du mariage, ces sept survivants (dont Henri III assassiné à trente-huit ans) n'ont réalisé qu'une moyenne de vie de trente et un ans : et, même créditant Henri III d'une vie de soixante-dix ans, on n'obtiendrait qu'une moyenne de trente-six ans !... Si l'on ajoute à cette première constatation que le grand-père paternel de Jean II, Charles, comte de Valois († 1325), a lui-même égalé le record de son petit-fils, puisque sept de ses enfants ont eu eux aussi une descendance de plusieurs générations, on découvre que dès sa naissance la nouvelle souche a déployé une ramure exceptionnellement proliférante, dont les surgeons se sont ensuite entrelacés dans la personne des Valois et des Bourbons, en combinaisons de plus en plus concentrées. Si la sainteté de Louis IX lui a valu d'être considéré en quelque sorte comme un nouveau fondateur de la dynastie, il n'a en réalité exercé qu'une influence généalogique moyenne sur sa descendance : à partir du XVe siècle, les rois de France ont plus été les « fils de Jean le Bon » que les « fils de saint Louis ». Un simple énoncé de chiffres donne la mesure de l'influence majeure exercée par ce reproducteur fécond, qui a été sélectionné par le hasard de l'Histoire : Louis XI descendait de Jean le Bon par trois lignes différentes, Charles VIII cinq, Louis XII trois, François Ier sept, Henri II treize, Henri IV vingt et une ! On peut trouver des analogies séduisantes entre Jean le Bon et ces têtes à panache que furent Charles VIII, François Ier et Henri II. Le rapprochement avec Henri IV est plus déconcertant, mais il montre que, pour Bourbon qu'il fût, Henri IV avait une ascendance Valois très fortement prépondérante. D'autre part il se trouve que Henri IV a été à son tour l'ascendant prépondérant de Louis XV : le message héréditaire de Jean le Bon, hautement concentré en la personne de Henri IV, se retrouverait-il alors dans la personne de Louis XV ? Rien que par Henri IV, Louis XV descendait déjà 147 fois de Jean le Bon (21 × 7). A la suite du mariage de la fille de Louis XV, Élisabeth de France, avec Philippe de Bourbon, duc de Parme, puis par l'hyperendogamie que les trois maisons de Bourbon (Espagne, Naples, Parme) ont pratiquée du XVIIIe au XXe siècle, tous les princes de ces maisons, et en particulier l'actuel roi d'Espagne Jean-Charles Ier, descendent des centaines de fois de Henri IV et des milliers de fois de Jean le Bon.

En sélectionnant Jean le Bon, le hasard généalogique a confié un rôle hyperprépondérant dans l'histoire des Valois et des Bourbons à un homme qui n'a pas laissé un souvenir des plus grandioses dans notre histoire nationale, et que l'on s'accorde généralement à considérer comme des plus médiocres, encore qu'il soit mal connu et peut-être jugé plus sévèrement qu'il ne le mérite...

II. *Le caractère capétien*

Dans quelle mesure l'endogamie a-t-elle également exercé une influence sur le caractère plus ou moins capétien de la proche ascendance des rois de France ? Il suffit d'établir un simple graphique pour mettre en évidence quelques observations intéressantes.

1re phase : De Hugues Capet à la mort de Philippe VI (1350), le nombre de quartiers capétiens reste bas. Jusqu'à Philippe III, et

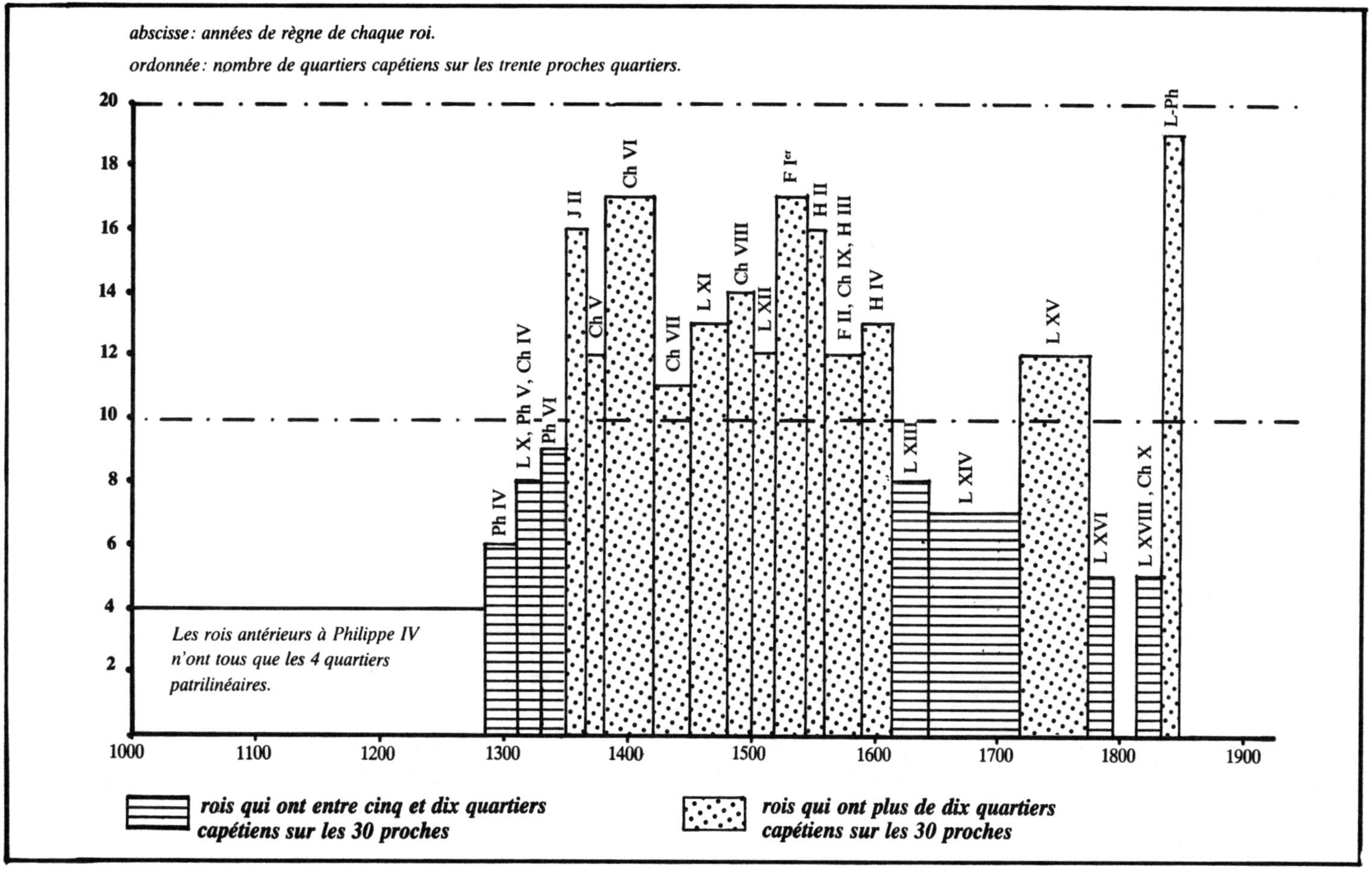
abscisse : années de règne de chaque roi.
ordonnée : nombre de quartiers capétiens sur les trente proches quartiers.
20
18
16
14
12
10
8
6
4
2
1000
1100
1200
1300
1400
1500
1600
1700
1800
1900
Ph IV
L X, Ph V, Ch IV
Ph VI
J II
Ch V
Ch VI
Ch VII
L XI
Ch VIII
L XII
F Ier
H II
F II, Ch IX, H III
H IV
L XIII
L XIV
L XV
L XVI
L XVIII, Ch X
L-Ph
Les rois antérieurs à Philippe IV n'ont tous que les 4 quartiers patrilinéaires.
rois qui ont entre cinq et dix quartiers capétiens sur les 30 proches
rois qui ont plus de dix quartiers capétiens sur les 30 proches

malgré le développement de l'endogamie au XIIe siècle, les rois n'ont d'autres proches ascendants capétiens que leurs quatre ascendants paternels en ligne masculine. Dans ses premières manifestations, l'endogamie n'a pas eu pour résultat d'accentuer le caractère capétien de la proche ascendance des rois : en effet, les quatre premières maisons cadettes fondées au XIe et au XIIe siècle (Bourgogne, Vermandois, Dreux d'où sont issus les ducs de Bretagne, et Courtenay d'où sont issus les empereurs de Constantinople) se sont détachées de la souche royale et n'y ont pas rapporté de sang capétien avant le XIIIe siècle. Le premier roi qui ait eu plus de quatre quartiers capétiens dans sa proche ascendance a été Philippe IV, grâce à un apport maternel Courtenay. Avec les trois rois frères issus de Philippe IV, avec Jean Ier et avec Philippe VI, commencent à apparaître des ascendants issus des deux premières maisons cadettes fondées au XIIIe siècle (Artois et Anjou) mais le pourcentage de sang capétien ne dépasse guère le tiers de l'ensemble, puisque le nombre des quartiers capétiens se situe entre six et dix.

2e phase : De Jean II à Henri IV, la proportion des éléments capétiens atteint un niveau très élevé, toujours supérieur au tiers : le nombre des éléments varie entre 11 et 17, sur 30. Ce sont surtout les alliances nombreuses avec les quatre maisons cadettes du XIIIe siècle (Artois, Anjou I, Bourbon, Évreux) et les quatre maisons cadettes du XIVe siècle (Anjou II, Berry, Bourgogne, Orléans) qui ont augmenté sensiblement la proportion de sang capétien. Par conséquent, les rois de France, depuis la guerre de Cent Ans jusqu'à la fin des guerres de Religion, ont été très fortement capétiens, et cette qualité les destinait naturellement à incarner l'unité nationale du royaume au cours des grandes épreuves où elle a été définitivement forgée. Or, presque toutes les maisons cadettes ont disparu dans la seconde moitié du XVe siècle : leur fonction d'instrument d'unification prend fin par le retour ou l'union à la Couronne des principaux grands fiefs : après 1483, il ne reste plus que la Bretagne et les possessions des Bourbons. L'unification du royaume et l'extinction de toutes les maisons cadettes au XVIe siècle, à l'exception de la maison de Bourbon, ont eu pour conséquence de faire disparaître les Capétiens dans les proches ascendances des rois à partir du début du XVIIe siècle : en effet, l'époque du mariage des seize trisaïeuls de Henri IV se situe justement entre 1445 et 1472, tandis que pour Louis XIII l'époque correspondante commence en 1484.

3e phase : De Louis XIII à Louis-Philippe, le pourcentage retombe en dessous du tiers, avec deux exceptions (Louis XV et Louis-Philippe).

Les bas pourcentages de Louis XIII et de Louis XIV (8 quartiers capétiens chacun), de Louis XVI, Louis XVIII et Charles X (5 quartiers seulement) s'expliquent par la politique matrimoniale de la famille royale depuis le début du XVIe siècle. Contrairement à ce qui s'était passé au XIVe et au XVe siècle, la famille royale a désormais évité les alliances matrimoniales avec les maisons cadettes : il n'est plus alors nécessaire de réaliser l'unité intérieure du royaume, par la réunion des grands fiefs, œuvre achevée pour l'essentiel par l'accession de Henri IV au trône ; il ne reste donc qu'à nouer des alliances extérieures qui assurent l'influence diplomatique de la France. Le phénomène devient flagrant au XVIIe et au XVIIIe siècle : la branche régnante ne contracte plus d'alliances avec les branches cadettes (Orléans, Condé, Conti). D'ailleurs les princes de Condé et les princes de Conti ne sont plus « altesses royales » mais « altesses sérénissimes », de même les ducs d'Orléans à partir de 1723 après la mort du Régent. Les trois maisons cadettes se marient entre elles, ou servent à la rigueur de dépotoir à Louis XIV qui y case ses bâtards, ce qui est un moyen de les abaisser en les maculant de bâtardise, puis de les bouder ensuite pour cette raison ! Au XVIIIe siècle, la très nette séparation matrimoniale de la branche aînée et des branches cadettes conduit à une attitude d'opposition qui annonce la Révolution. Les filles de Louis XV ont préféré rester filles plutôt que de devenir duchesse d'Orléans ou princesse de Conti. La branche aînée ne se marie plus désormais que dans les maisons souveraines étrangères. Or, de telles alliances n'étaient guère susceptibles de redonner du sang capétien en lignée féminine en raison d'un autre phénomène : les filles de France ont été rares aux XVIIe et XVIIIe siècles, et d'un placement matrimonial difficile. Suivons la lignée des Bourbons depuis Louis XIII : Louis XIII n'a pas eu de fille, Louis XIV n'a pas eu de fille légitime mariée, le dauphin Louis n'a pas eu de fille, le duc de Bourgogne n'a pas eu de fille. Donc, quatre générations successives sans fille : du mariage de Henriette-Marie, fille de Henri IV, avec Charles Ier d'Angleterre (1625), au mariage d'Élisabeth, fille de Louis XV, avec l'infant don Philippe (1738), il n'y a pas eu, pendant plus d'un siècle, de mariage d'une fille légitime de roi de France ! Puis, quand Louis XV a eu six filles parvenues à l'âge du mariage, seule Élisabeth a été mariée ; les cinq autres sont restées célibataires, bien que n'étant pas entrées en religion pour quatre d'entre elles. Le dauphin Louis, fils de Louis XV, a eu deux filles : Clotilde, mariée à un Savoie, héritier de la couronne de Sardaigne, et Élisabeth qui, comme ses tantes, est restée célibataire. Finalement, quand le dauphin Louis (futur Louis XVI) épouse en 1770 l'archiduchesse Marie-Antoinette, celle-ci lui apporte bien du sang capétien, mais qui lui vient du duc d'Orléans, frère de Louis XIV, et non de la branche aînée. Il y a eu incontestablement une attitude malthusienne de la branche aînée, à laquelle on ne prête pas habituellement grande attention à cause du succès éclatant remporté par Louis XIV en 1700, et de la prolifération des Bourbons issus du duc d'Anjou, devenu alors Philippe V d'Espagne ; mais si — supposition absurde — Philippe V, roi d'Espagne (1683-1746) et Louis-Philippe Ier, roi des

Français (1773-1850) étaient morts sans descendance masculine, la maison capétienne se serait définitivement éteinte en 1883 avec le comte de Chambord ! Curieux destin pour une maison qui a compté tant de rameaux proliférants au cours des siècles, et dont la survie à l'époque contemporaine a tenu à deux individus seulement... Lorsque sous Louis XIV la diplomatie française a eu besoin de marier des princesses françaises à des souverains étrangers, ce sont des Orléans, les filles de Monsieur, frère du roi, que l'on a envoyées régner à Madrid, à Turin et à Nancy. La branche aînée s'est donc isolée dans un double mouvement : d'un côté, elle a épousé des princesses étrangères au faible ou nul héritage capétien, et d'un autre côté, elle n'a que peu essaimé de princesses capétiennes à l'étranger. Quoi d'étonnant, dans ces conditions, que les trois derniers rois de la dynastie, Louis XVI, Louis XVIII et Charles X aient eu le pourcentage de sang capétien le plus bas qu'ait eu un roi de France dans sa proche ascendance depuis l'avènement de Philippe IV en 1285, soit depuis un demi-millénaire !...

Louis XV présente, en revanche, une figure originale, avec un pourcentage de sang capétien qui serait celui d'un Valois, mais il doit cette particularité au fait qu'il descendait de Henri IV par sept de ses huit bisaïeuls. Quant à Louis-Philippe, il bat tous les records de caractère capétien, avec 19 quartiers capétiens sur 30. Il était le concentré généalogique des maisons cadettes (Orléans, Condé, Conti) et d'une maison bâtarde (Toulouse) de la maison de Bourbon. Le caractère fortement capétien s'explique par l'hyperendogamie que ces quatre maisons ont pratiquée entre elles au XVIIIe siècle, au moment où, boudées par la maison régnante, elles ne présentaient plus un grand intérêt dans les alliances matrimoniales diplomatiques. Il ne leur restait plus qu'à se refermer sur elles-mêmes, ce qui a produit Louis-Philippe.

III. Les maisons prépondérantes

De quelles maisons descendaient les rois de France en lignées féminines ? Retrouve-t-on souvent les mêmes maisons, et dans ce cas lesquelles ? Pour répondre à cette question, il faut au préalable bien préciser à quelle maison appartenait chacun des personnages qui figure dans le tableau des proches ascendants de chaque roi. Suivant l'usage français, ce classement a été fait suivant la seule origine en lignée paternelle, ce qui appelle quelques précisions :

— Sont classés Capétiens tous les descendants par les mâles de Hugues Capet, ce qui inclut la maison royale de Portugal, issue de Robert de Bourgogne, fils du roi Robert le Pieux : c'est pourquoi est classée Capétienne Isabelle de Portugal, femme de Charles Quint et trisaïeule de Louis XIV.

— Les derniers rois de Chypre, bien que dits de Lusignan, sont classés comme Poitiers, puisque par les mâles ils descendaient de Henri d'Antioche, mari d'une Lusignan, héritière du royaume de Chypre, mais descendant lui-même de Raimond de Poitiers, prince d'Antioche, fils de Guillaume IX, comte de Poitiers.

— Les rois d'Angleterre sont classés, suivant les cas, comme Normandie (pour les descendants de Guillaume le Conquérant, qui ont régné jusqu'en 1154), puis comme Anjou (pour les descendants de Henri II Plantagenêt, qui ont régné jusqu'en 1485), puis comme Stuart (pour les descendants de Jacques Ier, qui ont régné jusqu'en 1688). Il n'y a pas eu de Tudor parmi les proches ascendants des rois de France.

— Les comtes de Hainaut, issus des comtes de Flandre, sont classés comme Flandre. Après l'extinction de la descendance masculine de Baudouin Bras de Fer, fondateur de la maison de Flandre, les comtes de Flandre et les comtes de Hainaut sont classés, selon les cas, comme Lorraine, Avesnes, Dampierre ou Bavière.

— Bien qu'elle soit issue des comtes de Bourgogne, descendants d'Adalbert d'Ivrée, la troisième maison de Castille est cependant classée comme Castille III et non comme Bourgogne-Comté afin d'éviter une confusion avec les Bourgogne-Duché, qui étaient Capétiens.

— La maison de Brunswick, bien qu'issue lointainement de la maison d'Este, est classée comme Brunswick-Este afin de distinguer la maison allemande de la maison italienne.

Une première réponse à la question posée est déjà donnée par le décompte des maisons auxquelles appartenaient les mères des rois de France (voir tableau).

Les mères capétiennes forment le groupe le plus nombreux (7/30), qui est concentré dans le temps, du XIVe au XVIe siècle, ce qui a évidemment concouru à accentuer le caractère capétien des rois Valois, comme cela a été précédemment souligné. Viennent ensuite quatre Savoie, deux Champagne, deux Barcelone, deux Médicis. A noter, détail curieux, que le roi éponyme de la dynastie, Hugues Capet, avait une mère saxonne ; qu'ensuite il n'y eut jamais de rois fils de Saxonnes jusqu'aux trois derniers de la dynastie, Louis XVI, Louis XVIII et Charles X : la dynastie s'est achevée comme elle avait commencé, par des fils de Saxonnes.

Si l'on considère maintenant l'ensemble des trente proches ascendants de chaque roi, classés suivant leur maison d'origine, le décompte précédent se trouve confirmé et l'on découvre le rôle prépondérant d'un petit groupe de maisons, parmi lesquelles ont été justement choisies celles qui sont devenues mères de rois. En excluant les cinq premiers Capétiens, dont trop de quartiers sont inconnus ou incertains, en excluant également Louis-Philippe Ier dont nous venons de voir que la qualité généalogique était particulière, on compte trente rois, de Louis VII à Charles X, qui correspondent à vingt-quatre tableaux d'ascendants différents, soit

Hugues Capet	Saxe (Ludolfe)					
Robert II	Poitiers					
Henri Ier	Arles					
Philippe Ier	Kiev					
Louis VI	Hollande					
Louis VII			Savoie			
Philippe II				Champagne		
Louis VIII	Flandre					
Louis IX	Castille III					
Philippe III					Barcelone	
Philippe IV					Barcelone	
Louis X }						
Philippe V }				Champagne		
Charles IV }						
Jean Ier		France				
Philippe VI		France				
Jean II		France				
Charles V	Luxembourg					
Charles VI		France				
Charles VII	Bavière					
Louis XI		France				
Charles VIII			Savoie			
Louis XII	La Marck					
François Ier			Savoie			
Henri II		France				
François II }						
Charles IX }						Médicis
Henri III }						
Henri IV	Albret					
Louis XIII						Médicis
Louis XIV	Habsbourg					
Louis XV			Savoie			
Louis XVI }						
Louis XVIII }	Saxe (Wettin)					
Charles X }						
Louis-Philippe Ier		France				
		7	4	2	2	2

au total 720 quartiers à raison de 30 quartiers par tableau. Or, un tiers de ces quartiers est capétien (254/720) et un autre tiers (249/720) est composé de onze maisons qui totalisent chacune au moins dix quartiers :

	SAVOIE	BARCELONE	HABSBOURG	BAVIÈRE	CHAMPAGNE	CASTILLE III	ARPADIENS	LUXEMBOURG	FLANDRE	VISCONTI	MÉDICIS
Louis VII	4										
Philippe II	3				4				1		
Louis VIII	2				3				5		
Louis IX	1	1			2	4			3		
Philippe III	3	4			1	4			2		
Philippe IV	2	7				3	3		2		
Louis X (*)	1	5			4	2	2				
Jean Ier		4	3		3		3				
Philippe VI	2	7				2	5				
Jean II	1	6				1	3				
Charles V		2	2				1	4			
Charles VI		1	1					4			
Charles VII		2		4				2		3	
Louis XI		5		3				2		2	
Charles VIII	4	2		2						1	
Louis XII	1			2				2		3	
François Ier	4			1						2	
Henri II	3					1				2	
François II (**)	2										4
Henri IV	3							2			
Louis XIII	1		3			1		1			4
Louis XIV			13	2							3
Louis XV	8		5	3							
Louis XVI (***)	2		3	3							
TOTAL	47	46	30	20	17	18	17	17	13	13	11

(*) Philippe V, Charles IV.
(**) Charles IX, Henri III.
(***) Louis XVIII, Charles X.

L'étude de la qualité de chacune de ces onze maisons met en lumière des conclusions intéressantes :

La maison de SAVOIE (47 quartiers) a été fondée par un

prince territorial du XIe siècle, Humbert Blanches-Mains (v. 980 ? - † av. 1051). Les comtes de Savoie ont été élevés à la dignité ducale par l'empereur Sigismond de Luxembourg en 1416, puis ils ont acquis la royauté nominale de Chypre à la fin du XVe siècle et la royauté effective de Sicile en 1713, échangée contre le royaume de Sardaigne en 1718. De Louis VII à Charles X, rares ont été les rois de France qui n'ont pas eu au moins un quartier Savoie dans leur proche ascendance. A la différence de la maison de Barcelone, qui s'est éteinte au début du XVe siècle, la maison de Savoie a survécu, toujours étroitement liée à la maison de France par de nombreuses alliances, et donnant même des branches cadettes francisées, comme celle des ducs de Nemours aux XVIe-XVIIe siècles.

La maison de BARCELONE (46 quartiers) a été fondée par un prince territorial du IXe siècle, Guifré (Wilfrid) le Velu († 898), comte de Barcelone, et elle s'est éteinte en 1410 à la mort de Martin, roi de Sicile. Les descendants de Guifré ont été comtes de Barcelone jusqu'à ce que Raimond-Bérenger IV, comte de Barcelone († 1162), épouse l'héritière du royaume d'Aragon : leur fils, Alphonse II Raimond († 1196), donna naissance à deux branches, d'une part celle des comtes de Barcelone, rois d'Aragon, qui donnèrent ensuite des rois de Majorque et des rois de Sicile, et d'autre part celle des comtes de Provence, éteinte dès 1246. Au début du XVe siècle, Aliénor, sœur de Jean Ier, roi d'Aragon († 1395), et de Martin, roi de Sicile († 1410), derniers représentants mâles de la dynastie, épousa Jean de Castille, et de cette union sortirent au XVe siècle les souverains de Castille, d'Aragon, et de Sicile. Pendant près de trois siècles, de l'avènement de Louis IX (1226) à la mort de Charles VIII (1498), tous les rois de France sans exception ont compté un ou plusieurs quartiers Barcelone dans leur proche ascendance. L'extinction de cette maison au début du XVe siècle explique que Charles VIII ait été le dernier roi de France qui ait eu des quartiers Barcelone dans sa proche ascendance.

La maison de HABSBOURG (30 quartiers) a été fondée par un châtelain du comté d'Argovie en Suisse au Xe siècle, Gontran le Riche (v. 930 - v. 980), seigneur de Muri, châtelain d'Altenbourg, et elle s'est éteinte en lignée masculine en 1740, à la mort de l'empereur Charles VI. Le descendant de Gontran, à la cinquième génération, Werner II de Habsbourg, parvint au landgraviat (comté) de Haute-Alsace en 1129, puis le descendant de Werner II à la quatrième génération, Rodolphe II, comte de Habsbourg (1218-1291), fut élu empereur (Rodolphe Ier) en 1273, dans des conditions fort peu glorieuses : il fut choisi parce qu'il était le plus obscur et le plus médiocre des candidats ! C'est l'empereur Rodolphe qui assura la fortune de sa maison, en donnant le duché d'Autriche à l'un de ses fils en 1282. Pour les Capétiens du Moyen Age, les

Habsbourg étaient d'une extraction nettement inférieure à la leur : le fondateur de la dynastie n'était qu'un petit châtelain à l'époque où Eudes et Robert avaient déjà rehaussé l'éclat de leur maison en ceignant la couronne de France. La gloire postérieure de la maison de Habsbourg, qui ne date que du XVIe siècle, ne doit pas induire en erreur : avant Charles Quint, les rois de France devaient estimer, avec une nuance de condescendance, que les Habsbourg, petits seigneurs d'Alsace, parvenus en 1273 à la couronne impériale, ne pouvaient rivaliser avec les Capétiens dans le domaine de l'ancienneté et de l'éclat de leur race. Ce qui le montre clairement, c'est qu'il a fallu attendre que les Habsbourg ceignissent la couronne impériale pour apparaître dans l'ascendance des rois de France : l'empereur Rodolphe apparaît au XIVe siècle, de manière éphémère, d'ailleurs, dans l'ascendance proche de Jean Ier, Charles V et Charles VI. Ensuite il faudra attendre Louis XIII pour que les descendants de Charles Quint et de Ferdinand Ier peuplent en nombre élevé la proche ascendance de tous les rois de France jusqu'à Charles X. Plus encore que l'empereur Rodolphe du XIIIe siècle, ce sont Maximilien et son fils Philippe le Beau qui, par leurs magnifiques mariages avec les héritières de Bourgogne et de Flandre, de Castille et d'Aragon, ont fait de la maison de Habsbourg la rivale en Europe des Capétiens. Charles Quint lui-même, conscient de l'infériorité relative des Habsbourg, n'affectait-il pas de se considérer comme « bourguignon », c'est-à-dire Valois, et donc finalement Capétien ? Plus d'un trait de son histoire exprime ce sentiment qu'il nourrissait à l'égard de sa naissance : ne désirait-il pas être enterré à l'abbaye de Champmol à Dijon, auprès de « ses ancêtres », les ducs de Bourgogne ? N'a-t-il pas fait de la Toison d'Or, l'ordre de chevalerie bourguignon, la distinction suprême dans ses États ? N'a-t-il pas extorqué à François Ier, au traité de Madrid de 1526, la rétrocession de la Bourgogne ? Finalement, Charles Quint était beaucoup plus fier de son origine « bourguignonne » (capétienne) que de son ascendance Habsbourg, ce qui situe bien les deux maisons dans la mentalité aristocratique du XVIe siècle...

La maison de BAVIÈRE (20 quartiers) a été fondée par un prince territorial du Xe siècle, Arnolfe († v. 954), comte palatin de Scheyern. Un cadet de Scheyern a acquis le château de Wittelsbach au début du XIIe siècle, et l'un de ses descendants, Otton de Wittelsbach, reçut de l'empereur Frédéric Barberousse l'investiture du duché de Bavière en 1180. Le fils d'Otton, Louis de Bavière, ajouta à son duché le comté palatin du Rhin. Par la suite, la dynastie issue de Louis se divisa en deux branches, l'une ducale, l'autre palatine. En 1328, le duc Louis III de Bavière devient l'empereur Louis IV, qui réunit en 1340 le Palatinat à la Bavière : il fut le bisaïeul d'Isabeau de Bavière, la femme de Charles VI, roi de France. Comme pour les Habsbourg et pour les Luxembourg, les rois de France n'ont contracté d'alliances matrimoniales avec la maison de Bavière qu'après son élévation à l'Empire. Après la mort de l'empereur Louis IV (1346), la maison de Wittelsbach se divisa de nouveau en deux branches, l'une ducale, l'autre palatine électorale.

La maison de CHAMPAGNE (17 quartiers) a été fondée par un prince territorial du Xe siècle, Thibaud le Tricheur, comte de Tours, de Blois et de Chartres (v. 908 - † v. 978), et elle s'est éteinte en lignée masculine à la mort de Henri (III) comte de Champagne, (Ier) roi de Navarre († 1274). Cette maison est devenue royale en 1234, lorsque le comte Thibaud IV a hérité du royaume de Navarre, du chef de sa mère, Blanche de Navarre († 1229), fille de Sanche VI, et sœur de Sanche VII, mort sans postérité. Le roi Henri Ier de Navarre, dernier représentant mâle de la dynastie, a laissé ses couronnes à sa fille Jeanne, femme de Philippe IV, roi de France, et celle-ci les a transmises à ses descendants (Louis X, Jean Ier, Philippe V, et Charles IV). En 1328 l'héritage navarrais a été séparé de la couronne de France pour être dévolu à la fille aînée de Louis X, Jeanne, née en 1311, qui est devenue reine de Navarre.

La maison de CASTILLE III (18 quartiers) a été fondée par un prince territorial du Xe siècle, Adalbert, marquis d'Ivrée († 925), et elle s'est éteinte en lignée masculine à la mort de Ferdinand le Catholique, roi d'Aragon († 1516). Adalbert, marquis d'Ivrée, eut pour fils et petit-fils Bérenger II et Adalbert III, rois d'Italie au Xe siècle. Un des fils d'Adalbert III, Otte-Guillaume († 1026), devint comte de Bourgogne. Un arrière-petit-fils cadet d'Otte-Guillaume, Raimond de Bourgogne († 1108), épousa l'héritière du royaume de Castille et fonda ainsi la troisième maison de Castille. Après l'extinction en 1410 de la maison de Barcelone, qui régnait sur l'Aragon, la maison de Castille III hérita de l'Aragon par Aliénor, sœur du dernier roi d'Aragon. A partir de là, la maison de Castille III fourcha en deux branches, l'une continuant de régner en Castille, l'autre régnant en Aragon. Ces deux branches ont été réunies à la fin du XVe siècle par le mariage de Ferdinand le Catholique, roi d'Aragon, et Isabelle la Catholique, reine de Castille, qui eurent pour unique héritière leur fille Jeanne la Folle, femme de Philippe le Beau et mère de Charles Quint.

La maison ARPADIENNE (17 quartiers) a été fondée par le duc Arpad († 907), chef national des Hongrois à la fin du IXe siècle, et elle s'est éteinte en lignée masculine à la mort du roi de Hongrie André III († 1301). Un descendant d'Arpad, Étienne, est devenu roi de Hongrie en 1000. La couronne de Hongrie devint capétienne au XIVe siècle, à la mort du dernier arpadien, André III : elle passa à Charles II d'Anjou, neveu de Louis IX, roi de France, et gendre d'Étienne V, roi de Hongrie. Il n'y a jamais eu de reine de France arpadienne : en effet, la femme de Louis X, Clémence (dite) de Hongrie, était en réalité une capétienne, fille de Charles Martel d'Anjou-Hongrie. En revanche, une fille de Louis VII a épousé Béla III, et a été reine de Hongrie à la fin du XIIe siècle. Des liens étroits ont uni les Capétiens aux Arpadiens au XIIIe siècle : c'est pourquoi de 1285 (avènement de Philippe IV) à 1380 (mort de Charles V), tous les rois de France ont compté des quartiers hongrois dans leur proche ascendance.

La maison de LUXEMBOURG (17 quartiers) a été fondée par un prince territorial, Waleran, comte de Limbourg († 1082), et sa branche aînée (impériale, royale et ducale) s'est éteinte en lignée masculine à la mort de Sigismond de Luxembourg, empereur, roi de Hongrie († 1437). La nièce de Sigismond, Élisabeth, fille de son frère, Jean, duc de Görlitz, céda le duché de Luxembourg à Philippe le Bon, duc de Bourgogne, en 1441. Quant aux branches cadettes de la maison de Luxembourg, toutes francisées (comtes de Saint-Pol, comtes de Brienne, ducs de Piney, seigneurs de Fienne, vicomtes de Martigues), elles se sont éteintes en lignée masculine entre la fin du XVe siècle (Saint-Pol, 1482) et le début du XVIIe siècle (Piney, 1616) : la fille et héritière du dernier comte de Saint-Pol, Marie de Luxembourg, épousa François de Bourbon, comte de Vendôme, bisaïeul de Henri IV. La branche aînée de la maison de Luxembourg est parvenue à la couronne impériale avec Henri III, comte de Luxembourg, devenu l'empereur Henri VII († 1313). Cette maison donna deux autres empereurs, Charles IV († 1378), petit-fils de Henri VII, et Sigismond († 1437), fils de Charles IV. Comme pour les Habsbourg et pour les Wittelsbach, les rois de France n'ont contracté d'alliances matrimoniales avec les Luxembourg qu'après leur élévation à la dignité impériale (mariage du futur Jean II le Bon avec Bonne de Luxembourg, petite-fille de l'empereur Henri VII, et fille du roi de Bohême, Jean l'Aveugle). Les liens entre la maison de France et la maison impériale de Luxembourg furent très étroits au XIVe siècle : Jean l'Aveugle s'est fait tuer dans les rangs français à la bataille de Crécy (1346), et son fils l'empereur Charles IV, cousin germain du roi de France Charles V, a été élevé à la cour de France.

La maison de FLANDRE (12 quartiers) a été fondée par un prince territorial, Baudouin Bras de Fer, qui était comte de Flandre vers 860-870, et elle s'est éteinte en lignée masculine à la mort de Baudouin (VI) comte de Hainaut, et (IX) comte de Flandre († 1205). Les descendants de Baudouin Bras de Fer se sont succédé en Flandre en lignée masculine jusqu'à Baudouin VII († 1119), puis le comté est alors passé en lignée féminine. D'autre part, du comte de Flandre Baudouin VI († 1070) étaient issus, en lignée masculine, les comtes de la seconde maison de Hainaut. Or le dernier rejeton mâle de cette lignée, Baudouin VI, comte de Hainaut († 1205), avait hérité par sa mère du comté de Flandre, où il était devenu Baudouin IX, et de surcroît il avait revêtu la dignité impériale, en devenant en 1204 l'empereur latin de Constantinople : une de ses sœurs a été la première femme de Philippe II Auguste, roi de France, et mère de Louis VIII. Les liens entre la maison de France et la maison de Flandre étaient d'ailleurs très anciens : Baudouin Bras de Fer avait épousé en 862 une fille de Charles le Chauve, et Baudouin V en 1028 une fille de Robert II le Pieux.

Ces neuf premières maisons correspondent, à quelques nuances près dans le temps, à un même profil social : c'étaient des dynasties féodales issues d'un prince territorial (comte ou duc) du IXe, Xe, ou XIe siècle au plus tard. Robert le Fort († 866), ancêtre fondateur de la dynastie capétienne, était le contemporain de Guifré le Velu et de Baudouin Bras de Fer ; une ou deux générations plus tard vivaient Arpad le Hongrois, Adalbert d'Ivrée, Thibaud le Tricheur, Arnolfe de Scheyern ; encore trois ou quatre générations, et l'on arrive à Humbert Blanches-Mains et Waleran de Limbourg. Seul le sire de Muri, Gontran le Riche, père des Habsbourg, fait alors petite figure à côté de ces grands féodaux, mais enfin sa descendance est quand même parvenue au comté de Haute-Alsace au début du XIIe siècle. D'autre part, toutes ces neuf maisons sont devenues impériales ou royales avant la fin du XVe siècle : elles ont revêtu la dignité impériale en 1204 (Flandre), en 1273 (Habsbourg), en 1308 (Luxembourg), en 1328 (Bavière), et la dignité royale en 1000 (Arpadiens), en 1126 (Castille III), en 1164 (Barcelone), en 1234 (Champagne). Pour huit de ces maisons, l'élévation au trône impérial ou royal se situe donc entre 1000 et 1328. Seule la maison de Savoie n'a pu obtenir cette consécration, et encore de manière imparfaite, qu'à la fin du XVe siècle, en obtenant en 1482 la royauté titulaire de Chypre.

Si l'on observe maintenant les deux dernières maisons qui composent le groupe des maisons prépondérantes dans l'ascendance proche des rois de France, on constate que leur profil social est à l'évidence tout à fait différent : les Visconti et les Médicis sont d'une extraction nettement inférieure. C'est donc en Italie que les rois de France sont allés, exceptionnellement, se mésallier avec des « nouveaux riches » de la souveraineté.

La maison VISCONTI (13 quartiers) descend d'un petit seigneur lombard du XIIIe siècle, Hubert Visconti, et elle s'est éteinte en lignée masculine en 1447 à la mort de Philippe-Marie Visconti, duc de Milan. Parvenus à la seigneurie de Milan en 1277, les Visconti, prenant la tête du parti gibelin, s'appuyèrent sur les empereurs de la maison de Luxembourg (Henri VII, Charles IV) et de la maison de Bavière (Louis IV) pour se maintenir à Milan au XIVᵉ siècle contre le parti guelfe conduit par les Della Torre. Un abîme séparait alors socialement les Capétiens de ces richissimes tyranneaux lombards. L'alliance disproportionnée des Capétiens et des Visconti, la première mésalliance de la dynastie royale, jugée scandaleuse à l'époque, ne s'explique que par une catastrophe majeure, le désastre de Poitiers de 1356 : prisonnier des Anglais, le roi Jean II le Bon a été soumis au paiement d'une rançon énorme de trois millions d'écus d'or (environ dix tonnes d'or). Par l'entremise d'un proche allié commun, Amédée VI comte de Savoie, les Visconti proposèrent une forte somme, et ils demandèrent en échange une fille du roi ! Grâce à leur fortune, ces parvenus de très fraîche date s'offraient comme « savonnette à vilain » une fille du roi de France, l'alliance matrimoniale la plus huppée qui pût exister dans l'Europe du XIVᵉ siècle. Ainsi fut conclu en 1360 le mariage de Jean-Galéas Visconti et d'Isabelle de France, fille de Jean II le Bon. A une époque où les alliances matrimoniales donnaient lieu aux évaluations les plus attentives, l'énormité de la mésalliance frappa les contemporains et suscita des appréciations diverses : les uns blâmèrent Jean le Bon, accusé d'avoir « vendu sa chair », et ils s'indignèrent que le roi eût recouru à un moyen aussi vil et déshonorant pour obtenir sa libération ; les autres l'excusèrent, en faisant valoir que le roi prenait part personnellement au malheur public, en offrant sa propre fille en sacrifice... De toute manière, quel que fût le point de vue exprimé, il était, dans les deux cas, tout aussi méprisant et désobligeant pour les Visconti ! Au milieu des fêtes éblouissantes que ceux-ci donnèrent à Milan pour célébrer un mariage aussi extraordinaire, le chroniqueur florentin Villani a exercé sa verve acérée en évoquant la scène « inoubliable » que tout le monde attendait avec une curiosité émoustillée : à son arrivée à Milan la princesse reçut la révérence des seigneurs et de leurs femmes en tant que fille de roi, puis, dit Villani, « sitôt le mariage fait, oubliant sa dignité royale et la noblesse de son sang, elle fit la révérence à Messire Galéas (maintenant son beau-père) et à Messire Barnabé (maintenant son oncle) et à leurs femmes ». Une fille de roi de France faisant la révérence à « Messire Galéas et à Messire Barnabé et à leurs femmes » ! Pour un spectateur de 1360, c'était probablement plus extraordinaire que de voir un homme marcher sur la Lune... Par la suite, les relations étroites qui unissaient les maisons de Luxembourg et de Bavière à la maison de France d'une part, et aux Visconti de l'autre, expliquent le mariage de Charles VI et d'Isabeau de Bavière (cousine germaine par sa mère, Thadée Visconti, de Jean-Galéas), puis le mariage de Louis, futur duc d'Orléans, frère de Charles VI, et de Valentine Visconti (fille de Jean-Galéas et d'Isabelle de France). L'extinction précoce de la maison Visconti en 1447, à la mort du dernier frère consanguin de

Valentine Visconti, a laissé aux Orléans, héritiers de Valentine, des prétentions à la succession de Milan, origine des campagnes d'Italie de Louis XII et de François Ier. Ainsi apparaît le lien entre les grands désastres militaires que la dynastie a subis et les mésalliances auxquelles elle a dû se résigner : le désastre de Poitiers (1356) a entraîné la mésalliance avec les Visconti. Celle-ci a valu aux Valois des droits sur Milan, d'où les guerres d'Italie, qui se termineront par le désastre de Pavie (1525). Or Pavie a entraîné la mésalliance avec les Médicis. La symétrie est parfaite.

La maison MÉDICIS (11 quartiers) descend de bourgeois de Florence, et elle s'est éteinte en lignée masculine en 1737 à la mort du grand-duc Jean-Gaston. Banquiers florentins, les Médicis jouèrent au XIVe siècle la carte du parti populaire à Florence, dont ils se rendirent maîtres en 1434. Leurs couronnes souveraines ne datent que du XVIe siècle : le duché d'Urbin, concédé par le pape (Médicis) Léon X en 1515 ; duché de Florence, érigé en leur faveur par Charles Quint en 1532 ; grand-duché de Toscane, titre accordé par le pape Pie V en 1569. Au XVIIe siècle, et jusqu'à leur extinction en 1737, les Médicis n'auront de cesse qu'ils ne se soient fait reconnaître par les souverains européens le rang royal, sinon le titre, à l'instar des électeurs du Saint-Empire, mais ils disparaîtront sans avoir obtenu cette consécration suprême : l'ancienne Europe monarchique ne concevait pas que des banquiers pussent devenir rois ! Tout comme l'alliance avec les Visconti en 1360, l'alliance avec les Médicis en 1533 ne s'explique que par les conséquences d'un grave désastre militaire : après le désastre de Pavie (1525) et sa captivité en Espagne, François Ier a repris la guerre mais il a dû renoncer à l'Italie par la paix conclue en 1529. Au début des années 30, il se prépare à reprendre le combat contre Charles Quint et pour cela il fait flèche de tout bois, allant jusqu'à s'allier avec les princes protestants d'Allemagne en 1531 : c'est dans ce contexte qu'a été conclu le mariage de 1533 avec une Médicis. Le pape (Médicis) Léon X, allié de François Ier, avait donné à son neveu, Laurent de Médicis, le duché d'Urbin en 1515, et il lui avait procuré, grâce à François Ier, un mariage avantageux dans l'aristocratie française, de façon à le décrasser de la roture des Médicis : en 1518, Laurent de Médicis épousa une riche orpheline, Madeleine de Latour d'Auvergne, fille du dernier comte d'Auvergne, Jean III († 1501) et de Jeanne de Bourbon-Vendôme, une Capétienne. Madeleine de Latour d'Auvergne était l'héritière, après sa sœur aînée, du comté d'Auvergne. Laurent et Madeleine, mariés en 1518, moururent tous les deux l'année suivante, ne laissant qu'une fille, Catherine de Médicis. Le pape (Médicis) Clément VII, allié à son tour de François Ier, entreprit de marier cette nièce orpheline, qui pouvait intéresser le roi de France, tant parce qu'elle apportait l'alliance de son oncle le pape, que parce qu'elle apportait ses droits sur le comté d'Auvergne. Mais de là à en faire une reine de France, il y avait un pas immense que François Ier n'avait cure de franchir !... Il refusa donc son fils aîné, le dauphin François, car il ne pouvait envisager que les futurs rois de France descendissent des Médicis. Il accepta de donner son second fils, Henri, duc d'Orléans, et le mariage se fit en 1533. Or, en 1534, le dauphin François mourut brusquement sans avoir été marié, et c'est ainsi que, contre toute attente, la descendante des marchands florentins devint dauphine, puis reine en 1547 à la mort de Francois Ier, et finalement mère de trois rois de France.

Il ressort de ce recensement que sur les onze maisons qui constituent un tiers de la proche ascendance des rois de France, neuf d'entre elles se sont éteintes au cours des siècles : Flandre et Champagne dès le XIIIe siècle, les Arpadiens au début du XIVe siècle, Barcelone et Visconti au XVe siècle, Castille au XVIe siècle, Luxembourg au XVIIe siècle, et enfin Médicis et Habsbourg au XVIIIe siècle. Seules ont survécu, à côté des Capétiens, les maisons de Savoie et de Bavière. Ces extinctions, au fil des temps, ainsi que le phénomène de concentration monarchique, que nous verrons bientôt, expliquent l'endogamie, réduite à quelques maisons, que les souverains catholiques ont pratiquée au XVIIe et au XVIIIe siècle.

Le dernier tiers des quartiers s'éparpille en un grand nombre de maisons, mais qui appartiennent presque toutes à la haute féodalité ducale ou comtale du Moyen Age ou qui exercent la souveraineté territoriale à l'époque moderne. Sur 231 quartiers formant ce troisième tiers, seuls 35 quartiers se situent en dessous, encore que ce soit au niveau de familles qui appartenaient au Moyen Age à la bonne sirerie des châtelains. Jusqu'à Charles VI compris, les quartiers de cette catégorie sont rarissimes dans la proche ascendance des rois. Manifestement les mœurs matrimoniales sont restées étroitement dominées par un très net sentiment de supériorité de la grande aristocratie féodale, à laquelle appartenait la famille royale : l'égalité de condition étant soigneusement respectée dans ce milieu, il n'est pas étonnant que tous les rois aient eu, jusqu'à l'aube du XVe siècle, une proche ascendance de la plus haute qualité, toujours recrutée dans l'aristocratie soit royale, soit ducale ou comtale. Ces milieux de la haute féodalité, possédant les grandes seigneuries titrées, pratiquaient une endogamie que l'on retrouve dans l'ascendance des rois. Entre Louis VII et Charles VI, en trois siècles, pour quatorze rois correspondant à douze tableaux différents, soit 360 quartiers au total, on ne dénombre que... sept quartiers occupés par des personnages issus de cinq familles de la sirerie châtelaine et non de la haute aristocratie comtale (L'Aigle, Sabran, Montluçon, Vergy, Saint-Valéry). Puis, de Charles VI à Louis XIV se manifestent les conséquences de deux phénomènes : *primo*, les deux mésalliances avec les Visconti et les Médicis font sentir leurs effets, en apportant un lot de neuf quartiers de familles italiennes qui ont pour la plupart exercé des souverainetés urbaines ou Moyen Age (Scaliger à Vérone, Carrare à Padoue, Doria à Gênes, Orsini, Sanseverino), plus quatre quartiers de la bonne noblesse espagnole (Alvarez de Tolède, Pimentel) ; *secundo*, à l'époque où ils étaient des cadets éloignés du trône, les Angoulêmes et les Bourbons se sont mariés parfois dans la bonne chevalerie, d'où après 1515 et après 1589 des quartiers Rohan (7), Beauvau (2), Clisson (1), La Trémoille (1). Les Rohan, comme les Beauvau ou les La Trémoille, issus du monde des sires au Moyen Age, ont dû leur fortune et leur élévation à divers facteurs accidentels (croisades, extinction de l'ancienne haute aristocratie féodale, alliances matrimoniales heureuses) : ainsi, c'est Jean de Rohan (v. 1330-1396) qui est à l'origine de l'élévation et des prétentions de cette maison. En effet, ce seigneur breton, issu d'un lignage local, jusqu'alors allié aux lignages locaux de sires, a réussi une rapide ascension en mettant à profit l'occasion que lui a offerte la guerre de Succession de Bretagne. Il a pris le parti de Jeanne de Penthièvre, soutenue par le roi de France, contre Jean de Montfort, soutenu par le roi d'Angleterre. Le roi de France Charles V, désireux d'attacher les Rohan à la cause française en Bretagne, lui procura un mariage « royal », en lui faisant épouser en 1377 une princesse capétienne, Jeanne de Navarre, sœur du roi de Navarre Charles le Mauvais et petite-fille du roi de France Louis X ! C'est à partir de ce mariage extraordinaire que les Rohan ont accédé à l'aristocratie royale et princière, ce qui les conduira par la suite à échafauder leurs prétentions à la qualité de « princes étrangers » issus de légendaires rois de Bretagne. *Se non è vero*... Enfin au XVIIIe siècle la mésalliance de Louis XV fait apparaître quatre quartiers polonais dans l'ascendance des trois derniers rois de la dynastie, correspondant à trois familles de la haute noblesse non souveraine (Opalinski, Jablonowski, Czarnkowski).

Plus intéressante peut-être encore que l'étude des maisons présentes dans l'ascendance proche des rois de France, est l'observation des maisons qui y sont absentes. Force est de constater d'abord le rôle effacé de la Lorraine, maison considérée — depuis 987 ? — avec une méfiance certaine : la grand-mère maternelle de Louis VIII, la comtesse de Flandre, Marguerite d'Alsace, issue de la maison de Lorraine, ainsi qu'une arrière-grand-mère maternelle de Henri IV, Marguerite de Lorraine, duchesse d'Alençon, sont les deux seules apporteuses d'alérions dans la proche ascendance des rois de France. Certes, Henri III a épousé Louise de Vaudémont et Henri IV a marié sa sœur Catherine au duc de Lorraine, mais on se rappelle que Louis XIII a refusé de consentir au mariage de son frère avec Marguerite de Lorraine, et que le mariage de Louis XVI et de Marie-Antoinette de Lorraine-Autriche, œuvre du parti choiseuliste, n'a pas été une réussite politique...

De même, on est frappé par la place insignifiante des dynasties nordiques, et cela bien avant que la Réforme protestante eût produit ses effets sur les alliances matrimoniales. A partir du XIIe siècle, l'Angleterre, l'Écosse, le Danemark et la Suède n'apparaissent que très épisodiquement, ou même pas du tout. Manifestement, les rois de France ont compté une majorité de proches ascendants d'Europe méridionale ou centrale, et non d'Europe nordique. Ainsi le nombre des quartiers hongrois est relativement élevé au Moyen Age, si l'on considère l'éloignement du royaume de Hongrie, alors qu'on ne trouve pas un seul quartier écossais ! Certes, la guerre de Cent Ans justifie la rareté des alliances anglaises : mais l'Écosse ? Le Danemark ? La Suède ? Contrairement à ce que l'on serait volontiers porté à imaginer, la préférence de la maison de France pour les alliances matrimoniales méridionales, et spécialement hispano-italiennes, est largement antérieure à la Réforme. Ce n'est pas la coupure confessionnelle de l'Europe au XVIe siècle qui a provoqué la latinisation des Capétiens. Le dernier roi de France dont les 16 trisaïeuls se sont mariés avant la Réforme est Louis XIII : ces mariages se situent entre 1480 et 1520. Par conséquent, les effets de la Réforme sur le mariage des trisaïeuls ne commencent à se manifester qu'à partir de Louis XIV, dont les trisaïeuls se sont mariés entre 1510 et 1550. L'absence ou la rareté des ascendants nordiques n'a pas eu pendant longtemps des raisons religieuses, mais bien des raisons politiques. A l'évidence le phénomène a été une conséquence lointaine des croisades : dès le XIIIe siècle, l'Europe opulente, l'Europe prospère, l'Europe attirante fut l'Europe méditerranéenne, et en particulier l'Italie, ce pôle fascinant de richesse, de culture et de raffinement. A l'opposé, les royaumes de l'Europe du nord apparaissaient alors comme des contrées lointaines, marginales, peu peuplées, pauvres, rudes, à demi barbares. Tous les princes capétiens qui sont allés, au Moyen Age, chercher fortune hors du royaume se sont tournés vers le Midi : la maison capétienne de Bourgogne au Portugal (transplantation liée au phénomène de Reconquista, aspect occidental de la croisade), la maison de Courtenay à Constantinople (transplantation également liée à la croisade), et les deux maisons d'Anjou à Naples, puis en Hongrie. En revanche, aucune tentative capétienne vers les Iles britanniques, l'Allemagne du nord, la Scandinavie. Et s'il n'y a pas eu de tentatives, c'est qu'il n'y avait aucune prétention dynastique à faire valoir, parce qu'il n'y avait aucune aïeule porteuse de prétentions successorales éventuelles dans la proche ascendance. L'Europe anglo-saxonne ou scandinave n'a exercé nul attrait sur les descendants de Hugues Capet. Naples, Milan, Barcelone, Constantinople, voire Bude ou Prague, tels étaient les centres qui captaient l'intérêt politique et économique du Moyen Age : Milan ne passait-il pas pour « le plus beau duché du monde » ? Il n'est pas indifférent de noter que ce furent les rois d'Angleterre (maison d'Anjou !) qui s'acharnèrent à devenir rois de France aux XIVe et XVe siècles, et non l'inverse : ils déclenchèrent la guerre de Cent Ans en se proclamant « rois de France et d'Angleterre » (France d'abord !), et sur leurs armes ils écartelaient de France au 1 et au 4, et d'Angleterre au 2 et au 3, et non l'inverse. D'ailleurs, à considérer la proche ascendance de ces deux rois, Édouard III était plus « français » que Philippe VI. Pour favoriser sa percée en Italie, la maison capétienne est allée jusqu'à s'allier à des nobliaux lombards ou à des rejetons de marchands florentins, à peine évadés de leurs comptoirs, et de surcroît maculés de bâtardise ! Les guerres d'Italie ont constitué un tardif contresens historique, puisque les rois de France y ont vainement épuisé leurs forces, alors que les Grandes Découvertes venaient de déplacer le centre de gravité du monde, à l'insu des contemporains, de la Méditerranée vers l'Atlantique et la mer du Nord. Et, simultanément la Réforme survint, qui transforma le choix politique du Moyen Age (l'expansion en Europe méridionale) en contrainte religieuse de l'époque moderne (le repli sur l'Europe catholique). A partir de la fin du XIe siècle les « Francs » ont tourné leurs ambitions vers le monde méditerranéen, à travers le grand mouvement des croisades, tant en Terre sainte qu'en Espagne et au Portugal : pour le roi de France cela aboutira à la forme locale de la croisade des albigeois, qui doublera le « domaine de langue d'oïl » d'un « domaine de langue d'oc ». Sur la périphérie du royaume, l'alliance avec les maisons de Savoie et de Barcelone, comparée avec la méfiance à l'égard de la maison de Lorraine, symbolise bien cette orientation méridionale de la politique royale depuis le début du XIIIe siècle, et qui s'est traduite par la latinisation de la maison de France à partir de saint Louis.

IV. La concentration monarchique

Au cours du grand XVIe siècle s'est produit un mouvement de concentration monarchique, dont l'importance ne semble pas avoir été aperçue. Si l'on compare la situation de l'Europe chrétienne en 1450 et en 1610, on constate (en faisant abstraction de la papauté) qu'il y avait en 1450 quatorze monarques régnant sur deux empires et dix-sept royaumes, tandis qu'en 1610 il n'y avait plus que sept monarques régnant sur un empire et seize royaumes. Le nombre des monarques a donc exactement diminué de moitié depuis la fin du Moyen Age. Voici par ordre d'ancienneté la liste des monarques qui régnaient en 1450 :

1. *Jean II* (de la maison de CASTILLE), roi de Castille et de Léon en 1406.

2. *Alphonse V* (de la maison de CASTILLE), roi d'Aragon en 1416, roi de Naples et de Sicile sous le titre de roi des Deux-Siciles en 1448.

3. *Henri VI* (de la maison d'ANJOU), roi d'Angleterre en 1422.
4. *Charles VII* (de la maison de FRANCE), roi de France en 1422.
5. *Jean II* (de la maison de CASTILLE), roi de Navarre en 1425.
6. *Jean II* (de la maison de POITIERS), roi de Chypre en 1432.
7. *Jacques II* (de la maison STUART), roi d'Écosse en 1437.
8. *Alphonse V* (de la maison d'AVIZ, branche bâtarde de la maison de FRANCE), roi du Portugal en 1438.
9. *Ladislas le Posthume* (de la maison de HABSBOURG), roi de Bohême (Ladislas Ier) à sa naissance en 1440, roi de Hongrie (Ladislas VI) en 1444.
10. *Frédéric IV* (de la maison de HABSBOURG), roi de Germanie en 1440, couronné empereur (Frédéric III) en 1452.
11. *Casimir IV* (de la maison JAGELLON), roi de Pologne en 1445.
12. *Christian Ier* (de la maison d'OLDENBOURG), roi de Danemark en 1448, roi de Norvège en 1450.
13. *Charles VIII* (de la maison BONDE), roi de Suède élu en 1448.
14. *Constantin XII* (de la maison PALÉOLOGUE), empereur d'Orient en 1449.

En 1610 l'Empire d'Orient et le royaume de Chypre ont disparu. L'Empire de Russie, apparu au XVIe siècle avec Ivan IV le Terrible, est vacant et disputé entre plusieurs compétiteurs : Michel III Romanov ne sera élu qu'en 1613. En revanche, quatre monarques seulement cumulent douze couronnes :

1. *Jacques VI* (de la maison STUART), roi d'Écosse en 1567, roi d'Angleterre (Jacques Ier) en 1603.
2. *Rodolphe II* (de la maison de HABSBOURG), roi de Hongrie en 1572, roi de Bohême en 1575, empereur en 1576.
3. *Henri IV* (de la maison de FRANCE), roi de Navarre en 1572, roi de France en 1589.
4. *Philippe III* (de la maison de HABSBOURG), roi de Castille, de Léon, d'Aragon, du Portugal, de Naples et de Sicile en 1598.

Les quatre derniers titres royaux, au nord de l'Europe, se partagent entre trois monarques :

5. *Sigismond III* (de la maison VASA), roi de Pologne en 1587.
6. *Christian IV* (de la maison d'OLDENBOURG), roi de Danemark et de Norvège en 1588.
7. *Charles IX* (de la maison VASA), roi de Suède en 1607.

Sept monarques seulement, et même cinq maisons régnantes cumulant les dix-sept couronnes d'Europe ! Ce phénomène de concentration monarchique n'a pas manqué d'exalter la dignité royale. Or, à la même époque, un phénomène inverse s'est produit dans la haute aristocratie : toutes les grandes lignées féodales de princes territoriaux du haut Moyen Age sont maintenant éteintes, tandis qu'à partir du XVIe siècle le roi a multiplié les ducs et pairs qui, à l'exception des branches francisées des maisons de Savoie, de Lorraine et de Luxembourg, descendent de sires du XIIIe siècle. La forte inflation du XVIIe siècle a dévalué l'éclat et le rang des ducs et pairs, vus des hauteurs désormais vertigineuses du trône, n'en déplaise à Monsieur de Saint-Simon. Les rois relativement nombreux du Moyen Age s'alliaient habituellement à la grande féodalité ducale ou comtale, tandis que le petit carré des souverains européens des XVIIe-XVIIIe siècles ne s'alliait pas aux ducs qu'ils avaient créés. Les mots ne doivent pas faire illusion : un duc et pair du XVIIe siècle est fort peu de chose à côté d'un comte du XIIIe siècle. La preuve en est que le roi du XIIIe siècle allie par mariage sa famille à l'aristocratie comtale, alors que jamais les Bourbons régnants n'auraient imaginé l'incongruité d'un mariage en dehors des maisons souveraines d'Europe. A la rigueur, de lointains cadets comme les Condés pouvaient bien épouser des La Trémoille, des Montmorency, des Maillé-Brézé ou des Rohan, mais justement de tels mariages les déclassaient par rapport à la famille régnante : c'est un fait indéniable qu'aucun fils ou petit-fils de roi, aucune fille ou petite-fille de roi, ne s'est marié en dehors des familles souveraines entre 1589 et 1883. Deux cas seulement sembleraient faire exception : le mariage de la Grande Mademoiselle et de Lauzun, mariage inégal auquel Louis XIV ne consentit que lorsqu'il fut certain qu'il ne produirait pas de descendants, et le mariage du futur Régent avec une fille légitimée de Louis XIV, mariage forcé imposé par le pharaon-roi, et qui valut au malheureux fiancé une gifle retentissante administrée devant toute la Cour par sa mère, la Princesse Palatine, ulcérée par une telle mésalliance... Mais pour Louis XIV, c'était sa fille, donc le plus beau parti du monde !

A la fin du Moyen Age, les titres royaux remontant au premier millénaire étaient peu nombreux en Europe, sept seulement, et qui étaient par ordre d'ancienneté :

FRANCE :	le titre royal le plus ancien d'Europe, remontant à la fin du Ve siècle.
SUÈDE :	titre dont l'existence est attestée dès le VIe siècle.
DANEMARK :	royaume unifié par la dynastie des Jelling au IXe siècle.
ANGLETERRE :	royaume unifié au IXe siècle par Alfred le Grand, premier roi des Angles et des Saxons en 878.
NORVÈGE :	royaume unifié au IXe siècle par Harald Ier, puis au Xe siècle par Olaf Ier.
NAVARRE :	royaume d'origine obscure dont le premier roi historique fut Sanche Ier, au début du Xe siècle.
LÉON :	royaume organisé au début du Xe siècle par Ordoño II, et qui a remplacé l'ancien royaume des ASTURIES des VIIIe-IXe siècles.

En revanche, la plupart des titres royaux en Europe ont été créés entre 1000 et 1200 :

HONGRIE :	royaume fondé en 1000 par le pape Sylvestre II en faveur du duc Étienne, chef national des Hongrois.
ÉCOSSE :	titre qui apparaît sous Malcolm II (1005-1034).
POLOGNE :	duché érigé en royaume par l'empereur Henri II en 1025.
CASTILLE et ARAGON :	royaumes formés en 1035 lors du partage du royaume de NAVARRE entre les trois fils du roi Sanche III.
JÉRUSALEM :	titre royal pris en 1100 par le frère et successeur de Godefroy de Bouillon.
SICILE :	comté normand érigé en royaume en 1130 par l'antipape Anaclet et confirmé par le pape Innocent II en 1139.
PORTUGAL :	comté castillan devenu royaume indépendant en 1139, sous Alphonse Ier, proclamé roi par ses soldats.
CHYPRE :	érigée en royaume en 1197 au profit du roi détrôné de JÉRUSALEM, qui a été chassé de ses possessions palestiniennes par la reconquête de Saladin (1187).
BOHÊME :	duché érigé en royaume en 1198 par l'empereur Philippe de Souabe.
ARMÉNIE :	royaume créé en Cilicie en 1198 par le pape Innocent III.
LODOMÉRIE et GALICIE :	titres royaux ajoutés par le roi de Hongrie à son titre de Hongrie en 1206.

Ainsi, en deux siècles, ont été créés treize titres royaux. Or, après cette inflation des XIe-XIIe siècles, cinq siècles ont passé sans que soit créé de nouveau titre royal en Europe. Au XIVe siècle, la Bulle d'Or de l'empereur Charles IV de 1356 a fixé le statut des sept électeurs du Saint-Empire, en faveur desquels la dignité électorale a été assimilée à la dignité royale : indépendamment de l'électeur roi de Bohême, les trois autres électeurs laïcs (le duc de Saxe, le duc de Brandebourg et le comte palatin du Rhin) ont reçu le rang royal, sinon le titre. Il a donc fallu attendre le XVIIIe siècle pour que la liste des titres royaux, qui n'avait pas changé depuis cinq cents ans, s'enrichisse de deux titres nouveaux : PRUSSE (duché érigé en royaume par l'empereur Léopold Ier en faveur de l'électeur de Brandebourg en 1700), SARDAIGNE (titre créé en 1718 en faveur du duc de Savoie, en échange du royaume de Sicile qui lui avait été donné en 1713).

Compte tenu du fait que le schisme de 1054 a mis un obstacle aux mariages entre les catholiques et les orthodoxes, puis du fait que la Réforme protestante a séparé les catholiques et les protestants, les rois de France des XVIIe-XVIIIe siècles, après avoir perdu les STUART, détrônés en 1688 et éteints au XVIIIe siècle, ont vu leurs possibilités de contracter des alliances matrimoniales se réduire à un tout petit nombre de maisons souveraines étrangères, puisqu'en France même il n'y avait plus de mariages possibles. Ces maisons ont pratiqué entre elles une endogamie renforcée. A la fin du XVIIIe siècle il ne reste plus que cinq dynasties catholiques de qualité royale : BOURBON, LORRAINE (qui continue la maison de HABSBOURG), SAVOIE, BAVIÈRE, SAXE (électorale). En effet l'électeur de Saxe, Frédéric-Auguste (1696-1763), roi de Pologne en 1733, compétiteur heureux de Stanislas Leszczynski, s'est converti au catholicisme dès 1712 en vue de favoriser ses ambitions polonaises : sa fille, Marie-Josèphe, née en 1731, a pu ainsi devenir la dauphine mère de Louis XVI, Louis XVIII et Charles X. En 1789, ces cinq maisons formaient le dernier carré de l'endogamie monarchique catholique : *a posteriori*, Napoléon Ier a consacré cette situation en érigeant à son tour la Bavière et la Saxe en royaumes en 1806, en prenant femme dans la maison de Lorraine-Habsbourg en 1810, après avoir laissé en Sardaigne la maison de Savoie, trop étroitement liée à la maison de France depuis le XIIe siècle ; chassé de Turin par les Français en décembre 1798 et réfugié en Sardaigne, le roi Charles-Emmanuel IV (qui abdiquera en faveur de son frère Victor-Emmanuel Ier en 1802) est le mari de Clotilde de France, sœur de Louis XVI, et ses propres sœurs sont les femmes du comte de Provence (Louis XVIII) et du comte d'Artois (Charles X) !...

Le relevé complet des mariages des enfants de France, de Henri IV à Charles X, fait apparaître le résultat de cette évolution :

Enfants de Henri IV

Louis XIII	a épousé Anne d'Autriche	HABSBOURG
Élisabeth	a épousé Philippe IV d'Espagne	HABSBOURG
Christine	a épousé Victor-Amédée Ier de Savoie	SAVOIE
Gaston	a épousé	
	1) Marie de Montpensier	BOURBON
	2) Marguerite de Lorraine	LORRAINE
Henriette	a épousé Charles Ier d'Angleterre	STUART

Enfants de Louis XIII

Louis XIV	a épousé Marie-Thérèse d'Espagne	HABSBOURG
Philippe	a épousé	
	1) Henriette d'Angleterre	STUART
	2) Charlotte-Élisabeth de Bavière	BAVIÈRE

Enfant de Louis XIV

Louis	a épousé Marie-Anne-Christine de Bavière	BAVIÈRE

Enfants du Grand Dauphin

Louis	a épousé Marie-Adélaïde de Savoie	SAVOIE

Philippe	(devenu le roi d'Espagne Philippe V)	
Charles	a épousé Marie-Françoise d'Orléans	BOURBON

Enfant du duc de Bourgogne

Louis XV	a épousé Marie Leszczynska	LESZCZYNSKI

Enfants de Louis XV

Élisabeth	a épousé Philippe de Parme	BOURBON
Henriette	célibataire	
Louis	a épousé	
	1) Marie-Thérèse d'Espagne	BOURBON
	2) Marie-Josèphe de Saxe	SAXE
Adélaïde	célibataire	
Victoire	célibataire	
Sophie	célibataire	
Louise	célibataire	

Enfants du dauphin Louis

Louis XVI	a épousé Marie-Antoinette de Lorraine-Habsbourg	LORRAINE-HABSBOURG
Louis XVIII	a épousé Marie-Joséphine de Savoie	SAVOIE
Charles X	a épousé Marie-Thérèse de Savoie	SAVOIE
Clotilde	a épousé Charles-Emmanuel IV de Sardaigne	SAVOIE
Élisabeth	célibataire	

Enfant de Louis XVI

Marie-Thérèse	a épousé Louis duc d'Angoulême	BOURBON

Enfants de Charles X

Louis	a épousé Marie-Thérèse de France	BOURBON
Charles	a épousé Marie-Caroline de Naples	BOURBON

Au total, il y a eu 6 célibataires, en grande partie incasables en raison de leurs prétentions. Sur 23 alliances, on dénombre 7 BOURBONS, 5 SAVOIE, 3 HABSBOURG, 2 LORRAINE, 2 BAVIÈRE, 2 STUART, 1 SAXE, 1 LESZCZYNSKI. En faisant abstraction des STUARTS (détrônés) et des LESZCZYNSKI (hapax miteux qui ne s'explique que par les calculs tortueux du duc de Bourbon et de sa maîtresse, la marquise de Prie, désireux de marier le jeune Louis XV à une « cendrillon » qui leur devrait son ascension inespérée et leur manifesterait sa reconnaissance en exerçant une influence politique à leur profit), on voit clairement que pendant plus de deux cents ans la famille royale a tourné en rond dans ce petit cercle fermé, où dominent les Bourbons et les Savoie, escortés d'un petit groupe de Habsbourg, de Bavière, de Lorraine et de Saxe. Au Moyen Age, la famille royale avait la possibilité de se marier non seulement dans une quinzaine de maisons impériales ou royales, mais encore dans un très grand nombre de maisons de la haute féodalité du royaume de France même ou des autres royaumes. Or, ces grandes maisons féodales du royaume, alliées à la famille royale, avaient à leur tour leurs réseaux d'alliances, qui pouvaient atteindre la moyenne noblesse, et ainsi de suite, de telle sorte que, de proche en proche, par ces réseaux d'alliances concentriques, le roi était profondément inséré dans l'aristocratie nationale. Combien de sires dans le royaume devaient tirer honneur et avantage du fait que tel de leur ascendant à la cinquième, sixième ou septième génération était également l'ancêtre du roi régnant ! Combien de généalogies, dans les archives des d'Hozier conservées de nos jours à la Bibliothèque nationale, ont été établies à cette fin ! Dans un milieu social où la naissance et les alliances étaient soigneusement appréciées et mémorisées, cela contribuait à développer un sentiment de loyalisme à l'égard du roi qui n'était pas considéré comme une lointaine abstraction, mais comme un glorieux cousin de cousin... Henri IV a été justement le dernier roi de France qui, par sa proche ascendance paternelle et maternelle, avait des ramifications dans la noblesse du royaume. Si on le compare à Louis XVI, Louis XVIII et Charles X, on mesure la transformation subie en deux siècles, entre le premier et les derniers des Bourbons. Voici, en deux colonnes opposées, la liste des 64 ascendants de Henri IV à la sixième génération d'un côté, et celle de Louis XVI, Louis XVIII et Charles X de l'autre :

	HENRI IV		*LOUIS XVI LOUIS XVIII CHARLES X*
64	*Jean de Bourbon, comte de la Marche	64	*Louis XIII, roi de France
65	Catherine de Vendôme	65	Anne d'Autriche
66	*Jean de Montfort	66	Philippe IV roi d'Espagne
67	Anne de Laval	67	*Élisabeth de France
68	Jean de Beauvau	68	Maximilien, duc de Bavière
69	Jeanne de Tigny	69	Marie-Anne d'Autriche
70	Ferry de Chambley	70	Victor-Amédée Ier, duc de Savoie
71	Jeanne de Launey	71	*Christine de France
72	Pierre de Luxembourg, comte de Saint-Paul	72	— *idem* 70 —
73	Marguerite de Baux	73	*— *idem* 71 —

74	Robert de Bar	74	Charles-Amédée de Savoie, comte de Nemours
75	Jeanne de Béthune	75	*Élisabeth de Bourbon
76	Amédée VIII, duc de Savoie	76	*— *idem* 64 —
77	*Marie de Bourgogne	77	— *idem* 65 —
78	Janus, roi de Chypre	78	Charles Ier, roi d'Angleterre
79	*Charlotte de Bourbon	79	*Henriette de France
80	*Pierre de Valois, comte d'Alençon	80	Raphaël Leszczynski, comte de Lesno
81	Marie Chamaillart, comtesse de Beaumont	81	Catherine, comtesse Radziminska
82	*Jean IV, duc de Bretagne	82	Ernest, comte Dönhoff
83	*Jeanne d'Évreux-Navarre	83	Alexandra, comtesse Koniecpolska
84	Bernard VII, comte d'Armagnac	84	Jean, comte Jablonowski
85	*Bonne de Berry	85	Anne, comtesse Ostrorozanka
86	*Charles III, roi de Navarre	86	Alexandre, comte Kasanowski
87	Éléonore de Castille	87	Anne, comtesse Potocka
88	Ferry de Lorraine	88	Pierre Opalinski, comte de Bnin
89	Marguerite de Joinville	89	Sophie, comtesse Kostczanka
90	Jean, comte d'Harcourt	90	Adam, comte Czarnkowski
91	*Marie d'Alençon	91	Catherine Leszczynska, comtesse de Lesno
92	*Louis II d'Anjou, roi de Sicile	92	Pierre, comte Czarnkowski
93	Yolande d'Aragon	93	Constance Lubomirska
94	Charles Ier, duc de Lorraine	94	Remigier, comte Zaleski
95	Marguerite de Bavière	95	Anne, comtesse Mielzynska
96	Charles d'Albret, vicomte de Tartas	96	Jean-Georges Ier, électeur de Saxe
97	Anne d'Armagnac	97	Madeleine de Prusse (ducale)
98	Alain IX, vicomte de Rohan	98	Christian de Brandebourg, margrave de Bayreuth
99	*Marguerite de Bretagne	99	Marie de Prusse (ducale)
100	Jean de Châtillon-Blois, comte de Penthièvre	100	Christian IV, roi de Danemark
101	Marguerite de Clisson	101	Anne-Catherine de Prusse (électorale)
102	Bertrand V de La Tour, comte d'Auvergne	102	Georges de Brunswick, duc de Lunebourg
103	Jacquette du Peschin	103	Anne-Éléonore de Hesse-Darmstadt.

104	Jean de Grailly, comte de Foix	104	— *idem* 98 —
105	Jeanne d'Albret	105	— *idem* 99 —
106	Jean II, roi d'Aragon	106	Joachim-Ernest de Brandebourg margrave d'Ansbach
107	*Blanche d'Évreux, reine de Navarre	107	Sophie de Solms-Laubach
108	*Charles VI, roi de France	108	Jean-Frédéric, duc de Wurtemberg
109	Isabeau de Bavière	109	Barbe-Sophie de Prusse (électorale)
110	*— *idem* 92 —	110	Jean-Casimir, comte du Rhin à Kyrbourg
111	— *idem* 93 —	111	Dorothée de Solms-Laubach
112	*Charles V, roi de France	112	Ferdinand II de Habsbourg, empereur
113	*Jeanne de Bourbon	113	Marie-Anne de Bavière
114	Jean-Galéas Visconti, duc de Milan	114	Philippe III, roi d'Espagne
115	*Isabelle de France	115	Marguerite d'Autriche
116	Alain VIII, vicomte de Rohan	116	Wolfgang-Guillaume de Bavière, palatin de Neubourg
117	Béatrice de Clisson	117	Madeleine de Bavière
118	*— *idem* 82 —	118	Georges II, landgrave de Hesse-Darmstadt
119	*— *idem* 83 —	119	Sophie-Éléonore de Saxe (électorale)
120	— *idem* 76 —	120	Guillaume de Brunswick, duc de Lunebourg
121	*— *idem* 77 —	121	Dorothée de Danemark
122	— *idem* 78 —	122	Louis V, landgrave de Hesse-Darmstadt
123	*— *idem* 79 —	123	Madeleine de Prusse (électorale)
124	*Jean Ier, duc de Bourbon	124	Frédéric V de Bavière, palatin de Simmern
125	*Marie de Berry	125	Élisabeth d'Angleterre
126	*Jean sans Peur, duc de Bourgogne	126	Charles de Gonzague, duc de Nevers
127	Marguerite de Bavière	127	Catherine de Lorraine

* Capétien.

Sur les 64 quartiers à la sixième génération, Henri IV compte 25 quartiers capétiens éparpillés dans l'ascendance de ses quatre grands-parents, tandis que Louis XVI, Louis XVIII et Charles X n'en comptent que 7, tous concentrés dans l'ascendance de leur grand-père paternel Louis XV. Or, en ce qui concerne Henri IV, combien ces 64 ascendants de la sixième génération ont-ils eu de frères et de sœurs mariés, dont les centaines de descendants pouvaient, deux siècles plus tard, invoquer une lointaine parenté ou alliance avec le roi ?... Propos révélateur : dans le célèbre *Dictionnaire de la noblesse* de La Chesnaye-Desbois (tome 2, colonne 735), à l'article BEAUVAU, la mention du mariage d'Isabelle de Beauvau et de Jean de Bourbon, comte de Vendôme, trisaïeul de Henri IV, est accompagnée de la remarque suivante : « Et par cette alliance toutes les têtes couronnées de l'Europe descendent de la maison de Beauvau. » Comme ce même article mentionne toutes les ascendances de cette Isabelle de Beauvau (Chambley, Launay, Tigny, Plessis), combien de descendants de tous ces Beauvau, Chambley, etc. pouvaient en 1589 se vanter d'avoir un ascendant relativement proche, commun avec le roi de France !

En revanche, l'exaltation monarchique de l'époque moderne et la disparition des liens médiateurs que la haute aristocratie féodale avait tissés au Moyen Age entre la famille royale et la noblesse, ont coupé la famille royale de ses attaches nationales. En s'isolant avec hauteur, au sommet de cette célèbre cascade du mépris de l'Ancien Régime, en réduisant le champ de ses alliances matrimoniales à une dizaine au plus de grandes maisons souveraines à l'étranger, les Bourbons sont arrivés à ce résultat, très fâcheux, que Louis XVI, Louis XVIII et Charles X étaient de proches cousins de grands seigneurs allemands ou polonais, alors que leur propre parenté avec les Rohan, les Beauvau ou les La Trémoille était devenue beaucoup plus lointaine ! Ces trois frères sont les seuls rois de France dans la proche ascendance desquels on trouve la maison de HOHENZOLLERN, et qui plus est représentée en force : sur leurs 64 quartiers à la sixième génération, on dénombre dans l'ordre 9 HOHENZOLLERN, 7 CAPÉTIENS, 7 HABSBOURG, 5 BAVIÈRE.

En 1589, l'ascendance de Henri IV le désignait pour être le symbole de l'unité nationale ; en 1789 l'ascendance de Louis XVI, surchargée d'apports germano-polonais, aggravée par son mariage autrichien, le plaçait certainement dans une situation délicate vis-à-vis d'une opinion qui se pensait de plus en plus comme « nation ». Fatale conséquence d'une politique matrimoniale qui avait trop coupé la famille royale de ses attaches traditionnelles. Si les mariages espagnols de 1615 et de 1660 et le mariage polonais de 1725 ont permis de parachever heureusement l'unité territoriale du royaume et de l'agrandir, les mariages saxon de 1747 et autrichien de 1770 font regretter les choix de Louis XV, qui aurait été mieux inspiré de rester en famille parmi les cousins Bourbons ou Savoie. Le dramatique isolement où s'est trouvée enfermée la famille royale aux Tuileries après le 6 octobre 1789 a exprimé douloureusement un divorce entre le roi et une partie de la « nation » qu'une politique matrimoniale sans doute maladroite avait insensiblement préparé.

À vouloir se situer trop haut, le roi a fini par se placer en dehors... Varennes a été l'aboutissement d'une évolution qui a fini par déraciner la souche royale de son ancien terroir.

Guy ANTONETTI.

BIBLIOGRAPHIE SOMMAIRE

Comme l'ouvrage lui-même, cette bibliographie indicative, inspirée par les auteurs et correspondant à leurs contributions respectives, n'a aucune prétention à l'exhaustivité.

ACERRA (M.), MERINO (J.) et MEYER (J.), *Les marines de guerre européennes (XVIIe-XVIIIe siècles)*, Paris, 1985.

ACTON (Harold), *Les Bourbons de Naples,* Paris, 1986 ; *The Last Bourbons of Naples*, Londres, 1961.

ANTOINE (Michel), *Le Conseil du roi sous le règne de Louis XV*, Genève-Paris, 1970.

APOSTOLIDÈS (Jean-Marie), *Le Roi-machine*, Paris, 1981.

ARDASCHEFF (P.), *Les intendants de province sous Louis XVI,* Paris, 1909.

AUDOUIN (Ed.), « Sur l'armée royale au temps de Philippe Auguste », *le Moyen Age*, XXV, 1912, pp. 209-212.

AUGÉ (Guy), *Succession de France et règle de nationalité,* Paris, 1979.

AUTIN (Jean), *Louis XIV architecte*, Paris, 1981.

AUTRAND (Françoise), *Charles VI,* Paris, 1986 ; *Naissance d'un grand corps de l'État. Les gens du parlement de Paris (1345-1454)*, Paris, 1981.

BABELON (Jean-Pierre), *Henri IV,* Paris, 1982.

BARBEY (Jean), « Charles V ou le modèle du roi », *Mémoire,* n° 3, 1985, pp. 3-18 ; *La fonction royale, essence et légitimité, d'après les* Tractatus *de Jean de Terrevermeille,* Paris, 1983 ; « Genèse et consécration des lois fondamentales », *Droits. Revue française de théorie juridique*, n° 3, 1986, pp. 75-86.

BARBEY (Jean), BLUCHE (Frédéric) et RIALS (Stéphane), *Lois fondamentales et succession de France,* Paris, rééd. 1984.

BARBICHE (Bernard), *Sully,* Paris, 1978.

BARNAVI (Elie), « Mythes et réalité historique : le cas de la loi salique », *Histoire, économie et société,* 1984, pp. 323 et s.

BASSE (Bernard), *La constitution de l'ancienne France,* Liancourt, 1973.

BAYARD (Jean-Pierre), *Sacres et couronnements royaux,* Paris, 1984.

BEAU DE LOMÉNIE (Emmanuel), *La Restauration manquée,* Paris, 1932, rééd. 1979.

BEAUNE (Colette), *Naissance de la nation France*, Paris, 1985.

BELL (D.M.), *L'idéal éthique de la royauté en France au Moyen Age*, Genève, 1962.

BÉRENGER (Jean), « Noblesse et absolutisme de François Ier à Louis XIV », dans *Noblesse française et noblesse hongroise,* Paris, 1981.

BERTIER DE SAUVIGNY (Guillaume de), *La Restauration,* Paris, 1974.

BILLACOIS (François), « Du régicide : matériaux pour une enquête sur la légitimité dynastique », in *La France d'ancien régime. Études réunies en l'honneur de Pierre Goubert,* Toulouse, 1985, pp. 71-79.

BLANCHARD (Anne), *Les ingénieurs du Roy, de Louis XIV à Louis XVI*, Montpellier, 1979.

BLOCH (Marc), *Les rois thaumaturges,* Paris, 1961, rééd. 1985 ; *La société féodale*, 2 vol., Paris, 1939-1940, rééd. 1968.

BLUCHE (François), « A propos du mécénat de Louis XIV », *Antologia di Belle Arti*, nouvelle série, n°s 27-28, 1985, pp. 98-102 ; *Le despotisme éclairé,* Paris, 1968, rééd. 1985 ; *Les honneurs de la Cour,* 2 vol., Paris, 1957 ; *Louis XIV,* Paris, 1986 ; « Les magistrats des cours parisiennes au XVIIIe siècle », *Revue historique de droit français et étranger,* 1974, pp. 87-106 ; *Les magistrats du parlement de Paris au XVIIIe siècle,* Besançon-Paris, 1960, rééd. Paris, 1986 ; *La vie quotidienne au temps de Louis XIV*, Paris, 1984 ; *La vie quotidienne au temps de Louis XVI,* Paris, 1980 ; *La vie quotidienne de la noblesse française au XVIIIe siècle,* Paris, 1973.

BLUCHE (François) et SOLNON (Jean-François), *La véritable hiérarchie sociale de l'ancienne France,* Genève, 1983.

BLUCHE (Frédéric), *Le bonapartisme,* Paris, 1981 ; *Septembre 1792. Logiques d'un massacre,* Paris, 1986 ; « Dossier Louis XVI : Un vrai roi constitutionnel ? », *Mémoire,* n° 3, 1985, pp. 37-46.

BODINIER (Gilbert), *Les officiers de l'armée royale combattants de la guerre d'indépendance des États-Unis, de Yorktown à l'an II*, Paris, 1983.

BONTEMS (C.), « L'Institution du Prince de Guillaume Budé », dans *Le Prince dans la France des* XVIe *et* XVIIe *siècles*, Paris, 1965, pp. 1-143.

BORDES (Maurice), *L'administration provinciale et municipale en France au* XVIIIe *siècle*, Paris, 1972 ; « Les intendants éclairés de la fin de l'Ancien Régime », *Revue d'histoire économique et sociale*, 1961, pp. 57-83.

BOSHER (J.F), *French Finances, 1770-1795. From Business to Bureaucracy*, Cambridge, 1970.

BOSSUAT (André), *Le bailliage royal de Montferrand*, Paris, 1956.

BOTTIN (Michel), *La réforme constitutionnelle de 1788*, Saint-Martin-du-Var, 1982.

BOURASSIN (Emmanuel), *La cour de France à l'époque féodale. Des rois pasteurs aux monarques absolus*, Paris, 1975.

BOURNAZEL (Eric), *Le gouvernement capétien au* XIIe *siècle (1108-1180). Structures sociales et mutations institutionnelles*, Paris, 1975.

BOUTIER (Jean), DEWERTE (Alain) et NORDMAN (Daniel), *Un tour de France royal : le voyage de Charles IX (1564-1566)*, Paris, 1984.

BOUVIER (J.) et GERMAIN-MARTIN (H.), *Finances et financiers de l'Ancien Régime*, Paris, 1969.

BRAESCH (F.), *Les recettes et les dépenses du Trésor pendant l'année 1789. Le Compte rendu au roi de mai 1788. Le dernier budget de l'Ancien Régime*, Paris, 1936.

BRAUDEL (Fernand) et LABROUSSE (Ernest), *Histoire économique et sociale de la France*, t. I et II, Paris, 1977 et 1970.

BRUGUIÈRE (Marie-Bernadette), « Un mythe historique : l'impérialisme capétien dans le Midi aux XIIe et XIIIe siècles », *Annales du Midi*, juillet-septembre 1985.

CARRETIER (Christian), *Les ancêtres de Louis XIV*, Paris, 1981.

CASTAN (Nicole), « Les parlements français à la fin de l'Ancien Régime : pouvoir et pratique judiciaire », *Commentaire*, 1985, pp. 615 et s.

CAZELLES (René), *La société politique et la crise de la royauté sous Philippe de Valois*, Paris, 1958 ; *Société politique, noblesse et Couronne sous Jean le Bon et Charles V*, Genève-Paris, 1982.

CHAGNIOT (Jean), *Paris et l'armée au* XVIIIe *siècle*, Paris, 1985.

CHANGY (Hugues de), *Le soulèvement de la duchesse de Berry (1830-1832)*, Paris, 1986.

CHAUNU (Pierre), *La civilisation de l'Europe classique*, Paris, 1970 ; *La civilisation de l'Europe des Lumières*, Paris, 1971.

CHEVALLIER (Pierre), *Henri III*, Paris, 1985 ; *Louis XIII*, Paris, 1980.

CHEYETTE (F.), « La justice et le pouvoir royal en France à la fin du Moyen Age », *Revue historique de droit français et étranger*, 1962, pp. 373-394.

CHRISTOUT (M.F.), *Le ballet de cour de Louis XIV*, Paris, 1967.

CLAMAGERAN (J.-J.), *Histoire de l'impôt en France*, 3 vol., Paris, 1867-1876.

CLOULAS (Ivan), *Charles VIII et le rêve italien*, Paris, 1986 ; *Henri II*, Paris, 1985 ; *La vie quotidienne dans les châteaux de la Loire au temps de la Renaissance*, Paris, 1983.

COLLOT (Claude), *L'école doctrinale de droit public de Pont-à-Mousson*, Paris, 1965.

CONSTANT (Jean-Marie), *La vie quotidienne de la noblesse française aux XVIe et XVIIe siècles*, Paris, 1985.

CONTAMINE (Philippe), *La guerre au Moyen Age*, Paris, 1980 ; *Guerre, État et société à la fin du Moyen Age. Études sur les armées des rois de France (1337-1494)*, Paris-La Haye, 1972 ; « L'oriflamme de Saint-Denis aux XIVe et XVe siècles », *Annales de l'Est*, (1973), 1975, pp. 4-72.

CORVISIER (André), *L'armée française de la fin du XVIIe siècle au ministère de Choiseul. Le soldat*, Paris, 1964 ; *Armées et sociétés en Europe de 1492 à 1789*, Paris, 1976 ; *Louvois*, Paris, 1983.

CROZET (R.), *La vie artistique en France au XVIIe siècle (1598-1661). Les artistes et la société*, Paris, 1954.

DAVID (Marcel), *Le serment du sacre du IXe au XVe siècle. Contribution à l'étude des limites juridiques de la souveraineté*, Strasbourg, 1951.

DECLAREUIL (J.), *Histoire générale du droit français*, Paris, 1925.

DÉON (Michel), *Louis XIV par lui-même*, Paris, 1983.

DESSERT (Daniel), *Argent, pouvoir et société au Grand Siècle*, Paris, 1984 ; « Finances et société au XVIIe siècle : à propos de la chambre de justice de 1661 », *Annales E.S.C.*, 1974, pp. 847-882.

Destins et enjeux du XVIIe siècle, Textes publiés en hommage à Jean Mesnard, Paris, 1985.

DEVIOSSE (Jean), *Jean le Bon*, Paris, 1985.

DEVISSE (J.), *Hincmar, archevêque de Reims (845-882),* Genève, 1976.

DHONDT (J.), « Élection et hérédité sous les Carolingiens et les premiers Capétiens », *Revue belge de philologie et d'histoire*, 1939, pp. 913-953.

DION (Roger), *Les frontières de la France,* Paris, 1947, rééd. 1979.

DOUCET (R.), *Les institutions de la France au XVIe siècle,* 2 vol., Paris, 1948.

DUBY (Georges), *Le dimanche de Bouvines,* Paris, 1973.

DUMONT (François), « La royauté française vue par les auteurs littéraires au XVIe siècle », dans *Mélanges Noël Didier,* 1960, pp. 61 et s.

DURAND (Georges), *États et institutions (XVIe-XVIIIe siècles),* Paris, 1969.

DURAND (Yves), *Les fermiers généraux au XVIIIe siècle,* Paris, 1971.

EGRET (J.), *Louis XV et l'opposition parlementaire,* Paris, 1970 ; *La pré-Révolution française,* Paris, 1962.

ELIAS (Norbert), *La société de cour,* Paris, 1974, rééd. 1985.

EMMANUELLI (F.-X.), *Un mythe de l'absolutisme bourbonien : l'intendance, du milieu du XVIIe siècle à la fin du XVIIIe siècle,* Aix-en-Provence, 1981.

ERLANDE-BRANDENBOURG (Alain), *Le Roi est mort. Étude sur les funérailles, les sépultures et les tombeaux des rois de France jusqu'à la fin du XIIIe siècle,* Paris-Genève, 1975.

ESMEIN (A.), *Cours élémentaire d'histoire du droit français,* Paris, 1925.

FAURE (Edgar), *La banqueroute de Law*, Paris, 1977 ; *La disgrâce de Turgot,* Paris, 1961.

FAVIER (Jean), *La guerre de Cent Ans,* Paris, 1980 ; *Philippe le Bel,* Paris, 1978.

FAWTIER (R.), *Les Capétiens et la France,* Paris, 1942.

FAŸ (Bernard), *Louis XVI ou la fin d'un monde,* Paris, 1955, rééd. 1981.

FÉDOU (René), *L'État au Moyen Age,* Paris, 1970.

FERRIER-CAVERIVIÈRE (N.), *Le Grand Roi à l'aube des Lumières (1715-1751),* Paris, 1985 ; *L'image de Louis XIV dans la littérature française de 1660 à 1715,* Paris, 1981.

FIERRO (Alfred), *Le Pré carré. Géographie historique de la France,* Paris, 1986.

FOLZ (Robert), *Le couronnement impérial de Charlemagne,* Paris, 1964 ; *Les saints rois du Moyen Age en Occident (VIe-XIIIe siècle),* Bruxelles, 1984.

FOURNIER (Gabriel), *L'Occident de la fin du Ve siècle à la fin du IXe siècle,* Paris, 1970.

La France de Philippe Auguste, Colloque du C.N.R.S., Paris, 1982.

FRESNE DE BEAUCOURT (G. du), *Histoire de Charles VII,* 6 vol., Paris, 1881-1891.

FUMAROLI (M.), *L'age de l'éloquence. Rhétorique et « resliteraria » de la Renaissance au seuil de l'époque classique,* Genève, 1980.

FURET (François), *Penser la Révolution française,* Paris, 1978.

GALLET (D.), *Madame de Pompadour*, Paris, 1985.

GANSHOF (F.L.), *Qu'est-ce que la féodalité ?* Bruxelles, rééd. 1968.

GARRISSON (Francis), *Histoire du droit et des institutions,* 2 vol., Paris, 1983-1984.

GAXOTTE (Pierre), *Le siècle de Louis XV,* Paris, 1958.

GAXOTTE (Pierre) et TULARD (Jean), *La Révolution française,* Paris, 1975.

GÉNICOT (Léopold), *Le XIIIe siècle européen,* Paris, 1968.

GERMAIN-MARTIN (L.) et BEZANÇON (M.), *L'histoire du crédit en France sous le règne de Louis XIV*, t. I, *Le crédit public,* Paris, 1913.

GIRAULT DE COURSAC (Paul et Pierrette), *Enquête sur le procès du roi Louis XVI,* Paris, 1982.

GIRAULT DE COURSAC (Pierrette), *L'éducation d'un roi : Louis XVI,* Paris, 1972 ; « Dossier Louis XVI : Prière à Reims », *Mémoire,* n° 4, 1986, pp. 17-33.

GLASSON (E.), *Le parlement de Paris. Son rôle politique depuis le règne de Charles VII jusqu'à la Révolution,* Paris, 1901.

GOUBERT (Pierre), *L'Ancien Régime,* 2 vol., Paris, 1969-1973.

GUENÉE (Bernard), *Histoire et culture historique dans l'Occident médiéval,* Paris, 1980.

GUENÉE (Bernard) et LEHOUX (Françoise), *Les entrées royales françaises de 1328 à 1515,* Paris, 1968 ; *L'Occident aux XIVe et XVe siècles : les États,* Paris, 1971.

GUERY (A.), « Les finances de la monarchie française sous l'Ancien Régime », *Annales E.S.C.,* 1978, pp. 216-239.

GUILLERM (Alain), *La pierre et le vent. Fortifications et marine en Occident*, Paris, 1985.

GUILLOT (Olivier), *Le comte d'Anjou et son entourage au XIe siècle*, Paris, 1971.

HALPHEN (Louis), « La place de la royauté dans le système féodal », in *A travers l'histoire du Moyen Age*, Paris, 1950, pp. 266-276.

HANLEY (Sarah), *The « lit de justice » of the Kings of France. Constitutional Ideology in Legend, Ritual and Discourse*, Princeton, 1983.

HAROUEL (Jean-Louis), *Histoire de l'urbanisme*, Paris, 1981.

HAROUEL (Jean-Louis), BARBEY (Jean), BOURNAZEL (Eric) et THIBAUT-PAYEN (Jacqueline), *Histoire des institutions, de l'époque franque à la Révolution*, Paris, 1987.

HATTON (Ragnhild), « Louis XIV et l'Europe. Éléments d'une révision historiographique », *XVIIe siècle*, t. XXXI, 1979, pp. 109-135.

HAUETER (Anton), *Die Krönungen der französischen Könige im Zeitalter des Absolutismus und in der Restauration*, Zurich, 1975.

HAUTECŒUR (L.), *Histoire de l'architecture classique en France*, Paris, 1943-1957.

L'image du souverain dans les lettres françaises, Colloque de Strasbourg, Paris, 1985.

IRSAY (Stephen d'), *Histoire des universités françaises et étrangères, des origines jusqu'à nos jours*, Paris, 1935, 2 vol.

JACKSON (R.A.), « The *Traité du Sacre* of Jean Golein », *Proceedings of the American Philosophical Society*, 113, 1969, pp. 305-324 ; *Vivat Rex. Histoire des sacres et couronnements en France (1364-1825)*, Strasbourg-Paris, 1984.

JACQUART (Jean), *François Ier*, Paris, 1981.

JENKINS (H.E.), *Histoire de la marine française*, Paris, 1977.

JORDAN (William C.), *Louis IX and the Challenge of the Crusade*, Princeton, 1979.

KANTOROWICZ (Ernst), *The King's two Bodies*, Princeton, 1957.

KRYNEN (Jacques), *Idéal du Prince et pouvoir royal en France à la fin du Moyen Age*, Paris, 1981.

LABANDE-MAILFERT (Yvonne), *Charles VIII*, Paris, 1986.

LAGARDE (Georges de), *La naissance de l'esprit laïque*, 6 vol., Vienne, 1934.

LANGLOIS (Charles-Victor), *Saint Louis, Philippe le Bel et les derniers Capétiens directs*, Paris, rééd. 1981.

LEMARIGNIER (Jean-François), « Autour de la date du sacre de Hugues Capet », in *Mélanges Niermeyer,* Groningue, 1967 ; *La France médiévale. Institutions et société,* Paris, 1970, rééd. 1981 ; *Le gouvernement royal aux premiers temps capétiens (987-1108),* Paris, 1965.

LÉONARD (Emile-G.), *Les Angevins de Naples,* Paris, 1954 ; *L'armée et ses problèmes au XVIIIe siècle,* Paris, 1958.

Lettres de Hugues Capet, in GERBERT, *Lettres,* éd. J. Havet, Paris, 1889.

LEVER (Evelyne), *Louis XVI,* Paris, 1985.

LEVRON (Jacques), *La vie quotidienne à la cour de Versailles aux XVIIe et XVIIIe siècles,* Paris, 1965.

LEWIS (Andrew W.), *Le sang royal. La famille capétienne et l'État, France, Xe-XIVe siècle,* Paris, 1986.

LEWIS (Peter), *La France à la fin du Moyen Age*, Paris, 1977.

LIVET (Georges), *L'équilibre européen,* Paris, 1978.

LONGNON (Auguste), *La formation de l'unité française,* Paris, 1922.

LONGNON (Jean), *L'Empire latin de Constantinople et la principauté de Morée,* Paris, 1949.

LOT (Ferdinand), *L'art militaire et les armées au Moyen Age en Europe et dans le Proche-Orient,* 2 vol., Paris, 1946 ; *Fidèles ou vassaux ? Essai sur la nature juridique du lien qui unissait les grands vassaux à la royauté depuis le milieu du IXe jusqu'à la fin du XIIe siècle,* Paris, 1904.

LOT (Ferdinand) et FAWTIER (Robert), *Histoire des institutions françaises au Moyen Age,* 3 vol., Paris, 1957-1962.

MAC GOWAN (M.), « Les images du pouvoir royal au temps de Henri III », dans *Théories et pratiques politiques à la Renaissance,* III, Paris, 1977, pp. 302-320.

MAGNOU-NORTIER (E.), *Foi et fidélité. Recherches sur l'évolution des liens personnels chez les Francs du VIIe au IXe siècle,* Toulouse, 1976.

MAHAN (Alfred T.), *Influence de la puissance maritime dans l'histoire,* Paris, 1899.

MANSELL (Philip), *Louis XVIII,* Paris, 1982.

MARIN (Louis), *Le portrait du roi,* Paris, 1981.

MARION (Marcel), *Dictionnaire des institutions de la France aux XVIIe et XVIIIe siècles,* Paris, rééd. 1968 ; *Histoire financière de la France depuis 1715,* 6 vol., Paris, 1914-1935, reprint New York 1965.

MARTIMORT (Aimé-Georges), *Le gallicanisme*, Paris, 1973.

MARTIN (Victor), *Les origines du gallicanisme*, 2 vol., Paris, 1939.

MASSON (Frédéric), *Le sacre et le couronnement de Napoléon*, Paris, 1925, rééd. 1978.

MASSON (Philippe), *De la mer et de sa stratégie*, Paris, 1986.

MATHIAS (Peter) et O'BRIEN (Patrick), « Taxation in Britain and France, 1715-1810 », in *The Journal of European Economic History*, t.V., 1976, pp. 601-650.

MÉMAIN (René), *La marine de guerre de Louis XIV. Rochefort, arsenal modèle de Colbert*, Paris, 1937.

MESTRE (Jean-Louis), *Introduction historique au droit administratif français*, Paris, 1985.

MÉTHIVIER (Hubert), *L'Ancien Régime en France (XVIe-XVIIIe siècles)*, Paris, 1981.

MEYER (Jean), *Colbert*, Paris, 1981 ; « Louis XIV et les puissances maritimes », *XVIIe siècle*, n° 123, 1979 ; *Noblesses et pouvoirs dans l'Europe d'Ancien Régime*, Paris, 1973 ; *Le poids de l'État*, Paris, 1983.

MICHEL (A.), *Histoire de l'art*, Paris, 1926.

MOINE (Marie-Christine), *Les fêtes à la cour du Roi-Soleil*, Paris, 1984.

MOLLAT (Michel), « Les aspects économiques du mécénat en Europe », *Revue historique*, 1985, pp. 265-281 ; *Genèse médiévale de la France moderne (XIVe-XVe siècles)*, Paris, 1977 ; « Philippe Auguste et la mer », in *La France de Philippe Auguste*, Paris, 1980.

MONTESQUIOU-FEZENSAC (Blaise de) et GABORIT-CHOPIN (Danielle), *Le trésor de Saint-Denis*, 3 vol., Paris, 1973-1977.

MORANGE (J.) et CHASSAING (J.-F.), *Le mouvement de réforme de l'enseignement en France (1760-1798)*, Paris, 1974.

MOSSER (M.) et RABREAU (D.), « L'architecture des Lumières en France », in *Revue de l'Art*, 1981, pp. 47-53.

MOUSNIER (Roland), *L'assassinat d'Henri IV*, Paris, 1964 ; *État et société sous François Ier et pendant le gouvernement personnel de Louis XIV*, Paris, 1967 ; *Les institutions de la France sous la monarchie absolue*, 2 vol., Paris, 1974-1980 ; « Paris, capitale politique au Moyen Age et dans les temps modernes (1200-1789) », in *La plume, la faucille et le marteau*, Paris, 1970, pp. 95 et s. ; *La vénalité des offices sous Henri IV et Louis XIII*, Rouen, 1946, rééd. Paris, 1971.

MOUSNIER (R.) et MESNARD (J.) (sous la direction de), *L'âge d'or du mécénat (1598-1661),* Paris, 1985.

MURRAY-KENDALL (Paul), *Louis XI,* Paris, 1974.

NEWMAN (William Mendel), *Le domaine royal sous les premiers Capétiens (987-1180),* Paris, 1937.

OLIVIER-MARTIN (François), *Histoire du droit français des origines à la Révolution,* Paris, 1948, rééd. 1984 ; *L'organisation corporative de la France d'Ancien Régime,* Paris, 1938.

OPPENHEIMER (Francis), *The Legend of the Sainte Ampoule,* Londres, 1953.

PACAUT (Marcel), *Louis VII et son royaume,* Paris, 1964 ; *Les structures politiques de l'Occident médiéval,* Paris, 1969 ; *La théocratie. L'Église et le pouvoir au Moyen Age,* Paris, 1957.

PAGÈS (Georges), *La monarchie d'Ancien Régime en France,* Paris, 1941.

PANGE (Jean de), *Le Roi Très-Chrétien,* Paris, 1949, rééd. 1985.

PETIT-DUTAILLIS (Charles), *La monarchie féodale en France et en Angleterre (Xe-XIIIe siècles),* Paris, 1950.

PILLORGET (Suzanne), *Apogée et déclin des sociétés d'ordres (1610-1787),* Paris, 1969.

PINOTEAU (Hervé), « La création des armes de France au XIIe siècle », in *Bulletin de la Société nationale des antiquaires de France 1980-1981,* 1982, pp. 87-99 ; *État présent de la maison de Bourbon,* Paris, rééd. 1986 ; *Héraldique capétienne,* Paris, rééd. 1979 ; « La main de justice des rois de France ; essai d'explication », in *Bulletin de la Société nationale des antiquaires de France 1978-1979,* 1982, pp. 262-265 ; « La mise par écrit de la constitution de l'ancienne France », *Mémoire,* n° 4, 1986, pp. 63-78 ; *Vingt-cinq ans d'études dynastiques,* Paris, 1982.

PINTARD (R.), *Le libertinage érudit en France dans la première moitié du XVIIe siècle,* Paris, 1943, rééd. 1983.

POGNON (E.), *Hugues Capet, roi de France,* Paris, 1966.

POLY (J.P.) et BOURNAZEL (E.), *La mutation féodale (Xe-XIIe siècle),* Paris, 1980.

PONTEIL (Félix), *La chute de Napoléon Ier et la crise française de 1814-1815,* Paris, 1943.

PROCUREUR (Jean-Pierre), *Reims royale,* Bruxelles, 1976.

QUILLET (Jeannine), *Charles V,* Paris, 1985.

REY (M.), *Le domaine du roi et les finances extraordinaires sous Charles VI (1388-1413),* Paris, 1965.

REYDELLET (M.), *La royauté dans la littérature latine de Sidoine Apollinaire à Isidore de Séville,* Paris, 1981.

RIALS (Stéphane), *Le légitimisme,* Paris, 1983 ; « Monarchie et philosophie politique : un essai d'inventaire », *Mémoire,* n°5, 1987 ; *Révolution et contre-révolution au XIXe siècle,* Paris, 1987.

RICHARD (Guy), *La noblesse d'affaires au XVIIIe siècle,* Paris, 1974.

RICHARD (Jean), *Saint Louis,* Paris, 1983.

RICHÉ (Pierre), *Les Carolingiens. Une famille qui fit l'Europe,* Paris, 1983.

RICHER, *Histoire de France,* éd. R. Latouche, t. II, Paris, 1964.

ROUCHE (M.), *Des Wisigoths aux Arabes : l'Aquitaine (418-781), naissance d'une région,* Paris, 1979.

ROYER (Jean-Pierre), *L'Église et le royaume de France au XIVe siècle d'après le « Songe du Vergier » et la jurisprudence du Parlement,* Paris, 1969

Le sacre des rois, Actes du colloque international d'histoire sur les sacres et couronnements royaux (Reims, 1975), Paris, 1985.

SASSIER (Yves), « Richer et le *consilium* », in *Revue historique de droit français et étranger,* 1985, n° 1.

SCHNAPPER (B.), *Les rentes au XVIe siècle. Histoire d'un instrument de crédit,* Paris, 1957.

SCHNERB (Bertrand), « Charles VII ou le retournement », *Mémoire,* n° 3, 1985, pp. 19-35.

SCHNERB-LIÈVRE (Marion), *Le Songe du Vergier,* 2 vol., Paris, 1982.

SCHRAMM (Percy Ernst), *Der König von Frankreich,* 2 vol., Weimar, 1960.

SCOTT (Samuel), *The Response of the Royal Army to the French Revolution,* Oxford, 1976.

SIVERY (Gérard), *Saint Louis et son siècle,* Paris, 1983.

SOLNON (Jean-François), *La cour de France,* Paris, 1987.

SPIEGEL (G.M.), *The Chronicle Tradition of Saint-Denis : a Survey,* Brooklyn, Mass., 1978.

SPOONER (F.), *L'économie mondiale et les frappes monétaires en France (1493-1680),* Paris, 1956.

TAILLEMITE (Etienne), « Les réformes maritimes du maréchal de Castries », *Chronique d'histoire maritime,* 1986, n° 1.

TAPIÉ (Victor L.), *La France de Louis XIII et de Richelieu,* Paris, 1967.

TESSIER (Georges), *Le baptême de Clovis,* Paris, 1964.

TEYSSÈRE (C.), « Le prince chrétien aux XVe et XVIe siècles à travers les représentations de Charlemagne et de saint Louis », in *Annales de Bretagne et des pays de l'Ouest,* t. 87, 1980, n° 2, pp. 219-235.

THEIS (Laurent), *L'avènement d'Hugues Capet,* Paris, 1984.

TOCQUEVILLE (Alexis de), *L'Ancien Régime et la Révolution.*

TULARD (Jean), *Napoléon*, Paris, rééd. 1986.

VERGER (Jacques), *Les universités au Moyen Age,* Paris, 1973.

VERLET (Pierre), *Le château de Versailles,* Paris, 1961, rééd. 1985.

VIALA (A.), *La naissance de l'écrivain,* Paris, 1985.

VIALA (André), *Le parlement de Toulouse et l'administration royale laïque (1420-1525),* 2 vol., Albi, 1953.

VIDIER (A.), *L'historiographie à Saint-Benoît-sur-Loire,* Paris, 1965.

VIGUERIE (Jean de), « Dossier Louis XVI : Les idées politiques de Louis XVI sont-elles démocratiques ? », *Mémoire,* n° 2, 1985, pp. 17-31 ; *L'Institution des enfants. L'éducation en France (XVIe-XVIIIe siècle),* Paris, 1978.

VILLERS (Robert), « Aspects de la loi de catholicité », in *Revue historique de droit français et étranger,* 1959, pp. 196-213 ; *L'organisation du parlement de Paris et des conseils supérieurs d'après la réforme de Maupeou (1771-1774),* Paris, 1937.

VOLTAIRE, *Le siècle de Louis XIV.*

WAQUET (Françoise), *Les fêtes royales sous la Restauration ou l'Ancien Régime retrouvé,* Genève-Paris, 1981.

WATRIN (Paul), *La tradition monarchique,* Paris, rééd. 1983.

WEILL (Georges), *Les théories sur le pouvoir royal en France pendant les guerres de Religion,* Paris, 1891.

WERNER (Karl-Ferdinand), *Les Origines (avant l'an mil),* Paris, 1984 ; *Structures politiques du monde franc (VIe-XIIe siècle),* Londres, 1979.

ZELLER (Gaston), *Les institutions de la France au XVIe siècle,* Paris, 1948.

ZUBER (R.) et CUENIN (M.), *Le classicisme (1660-1680),* Paris, 1984.

TABLE DES MATIÈRES

Achevé d'imprimer le 26 janvier 1987
sur presse CAMERON,
dans les ateliers de la S.E.P.C.
à Saint-Amand-Montrond (Cher)

Dépôt légal : février 1987.
N° d'Éditeur : 762. N° d'Impression : 133.